U0154495

大法官釋字
——基本權利篇

劉夢蕾、陳銘聰、林㤗舞、溫春玉◎編著

過子庸
主編

COURT

LAW

五南圖書出版公司 印行

推薦序一

　　司法院昔日同仁劉夢蕾博士，與其友人過子庸先生、陳銘聰先生、林垅舞先生與溫春玉小姐等五人研究法學多年。渠等近期從行憲後大法官所做成共計813號之解釋案件當中，選取較為代表性之解釋案，並加以分門別類，編著完成《大法官釋字——基本權利篇》一書，以利大眾閱讀。

　　本書架構包括：解釋字號、案名、解釋日期、案情、爭點、解釋文、相關法令、評論或影響等諸項，涉及之事件包括民事、刑事以及行政事件等。每一解釋案均增列「評論或影響」一欄，期能使得學說（通說）與實務見解統合乃至統一，強化法律人處理實例之能力，提升法學研究之效能，從而提高法制序之透明性及可預測性。

　　茲值是書付梓之際，本書編者囑序於余。吾觀其文，以上揭法學方法及實務案例解析之演習，作為學習法律之一種方法，正是法律人法之理性思維。善未易明，理未易察。諸法無相，議事以制。行修而法立，得理則心安。理論之實踐，實踐之理論。認定事實及適用法律，為訴訟核心所在，唯有審慎認定事實，正確適用法律，公正之裁判始能獲致。編者關心法治，共同編輯本書，誠屬難得。感其熱心法學教育，爰為之序。

國立臺北大學法律學院名譽教授

曾華松

2023年12月

推薦序二

　　司法院「大法官會議」所做的《憲法》解釋案，已於民國110年12月24日釋字第813號解釋出爐後走入歷史，並依《憲法訴訟法》規定，改由憲法法庭負責解釋有關法律與《憲法》的爭議問題。由於憲法法庭能夠以裁判方式宣告法院確定終局裁判是否違憲，故有人稱其為「第四審」，這是我國過去最重大的司法改革。憲法法庭從111年1月4日開始運作迄今共完成29件判決，這些判決都深深地影響我國未來民主憲政及法治的發展。

　　雖然大法官會議已由憲法法庭所取代，但是過去大法官會議所做的解釋案，都是德高望重之大法官們的集體智慧結晶，以及無數優秀法界的專家學者共同參與，因此憲法解釋案仍常被憲法法庭於裁判時所引用。在長達72年之大法官釋憲案的歷史中，本人有幸也曾參與大法官的釋憲案。例如：本書中所提的81年10月16日釋字第306號解釋案件，即由本人擔任辯護律師並為當事人申請釋憲。後來此號釋憲案促使最高法院53年台上字第2617號判例、最高法院69年台非字第20號判例應不再援用，此解釋保障了人民於《憲法》所保障的「訴訟」權利。

　　由於司法院大法官會議所做的憲法解釋案多達813號，本書作者過子庸、劉夢蕾、陳銘聰、林珧舞、溫春玉等五位為了方便讀者瞭解，特別從眾多的解釋案中挑選出具代表性的案例，並加以分門別類，且援引許多專家學者的評論與意見，說明這些案例對我國人權保障及相關法令所造成的影響等，其內容甚為詳實豐富，具有參考價值。本人特撰序推薦本書給予國內法律界的專家學者及民眾參考運用，並期盼作者等人能賡續出版此類書籍，俾益於我國之民主憲政及法律發展。

中華人權協會名譽理事長
兼永然聯合法律事務所所長

李永然

民國112年（西元2023年）12月

前言

　　司法院大法官會議於民國38年1月6日做出釋字第1號解釋後，陸續做出許多重要之憲法解釋案，直到110年12月24日釋字第813號出爐後，正式走入歷史，大法官解釋畫下句點。憲法爭議解釋之任務於111年開始，轉交由憲法法庭負責。過去大家耳熟能詳之「釋字第○○號解釋」，被「憲判字第○○號」判決所取代。大法官解釋與憲法法庭最大之差別，為前者僅對憲法進行解釋，不做實質判決；但是，後者則可審查法院確定終局裁判是否違憲，其訴訟程序與一般法院運作模式相同，以裁判方式宣告結果，因此憲法法庭之審判又被稱為「第四審」。[1]

　　大法官釋憲案過去一直是法界在執行審判時之重要參考依據，甚至促使政府機關廢止某些不合時宜之法律或違法之規定，以保障人民之權益，因此是各類考試之重要考題內容，可見其對於我國法律之影響非常重大。現在大法官釋憲案雖然已經走入了歷史，但是各號解釋案均涉及人民之重要利益，並由全國頂尖法界菁英共同做成之法律解釋，故對於未來之法律案件或解釋，仍然會有重大影響。例如現行之憲法法庭在判決時，仍會引用大法官釋憲案作為依據與參考。由於釋憲案多達813號，限於篇幅關係，本文僅蒐整較具代表性之釋憲案，並加以分門別類，以利讀者閱讀與參考。最後，筆者過子庸、劉夢蕾、陳銘聰、林垗舞、溫春玉等五人希望藉由此書，表達對做成釋憲案之歷屆德高望重大法官之敬意。

1　王宏舜，〈大法官解釋走入歷史倒數 憲訴法將讓大法官走下神壇？〉，《聯合報》，2021年12月5日，https://udn.com/news/story/7321/5938738。

目　次

憲法第7條
有關平等權之釋憲案

　　平等權為人類最根本權利之一，中國古代之商鞅在秦國推行變法期間，就稱「天子犯法與庶民同罪」，強調平等權之重要性。在美國《獨立宣言》中強調：「人生而平等。」（All men are created equal.）在現代所有民主國家憲法中，都會將此權利納入其中。我國憲法中有關平等權之規定，為第7條：「中華民國人民，無分男女、宗教、種族、階級、黨派，在法律上一律平等。」條文雖然簡短，涵蓋範圍卻非常廣泛。本文蒐整10件關於平等權較具代表性之大法官釋憲案，以供參考。

第457號　退輔會之房舍土地禁出嫁女繼承案

時間	民國87年6月12日
案情	榮民藍○善於80年過世2個多月後，其養女藍○碧收到退輔會屏東農場之公文，要求她必須要拆除目前所居住之地方，歸還土地給國家。因為依據行政院國軍退除役官兵輔導委員會69年7月11日（69）輔肆字第2072號函所頒發之「本會各農場有眷場員就醫、就養或死亡開缺後房舍土地處理要點」第4點第3項之規定，當耕種之榮民過世，就會讓兒子繼承此耕種權利，但如果沒有兒子，耕種權就留給尚未改嫁之配偶，或是未出嫁之女兒。一旦配偶在榮民死後改嫁，或是女兒出嫁，國家都會收回土地跟居住之眷舍。藍○碧試圖透過各種管道爭取權益，最終法院還是依照退輔會之規定而判渠敗訴。聲請人認為判決與憲法第7條所揭櫫之男女平等原則及憲法所保障之工作權、財產權實有違背，聲請釋憲。[1]
解釋爭點	退輔會之房舍土地處理要點，禁出嫁女繼承之規定違憲？
解釋文	中華民國人民，無分男女，在法律上一律平等；國家應促進兩性地位之實質平等，憲法第7條暨增修條文第10條第6項定有明文。國家機關為達成公行政任務，以私法形式所為之行為，亦應遵循上開憲法之規定。行政院國軍退除役官兵輔導委員會發布之「本會各農場有眷場員就醫、就養或死亡開缺後房舍土地處理要點」，固係基於照顧榮民及其遺眷之生活而設，第配耕國有農場土地，為對榮民之特殊優惠措施，與一般國民所取得之權利或法律上利益有間。受配耕榮民與國家之間，係成立使用借貸之法律關係。配耕榮民死亡或借貸之目的使用完畢時，主管機關原應終止契約收回耕地，俾國家資源得合理運用。主管機關若出於照顧遺眷之特別目的，繼續使其使用、耕作原分配房舍暨土地，則應考量眷屬之範圍應否及於子女，並衡酌其謀生、耕作能力，是否確有繼續輔導之必要，依男女平等原則，妥為規劃。上開

---

[1]　〈被奪去財產權之女兒──釋字第457號解釋〉，《臺灣女人》，https://women.nmth.gov.tw/?p=20015。

	房舍土地處理要點第4點第3項：「死亡場員之遺眷如改嫁他人而無子女者或僅有女兒，其女兒出嫁後均應無條件收回土地及眷舍，如有兒子准由兒子繼承其權利」，其中規定限於榮民之子，不論結婚與否，均承認其所謂繼承之權利，與前述原則不符。主管機關應於本解釋公布之日起6個月內，基於上開解釋意旨，就相關規定檢討，妥為處理。
釋憲要點	行政院國軍退除役官兵輔導委員會69年7月11日發布之「本會各農場有眷場員就醫、就養或死亡開缺後房舍土地處理要點」，係國家為因應政府遷臺初期客觀環境之需要，安置國軍退除役官兵，照顧此等有眷榮民之生活，經由行政院國軍退除役官兵輔導委員會將所經營之國有農場耕地配予榮民耕種，乃對榮民所採之特殊優惠措施，與一般國民所取得之權利或法律上利益有間。受配耕榮民與國家之間，係成立使用借貸之法律關係。使用借貸為無償契約，屬貸與人與借用人間之特定關係。配耕榮民死亡或依借貸之目的使用完畢時，主管機關原應終止契約收回耕地，俾國家資源得合理運用。主管機關若出於照顧遺眷之特別目的，使其繼續使用、耕作原分配房舍暨土地，則應考量眷屬之範圍應否及於子女，並衡酌其謀生、耕作能力，是否確有繼續輔導之必要，使具相同法律上身分地位者，得享同等照顧，依男女平等原則，妥為規劃。上開房舍土地處理要點第4點第3項：「死亡場員之遺眷如改嫁他人而無子女者或僅有女兒，其女兒出嫁後均應無條件收回土地及眷舍，如有兒子准由兒子繼承其權利」，其中規定限於榮民之子，無視其有無謀生能力及輔導必要，又不問結婚與否，均得繼承其權利。姑不論農場耕地之配耕可否作為繼承之標的，竟僅以性別及已否結婚，對特定女性為差別待遇，與男女平等原則有違。主管機關應於本解釋公布之日起6個月內，基於上開解釋意旨，就相關規定檢討，妥為處理。
相關法令	憲法第7條（36.1.1） 憲法增修條文第10條第6項（86.7.21） 行政院國軍退除役官兵輔導委員會各農場有眷場員就醫、就養或死亡開缺後房舍土地處理要點第4點第3項
評論或影響	根據國立臺灣歷史博物館所屬之《臺灣女人》網站對本釋憲案表示，雖然在民法繼承編中規定，女兒與兒子同樣擁有繼承權，具有性別平等之意義。然而，由於過去國人有「嫁出去之女兒，潑出去之水」的傳統觀念，故許多人仍然抱持一旦女性出嫁，就與娘家之財產、生活再無關聯之想法。而且立法機關或行政單位所訂定之法律或行政命令，有時甚至還存有此種性別歧視之規定。行政院國軍退除役官兵輔導委員會發布之「本會各農場有眷場員就醫、就養或死亡開缺後房舍土地處理要點」就是其中一例，因此在本釋字中，被大法官宣告違憲。[2]

2　同前註。

第485號	眷村改建原眷戶優惠案
時間	民國88年5月28日
案情	為加速更新國軍老舊眷村，提高土地使用經濟效益，興建住宅照顧原眷戶及中低收入戶，協助地方政府取得公共設施用地，並改善都市景觀。[3]當時國民黨政府於85年1月12日立法通過「國軍老舊眷村改建條例」，規定由政府編列特別預算5,000多億元，對老舊眷村進行改建。但民進黨立法委員蘇煥智等55人認為該條例違反憲法第7條平等原則，遂提請釋憲，其理由有3點：1.獨厚特定少數原眷戶，使其能享有承購依國軍老舊眷村改建條例興建之住宅及政府給與之補助購宅款等優厚權益，幾乎形同政府立法贈送原眷戶一戶一屋，不動產在現今社會中價值不菲，原眷戶只要依規定於5年後轉手即可獲暴利。老舊眷村改建無非是為了解決原眷戶居住安全問題，不應採贈售房屋此種不合理、不正義收買圖利他人方式為之；2.依該條例所建造住宅，乃動用國家資源卻僅圖利特定身分之人士，而此特定人士又不乏軍將官等非弱勢人士，且配贈坪數竟捨生活實際需要，而以退伍時職階高低為標準，即使於同為軍眷身分族群中亦不平等；3.其他與國軍老舊眷村有相同情況之中央各部會及學校眷村卻未能享有同樣之權益，明顯違反平等原則。[4]
解釋爭點	眷村改建條例等法規就原眷戶之優惠規定違憲？
解釋文	憲法第7條平等原則並非指絕對、機械之形式上平等，而係保障人民在法律上地位之實質平等，立法機關基於憲法之價值體系及立法目的，自得斟酌規範事物性質之差異而為合理之區別對待。促進民生福祉乃憲法基本原則之一，此觀憲法前言、第1條、基本國策及憲法增修條文第10條之規定自明。立法者基於社會政策考量，尚非不得制定法律，將福利資源為限定性之分配。國軍老舊眷村改建條例及其施行細則分別規定，原眷戶享有承購依同條例興建之住宅及領取由政府給與輔助購宅款之優惠，就自備款部分得辦理優惠利率貸款，對有照顧必要之原眷戶提供適當之扶助，其立法意旨與憲法第7條平等原則尚無牴觸。 惟鑑於國家資源有限，有關社會政策之立法，必須考量國家之經濟及財政狀況，依資源有效利用之原則，注意與一般國民間之平等關係，就福利資源為妥善之分配，並應斟酌受益人之財力、收入、家計負擔及須照顧之必要性妥為規定，不得僅以受益人之特定職位或身分作為區別對待之唯一依據；關於給付方式及額度之規定，亦應力求與受益人之基本生活需求相當，不得超過達成目的所需必要限度而給予明顯過度之照顧。立法機關就上開條例與本解釋意旨未盡相符之部分，應通盤檢討改進。

---

3 〈國軍老舊眷村改建條例（民國85年）〉，《維基文庫》，2011年11月16日，https://is.gd/jjIWpE。

4 〈從財政觀點看陸一特補償預算〉，《新台灣國策智庫》，2011年3月7日，http://pausan.eip.pumo.com.tw/article_detail/632。

釋憲要點	眷村是否為老舊而有改建之必要,應依眷舍之實際狀況並配合社區更新之需要而為決定,不得僅以眷村興建完成之日期為概括之認定,以免浪費國家資源。86年11月26日修正之同條例第5條第1項後段「原眷戶死亡者,由配偶優先承受其權益;原眷戶與配偶均死亡者,由其子女承受其權益,餘均不得承受其權益」之規定,固係以照顧遺眷為目的,但不問其子女是否確有由國家照顧以解決居住困難之必要,均賦與其承購房地並領取與原眷戶相同補助之權利,不無明顯過度照顧之處。又該條例第24條第1項規定:「由主管機關配售之住宅,除依法繼承者外,承購人自產權登記之日起未滿五年,不得自行將住宅及基地出售、出典、贈與或交換。」然其購屋款項既主要來自國家補助,與純以自費取得之不動產者有間,則立法機關自應考慮限制承購人之處分權,例如限制其轉售對象及轉售價格或採取其他適當措施,使有限資源得為有效之利用。上開條例規定與限定分配國家資源以實現實質平等之原則及資源有效利用之原則未盡相符,立法機關就其與本解釋意旨不符之部分,應通盤檢討改進。
相關法令	憲法前言、第1、7條、基本國策章(36.1.1) 國軍老舊眷村改建條例第3條第1項、第5條第1項(86.11.26) 國軍老舊眷村改建條例第20條、第24條第1項(85.2.5) 國軍老舊眷村改建條例施行細則第9條(85.7.23)
評論或影響	有學者認為,此號解釋案可清楚發覺政府對某些特定社群成員顯然照顧過多。大法官對於國軍老舊眷村改建條例規定原眷戶有承購住宅及領取由政府給與輔助購宅款之優惠,且就自備款部分得辦理優惠利率貸款等,雖然不忍遽予苛責其與憲法第7條平等原則有違,但也明白指陳,國家資源有限,有關社會政策之立法,必須考量國家之經濟及財政狀況,依資源有效利用之原則,注意與一般國民間之平等關係,就福利資源為妥善之分配,並應斟酌受益人之財力、收入、家計負擔及須顧及之必要性妥為規定,不得僅以受益人之特定職位或身分作為區別對待之唯一依據,關於給付方式及額度之規定,亦應力求與受益人之基本生活需求相當,不得超過達成目的所需必要限度而給予明顯過度之照顧。大法官此番宣告某種程度反映羅爾斯(John Rawls)之機會原則與差別原則思維,但卻鄉愿地僅單純要求立法院通盤檢討,但立法院根本沒有理會大法官之諄諄教誨,所以就如同周志宏教授所言,大法官給個說法又有何用?[5]

5　顧立雄,〈平等與正義——《大法官,給個說法!3》序文〉,《司法改革雜誌》,第80期,2010年10月30日,https://digital.jrf.org.tw/articles/2085。

第593號 汽燃費徵配辦法徵收案

時間	民國94年4月8日
案情	蔡○智擁有汽缸排汽量為150,097CC自用小客車一部，於87年7月間收到交通部委託臺北市監理處，依據公路法第27條及汽車燃料使用費徵收及分配辦法，對聲請人之車輛，作出徵收87年度汽燃費新臺幣4,800元之行政處分。聲請人雖繳交該筆費用，惟不服上揭徵收汽車燃料使用費之行政處分，循序提起訴願、再訴願，遞遭決定駁回。嗣提起行政訴訟，亦遭最高行政法院92年度判字第351號判決駁回確定，聲請釋憲。
解釋爭點	汽燃費徵配辦法徵收對象、方式等規定違憲？
解釋文	國家基於一定之公益目的，對特定人民課予繳納租稅以外之金錢義務，涉及人民受憲法第15條保障之財產權，其課徵目的、對象、額度應以法律定之，或以法律具體明確之授權，由主管機關於授權範圍內以命令為必要之規範。該法律或命令規定之課徵對象，如係斟酌事物性質不同所為之合目的性選擇，其所規定之課徵方式及額度如與目的之達成具有合理之關聯性，即未牴觸憲法所規定之平等原則與比例原則。 73年1月23日修正公布之公路法第27條第1項規定：「公路主管機關，為公路養護、修建及安全管理所需經費，得徵收汽車燃料使用費；其徵收費率，不得超過燃料進口或出廠價格百分之五十」，已就汽車燃料使用費之徵收目的、對象及額度上限予以明定；同條第2項並具體明確授權交通部會商財政部，訂定汽車燃料使用費徵收及分配辦法，其授權之目的、範圍及內容均有明確之規定，與授權明確性原則並無不合。主管機關基於上開授權於86年9月26日修正發布汽車燃料使用費徵收及分配辦法，其第2條規定：「凡行駛公路或市區道路之各型汽車，除第四條規定免徵之車輛，均依本辦法之規定，徵收汽車燃料使用費」。第3條規定：「汽車燃料使用費按各型汽車每月耗油量，依附表費額，由交通部或委託省（市）分別代徵之。其費率如下：一、汽油每公升新臺幣二點五元。柴油每公升新臺幣一點五元（第1項）。前項耗油量，按各型汽車之汽缸總排氣量、行駛里程及使用效率計算之（第2項）。」均未逾越公路法之授權範圍，符合憲法第23條法律保留原則之要求。上開辦法第2條所定之徵收對象、第3條所定之徵收方式，並未牴觸憲法第7條之平等原則與憲法第23條之比例原則。汽車燃料使用費與使用牌照稅之徵收亦不生雙重課稅之問題。
釋憲要點	國家基於一定之公益目的，對特定人民課予繳納租稅以外之金錢義務，涉及人民受憲法第15條保障之財產權，其課徵之目的、對象、額度應以法律定之，或依法律具體明確授權，由主管機關以命令為必要之規範。而有關繳納金錢之義務，則應本於正當之立法目的，在必要範圍內對適當之對象以合理之方式、額度予以課徵，以符合憲法所規定之平等原則與比例原則。 國家對特定人民課徵金錢給付義務，應以法律明定徵課之目的、對象與額度，如以法律具體明確授權主管機關以命令為必要之規範，應就授權法律整體規定之關聯意

	義，綜合判斷立法機關之授權是否符合授權明確原則，及行政主管機關之命令是否逾越母法授權或與之牴觸。73年1月23日修正公布之公路法第27條第1項規定：「公路主管機關，為公路養護、修建及安全管理所需經費，得徵收汽車燃料使用費；其徵收費率，不得超過燃料進口或出廠價格百分之五十」；同條第2項前段授權交通部會商財政部，訂定汽車燃料使用費徵收及分配辦法。同法第75條並規定汽車所有人不依規定繳納汽車燃料使用費者，公路主管機關應限期通知其繳納。是公路法已就汽車燃料使用費之徵收目的、對象及徵收費率之上限予以明定，並就徵收方式及徵收後之分配辦法，授權主管機關訂定。其授權之目的、範圍及具體內容均已明確規定，符合授權明確性原則。
相關法令	憲法第7、15、23條（36.1.1） 公路法第27、75條（73.1.23） 汽車燃料使用費徵收及分配辦法第2、3條（86.9.26）
評論或影響	現行之隨車課徵方式，以車輛種類、使用燃料類別（汽、柴油）及汽缸排氣量來劃分等級，對於同一排氣量之汽車所有人無論行駛里程數多寡，每期均負擔相同費額之汽車燃料使用費，無法反映實際使用情形及不符使用者付費之精神。燃料費應採隨油徵收，如同空污法，回歸使用者付費模式，將有效減少空氣污染與碳排放，同時符合量能課稅原則。臺灣人均碳排放量全球第一，除了許多高污染工業外，大量汽機車也難辭其咎，而燃料費這種打混仗之徵收方式，就是導致汽機車污染高居不下之主因之一。如果燃料費改為隨油徵收，勢必使大量使用燃料、製造大量污染與碳排放之汽機車，受到成本升高之壓力，而設法減少燃料使用，從而減少空污與碳排放，有利改善空氣品質。[6]

第647號 配偶間贈與免稅案

時間	民國97年10月9日
案情	前太平洋電信董事長孫○存於88至89年間，贈與同居女友顏○高達1.6億元台哥大股票。財政部臺北市國稅局認聲請人上開移轉應屬贈與，除補徵贈與稅外並處罰鍰。孫○存自認與顏○同居多年，已有實質婚姻關係，認為是夫妻間贈與，沒有贈與稅問題，循序提起復查、訴願、行政訴訟。最高行政法院96年度判字第590號判決，以渠等既無婚姻關係，即非遺產及贈與稅法第20條所稱配偶間相互贈與或同法第5條第6款所定二親等以內親屬之贈與，駁回聲請人之上訴。聲請人因而主張上開最高行政法院判決，所適用之遺產及贈與稅法第20條第1項第6款，未賦予事實上夫妻

6　李宣佑，〈遲遲不願進步的政府：論汽燃費隨油徵收〉，《財稅脈動》，2019年11月19日，https://www.taiwantaxresearch.com/article_detail/70.htm。

	與法律上配偶相同之待遇，有牴觸憲法第7條平等原則及第19條租稅法律主義之疑義，並侵害聲請人憲法第15條所保障之財產權，聲請釋憲。
解釋爭點	遺贈法第20條限配偶間贈與免稅違平等原則？
解釋文	遺產及贈與稅法第20條第1項第6款規定，配偶相互贈與之財產不計入贈與總額，乃係對有法律上婚姻關係之配偶間相互贈與，免徵贈與稅之規定。至因欠缺婚姻之法定要件，而未成立法律上婚姻關係之異性伴侶未能享有相同之待遇，係因首揭規定為維護法律上婚姻關係之考量，目的正當，手段並有助於婚姻制度之維護，自難認與憲法第7條之平等原則有違。
釋憲要點	憲法第7條揭示之平等原則非指絕對、機械之形式上平等，而係保障人民在法律上地位之實質平等。人民有依法律納稅之義務，憲法第19條定有明文。法律如設例外或特別規定，在一定條件下減輕或免除人民租稅之負擔，而其差別待遇具有正當理由，即與平等原則無違（釋字第565、635號解釋參照）。 遺產及贈與稅法第20條第1項第6款規定，配偶相互贈與之財產不計入贈與總額，乃係對有法律上婚姻關係之配偶間相互贈與，免徵贈與稅之規定，雖以法律上婚姻關係存在與否為分類標準，惟因屬免徵贈與稅之差別待遇，且考量贈與稅之課徵，涉及國家財政資源之分配，與公共利益之維護及國家政策之推動緊密相關，立法機關就其內容之形成本即享有較大之裁量空間，是倘系爭規定所追求之目的正當，且分類標準與差別待遇之手段與目的間具有合理關聯，即符合平等原則之要求。 查系爭規定就配偶間財產權之移轉免徵贈與稅，係立法者考量夫妻共同生活，在共同家計下彼此財產難以清楚劃分等現實情況，基於對婚姻制度之保護所訂定，目的洵屬正當。復查有配偶之人於婚姻關係外與第三人之結合，即使主觀上具有如婚姻之共同生活意思，客觀上亦有長期共同生活與共同家計之事實，但既已違背一夫一妻之婚姻制度，甚或影響配偶之經濟利益，則系爭規定之差別待遇，自非立法者之恣意，因與維護婚姻制度目的之達成有合理關聯，故與憲法第7條之平等權保障並無牴觸。 至於無配偶之人相互間主觀上具有如婚姻之共同生活意思，客觀上亦有共同生活事實之異性伴侶，雖不具法律上婚姻關係，但既與法律上婚姻關係之配偶極為相似，如亦有長期共同家計之事實，則系爭規定未就二人相互間之贈與免徵贈與稅，即不免有違反平等權保障之疑慮。惟查立法機關就婚姻關係之有效成立，訂定登記、一夫一妻等要件，旨在強化婚姻之公示效果，並維持倫理關係、社會秩序以及增進公共利益，有其憲法上之正當性。基此，系爭規定固僅就法律上婚姻關係之配偶，其相互間之贈與免徵贈與稅，惟係為維護法律上婚姻關係之考量，目的正當，手段並有助於婚姻制度之維護，自難認與平等原則有違。至鑑於上開伴侶與具法律上婚姻關係之配偶間之相似性，立法機關自得本於憲法保障人民基本權利之意旨，斟酌社會之變遷及文化之發展等情，在無損於婚姻制度或其他相關公益之前提下，分別情形給予適度之法律保障，併此指明。

相關法令	憲法第7、15、19條（36.1.1） 司法院釋字第565、635號解釋 遺產及贈與稅法第20條第1項第6款（93.6.2）
評論或影響	大法官認為，除了合法婚姻外，非合法之實質婚姻也應受到法律保障，「鑑於伴侶與具法律婚姻關係配偶間之『相似性』，立法院應斟酌社會變遷及文化發展情形，給予適度法律保障」，但前提必須「無損婚姻制度或其他相關公益」。此本釋憲案大法官明確指出法律也保障「非合法之婚姻」，但強調「婚外情」不在保障之列，人稱「反小三條款」。亦即法律只保障「無損一夫一妻婚姻制度」前提下之「非合法婚」，孫○存與顏○間違反「前提」，故他們之「婚姻關係」被認定「有損」一夫一妻婚姻制度，是婚外情，不在合法婚姻之保障之列，既非夫妻間之贈與，當然要繳贈與稅。[7] 該釋憲案影響了後來之婚姻官司，例如前三立新聞主播林○芝、醫師洪○凱於97年6月在國賓飯店舉辦婚宴，但未去戶政事務所登記。98年6月間，林女發現洪男仍與婚前女友過從甚密之簡訊，憤而離家，並於當年8月辭職後出國。洪男因此提出解除婚約，並要求返還價值約320萬元之聘金、賓士跑車、鑽戒、鑽表、金飾等聘禮；林女則反控對方不忠、騙婚，要求索賠220萬元。洪男稱曾多次催促林女去登記結婚，但被對方用各種理由推託，顯示林女故意違反婚約，林女還盜取、列印其手機簡訊，已構成解除婚約之重大事由。林女反駁稱，婚後共同生活，電腦帳號密碼是夫妻共用，不是非法盜用。士林地院法官引用釋字第647號解釋指出，「事實夫妻雖非合法婚姻關係，仍應予適度法律保障」，認定洪男解除婚約屬「權利濫用」而無效，林女不須退還聘禮。另林女控訴對方不忠、騙婚而索賠220萬元，法官同樣認定，林女無法證明是因洪男之違約導致婚約無法履行，因此判決洪男亦不用賠償。[8]

第666號　罰娼不罰嫖案

時間	民國98年11月6日
案情	98年5月到9月間，兩位宜蘭地院簡易庭法官林俊廷、楊坤樵在受理社會秩序維護法對性工作者之裁罰案件時，依照當時社會秩序維護法第80條第1項第1款規定：「意圖得利與人姦、宿者，處三日以下拘留或新臺幣三萬元以下罰鍰。」處罰對象為「提供性交易服務」者，而不包括「付錢買性服務」之客人，罰娼但不罰嫖。受裁罰人有49歲女性，每次性交易之代價300元，亦有41歲、51歲及59歲之中高齡女

7　張文川，〈大法官釋字647號／法官認定主播沒違反婚約〉，《自由時報》，2011年4月25日，https://news.ltn.com.tw/news/society/paper/487149。
8　〈女主播悔嫁劈腿男 320萬聘禮判免還〉，《天秤座法律網》，https://www.justlaw.com.tw/News01.php?id=5697。

	性，每次性交易之獲利僅數百元。該等法官認為若非為了生活，這些中高齡女子，實在不需要為了區區數百元提供性服務。故認為上開規定，有牴觸憲法第7、23條之疑義，分別裁定停止審判，聲請釋憲。[9]
解釋爭點	社會秩序維護法第80條第1項第1款意圖得利與人姦宿處罰鍰規定違憲？
解釋文	社會秩序維護法第80條第1項第1款就意圖得利與人姦、宿者，處3日以下拘留或新臺幣3萬元以下罰鍰之規定，與憲法第7條之平等原則有違，應自本解釋公布之日起至遲於2年屆滿時，失其效力。
釋憲要點	憲法第7條所揭示之平等原則非指絕對、機械之形式上平等，而係保障人民在法律上地位之實質平等，要求本質上相同之事物應為相同之處理，不得恣意為無正當理由之差別待遇。法律為貫徹立法目的，而設行政罰之規定時，如因處罰對象之取捨，而形成差別待遇者，須與立法目的間具有實質關聯，始與平等原則無違。 為貫徹維護國民健康與善良風俗之立法目的，行政機關可依法對意圖得利而為性交易之人實施各種健康檢查或宣導安全性行為等管理或輔導措施；亦可採取職業訓練、輔導就業或其他教育方式，以提升其工作能力及經濟狀況，使無須再以性交易為謀生手段；或採行其他有效管理措施。而國家除對社會經濟弱勢之人民，盡可能予以保護扶助外，為防止性交易活動影響第三人之權益，或避免性交易活動侵害其他重要公益，而有限制性交易行為之必要時，得以法律或授權訂定法規命令，為合理明確之管制或處罰規定。凡此尚須相當時間審慎規劃，系爭規定應自本解釋公布之日起至遲於2年屆滿時，失其效力。
相關法令	憲法第7、23條（36.1.1） 社會秩序維護法第80條第1項第1款（105.6.1）
評論或影響	大法官在此釋字案中未建議應全面公娼除罪化，僅規定相關單位應於2年內另定合理之管理制度，故被各界批評為半套釋憲。後來行政院於100年7月修正社會秩序維護法，授權地方政府設立「性工作專區」，該法於同年11月4日獲立法院三讀通過。該修正法律規定，凡專區內進行性交易，娼嫖都不罰，專區外性交易，娼嫖都處3萬元以下罰鍰。但此修法遭長期關心性產業之「日日春關懷互助協會」等團體抗議，痛批政府公娼除罪化政策跳票。雖然政府早已通過地方政府可設立「性工作專區」，但至今沒有任何縣市設立該專區。時任大法官陳新民認為，此解釋文雖從主張嫖娼平等權出發，但未能夠進一步論究「娼妓行為無處罰」之合憲依據，只能算是討論了一半，這是「鋸箭法」式且「未完成」之釋憲。解釋文援引平等權只作為不贊成單方面處罰娼妓之立論，這與平等權要求立法者要「相同對待」之精神，完全不符，這種「拖嫖客下水」之訴求，對弱勢之娼妓權益有何助益？對援引平等

9　〈2009年11月6日：大法官作出666號解釋，但性工作者的處境，並沒有得到改善〉，《一起讀判決》，2020年11月6日，https://casebf.com/2020/11/06/j666/。

	權又有何實益可言？只有導入娼妓與嫖客皆「無罪」之立法待遇，才對娼妓之權利有所幫助。人民擁有性自主權、公序良俗概念已嫌落伍僵化，基於對弱勢族群之生計照顧，政府應制定類似「性工作者扶助與保護法」，貫徹憲法保障從事性交易之弱勢國民權益。[10]

第675號 對經營不善金融機構非存款債務不賠付案

時間	民國99年4月9日
案情	財團法人基隆市文化基金會於95年10月12日、17日及11月22日，分3次以新臺幣1,000萬元、1,900萬元及1,700萬元，向中華銀行購買經行政院金融監督管理委員所核准發行之第95-5期、第95-6期及第95-7期次順位金融債券，並依序訂有各該期次金融債券發行要點，於該要點第6條規定付息及償還本金之方式。嗣該銀行因財務危機聲請重整，引發存款擠兌，行政院金融監督管理委員會乃指定中央存款保險公司予以接管，並辦理資產標售，以完成經營不善金融機構之退場處理。聲請人認爲此時中華商業銀行已形同公司破產、清算或重整，且該行亦未依要點第6點給付利息，經催告多次未果，乃依據民法第234條及要點第10點規定，聲請解除契約及返還本金。案經臺灣臺北地方法院駁回，復經臺灣高等法院以行政院金融重建基金設置及管理條例第4條第5項「非存款債務不予賠付」規定予以駁回，最高法院97年度臺上字第2252號民事判決駁回確定，聲請人爰以系爭規定違反憲法第7條平等權保障，聲請釋憲。[11]
解釋爭點	金融重建基金設置及管理條例，對經營不善金融機構非存款債務不賠付之規定違憲？
解釋文	94年6月22日修正公布之行政院金融重建基金設置及管理條例第4條第5項，關於「本條例修正施行後，主管機關或農業金融中央主管機關處理經營不善金融機構時，該金融機構非款債務不予賠付」之規定，就非存款債務不予賠付部分，旨在增進行政院金融重建基金之使用效益，保障金融機構存款人權益及穩定金融信用秩序，其目的洵屬正當，該手段與立法目的之達成具有合理關聯性，與憲法第7條規定尚無牴觸。
釋憲要點	憲法第7條規定，中華民國人民在法律上一律平等，其內涵並非指絕對、機械之形式上平等，而係保障人民在法律上地位之實質平等，立法機關基於憲法之價值體系及立法目的，自得斟酌規範事物性質之差異而爲合理之區別對待（釋字第485、596號解釋參照）。

10 陳志賢，〈8位大法官提意見書 嫖娼是否沒事 半套釋憲沒解〉，《中國時報》，2009年11月7日，http://gsrat.net/news/newsclipDetail.php?ncdata_id=5569。
11 〈大法官會議解釋第675號〉，《保成學儒法政網》，http://www.public.tw/prog/allenj/Pcsr2013/OnlinePublicationsForExplanationDetail/5/75。

	90年7月9日制定公布之行政院金融重建基金設置及管理條例第5條第3項原規定：「中央存款保險公司依存款保險條例第十五條第一項、第十七條第二項前段規定辦理時，得申請運用本基金，全額賠付經營不善金融機構之存款及非存款債權。」此規定於94年6月22日修正公布爲第4條第5項：「本條例修正施行後，主管機關或農業金融中央主管機關處理經營不善金融機構時，該金融機構非存款債務不予賠付。」將行政院金融重建基金賠付債務之範圍，由原規定全額賠付經營不善金融機構之存款及非存款債務，改爲僅就存款債務予以賠付，對上開條例於94年修正施行後發生之非存款債務不予賠付。系爭規定回歸存款保險制度，就存款及非存款債務是否予以賠付作差別待遇，旨在增進重建基金之使用效益，保障金融機構存款人權益及穩定金融信用秩序（存款保險條例第1條及行政院金融重建基金設置及管理條例第1條規定參照），其立法目的洵屬正當。 重建基金賠付之範圍究應限於存款債務，或尚應包括非存款債務，既涉及重建基金應如何有效分配與運用之問題，立法機關自得斟酌國家財政狀況及維護金融市場秩序之必要性，而爲適當之決定。況存款債務與非存款債務之法律性質究屬不同，且重建基金之設置，在於確保存款人對於金融機構之信心，以穩定金融信用秩序。立法機關考量重建基金規模有限，爲減輕該重建基金之負擔，使重建基金之運用更有效率，系爭規定乃修正就非存款債務不予賠付，該手段與立法目的之達成具有合理關聯性，與憲法第7條規定尚無牴觸。
相關法令	憲法第7條（36.1.1） 司法院釋字第485、488、596號解釋 行政院金融重建基金設置及管理條例第1條、第4條第5項（94.6.22） 行政院金融重建基金設置及管理條例第5條（90.7.9） 存款保險條例第1條、第15條第1項、第17條第2項前段（104.2.4） 銀行法第62條（104.6.24）
評論或影響	此號釋憲案之所以認爲未違憲，其原因爲： 1. 金融重建基金條例第4條第5項規定於94年6月22日修正增訂非存款債權不予賠付規定之理由在於「增進重建基金之使用效益，保障金融機構存款人權益及穩定金融信用秩序」（存款保險條例第1條及金融重建基金條例第1條規定參照），其立法目的洵屬正當。 2. 金融重建基金賠付之範圍如何，涉及重建基金之分配及運用問題，立法者得斟酌國家財政狀況及維護金融市場秩序之必要性，爲適當之決定；且存款債務及非存款債務之法律性質不同，是立法者基於重建基金設置之目的在於穩定金融市場秩序，考慮重建基金有限及更有效率運用該基金，上開規定限制不予賠付非存款債務，該手段與目的間具合理關聯性，與憲法第7條尚無牴觸。[12]

12　〈釋憲案件〉，《李永裕律師事務所》，https://www.lyy.tw/case/case6/。

第694號 所得稅法以扶養其他親屬或家屬減除免稅額案

時間	民國100年12月30日
案情	郭○娥於92、94至96年度綜合所得稅結算申報，分別列報扶養其他親屬免稅額，經財政部臺灣省北區國稅局以該其他親屬未符合系爭規定未滿20歲或滿60歲之要件，予以剔除。聲請人不服，提起行政訴訟敗訴確定，認終局確定判決所適用之系爭規定，關於年齡之限制，有違憲疑義，聲請釋憲。
解釋爭點	所得稅法以扶養其他親屬或家屬須未滿20歲或年滿60歲始得減除免稅額之規定，違憲？
解釋文	90年1月3日修正公布之所得稅法第17條第1項第1款第4目規定：「按前三條規定計得之個人綜合所得總額，減除下列免稅額及扣除額後之餘額，為個人之綜合所得淨額：一、免稅額：納稅義務人按規定減除其本人、配偶及合於下列規定扶養親屬之免稅額；……（四）納稅義務人其他親屬或家屬，合於民法第一千一百十四條第四款及第一千一百二十三條第三項之規定，未滿二十歲或滿六十歲以上無謀生能力，確係受納稅義務人扶養者。」其中以「未滿二十歲或滿六十歲以上」為減除免稅額之限制要件部分（100年1月19日修正公布之所得稅法第17條第1項第1款第4目亦有相同限制），違反憲法第7條平等原則，應自本解釋公布日起，至遲於屆滿1年時，失其效力。
釋憲要點	憲法第7條所揭示之平等原則非指絕對、機械之形式上平等，而係保障人民在法律上地位之實質平等，要求本質上相同之事物應為相同之處理，不得恣意為無正當理由之差別待遇（釋字第547、584、596、605、614、647、648、666號解釋參照）。法規範是否符合平等權保障之要求，其判斷應取決於該法規範所以為差別待遇之目的是否合憲，其所採取之分類與規範目的之達成之間，是否存有一定程度之關聯性而定（釋字第682號解釋參照）。 90年1月3日修正公布之所得稅法第17條第1項第1款第4目規定：「按前三條規定計得之個人綜合所得總額，減除下列免稅額及扣除額後之餘額，為個人之綜合所得淨額：一、免稅額：納稅義務人按規定減除其本人、配偶及合於下列規定扶養親屬之免稅額；……（四）納稅義務人其他親屬或家屬，合於民法第一千一百十四條第四款及第一千一百二十三條第三項之規定，未滿二十歲或滿六十歲以上無謀生能力，確係受納稅義務人扶養者。」（100年1月19日修正公布之所得稅法第17條第1項第1款第4目規定，就有關以「未滿二十歲或滿六十歲以上」為減除免稅額之限制要件部分亦同；上開第4目規定以下簡稱系爭規定），其減除免稅額之要件，除受扶養人須為納稅義務人合於上開民法規定之親屬或家屬，無謀生能力並確係受納稅義務人扶養者外，且須未滿20歲或滿60歲以上。系爭規定之年齡限制，使納稅義務人扶養滿20歲而未滿60歲無謀生能力之其他親屬或家屬，卻無法同樣減除免稅額，形成因受扶養人之年齡不同而為差別待遇。

相關法令	司法院釋字第547、584、596、605、614、647、648、666、682號解釋 所得稅法第17條第1項第1款第4目（100.1.19） 民法第1114條第4項、第1123條第2項（104.6.10） 財政部100年11月21日台財稅字第10004134920號函
評論或影響	修正前所得稅法第17條規定，對於列報扶養其他親屬有年齡限制，納稅義務人之其他親屬或家屬合於民法第1114條第4款及第1123條第3項規定，未滿20歲或滿60歲以上無謀生能力，確係受納稅義務人扶養，始得列報減除該等受扶養親屬免稅額，其中「未滿二十歲或滿六十歲以上無謀生能力」之列報減除限制條件，經司法院釋字第694號解釋，違反憲法第7條平等原則。財政部乃進行修法，以符合上開解釋意旨及落實保障賦稅人權。所得稅法第17條於101年12月5日修正公布，放寬納稅義務人列報減除扶養其他親屬或家屬免稅額之限制條件，只要納稅義務人其他親屬或家屬，合於民法第1114條第4款及第1123條第3項之規定，未滿20歲，或滿20歲以上而因在校就學、身心障礙或無謀生能力，確係受納稅義務人扶養者，即可列報為扶養親屬，並從申報101年度綜合所得稅時開始適用。高雄國稅局特別提醒，所得稅法有關免稅額減除之立法目的，係以稅捐之優惠使納稅義務人對特定親屬或家屬善盡其法定扶養義務，因此納稅義務人列報扶養其他親屬或家屬免稅額時，仍應注意須符合上開適用條件，以免遭剔除補稅。[13]

第696號　夫妻所得申報案

時間	民國101年1月20日
案情	女教授蔡○雪與丈夫分居20多年，原本申報綜所稅，只要繳交16萬1,000多元，因不知分居丈夫有其他所得，被國稅局追繳補稅54萬餘元，行政訴訟敗訴定讞後聲請釋憲。[14]
解釋爭點	1.所得稅法規定夫妻非薪資所得合併計算申報稅額，違憲？ 2.財政部76年函關於分居夫妻依個人所得總額占夫妻所得總額之比率計算其分擔應納稅額，違憲？
解釋文	78年12月30日修正公布之所得稅法第15條第1項規定：「納稅義務人之配偶，及合於第十七條規定得申報減除扶養親屬免稅額之受扶養親屬，有前條各類所得者，應由納稅義務人合併報繳。」（該項規定於92年6月25日修正，惟就夫妻所得應由納稅義務人合併報繳部分並無不同。）其中有關夫妻非薪資所得強制合併計算，較之

---

13 〈納稅義務人列報減除扶養其他親屬或家屬免稅額之適用條件〉，《財政部高雄國稅局》，2018年11月6日，https://www.ntbk.gov.tw/singlehtml/a4f96be5acb44053b5d6007c0276637b?cntId=70f173eebd2542e7bca566ea5c10a546。

14 郭石城，〈莫忘來時路／1月20日——夫妻終於可分開稅〉，《中國時報》，2015年1月20日，https://www.chinatimes.com/newspapers/20150120000462-260109?chdtv。

	單獨計算稅額，增加其稅負部分，違反憲法第7條平等原則，應自本解釋公布之日起至遲於屆滿2年時失其效力。 財政部76年3月4日台財稅第7519463號函：「夫妻分居，如已於綜合所得稅結算申報書內載明配偶姓名、身分證統一編號，並註明已分居，分別向其戶籍所在地稽徵機關辦理結算申報，其歸戶合併後全部應繳納稅額，如經申請分別開單者，准按個人所得總額占夫妻所得總額比率計算，減除其已扣繳及自繳稅款後，分別發單補徵。」其中關於分居之夫妻如何分擔其全部應繳納稅額之計算方式規定，與租稅公平有違，應不予援用。
釋憲 要點	按婚姻與家庭植基於人格自由，為社會形成與發展之基礎，受憲法制度性保障（釋字第554號解釋參照）。如因婚姻關係之有無而為稅捐負擔之差別待遇，致加重夫妻之經濟負擔，則形同對婚姻之懲罰，而有違憲法保障婚姻與家庭制度之本旨，故系爭規定所形成之差別待遇是否違反平等原則，應受較為嚴格之審查，除其目的須係合憲外，所採差別待遇與目的之達成間亦須有實質關聯，始合於平等原則。查系爭規定之立法目旨在忠實反映家計單位之節省效果、避免納稅義務人不當分散所得、考量稽徵成本與財稅收入等因素。惟夫妻共同生活，因生活型態、消費習慣之不同，未必產生家計單位之節省效果，且縱有節省效果，亦非得為加重課徵所得稅之正當理由。又立法者固得採合併計算制度，以避免夫妻間不當分散所得，惟應同時採取配套措施，消除因合併計算稅額，適用較高級距累進稅率所增加之負擔，以符實質公平原則。再立法者得經由改進稽徵程序等方式，以減少稽徵成本，而不得以影響租稅公平之措施為之。至於維持財政收入，雖攸關全民公益，亦不得採取對婚姻與家庭不利之差別待遇手段。綜上所述，系爭規定有關夫妻非薪資所得強制合併計算，較之單獨計算稅額，增加其稅負部分，因與上述立法目的之達成欠缺實質關聯，而與憲法第7條平等原則有違。
相關 法令	憲法第7、15、23條（36.1.1） 司法院釋字第318、547、554、584、596、605、614、647、648、666、682、694號解釋 所得稅法第15條第1項（78.12.30）（92.6.25） 所得稅法第15條第2項前段（78.12.30）（92.6.25） 財政部76年3月4日台財稅第7519463號函 財政部77年3月25日台財稅第770653347號函
評論或 影響	以往夫妻間非薪資所得必須強制合併計算報稅，有如懲罰婚姻，此號解釋宣告違憲。立法院因此於104年元月初修正所得稅法，夫妻非薪資所得總算可分開計稅。按所得稅法修正條文，夫妻課稅仍以家戶為單位，除薪資所得外，包含租金、獎金、股利、利息、執行業務等其他所得可分開計稅。且納稅義務人只要與配偶分居，即得各自依法辦理結算申報及計算稅額。此外，若有納稅義務人與配偶有感情不睦或婚姻暴力因素分居，導致合併申報及計算有困難，只要提出分居達半年以上證明，或家暴保護令等法院證明，就能各自辦理。此號釋字固然造成一般分居夫妻

報稅困擾，但拯救許多因家暴卻因故離不了婚者，不致爲了報稅而擔心莫名增加負擔。此新法讓約65萬戶受惠，政府整體稅收雖短少150億，卻讓稅制更公平。[15]

第701號　長期照護醫藥費列舉扣除額差別待遇案

時間	民國101年7月6日
案情	曹○民申報94年度綜合所得稅時，列報受其扶養、需長期照護親屬之醫藥費爲列舉扣除額，計68萬餘元。財政部北區國稅局依94年12月28日修正公布之所得稅法第17條第1項第2款第2目的3前段規定，認定其中46萬餘元非醫療費用，亦非該規定所定之醫療院所出具之收據，而予剔除，並補徵應納稅額1,950元。聲請人不服行政訴訟敗訴確定後，認系爭規定限定醫藥費出具之醫療院所，違反憲法平等原則，聲請釋憲。
解釋爭點	身心失能無力自理生活須長期照護者之醫藥費，限以付與所得稅法所定醫療院所始得列舉扣除，違憲？
解釋文	94年12月28日修正公布之所得稅法第17條第1項第2款第2目的3前段規定：「（二）列舉扣除額：……3.醫藥費：納稅義務人及其配偶或受扶養親屬之醫藥費……，以付與公立醫院、公務人員保險特約醫院、勞工保險特約醫療院、所，或經財政部認定其會計紀錄完備正確之醫院者爲限」（上開規定之「公務人員保險特約醫院、勞工保險特約醫療院、所」，於97年12月26日經修正公布爲「全民健康保險特約醫療院、所」，規定意旨相同），就身心失能無力自理生活而須長期照護者（如失智症、植物人、極重度慢性精神病、因中風或其他重症長期臥病在床等）之醫藥費，亦以付與上開規定之醫療院所爲限始得列舉扣除，而對於付與其他合法醫療院所之醫藥費不得列舉扣除，與憲法第7條平等原則之意旨不符，在此範圍內，系爭規定應不予適用。
釋憲要點	憲法第7條規定人民之平等權應予保障。法規範是否符合平等權保障之要求，其判斷應取決於該法規範所以爲差別待遇之目的是否合憲，其所採取之分類與規範目的之達成之間，是否存有一定程度之關聯性而定（釋字第682、694號解釋參照）。 憲法第15條規定，人民之生存權應予保障。又憲法第155條規定，人民之老弱殘廢，無力生活，及受非常災害者，國家應予以適當之扶助與救濟。國家所採取保障人民生存與生活之扶助措施原有多端，租稅優惠亦屬其中之一環。依系爭規定，納稅義務人就受長期照護者所支付之醫藥費，一律以付與上開醫療院所爲限，始得列舉扣除，而對因受國家醫療資源分配使用及上開醫療院所分布情形之侷限，而至上開醫療院所以外之其他合法醫療院所就醫所支付之醫藥費，卻無法列舉扣除，將影響受長期照護者生存權受憲法平等保障之意旨。故系爭規定所形成之差別待遇是否

15　同前註。

	違反平等原則，應受較為嚴格之審查，除其目的須係合憲外，所採差別待遇與目的之達成間亦須有實質關聯，始與憲法平等原則之意旨相符（釋字第694號解釋參照）。
相關法令	憲法第7、15、155條（36.1.1） 司法院釋字第682、694號解釋 所得稅法第17條第1項第2款第2目之3前段（94.12.28）（97.12.26）
評論或影響	學者李惠卿表示，由於照顧身心失能無力自理之長者與重病患者，對家庭經濟負擔相當可觀，每人每月動輒至少花費數萬元，為了減輕照護家庭稅負，現行所得稅法第17條第1項第2款第2目之3規定，護理之家機構及居家護理機構，必須屬依法立案之公立單位，或與全民健康保險具有特約關係者，始可申報醫藥及生育費列舉扣除額。其他非屬上述機構或非由上述機構醫護專業人員提供之居家照護服務費用，則不得申報列舉扣除，突顯稅制對於居家照顧者之不公平。第701號解釋認為，上開規定與憲法第7條平等原則之意旨不符，應不予適用，但對於居家照護之看護費能否抵稅，卻未作解釋。[16]

第727號　不同意眷村改建處罰案

時間	民國104年2月6日
案情	1.楊○榮等122人分別係不同眷村之原眷戶，因不同意所居住眷村辦理改建，聲請人等不服臺北高等行政法院100年度訴更一字第215號及102年度訴字第419號國軍老舊眷村改建條例事件，認應適用之同規定及其關於註銷部分，未設除斥期間，有牴觸憲法第23條比例原則，侵害人民受憲法第10條、第15條保障之居住自由及財產權，聲請釋憲。 2.臺北高等行政法院第5庭曹瑞卿、黃桂興、張國勳為審理臺北高等行政法院100年度訴更一字第215號國軍老舊眷村改建條例事件時，對於應適用之國軍老舊眷村改建條例第2條規定，認為有牴觸憲法第23條所定比例原則，侵害人民受憲法第10、15條所保障之居住自由及財產權之疑義，聲請釋憲。
解釋爭點	對不同意眷村改建之眷戶，主管機關得逕行註銷其眷舍居住憑證及原眷戶權益之規定，違憲？
解釋文	85年2月5日制定公布之國軍老舊眷村改建條例（下稱眷改條例）第22條規定：「規劃改建之眷村，其原眷戶有四分之三以上同意改建者，對不同意改建之眷戶，主管機關得逕行註銷其眷舍居住憑證及原眷戶權益，收回該房地，並得移送管轄之地方法院裁定後強制執行。」（96年1月3日修正公布將四分之三修正為三分之二，並改

---

16 李惠卿，〈從我國失能人口之長期照護問題談租稅因應政策〉，《立法院》，2013年3月1日，https://www.ly.gov.tw/Pages/Detail.aspx?nodeid=6586&pid=84602。

	列為第1項）對於不同意改建之原眷戶得逕行註銷其眷舍居住憑證及原眷戶權益部分，與憲法第7條之平等原則尚無牴觸。惟同意改建之原眷戶除依眷改條例第5條第1項前段規定得承購住宅及輔助購宅款之權益外，尚得領取同條例施行細則第13條第2項所定之搬遷補助費及同細則第14條所定之拆遷補償費，而不同意改建之原眷戶不僅喪失前開承購住宅及輔助購宅款權益，並喪失前開搬遷補助費及拆遷補償費；況按期搬遷之違占建戶依眷改條例憲法第23條規定，尚得領取拆遷補償費，不同意改建之原眷戶竟付之闕如；又對於因無力負擔自備款而拒絕改建之極少數原眷戶，應為如何之特別處理，亦未有規定。足徵眷改條例尚未充分考慮不同意改建所涉各種情事，有關法益之權衡並未臻於妥適，相關機關應儘速通盤檢討改進。
釋憲要點	憲法第7條平等原則並非指絕對、機械之形式上平等，而係保障人民在法律上地位之實質平等，立法機關基於憲法之價值體系及立法目的，自得斟酌規範事物性質之差異而為合理之差別待遇。法規範是否符合平等原則之要求，應視該法規範所以為差別待遇之目的是否合憲，及其所採取之分類與規範目的之達成間，是否存有一定程度之關聯性而定（釋字第682、694、701、719、722號解釋參照）。國家機關為達成公行政任務，以私法形式所為之行為，亦應遵循上開憲法之規定（釋字第457號解釋參照）。立法機關就各種社會給付之優先順序、規範目的、受益人範圍、給付方式及額度等有關規定，自有充分之形成自由，得斟酌對人民保護照顧之需求及國家財政狀況等因素，制定法律，將福利資源為限定性之分配（釋字第485號解釋參照），倘該給付規定所以為差別待遇之目的係屬正當，且所採手段與目的之達成間具合理關聯，即與平等原則無違。
相關法令	憲法第7條（36.1.1） 司法院釋字第457、485、682、694、701、719、722號解釋 國軍老舊眷村改建條例第5、22、23條（85.2.5） 國軍老舊眷村改建條例第22條第1項（96.1.3） 國軍老舊眷村改建條例施行細則第13、14條（85.7.23）
評論或影響	此號釋憲案之解釋有利加速老舊眷村改建，此外政府為因應大法官之解釋意見，以落實眷改政策之一致性與公平性，於隔（105）年11月30日通過國軍老舊眷村改建條例部分條文修正案，增訂不同意改建之原眷戶，在強制執行完畢前，自主管機關通知之日起3個月內配合騰空點還房地者，也可以領取拆遷補償，保障眷戶權益。

憲法第8條
有關正當程序之釋憲案

有關訴訟當事人之釋憲案

　　所謂「訴訟當事人」為民事訴訟程序之主體，包括：1.以自己之名義請求法院行使審判權之人；2.被請求行使審判權之對造當事人。當事人因程序不同，而有各種不同之稱謂：1.於第一審審判程序，稱「原告」及「被告」；2.在上訴審，稱「上訴人」及「被上訴人」；3.於督促程序、保全程序、強制執行程序，稱「債權人」及「債務人」；4.在聲請證據保全、起訴前之調解程序，稱「聲請人」及「相對人」；5.在抗告程序，稱「抗告人」，但並無被抗告人之稱呼。[1]本文蒐整5件關於訴訟當事人較具代表性之大法官釋憲案，以供參考。

第271號　刑事訴訟程序中不利益於被告之合法上訴案

時間	民國79年12月20日
案情	經臏○企業有限公司負責人胡○因涉違反商標法案件，於72年提起自訴，迭經臺北地方法院板橋分院以72年度自字第443號裁定駁回自訴，於73年度自更字第13號判決聲請人無罪，臺灣高等法院於73年度上訴字第2197號判決駁回上訴，最高法院73年度台上字第5863號判決駁回上訴，判決書並已送達聲請人，但事隔數月聲請人突接最高法院74年度台上字第1628號判決書「撤銷原（高院）判決，發回臺灣高等法院更審」，臺灣高等法院即以74年度上更（一）字第245號判決聲請人有罪並處有期徒刑8月，聲請人上訴三審，最高法院以75年度台上字第123號判決駁回，聲請人因法院未依法定程序，聲請釋憲。
解釋爭點	認程序上駁回上訴有重大違誤之判決不生實質確定力之判例違憲？
解釋文	刑事訴訟程序中不利益於被告之合法上訴，上訴法院誤為不合法，而從程序上為駁回上訴之判決確定者，其判決固屬重大違背法令，惟既具有判決之形式，仍應先依非常上訴程序將該確定判決撤銷後，始得回復原訴訟程序，就合法上訴部分進行審判。否則即與憲法第8條第1項規定人民非依法定程序不得審問處罰之意旨不符。最高法院25年上字第3231號判例，於上開解釋範圍內，應不再援用。

1　陳毅弘、李由，〈當事人〉，《三民輔考》，https://www.3people.com.tw/%E7%9F%A5%E8%AD%98/%E7%95%B6%E4%BA%8B%E4%BA%BA-1/%E5%85%AC%E8%81%B7%E8%80%83%E8%A9%A6/706805be-2948-4f60-a15c-aa7546ddd2f1。

釋憲要點	憲法第8條第1項規定：「人民身體之自由應予保障，除現行犯之逮捕由法律另定外，非經司法或警察機關依法定程序，不得逮捕拘禁。非由法院依法定程序，不得審問處罰」。又刑事訴訟法第1條第1項規定：「犯罪，非依本法或其他法律所定之訴訟程序，不得追訴、處罰」。刑事訴訟程序因判決確定而終結者，不論為實體上之判決或程序上之判決，均生法律上之羈束力，其有重大違背法令之情形者，依釋字第135號解釋，雖不生效力，惟就不利益於被告之合法上訴所為駁回上訴之程序上判決，依院字第790號解釋意旨，在未經法定程序撤銷其判決前，自不得回復原訴訟程序，逕行審問處罰。 刑事訴訟程序之實施，應保障當事人之合法訴訟權，並兼顧被告對於裁判效力之信賴及國家刑罰權之正確行使。刑事訴訟程序中不利益於被告之合法上訴，上訴法院誤為不合法，而從程序上為駁回上訴之判決確定者，其判決固屬重大違背法令，惟既具有判決之形式，足使被告信賴其羈束力，依上開說明，仍應先依非常上訴程序將該確定判決撤銷後，始得回復原訴訟程序，就合法上訴部分進行審判。否則即與憲法第8條第1項規定人民非依法定程序不得審問處罰之意旨不符。最高法院25年上字第3231號判例，認此種駁回上訴之程序上判決，不發生實質上之確定力，得再逕行為實體上裁判，於上開解釋範圍內，應不再援用。
相關法令	憲法第8條第1項（36.1.1） 司法院院字第790號解釋 司法院釋字第135號解釋 刑事訴訟法第1條第1項（79.8.3） 最高法院25年上字第3231號刑事判例
評論或影響	根據最高法院109年台非字第135號刑事判決表示：刑事訴訟程序中不利益於被告之合法上訴，上訴法院誤為不合法，從程序上為駁回上訴之判決確定者，依釋字第271號解釋，應先依非常上訴程序將該確定判決撤銷後，始得回復原訴訟程序，再就合法上訴部分進行審判，否則即與憲法第8條第1項規定人民非依法定程序不得審判處罰之意旨不符。至利益於被告之合法上訴，上訴法院誤為不合法而從程序上駁回上訴之判決確定者，並不在上開解釋之範圍內，且因此種程序上判決，本不發生實質上之確定力，自可逕依合法之上訴，進行審判，毋庸先依非常上訴程序撤銷。又最重本刑為3年以下有期徒刑、拘役或專科罰金之罪，經第二審法院撤銷第一審法院所為無罪、免訴、不受理或管轄錯誤之判決，改諭知有罪之判決者，被告或得為被告利益上訴之人得上訴於第三審法院，刑事訴訟法第376條第1項第1款定有明文。

第306號　辯護人應以被告名義上訴案

時間	民國81年10月16日
案情	林○華因涉嫌貪污案件，經臺北地方法院板橋分院於77年1月21日以76年度訴字第646號刑事判決處聲請人有期徒刑5年，褫奪公權3年，聲請人不服上開判決，曾由○然法律事務所之承辦人以李○然律師之名義為聲請人之選任辯護人，並依刑事訴訟法第346條之規定為被告之利益上訴臺灣高等法院，而於上訴後，原第一審法院並未依刑事訴訟法第362條規定以聲請人之上訴不合法律上之程序裁定駁回聲請人之上訴，甚而仍將第一審之案卷依上訴程序轉呈予臺灣高等法院以為第二審審判之用。而第二審法院於審理本案期間，非但通知接受聲請人本人出庭應訊，更接受聲請人所庭呈之聲請鑑定、履勘現場之請求及所為上訴理由之陳述，長達8個月過程中從未有聲請人之上訴不合法律上程式之表示，遽然於77年11月21日以77年度上訴字第668號刑事判決以上訴不合法律上程式而駁回聲請人之上訴，聲請人不服而上訴第三審法院，亦經最高法院於78年3月9日同一理由於78年度台上字第858號刑事判決駁回聲請人之上訴。聲請人認為最高法院78年度台上字第858號刑事確定判決適用刑事訴訟法第346條、司法院院解字第3027號解釋、最高法院53年台上字第2617號判例所為之解釋，牴觸憲法，聲請釋憲。
解釋爭點	認辯護人應以被告名義並為其利益上訴；其程式未備，不得補正等解釋判例違憲？
解釋文	院解字第3027號解釋及最高法院53年台上字第2617號判例，謂刑事被告之原審辯護人為被告之利益提起上訴，應以被告名義行之，在此範圍內，與憲法保障人民訴訟權之意旨，尚無牴觸。但上開判例已指明此係程式問題，如原審辯護人已為被告之利益提起上訴，而僅未於上訴書狀內表明以被告名義上訴字樣者，其情形既非不可補正，自應依法先定期間命為補正，如未先命補正，即認其上訴為不合法者，應予依法救濟。最高法院與上述判例相關連之69年台非字第20號判例，認該項程式欠缺之情形為無可補正，與前述意旨不符，應不予援用。
釋憲要點	刑事訴訟法第346條規定：「原審之代理人或辯護人得為被告之利益而上訴。但不得與被告明示之意思相反。」司法院據此於34年11月22日作成院解字第3027號解釋：「刑事被告之原審辯護人，雖得依刑事訴訟法第338條，為被告利益提起上訴，但既非獨立上訴，無論是否為公設辯護人，其上訴均應以被告名義行之。」最高法院53年台上字第2617號判例要旨亦謂：「刑事被告之原審辯護人雖得為被告利益提起上訴，但既非獨立上訴，其上訴應以被告名義行之。若以自己名義提起上訴，即屬違背法律上之程式。」在此範圍內，被告之上訴權，非僅未受限制，且因有原審辯護人之代為上訴，而可節省勞費、減少貽誤，與憲法保障人民訴訟權之意旨，尚無牴觸。但此種由原審辯護人以被告名義提起之上訴，係該辯護人之行為，而非被告之行為。其上訴書狀已否表明以被告名義上訴字樣，非被告所能注意。如上訴書狀未為此表明，上開判例亦指明乃係違背程序，其情形既非不可由原為上訴行為之該辯護人補正，依現行刑事訴訟法第362條但書、第367條但書、第384條但

	書等有關規定，法院或審判長，自仍應定期間先命補正。以免僅因辯護人對於上訴程式之疏忽，而使被告之上訴權受不測之損害。如未先命補正，即認其上訴為不合法而逕予駁回者，自應予以依法救濟。最高法院與上開判例相關連之69年台非字第20號判例謂：「原第二審選任之辯護律師，雖得為被告利益提起上訴，但其上訴係本於代理權作用，並非獨立上訴。乃竟不以被告名義行之，而以其自己名義提起，其上訴即難謂為合法。既無可補正，原第二審法院未定期間先命補正，亦難謂於法有違。」其中認該項程式欠缺之情形為無可補正部分，與前述意旨不符，應不予援用。
相關法令	憲法第16條（36.1.1） 司法院院解字第3027號解釋 刑事訴訟法第346、362、367、384條（79.8.3） 最高法院53年台上字第2617號刑事判例 最高法院69年台非字第20號刑事判例
評論或影響	此號釋憲案促使最高法院於85年9月10日第16次刑事庭會議決議，最高法院69年台非字第20號判例應不再援用，其理由為：原審辯護人已為被告之利益提起上訴，而僅未於上訴書狀內表明以被告名義上訴字樣者，其情形既非不可補正，自應依法先定期間命為補正，如未先命補正，即認其上訴為不合法者，應予依法救濟。[2]

第582號　共同被告罪證案

時間	民國93年7月23日
案情	徐○強與表哥黃○泉、表弟黃○棋及好友陳○隆於84年9月1日擄走建商黃○樹押往新北汐止山區，逼問說出家人聯絡方式後，黃○泉割喉殺死肉票。眾人就地埋屍，並向家屬勒贖7,000萬元。警方逮捕黃○棋與陳○隆，兩人供稱黃○泉、徐○強為共犯。黃○泉後來逃亡泰國被仇家殺死，徐○強於85年6月投案，並否認犯案。但檢方仍採信黃○棋與陳○隆供詞，將徐○強3人起訴。3人從一審到高院更五審都被依擄人勒贖殺人罪判死刑，89年4月最高法院判3人死刑定讞。徐○強始終不認罪，民間司改會等團體，律師團聲請釋憲。[3]
解釋爭點	共同被告不利己陳述得為他共同被告罪證之判例違憲？

2　〈最高法院刑事判例〉，《全國法規資料庫》，2023年3月31日，https://law.moj.gov.tw/LawClass/ExContent.aspx?ty=J&JC=B&JNO=20&JYEAR=69&JNUM=001&JCASE=%E5%8F%B0%E9%9D%9E。

3　〈複習大法官釋字582號解釋考題〉，《隨意窩》，2016年10月16日，https://blog.xuite.net/alex7018168/twblog/456916862#。

解釋文	憲法第16條保障人民之訴訟權，就刑事被告而言，包含其在訴訟上應享有充分之防禦權。刑事被告詰問證人之權利，即屬該等權利之一，且屬憲法第8條第1項規定「非由法院依法定程序不得審問處罰」之正當法律程序所保障之權利。為確保被告對證人之詰問權，證人於審判中，應依法定程序，到場具結陳述，並接受被告之詰問，其陳述始得作為認定被告犯罪事實之判斷依據。刑事審判上之共同被告，係為訴訟經濟等原因，由檢察官或自訴人合併或追加起訴，或由法院合併審判所形成，其間各別被告及犯罪事實仍獨立存在。故共同被告對其他共同被告之案件而言，為被告以外之第三人，本質上屬於證人，自不能因案件合併關係而影響其他共同被告原享有之上開憲法上權利。最高法院31年上字第2423號及46年台上字第419號判例所稱共同被告不利於己之陳述得採為其他共同被告犯罪（事實認定）之證據一節，對其他共同被告案件之審判而言，未使該共同被告立於證人之地位而為陳述，逕以其依共同被告身分所為陳述採為不利於其他共同被告之證據，乃否定共同被告於其他共同被告案件之證人適格，排除人證之法定調查程序，與當時有效施行中之24年1月1日修正公布之刑事訴訟法第273條規定牴觸，並已不當剝奪其他共同被告對該實具證人適格之共同被告詰問之權利，核與首開憲法意旨不符。該二判例及其他相同意旨判例，與上開解釋意旨不符部分，應不再援用。 刑事審判基於憲法正當法律程序原則，對於犯罪事實之認定，採證據裁判及自白任意性等原則。刑事訴訟法據以規定嚴格證明法則，必須具證據能力之證據，經合法調查，使法院形成該等證據已足證明被告犯罪之確信心證，始能判決被告有罪；為避免過分偏重自白，有害於真實發見及人權保障，並規定被告之自白，不得作為有罪判決之唯一證據，仍應調查其他必要之證據，以察其是否與事實相符。基於上開嚴格證明法則及對自白證明力之限制規定，所謂「其他必要之證據」，自亦須具備證據能力，經合法調查，且就其證明力之程度，非謂自白為主要證據，其證明力當然較為強大，其他必要之證據為次要或補充性之證據，證明力當然較為薄弱，而應依其他必要證據之質量，與自白相互印證，綜合判斷，足以確信自白犯罪事實之真實性，始足當之。最高法院30年上字第3038號、73年台上字第5638號及74年台覆字第103號判例，旨在闡釋「其他必要之證據」之意涵、性質、證明範圍及程度，暨其與自白之相互關係，且強調該等證據須能擔保自白之真實性，俾自白之犯罪事實臻於確信無疑，核其及其他判例相同意旨部分，與前揭憲法意旨，尚無牴觸。
釋憲要點	在正當法律程序下之刑事審判，犯罪事實應依證據認定之，即採證據裁判原則（釋字第384號解釋、17年7月28日公布之刑事訴訟法第282條、24年1月1日修正公布之同法第268條、56年1月28日修正公布之同法第154條前段及92年2月6日修正公布同法條第2項前段參照）。證據裁判原則以嚴格證明法則為核心，亦即認定犯罪事實所憑之證據，須具證據能力，且經合法調查，否則不得作為判斷之依據（56年1月28日及92年2月6日修正公布之刑事訴訟法第155條第2項參照）。所謂證據能力，係指證據得提出於法庭調查，以供作認定犯罪事實之用，所應具備之資格；此項資格必須證據與待證事實具有自然關聯性，符合法定程序，且未受法律之禁止或排除，始能具備。如證人須依法具結，其證言始具證據能力（前大理院4年非字第10號判

決例、最高法院34年上字第824號判例、現行本法第158條之3參照）；被告之自白，須非出於不正之方法，始具證據資格（17年7月28日公布之刑事訴訟法第280條第1項、24年1月1日修正公布同法第270條第1項、56年1月28日修正公布後同法第156條第1項參照）。

被告詰問證人之權利既係訴訟上之防禦權，又屬憲法正當法律程序所保障之權利。此等憲法上權利之制度性保障，有助於公平審判（釋字第442、482、512號解釋參照）及發見眞實之實現，以達成刑事訴訟之目的。為確保被告對證人之詰問權，證人（含其他具證據適格之人）於審判中，應依人證之法定程序，到場具結陳述，並接受被告之詰問，其陳述始得作為認定被告犯罪事實之判斷依據。至於被告以外之人（含證人、共同被告等）於審判外之陳述，依法律特別規定得作為證據者（刑事訴訟法第159條第1項參照），除客觀上不能受詰問者外，於審判中，仍應依法踐行詰問程序。刑事訴訟為發見眞實，並保障人權，除法律另有規定者外，不問何人，於他人之案件，有為證人之義務。刑事審判上之共同被告，係於訴訟經濟等原因，由檢察官或自訴人合併或追加起訴，或由法院合併審判所形成，其間各別被告及犯罪事實仍獨立存在，故共同被告對其他共同被告之案件而言，為被告以外之第三人，本質上屬於證人，其於該案件審判中或審判外之陳述，是否得作為其他共同被告之不利證據，自應適用上開法則，不能因案件合併之關係而影響其他共同被告原享有之上開憲法上權利。

相關法令	憲法第8條第1項、第16條（36.1.1） 司法院釋字第154、271、374、384、396、399、442、482、512、569號解釋 司法院大法官審理案件法第5條第1項第2款、第3項（82.2.3） 刑事訴訟法第154、155、156、158-3、159、166、166-1～166-7、167、167-1～167-7、299條（92.2.6） 刑事訴訟法第97、154、155、156、159、166、181、186、299條（56.1.28） 刑事訴訟法第173條第1項第3款（34.12.26） 刑事訴訟法第97、169、173、268、270、273、291條（24.1.1） 刑事訴訟法第61、100、106、280、282、286、315條（17.7.28） 法務部審核死刑案件執行實施要點（88.12.27） 最高法院18年上字第1087號判例、20年上字第1875號判例、29年上字第1648號判例、30年上字第3038號判例、31年上字第2423號判例、34年上字第824號判例、38年穗特覆第29號判例、46年台上字第170、419、809號判例、47年台上字第1578號判例、73年台上字第5638號判例、74年台覆字第10號判例
評論或影響	此號釋憲案闡明基於憲法第16條保障人民之訴訟權及憲法第8條第1項規定之正當法律程序所保障之權利，認為共同被告不利於己之陳述如得採為其他共同被告犯罪（事實認定）之證據，將否定共同被告於其他共同被告案件之證人適格，排除人證之法定調查程序，與刑事訴訟法第273條規定牴觸，且不當剝奪其他共同被告對該具實具證人適格之共同被告詰問之權利，故該等判例及其他相同意旨判例應不再援用。最高法院則認為有共犯關係與無共犯關係之共同被告之自白應給予不同評價，

不應一概認為其無效。[4]此解釋根本地提升我國刑事被告之人權，也就是同案共同被告之陳述對於被告而言仍然是證人之證言，必須要經過訴訟上之對質詰問才保障被告之訴訟權，尤其自白不能當作唯一且主要之裁判證據。[5]

第762號　審判中被告之卷證資訊獲知權案

時間	民國107年3月9日
案情	1.朱○星經臺灣高等法院臺南分院98年度重更（四）字第42號刑事判決判刑確定後，認該判決認定犯罪事實有誤，為進行訴訟救濟，向該院聲請交付卷內照片，經駁回後再行抗告，復最高法院認判決確定後，無辯護人之被告閱錄卷證之權利，雖可類推適用刑事訴訟法第33條第2項前段規定：「無辯護人之被告於審判中得預納費用請求付與卷內筆錄之影本」（下稱「系爭規定」），請求付與卷內筆錄之影本，但因刑案照片依其性質，應屬書證或證物，是其聲請付與刑案照片影本，於法不合，乃以其抗告無理由駁回確定，聲請釋憲。[6] 2.王○中為臺灣臺中地方法院106年度易字第3060號刑事案件被告，向臺灣臺中地方法院聲請交付該案審判卷證及偵查全卷光碟，經該院106年11月15日106年度易字第3060號刑事裁定以其無辯護人而聲請付與筆錄外之其他卷證資料，與系爭規定不符為由而駁回，因不得抗告而確定，聲請釋憲。[7]
解釋爭點	刑事訴訟法第33條第2項前段規定，未使被告得以適當方式適時獲知其被訴案件之卷宗及證物全部內容，是否違憲？
解釋文	刑事訴訟法第33條第2項前段規定：「無辯護人之被告於審判中得預納費用請求付與卷內筆錄之影本」，未賦予有辯護人之被告直接獲知卷證資訊之權利，且未賦予被告得請求付與卷內筆錄以外之卷宗及證物影本之權利，妨害被告防禦權之有效行使，於此範圍內，與憲法第16條保障訴訟權之正當法律程序原則意旨不符。有關機關應於本解釋公布之日起1年內，依本解釋意旨妥為修正。逾期未完成修正者，法院應依審判中被告之請求，於其預納費用後，付與全部卷宗及證物之影本。
釋憲要點	憲法第16條規定人民有訴訟權，旨在確保人民有受公平審判之權利，依正當法律程序之要求，刑事被告應享有充分之防禦權（本院釋字第654號解釋參照），包括被

4　黃翰威，〈大法官釋字第582號解釋對刑事訴訟程序之影響〉，《理律法律雜誌雙月刊》，2004年9月，頁18。
5　曾友俞，〈泛論釋字第789號：性別平等是價值而不是現實〉，《方格子》，2020年4月23日，https://vocus.cc/article/5ea19155fd897800014f7d9d。
6　月旦法學教室編輯部，〈釋字第762號解釋——審判中被告之卷證資訊獲知權案〉，《月旦法學教室》，第188期，2018年6月，http://lawdata.com.tw/tw/detail.aspx?no=412270。
7　同前註。

告卷證資訊獲知權，俾受公平審判之保障。據此，刑事案件審判中，原則上應使被告得以適當方式適時獲知其被訴案件之卷宗及證物全部內容。

系爭規定明定：「無辯護人之被告於審判中得預納費用請求付與卷內筆錄之影本。」是得直接獲知卷證資訊（請求付與筆錄影本）之人，僅限於審判中無辯護人之被告，而未及於有辯護人之被告；而得獲知卷證資訊之範圍，僅限卷內筆錄之影本，未及於筆錄以外其他被告被訴案件之卷宗及證物全部內容；又得獲知卷證資訊之方式，僅預納費用請求付與筆錄影本一途，未容許被告得以檢閱並抄錄或攝影等其他方式獲知卷證資訊。上開卷證資訊獲知權之主體、範圍及行使方式，是否符合正當法律程序之要求，須視被告充分防禦之需要、案件涉及之內容、卷證之安全、有無替代程序及司法資源之有效運用等因素，綜合判斷而為認定。

先就卷證資訊獲知權之主體而言，被告之卷證資訊獲知權，屬被告受憲法訴訟權保障應享有之充分防禦權，自得親自直接獲知而毋庸經由他人輾轉獲知卷證資訊，不因其有無辯護人而有異。況被告就其有無涉案及涉案內容相關事實之瞭解，為其所親身經歷，且就卷證資料中何者與被告之有效防禦相關，事涉判斷，容有差異可能，故辯護人之檢閱卷證事實上亦不當然可以完全替代被告之卷證資訊獲知權。系爭規定以「被告有辯護人者，得經由其辯護人閱卷，以利防禦權之行使」為由（立法院公報第96卷第54期，第137、138頁參照），而未賦予有辯護人之被告直接獲知卷證資訊之權利，與上開憲法保障訴訟權應遵循正當法律程序原則之意旨有違。

次就卷證資訊獲知權之範圍而言，刑事案件之卷宗及證物全部內容，係法院據以進行審判程序之重要憑藉。基於憲法正當法律程序原則，自應使被告得以獲知其被訴案件之卷宗及證物全部內容，俾有效行使防禦權。系爭規定以「筆錄以外之文書等證物，仍應經由法官於審判中依法定調查證據方法，使無辯護人之被告獲知其內容」為由（立法院公報第96卷第54期，第137、138頁參照），而未使被告得適時獲知卷內筆錄以外之卷宗及證物全部內容，致被告無法於法院調查證據時，對筆錄以外卷宗及證物相關證據資料充分表示意見，有礙其防禦權之有效行使，與上開憲法保障訴訟權應遵循正當法律程序原則之意旨有違。

末就卷證資訊獲知權之行使方式而言，查96年增訂系爭規定時，係以「因被告本身與審判結果有切身利害關係，如逕將全部卷證交由被告任意翻閱，將有特別加強卷證保護作為之勞費，其被告在押者，且將增加提解在押被告到法院閱卷所生戒護人力之沈重負擔，為保障無辯護人之被告防禦權，並兼顧司法資源之有效運用，爰增訂第2項前段。」為由（立法院公報第96卷第54期，第137、138頁參照），未賦予被告親自檢閱卷證原本之權利，其考量尚屬有據。惟時至今日複製技術、設備已然普及，系爭規定所稱之影本，在解釋上應及於複本（如翻拍證物之照片、複製電磁紀錄及電子卷證等）。基於影本與原本通常有同一之效用，故系爭規定所定預納費用付與影本（解釋上及於複本）之卷證資訊獲知方式，無礙被告防禦權之有效行使，與憲法保障正當法律程序原則之意旨尚無牴觸。至被告如有非檢閱卷證不足以有效行使防禦權之情事時，並得經審判長或受命法官許可後，在確保卷證安全之前提下，適時檢閱之，以符憲法保障被告訴訟權之意旨，自屬當然。

	綜上，除有刑事訴訟法第33條第2項但書規定所示得限制之情形外，系爭規定未賦予有辯護人之被告直接獲知卷證資訊之權利，且未賦予被告得請求付與卷內筆錄以外之卷宗及證物影本之權利，妨害被告防禦權之有效行使，於此範圍內，與憲法第16條保障訴訟權之正當法律程序原則意旨不符。有關機關應於本解釋公布之日起1年內，依本解釋意旨妥為修正。逾期未完成修正者，法院應依審判中被告（不論有無辯護人）請求，於其預納費用後，付與全部卷宗及證物之影本。
相關法令	憲法第16條（36.1.1） 司法院釋字第654號解釋 司法院大法官審理案件法第5條第1項第2款（82.2.3） 刑事訴訟法第33條第2項（106.11.16）
評論或影響	根據刑事訴訟法第33條第2項前段規定，能夠「直接」獲知卷證資訊（請求付與筆錄影本）者，僅限於審判中「無辯護人」之被告，未及於「有辯護人」之被告，且獲知卷證資訊範圍又僅限於筆錄影本，未及於筆錄以外其他卷宗及證物全部內容。有辯護人之刑事被告若想知道跟自己案件有關之卷宗或證物內容，需透過辯護人行使閱卷權，即便身為作為案件被告卻無法自行取得。同時，同樣作為刑事被告，若無選任辯護人，則獲悉卷宗資訊就僅只於聲請交付「筆錄」影本而已，對於筆錄以外之證物與全部內容同樣無從得知，便無法對這些「證據」表示詳盡之意見，進而無法有效行使防禦權。對此，大法官認為，此規定有礙被告防禦權之有效行使，因而作出「應使被告得以獲知其被訴案件之卷宗及證物全部內容，俾有效行使防禦權」之決議，可說是人權又一大進步，值得肯定。[8]

第789號　性侵害犯罪被害人警詢陳述案

時間	民國109年2月27日
案情	曾○逸涉及對未成年人之強制性交罪，經檢察官提起公訴，臺灣臺北地方法院以95年度訴緝字第110號刑事判決處有期徒刑6年。聲請人上訴後，臺灣高等法院96年度上訴字第220號刑事判決改判處有期徒刑3年10月，嗣經最高法院99年度台上字第1975號刑事判決確定。聲請人認確定終局判決適用之性侵害犯罪防治法第17條第1款規定，以被害人向司法警察所為陳述為認定聲請人有罪證據之一，侵害其受憲法保障之訴訟權與正當法律程序，聲請釋憲。
解釋爭點	性侵害犯罪防治法第17條第1款有關被害人警詢陳述，得為證據之規定，是否違憲？

8　司法流言終結者，〈刑事被告之卷證獲知權：大法官釋字762後之各種疑義〉，《鳴人堂》，2018年10月11日，https://opinion.udn.com/opinion/story/12322/3416043。

解釋文	94年2月5日修正公布之性侵害犯罪防治法第17條第1款規定：「被害人於審判中有下列情形之一，其於檢察事務官、司法警察官或司法警察調查中所為之陳述，經證明具有可信之特別情況，且為證明犯罪事實之存否所必要者，得為證據：一、因性侵害致身心創傷無法陳述者。」旨在兼顧性侵害案件發現真實與有效保護性侵害犯罪被害人之正當目的，為訴訟上採為證據之例外與最後手段，其解釋、適用應從嚴為之。法院於訴訟上以之作為證據者，為避免被告訴訟上防禦權蒙受潛在不利益，基於憲法公平審判原則，應採取有效之訴訟上補償措施，以適當平衡被告無法詰問被害人之防禦權損失。包括在調查證據程序上，強化被告對其他證人之對質、詰問權；在證據評價上，法院尤不得以被害人之警詢陳述為被告有罪判決之唯一或主要證據，並應有其他確實之補強證據，以支持警詢陳述所涉犯罪事實之真實性。於此範圍內，系爭規定與憲法第8條正當法律程序及第16條訴訟權之保障意旨均尚無違背。
釋憲要點	本於憲法第8條及第16條所保障之人身自由與訴訟權，刑事被告應享有依正當法律程序之原則，受法院公平審判之權利，於訴訟上尤應保障其享有充分之防禦權（釋字第65、762號解釋參照），包含對證人之對質、詰問之權利（釋字第384、582、636號解釋參照）。為落實憲法正當法律程序原則，刑事訴訟法所建構之刑事審判制度，應採取證據裁判原則與嚴格證明法則，法院就具證據能力之證據，經合法調查程序，形成足以顯示被告犯罪之確信心證，始能判決被告罪刑。 基於被告受憲法保障之訴訟上防禦權，其於審判中對證人對質、詰問之權利，應受最大可能之保障。基此，被害人未到庭接受詰問之審判外陳述，原則上不得作為證據。於性侵害案件，立法者為減少被害人受二度傷害等重要利益，而以法律為例外規定，承認被害人向司法警察所為陳述具證據能力，如其規定足以確保審判外陳述作為證據之最後手段性，且就被告因此可能蒙之防禦權損失，有適當之衡平補償，使被告仍享有充分防禦權之保障，即與憲法第8條正當法律程序原則及第16條訴訟權之保障意旨無違。 刑事訴訟為發現真實，並保障人權，除法律另有規定者外，不問何人，於他人之案件，有為證人之義務（刑事訴訟法第176條之1參照），包括犯罪被害人在內。而為確保被告訴訟上之防禦權，經傳喚作證之證人，原則上應依法到場具結陳述，並接受被告之詰問，其陳述始得作為認定被告犯罪事實之判斷依據。證人經傳喚而未於審判時到場者，被告即無從對其對質、詰問，有不利於被告防禦權之虞。是性侵害案件，被害人無法到庭陳述並接受詰問，而例外依系爭規定以合於前述意旨之警詢陳述作為證據者，於後續訴訟程序，為避免被告訴訟上防禦權蒙受潛在不利益，法院基於憲法公平審判原則，應採取有效之訴訟上補償措施，以適當平衡被告無法詰問被害人之防禦權損失。包括在調查證據程序上，強化被告對其他證人之對質、詰問權；在證據評價上，法院尤不得以被害人之警詢陳述為被告有罪判決之唯一或主要證據，並應有其他確實之補強證據，以支持警詢陳述所涉犯罪事實之真實性。
相關法令	憲法第8、16條（36.1.1） 司法院釋字第384、582、636、654、762號解釋

	司法院大法官審理案件法第5條第1項第2款（82.2.3） 刑事訴訟法第159、176-1條（92.2.6） 性侵害犯罪防治法第16條及第17條第1款（94.2.5） 性侵害犯罪防治法第16、17條（104.12.23）
評論或 影響	為兼顧被告訴訟權與性犯罪被害人之保護，此號釋憲案對性侵害犯罪防治法第17條第1款進行合憲性限縮解釋，要求法院適用該條時必須嚴格審查必要性，一旦引入審判外陳述，在審判中必須給予被告衡平補償，包括提供被告對於其他證人之對質詰問機會，並以其他證據補強被害人之警詢陳述，法院不得以被害人之警詢陳述作為被告有罪判決之唯一或主要證據。[9]此號釋憲案再度重申當事人有與證人對質或詰問證人之權利，強調透過正當法律程序之保障，作為行使防禦權之重要內容，希望在訴訟中能夠滿足被告之防禦權，對不利證人進行對質詰問。[10]

有關人身自由之釋憲案

　　人身自由又稱「人身不可侵犯」，指人民有「身體活動自由」，不受國家非法干涉，亦即防止國家非法之逮捕、拘禁及加諸在個人身上之強制行為，為一切人權之起點及基礎。若無人身自由，則其他權利將失其依據。因此，人民身體自由享有充分保障，乃行使憲法所保障其他自由權利之前提。美國政治家派屈克·亨利（Patrick Henry）於1775年3月23日舉行之第二次維吉尼亞公約會議上，發表演講時就高呼：「不自由，毋寧死！」（Give me liberty, or give me death!），可見自由權之重要性。現在各國之憲法亦將人民之自由權明文入憲，以具體保障人民之權益，我國憲法中有關自由權主要規定於第8條。本文蒐整11件關於人身自由較具代表性之大法官釋憲案，以供參考。

9　李佳玟，〈被告訴訟權與性侵害被害人保護之失衡——評司法院釋字第789號解釋〉，《臺北大學法學論叢》，第117期，2020年3月，頁213。

10　涂冠宇、高珮瓊，〈釋字789號解釋研討會側記（上）〉，《台灣刑事辯護律師協會》，2020年8月26日，https://is.gd/nf7naK。

第535號　警察實施臨檢案

時間	民國90年12月14日
案情	李○富87年1月15日晚間9時，行經臺北市重陽橋時，因臺北市政府警察局保安大隊在該處執行道路臨檢勤務，見他於夜間獨自行走，即要求出示身分證件檢查遭拒絕，警員即強行搜索身體，李○富一時氣憤以三字經辱罵警員。案經臺灣士林地方法院87年度易更字第5號判決及臺灣高等法院88年度上易字第881號刑事判決，以李○富係於警員依警察勤務條例第11條第3款「依法」執行職務時，當場侮辱公務員，而被認定其行為該當刑法第140條第1項之於公務員依法執行職務時當場侮辱罪，而處以拘役聲請釋憲。[11]
解釋 爭點	警察勤務條例實施臨檢之規定違憲？
解釋文	警察勤務條例規定警察機關執行勤務之編組及分工，並對執行勤務得採取之方式加以列舉，已非單純之組織法，實兼有行為法之性質。依該條例第11條第3款，臨檢自屬警察執行勤務方式之一種。臨檢實施之手段：檢查、路檢、取締或盤查等不問其名稱為何，均屬對人或物之查驗、干預，影響人民行動自由、財產權及隱私權等甚鉅，應恪遵法治國家警察執勤之原則。實施臨檢之要件、程序及對違法臨檢行為之救濟，均應有法律之明確規範，方符憲法保障人民自由權利之意旨。 上開條例有關臨檢之規定，並無授權警察得不顧時間、地點及對象任意臨檢、取締或隨機檢查、盤查之立法本意。除法律另有規定外，警察執行場所之臨檢勤務，應限於已發生危害或依客觀、合理判斷易生危害之處所、交通工具或公共場所為之，其中處所為私人居住之空間者，應受住宅相同之保障；對人實施之臨檢則須以有相當理由足認其行為已構成或即將發生危害者為限，且均應遵守比例原則，不得逾越必要程度。臨檢進行前應對在場者告以實施之事由，並出示證件表明其為執行人員之身分。臨檢應於現場實施，非經受臨檢人同意或無從確定其身分或現場為之對該受臨檢人將有不利影響或妨礙交通、安寧者，不得要求其同行至警察局、所進行盤查。其因發現違法事實，應依法定程序處理者外，身分一經查明，即應任其離去，不得稽延。前述條例第11條第3款之規定，於符合上開解釋意旨範圍內，予以適用，始無悖於維護人權之憲法意旨。現行警察執行職務法規有欠完備，有關機關應於本解釋公布之日起2年內依解釋意旨，且參酌社會實際狀況，賦予警察執行勤務時應付突發事故之權限，俾對人民自由與警察自身安全之維護兼籌並顧，通盤檢討訂定，併此指明。

11　李羿萱，〈警察臨檢黑與白——兼論司法院釋字535號〉，《國考加分誌》，2021年7月5日，https://plus.public.com.tw/article-20210705-2344-1。

釋憲要點	有關臨檢之規定，既無授權警察人員得不顧時間、地點及對象任意臨檢、取締或隨機檢查、盤查之立法本意。除法律另有規定（諸如刑事訴訟法、行政執行法、社會秩序維護法等）外，警察人員執行場所之臨檢勤務，應限於已發生危害或依客觀、合理判斷易生危害之處所、交通工具或公共場所爲之，其中處所爲私人居住之空間者，並應受住宅相同之保障；對人實施之臨檢則須以有相當理由足認其行爲已構成或即將發生危害者爲限，且均應遵守比例原則，不得逾越必要程度，儘量避免造成財物損失、干擾正當營業及生活作息。至於因預防將來可能之危害，則應採其他適當方式，諸如：設置警告標誌、隔離活動空間、建立戒備措施及加強可能遭受侵害客體之保護等，尚不能逕予檢查、盤查。臨檢進行前應對受臨檢人、公共場所、交通工具或處所之所有人、使用人等在場者告以實施之事由，並出示證件表明其爲執行人員之身分。臨檢應於現場實施，非經受臨檢人同意或無從確定其身分或現場爲之對該受臨檢人將有不利影響或妨礙交通、安寧者，不得要求其同行至警察局、所進行盤查。其因發現違法事實，應依法定程序處理者外，身分一經查明，即應任其離去，不得稽延。前述條例第11條第3款於符合上開解釋意旨範圍內，予以適用，始無悖於維護人權之憲法意旨。又對違法、逾越權限或濫用權力之臨檢行爲，應於現行法律救濟機制內，提供訴訟救濟（包括賠償損害）之途徑：在法律未爲完備之設計前，應許受臨檢人、利害關係人對執行臨檢之命令、方法、應遵守之程序或其他侵害利益情事，於臨檢程序終結前，向執行人員提出異議，認異議有理由者，在場執行人員中職位最高者應即爲停止臨檢之決定，認其無理由者，得續行臨檢，經受臨檢人請求時，並應給予載明臨檢過程之書面。上開書面具有行政處分之性質，異議人得依法提起行政爭訟。現行警察執行職務法規有欠完備，有關機關應於本解釋公布之日起2年內依解釋意旨，且參酌社會實際狀況，賦予警察人員執行勤務時應付突發事故之權限，俾對人民自由與警察自身安全之維護兼籌並顧，通盤檢討訂定，併此指明。
相關法令	憲法第8、15、23條（36.1.1） 司法院大法官審理案件法第5條第1項第2款（82.2.3） 刑事訴訟法第128、128-1條（90.1.12） 警察法第2、3條（86.4.23） 警察勤務條例第3、4、5、6、7、8、9、10、11條（89.7.5） 行政執行法（89.6.21） 社會秩序維護法（80.6.29）
評論或影響	在本釋憲案中，大法官針對「臨檢發動門檻」問題，區分「場所」與「人」加以解釋： 1.針對人臨檢：「對人實施之臨檢須以有相當理由足認其行爲已構成或即將發生危害者爲限，且均應遵守比例原則，不得逾越必要程度。」亦即警察必須因爲一定客觀之事實，「合理懷疑」某人有從事犯罪行爲之嫌疑，例如「蛇行」、「突然加速」，而不能憑個人喜好，毫無理由發動臨檢。

	2.針對場所臨檢：「上開條例有關臨檢之規定，並無授權警察人員得不顧時間、地點及對象任意臨檢、取締或隨機檢查、盤查之立法本意。除法律另有規定外，警察人員執行場所之臨檢勤務，應限於已發生危害或依客觀、合理判斷易生危害之處所、交通工具或公共場所爲之，其中處所爲私人居住之空間者，並應受住宅相同之保障。」 由於臨檢規定過於簡陋，有違法律明確性，故而被宣告違憲。本釋憲案後，政府於92年增訂警察職權行使法，更爲明確規範「臨檢」之相關事項，明確化警察執行職務之要件，以保障人民權益，維持公共秩序，保護社會安全。[12] 例如警察職權行使法第6條就對「身分查證」有所規定。警察於公共場所或合法進入之場所，對「合理懷疑其有犯罪之嫌疑或有犯罪之虞者」、「有事實足認其對已發生之犯罪或即將發生之犯罪知情者」、「有事實足認爲防止其本人或他人生命、身體之具體危害，有查證其身分之必要者」、「滯留於有事實足認有陰謀、預備、著手實施重大犯罪或有人犯藏匿之處所者」、「滯留於應有停（居）留許可之處所，而無停（居）留許可者」，或是「行經指定公共場所、路段及管制站者」，可以查證其身分。第7條規定，警方查證人民身分，應「攔停人、車、船及其他交通工具」、「詢問姓名、出生年月日、出生地、國籍、居住所及身分證編號」，並令其出示身分證件。若有明顯事實認定對方有自傷或傷害他人可能，才能檢查其攜帶物品。[13]

第544號　施用毒品處自由刑案

時間	民國91年5月17日
案情	賴○中連續非法施用安非他命及海洛因，經臺灣高等法院87年度上訴字第1170號刑事判決，判處徒刑確定在案。聲請人以非法施用安非他命與海洛因之行爲，與刑法不罰之自傷行爲相似，應循醫療途徑戒治，而非施予刑罰，與憲法第8、23條規定有違；又肅清煙毒條例於87年5月20日修正爲「毒品危害防制條例」，採用除刑不除罪之立法，於第20條明定，對於初犯者施予勒戒處置，惟同條例第35條第4款卻規定：「判決確定尚未執行或執行中之案件，應適用修正前之規定」，致同爲施用毒品之案件，因到案先後不同，而有適用新法、舊法之別，亦違反刑法第2條第3項規定：「處罰之裁判確定後，未執行或執行未完畢，而法律有變更不處罰其行爲者，免其刑之執行」之從新從輕原則聲請釋憲。
解釋爭點	麻醉藥品條例、煙毒條例，對施用者處自由刑規定違憲？

12　同前註。
13　〈警察什麼情況下可盤查？大法官535號釋憲這樣說〉，《ETtoday新聞雲》，2017年3月20日，https://www.ettoday.net/news/20170320/888454.htm#ixzz7n4wy6N00。

解釋文	國家對個人之刑罰，屬不得已之強制手段，選擇以何種刑罰處罰個人之反社會性行為，乃立法自由形成之範圍。就特定事項以特別刑法規定特別罪刑，倘與憲法第23條所要求之目的正當性、手段必要性、限制妥當性符合者，即無乖於比例原則，業經釋字第476號解釋闡釋在案。 自由刑涉及對人民身體自由之嚴重限制，除非必須對其採強制隔離施以矯治，方能維護社會秩序時，其科處始屬正當合理，而刑度之制定尤應顧及行為之侵害性與法益保護之重要性。施用毒品，足以戕害身心，滋生其他犯罪，惡化治安，嚴重損及公益，立法者自得於抽象危險階段即加以規範。81年7月修正公布肅清煙毒條例第9條第1項規定，對於施用毒品或鴉片者，處3年以上7年以下有期徒刑，及84年1月13日修正公布之麻醉藥品管理條例第13條之1第2項第4款規定，非法施打吸用麻醉藥品者，處3年以下有期徒刑、拘役或1萬元以下罰金，雖以所施用之毒品屬煙毒或麻醉藥品為其規範對象，未按行為人是否業已成癮為類型化之區分，就行為對法益危害之程度亦未盡顧及，但究其目的，無非在運用刑罰之一般預防功能以嚇阻毒品之施用，挽社會於頹廢，與首揭意旨尚屬相符，於憲法第8條、憲法第23條規定並無牴觸。前開肅清煙毒條例及麻醉藥品管理條例於87年及88年相繼修正，對經勒戒而無繼續施用毒品傾向者，改採除刑不除罪，對初犯者以保安處分替代刑罰，已更能符合首揭意旨。由肅清煙毒條例修正之毒品危害防制條例第35條第4款，將判決確定尚未執行或執行中之案件排除其適用，此固與刑法第2條第3項無乖離之處，惟為深化新制所揭櫫之刑事政策，允宜檢討及之。
釋憲要點	國家對個人之刑罰屬不得已之強制手段，選擇以刑罰處罰個人之反社會性行為，須刑事立法之目的具有正當性，施以刑罰有助於立法目的之達成，且別無其他侵害較小亦能達成相同目的之手段可資運用時，始得為之；而刑罰對基本權利之限制與立法者所欲維護法益之重要性及行為對法益危害之程度，尚須處於合乎比例之關係。至何種行為構成犯罪，應處以何種刑罰，刑罰是否為達成立法目的之適當且必要手段，以及判斷相關行為對個人或社會是否造成危害，乃立法者自由形成之範圍。就特定事項經評價為刑事不法行為，以特別刑法規定特別罪刑，倘與憲法第23條所要求之目的正當性、手段必要性、限制妥當性符合者，即無乖於比例原則，業經釋字第476號解釋闡釋在案。 毒品危害防制條例第35條第4款規定：「判決確定尚未執行或執行中之案件，適用修正前之規定。」對依前開肅清煙毒條例及麻醉藥品管理條例判刑確定尚未執行或執行中之人排除前開防制條例第20條以保安處分替代刑罰規定之適用，此固與刑法第2條第3項無乖離之處，惟為深化新制所揭櫫之刑事政策，允宜檢討及之。
相關法令	憲法第8、23條（36.1.1） 司法院釋字第476號解釋 刑法第2條第3項（91.1.30） 肅清煙毒條例第9條第1項（81.7.27） 毒品危害防制條例第10、20、35條（87.5.20） 管制藥品管理條例第10條（84.1.13）

評論或影響	「法益」是指受法律所保護之權益，只有重要之權益才會以刑法保護，法益可依照其重要程度分為國家、社會、個人法益三種。肅清煙毒條例立法之目的為「肅清煙毒，維護國民身心健康」；此號釋憲案也提到：「施用毒品，足以戕害身心，滋生其他犯罪，惡化治安，嚴重損及公益，立法者自得於抽象危險階段即加以規範」，基於上述法規，我國將毒品犯罪視為侵害社會法益之犯罪。由於毒品犯罪型態可分為製造、販賣、運輸、施用等項目，其中施用毒品是否屬於危害社會法益之犯罪，或僅是對自身健康之危害，在學術界與實務界仍有不同觀點。政府希望有效管制吸毒行為，維護社會安全與道德價值，並兼顧刑罰之「謙抑性原則」（Principle of Restrain），林山田教授提出，若有其他方法可防制社會偏差行為，則不應採取具有痛苦性與傷害性之刑罰手段。立法者也採取相同立場將對社會危害性較低之吸毒行為，改採以「疾病化」方式處置，將施用毒品者視為「病患性」犯人，需透過戒治方式使吸毒者擺脫毒品之危害。[14]

第556號　參與犯罪組織意涵案

時間	民國92年1月24日
案情	楊○南為85年4月間加入「至尊盟」組織，並於同年6月25日參與該組織之犯罪活動。迨於86年2月間組織犯罪防制條例公布之後，為警查獲，經判處有期徒刑9個月，並強制工作3年確定在案。因認確定判決援引司法院釋字第68號解釋及組織犯罪防制條例第18條之規定，認定聲請人於組織犯罪防制條例施行前參加犯罪組織之行為仍應依組織犯罪防制條例論處有違憲疑義，聲請釋憲。
解釋爭點	組織犯罪條例「參與犯罪組織」之意涵？
解釋文	犯罪組織存在，法律所保護之法益，即有受侵害之危險，自有排除及預防之必要。組織犯罪防制條例乃以防制組織型態之犯罪活動為手段，達成維護社會秩序及保障個人法益之目的。該條例第3條第1項及第2項所稱之參與犯罪組織，指加入犯罪組織成為組織之成員，而不問參加組織活動與否，犯罪即屬成立，至其行為是否仍在繼續中，則以其有無持續參加組織活動或保持聯絡為斷，此項犯罪行為依法應由代表國家追訴犯罪之檢察官負舉證責任。若組織成員在參與行為未發覺前自首，或長期未與組織保持聯絡亦未參加活動等事實，足以證明其確已脫離犯罪組織者，即不能認其尚在繼續參與。釋字第68號解釋前段：「凡曾參加叛亂組織者，在未經自首或有其他事實證明其確已脫離組織以前，自應認為係繼續參加」，係針對懲治叛亂條例所為之釋示，茲該條例已經廢止，上開解釋併同與該號解釋相同之其他解釋

---

14 王世明，〈「藥」命（三）：毒「犯」？毒「患」？毒品防制規範之演變〉，《國立東華大學社會學系》，2014年8月28日，https://scitechvista.nat.gov.tw/Article/c000003/detail?ID=44fd9c68-6ca2-4e7e-be79-91b201c80502。

	（院字第667號、釋字第129號解釋），關於參加犯罪組織是否繼續及對舉證責任分擔之釋示，與本件解釋意旨不符部分，應予變更。又組織犯罪防制條例第18條第1項所爲過渡期間之規定，其適用並未排除本解釋前開意旨，與憲法保障人身自由之規定並無牴觸。
釋憲要點	以犯罪爲宗旨或以其成員從事犯罪活動具有集團性、常習性及脅迫性或暴力性之組織，其從事之組織犯罪，與通常之犯罪行爲迥異，對社會秩序、人民權益侵害之危險性，尤非其他犯罪行爲可比，自有排除及預防之必要，此爲85年12月11日公布組織犯罪防制條例之所由設。 參與犯罪組織係屬可罰性之行爲（參照刑法第154條），組織犯罪防制條例第18條第1項：「本條例施行前已成立之犯罪組織，其成員於本條例施行後二個月內，未發覺犯罪前，脫離該組織，並向警察機關登記者，免除其刑。其發起、主持、操縱或指揮者於本條例施行後二個月內，未發覺犯罪前，解散該組織，並向警察機關登記者，亦同。」旨在鼓勵參與犯罪組織者之自新，其過渡期間之設，復有避免無條件逕爲溯及之適用，且該條對成員參與犯罪組織行爲之認定，未排除本解釋前開意旨之適用，與憲法保障人身自由之規定並無牴觸。
相關法令	司法院院字第667號解釋 司法院釋字第68、129號解釋 刑法第154條（91.1.30） 組織犯罪防制條例第3、18條（85.12.11）
評論或影響	成功大學法律系教授許澤天稱，大法官負有守護人權與法治之重責大任，其在威權時期扮演之角色是否稱職，甚至轉而成爲執政者破壞法治之共犯，向來在法律學界不受重視。在威權時期之大法官解釋中最讓人詬病爲釋字第129號，其背景係國民政府撤退來臺前之兒童，因參加中共兒童團，在來臺灣20年後遭國防部以參加叛亂組織罪處刑。監察院函請司法院大法官會議解釋，認爲這群人當時參加中共組織時未滿14歲，屬無責任能力不罰之兒童，且在來臺後未再發現有爲中共匪僞活動情事。大法官卻於59年作出釋字第129號解釋，認爲這群當時之兒童來臺後未經自首，亦無其他事實證明其確已脫離，可見他們在成年後仍然繼續參與叛亂組織，仍有懲治叛亂條例之適用。早在45年第68號解釋，大法官就用此思考將懲治叛亂條例溯及既往適用在法律生效前之參與叛亂組織行爲，以致即便無法證明被告是否在法律施行後繼續參與叛亂，但仍可對之施用該特別重典。所幸大法官在第556號解釋正確地認爲行爲人之犯行是否繼續應由國家負舉證責任，並認爲釋字第68號與第129號係針對懲治叛亂條例所爲之解釋，該條例已經廢止，與此號釋憲案意旨不符部分，應予變更。[15]

---

15 許澤天，〈《大法官與轉型正義》：白色恐怖下之憲法守護者〉，《鳴人堂》，2021年7月1日，
　　https://opinion.udn.com/opinion/story/11664/5570910。

第559號　家暴法對非金錢給付保護令執行案

時間	民國92年5月2日
案情	臺灣高雄地方法院法官陳業鑫審理曾○美聲請核發保護令之家庭暴力事件，認所適用之家庭暴力防治法第20條第1項就金錢給付以外保護令之強制執行未明文規定，及第52條未就授權目的、內容及範圍具體明確規定，有牴觸憲法第23條法律保留原則之疑義，聲請釋憲。
解釋爭點	家暴法對非金錢給付保護令執行之程序授權規定違憲？
解釋文	基於法治國家之基本原則，凡涉及人身自由之限制事項，應以法律定之；涉及財產權者，則得依其限制之程度，以法律或法律明確授權之命令予以規範。惟法律本身若已就人身之處置爲明文之規定者，應非不得以法律具體明確之授權委由主管機關執行之。至主管機關依法律概括授權所發布之命令若僅屬細節性、技術性之次要事項者，並非法所不許。家庭暴力防治法第20條第1項規定保護令之執行機關及金錢給付保護令之強制執行程序，對警察機關執行非金錢給付保護令之程序及方法則未加規定，僅以同法第52條爲概括授權：「警察機關執行保護令及處理家庭暴力案件辦法，由中央主管機關定之。」雖不生牴觸憲法問題，然對警察機關執行上開保護令得適用之程序及方法均未加規定，且未對辦法內容爲具體明確之授權，保護令既有涉及人身之處置或財產之強制執行者（家庭暴力防治法第13、15條），揆諸前開解釋意旨，應分別情形以法律或法律具體明確授權之命令定之，有關機關應從速修訂相關法律，以符憲法保障人民權利之本旨。 行政執行法之執行機關除金錢給付之執行爲法務部行政執行署所屬行政執行處外，其餘事件依其性質分由原處分機關或該管機關爲之（行政執行法第4條），依上述家庭暴力防治法規定，警察機關有執行金錢給付以外保護令之職責，其於執行具體事件應適用之程序，在法律未依上開解釋修改前，警察機關執行保護令得準用行政執行法規定之程序而採各種適當之執行方法。
釋憲要點	家庭暴力防治法所稱之民事保護令係法院爲防治家庭暴力，基於保護被害人及其未成年子女或其他特定家庭成員，而依聲請或依職權對實施家庭暴力者所核發。同法第20條第1項：「保護令之執行，由警察機關爲之。但關於金錢給付之保護令，得爲執行名義，向法院聲請強制執行。」僅規定保護令之執行機關、金錢給付保護令之執行程序。同法第52條雖授權訂定非關金錢給付事件之執行辦法，但對警察機關執行上開保護令得適用之程序及方法均未加規定，且未對辦法內容爲具體明確之授權，保護令既有涉及人身之處置或財產之強制執行者（參照家庭暴力防治法第13、15條），揆諸前開解釋意旨，應分別情形以法律或法律具體明確授權之命令定之，有關機關應從速修訂相關法律，例如在家庭暴力防治法中，就非金錢給付之保護令明定其執行機關及執行程序所依據者爲行政執行法或強制執行法；若授權訂定執行辦法者，應就作爲及不作爲義務之執行等，如何準用上開法律，作細節性規定，以符憲法保障人民權利之本旨。

	行政執行法之執行機關除金錢給付之執行為法務部行政執行署所屬行政執行處外，其餘事件依其性質分由原處分機關或該管機關為之（行政執行法第4條）。按各級法院裁判之執行，以由該管地方法院依強制執行法為之為原則，如法律有特別規定亦得委由行政機關依行政執行法執行（行政訴訟法第306條第1、2項）。遇此情形，有執行權限之行政機關，亦屬上開行政執行法第4條所稱之該管機關。依上述家庭暴力防治法規定，警察機關有執行金錢給付以外保護令之職責，其於執行具體事件應適用之程序，在法律未依上開解釋修改前，警察機關執行保護令得準用行政執行法規定之程序而採各種適當之執行方法。
相關法令	家庭暴力防治法第13、15、20、52條（87.6.24） 行政執行法第4條（89.6.21） 行政訴訟法第306條（87.10.28） 警察機關執行保護令及處理家庭暴力案件辦法第19條（88.6.22）
評論或影響	根據涂秀蕊律師評論稱，家庭暴力以往被認為是家務事，受虐婦女求助無門，在過去國內外常發生駭人之殺夫、閹夫案，從而催生我國之家庭暴力防治法。但該法自88年實施以來，陸續出現許多規範瑕疵與執行困難。經民間團體多年之修法運動，以及此釋憲案之影響（明定保護令之執行機關及執行規定），該法終於在96年3月5日全面大幅翻修。此次修法將家暴法從原有之54條，增加為66條，其中重要之修法內容包括：擴大家暴法之適用範圍（將同居關係納入保護，包括同性戀者、寄養家庭成員等）；民事保護令區分為通常保護令、暫時保護令及緊急保護令，並增列加害人處遇計畫裁定前之審前鑑定制度；聲請保護令免徵裁判費、保護令執行暫免徵執行費；增列核發禁止查閱被害人及受其監護之未成年子女戶籍、學籍、所得資訊之通常保護令，明定直轄市主管機關應於所在地各地方法院或委託民間團體設置「家庭暴力服務處」，俾提供被害人多元服務網絡。[16]

第588號　行政執行法拘提管收事由案

時間	民國94年1月28日
案情	1.臺灣士林地方法院法官張國勳為審理臺灣士林地方法院91年度拘管字第31號、92年度拘管字第3、56、65、81、107、108、127、149號、93年度拘管字第9號聲請拘提管收案件，認該案件適用之行政執行法相關規定有違憲疑義，因裁定停止審理程序聲請釋憲。 2.臺灣桃園地方法院法官文衍正為審理臺灣桃園地方法院92年度拘管字第52、59、71、73、80、91、96、99號、93年度拘管字第2、5、18、31、34、36、53號聲請拘提管收事件，對於應適用之行政執行法第17條等規定，認有牴觸憲法之疑義，因裁定停止審理程序聲請釋憲。

16 涂秀蕊，〈家庭暴力法律救援〉，《永然文化出版》，2016年7月1日，http://book.law119.com.tw/viewlawbook_people.asp?idno=886&aklink=%BA%EB%BF%EF%AE%D1%BAK。

	3.臺灣士林地方法院法官高愈杰為審理臺灣士林地方法院93年度拘管字第21號聲請拘提管收事件，對於應適用之行政執行法第17條等規定，認有牴觸憲法之疑義，因裁定停止審理程序聲請釋憲。
解釋爭點	行政執行法拘提管收事由相關規定違憲？
解釋文	立法機關基於重大之公益目的，藉由限制人民自由之強制措施，以貫徹其法定義務，於符合憲法上比例原則之範圍內，應為憲法之所許。行政執行法關於「管收」處分之規定，係在貫徹公法上金錢給付義務，於法定義務人確有履行之能力而不履行時，拘束其身體所為間接強制其履行之措施，尚非憲法所不許。惟行政執行法第17條第2項依同條第1項規定得聲請法院裁定管收之事由中，除第1項第1、2、3款規定：「顯有履行義務之可能，故不履行者」、「顯有逃匿之虞」、「就應供強制執行之財產有隱匿或處分之情事者」，難謂其已逾必要之程度外，其餘同項第4、5、6款事由：「於調查執行標的物時，對於執行人員拒絕陳述者」、「經命其報告財產狀況，不為報告或為虛偽之報告者」、「經合法通知，無正當理由而不到場者」，顯已逾越必要程度，與憲法第23條規定之意旨不能謂無違背。 行政執行法第17條第2項依同條第1項得聲請拘提之各款事由中，除第1項第2、6款：「顯有逃匿之虞」、「經合法通知，無正當理由而不到場」之情形，可認其確係符合比例原則之必要條件外，其餘同項第1、3、4、5款：「顯有履行義務之可能，故不履行者」、「就應供強制執行之財產有隱匿或處分之情事者」、「於調查執行標的之物時，對於執行人員拒絕陳述者」、「經命其報告財產狀況，不為報告或為虛偽之報告者」規定，顯已逾越必要程度，與前揭憲法第23條規定意旨亦有未符。 人身自由乃人民行使其憲法上各項自由權利所不可或缺之前提，憲法第8條第1項規定所稱「法定程序」，係指凡限制人民身體自由之處置，不問其是否屬於刑事被告之身分，除須有法律之依據外，尚須分別踐行必要之司法程序或其他正當法律程序，始得為之。此項程序固屬憲法保留之範疇，縱係立法機關亦不得制定法律而遽予剝奪；惟刑事被告與非刑事被告之人身自由限制，畢竟有其本質上之差異，是其必須踐行之司法程序或其他正當法律程序，自非均須同一不可。管收係於一定期間內拘束人民身體自由於一定之處所，亦屬憲法第8條第1項所規定之「拘禁」，其於決定管收之前，自應踐行必要之程序、即由中立、公正第三者之法院審問，並使法定義務人到場為程序之參與，除藉之以明管收之是否合乎法定要件暨有無管收之必要外，並使法定義務人得有防禦之機會，提出有利之相關抗辯以供法院調查，期以實現憲法對人身自由之保障。行政執行法關於管收之裁定，依同法第17條第3項，法院對於管收之聲請應於5日內為之，亦即可於管收聲請後，不予即時審問，其於人權之保障顯有未週，該「5日內」裁定之規定難謂周全，應由有關機關檢討修正。又行政執行法第17條第2項：「義務人逾前項限期仍不履行，亦不提供擔保者，行政執行處得聲請該管法院裁定拘提管收之」、第19條第1項：「法院為拘提管收之裁定後，應將拘票及管收票交由行政執行處派執行員執行拘提並將被管收人逕送管收所」之規定，其於行政執行處合併為拘提且管收之聲請，法院亦為拘提管

	收之裁定時，該被裁定拘提管收之義務人既尚未拘提到場，自不可能踐行審問程序，乃法院竟得爲管收之裁定，尤有違於前述正當法律程序之要求。另依行政執行法第17條第2項及同條第1項第6款：「經合法通知，無正當理由而不到場」之規定聲請管收者，該義務人既猶未到場，法院自亦不可能踐行審問程序，乃竟得爲管收之裁定，亦有悖於前述正當法律程序之憲法意旨。 憲法第8條第1項所稱「非經司法或警察機關依法定程序，不得逮捕、拘禁」之「警察機關」，並非僅指組織法上之形式「警察」之意，凡法律規定，以維持社會秩序或增進公共利益爲目的，賦予其機關或人員得使用干預、取締之手段者均屬之，是以行政執行法第19條第1項關於拘提、管收交由行政執行處派執行員執行之規定，核與憲法前開規定之意旨尚無違背。上開行政執行法有違憲法意旨之各該規定，均應自此解釋公布之日起至遲於屆滿6個月時失其效力。
釋憲要點	「警察」係指以維持社會秩序或增進公共利益爲目的，而具強制（干預、取締）手段特質之國家行政作用或國家行政主體，概念上原屬多義之用語，有廣、狹即實質、形式兩義之分。其採廣義、即實質之意義者，乃就其「功能」予以觀察，凡具有上述「警察」意義之作用、即行使此一意義之權限者，均屬之；其取狹義、即形式之意義者，則就組織上予以著眼，而將之限於警察組織之形式——警察法，於此法律所明文規定之機關及人員始足當之，其僅具警察之作用或負警察之任務者，不與焉。上述行政執行法既已就管收、拘提爲明文之規定，並須經法院之裁定，亦即必須先經司法審查之准許，則其「執行」自非不得由該主管機關、即行政執行處之人員爲之（釋字第559號解釋參照）。是憲法第8條第1項所稱「非經司法或警察機關依法定程序，不得逮捕、拘禁」之「警察機關」，乃採廣義，凡功能上具有前述「警察」之意義、即法律規定以維持社會秩序或增進公共利益爲目的，賦予其機關或人員使用干預、取締之手段者，概屬相當，並非僅指組織法上之形式「警察」之意。是以行政執行法第19條第1項關於拘提、管收交由行政執行處派執行員執行之規定，核與憲法前開規定之意旨尚無違背。
相關法令	憲法第8、23條（36.1.1） 司法院釋字第384、559號解釋 行政執行法第8、17、19、21條（89.6.21） 強制執行法第21、22、22-5條（89.2.2） 刑事訴訟法第75、91、93、101、101-1、103、228條（93.6.23）
評論或影響	此號釋憲案對於行政執行法產生不小之衝擊，因爲大法官認爲，該法對於拘提及管收之規定，有諸多違反比例原則之規定，不但限制憲法所賦予之人身自由基本權利，而且還違反正當之法定程序，因爲拘提及管收都在限制人民之自由，不論對象是否爲刑事被告，關於身體自由之處置，均須有法律依據，以及正當之法定程序。立法院爲回應此號釋憲案之解釋，擴大對人身自由之保障，對行政執行法第17條進行修改。[17]

---

17 邱宥閣，〈憲法專題研究第9講〉，《邱宥閣的數位歷程檔》，2015年3月30日，http://ilms.ouk.edu.tw/102210143/doc/30569。

第639號　刑訴法第416條第1項第1款及第418條違憲案

時間	民國97年3月21日
案情	虞○賢爲犯賭博案件，經嘉義地院審理認有羈押之必要，予以羈押。當時押票上所勾選之「不服羈押處分之救濟方法」爲「得於5日內以書狀敘述理由，向法院提出抗告」。聲請人不服提起抗告，經臺灣高等法院臺南分院認爲抗告有理由，發回臺灣嘉義地方法院。嘉義地院重爲審酌，由值班法官訊問被告，決定羈押，並於押票上勾選「不服羈押處分之救濟方法」爲「得於5日內以書狀敘述理由，向法院聲請撤銷或變更」。聲請人不服第二次羈押決定，向臺南高分院提起抗告。依刑事訴訟法第416條第1項、第418條第1、2項規定，僅得向嘉義地院聲請撤銷或變更，雖誤爲抗告，仍視爲已聲明異議。嘉義地院合議庭並進而駁回聲請人之聲請，該裁定依法不得抗告。聲請人認上開確定終局裁定所適用之刑事訴訟法第416條第1項及第418條規定，有牴觸憲法之疑義，聲請釋憲。
解釋爭點	刑訴法第416條第1項第1款及第418條違憲？
解釋文	憲法第8條所定之法院，包括依法獨立行使審判權之法官。刑事訴訟法第416條第1項第1款就審判長、受命法官或受託法官所爲羈押處分之規定，與憲法第8條並無牴觸。刑事訴訟法第416條第1項第1款及第418條使羈押之被告僅得向原法院聲請撤銷或變更該處分，不得提起抗告之審級救濟，爲立法機關基於訴訟迅速進行之考量所爲合理之限制，未逾立法裁量之範疇，與憲法第16、23條尚無違背。且因向原法院聲請撤銷或變更處分之救濟仍係由依法獨立行使職權之審判機關作成決定，故已賦予人身自由遭羈押處分限制者合理之程序保障，尚不違反憲法第8條之正當法律程序。至於刑事訴訟法第403條、第404條第2款、第416條第1項第1款與第418條之規定，使羈押被告之決定，得以裁定或處分之方式作成，並因而形成羈押之被告得否抗告之差別待遇，與憲法第7條保障之平等權尚無牴觸。
釋憲要點	至於刑事訴訟法第403條、第404條第2款及第416條第1項第1款與第418條之規定，使羈押被告之決定，得以裁定或處分之方式作成，並因而形成羈押之被告向上級法院抗告或向原所屬法院另組合議庭聲請撤銷或變更之差別待遇，是否違反憲法第7條保障之平等權而違憲之問題。按行合議審判之案件，由審判長、受命法官或受託法官1人作成之羈押決定爲「處分」，其餘偵查中聲請羈押之案件，由輪值法官1人或3人，及審判中由獨任法官1人或合議庭法官3人作成之羈押決定，均屬「裁定」，是刑事訴訟法第416條第1項係以決定方式之不同，作爲不同救濟途徑之分類標準。系爭不同救濟制度之差別待遇固涉及限制人身自由之訴訟救濟，然因審級制度尚非訴訟權保障之核心內容，且由上級法院或原所屬法院之另一合議庭管轄羈押救濟程序，其在訴訟救濟功能上均由職司獨立審判之法院爲之，實質差異亦甚爲有限，故無採取較嚴格審查之必要。查系爭規定僅賦予羈押之被告向原所屬法院之另一合議庭聲請撤銷或變更，而不許向上級法院抗告，乃立法者基於訴訟經濟及維繫訴訟體系一致性之考量，目的洵屬正當。且上開分類標準暨差別待遇之手段與該

	目的之間亦有合理關聯。是刑事訴訟法第416條第1項第1款與第418條之規定，未逾越立法裁量之範疇，與憲法第7條尚無牴觸。
相關法令	憲法第7、8、16、23條（36.1.1） 司法院釋字第384、392、396、436、442、512、567、574號解釋 刑事訴訟法第279、403、404、416、418條（96.12.12）
評論或影響	此號釋憲案認為，對於人身自由之剝奪或限制，應遵循正當法律程序，但相關程序規範是否正當、合理，除考量憲法有無特別規定及所涉基本權之種類外，還必須視案件涉及之事物領域、侵害基本權之強度與範圍、所欲追求之公共利益、有無替代程序及各項可能程序之成本等因素，綜合判斷而為個案認定。刑事訴訟法第416條第1項第1款及第418條關於訴訟程序之處分，雖然不得向上級法院提起救濟，但仍是由依法獨立行使職權之審判機關作成決定，且是由審理受羈押被告之合議庭以外之另一合議庭審理。整體而言，上開規定已提供羈押之被告合理之程序保障，尚不違反憲法第8條正當法律程序之要求。[18]

第662號　合併定執行刑超過6個月可否易科罰金案

時間	民國98年6月19日
案情	1.康○儀為犯公共危險罪，分別經原審法院各判處有期徒刑3月、6月，如易科罰金均以新臺幣1,000元折算1日確定在案。行易科罰金執行完畢。嗣臺灣高等法院檢察署檢察官聲請原審法院，就前開兩案件定應執行刑，原審法院以97年度聲字第1012號裁定定應執行刑為有期徒刑8月，並依刑法第41條第2項之規定，未諭知易科罰金之折算標準。抗告人不服，向臺灣高等法院提起抗告，該刑事第18庭認刑法第41條第2項之規定，有牴觸憲法第23條之疑義，遂依法裁定停止訴訟程序，聲請釋憲。 2.吳○川因犯肇事逃逸罪及違背安全駕駛致交通危險罪，認有牴觸憲法第22條、第23條之疑義，聲請釋憲。 3.葉○滿先後犯詐欺取財罪，認確定終局判決所適用之刑法第41條第2項規定，有牴觸憲法第7條、第8條及第23條之疑義，聲請釋憲。 4.陳○生因竊盜案件，認福建高等法院金門分院98年度抗字第8號適用之刑法第41條第2項規定，有牴觸憲法第23條及釋字第366號解釋之疑義，聲請釋憲。
解釋爭點	刑法第41條第2項得易科罰金之數罪，定執行刑逾6月不得易科之規定違憲？

---

18 法源編輯室，〈《刑事》不服羈押處分不得提起抗告 釋639：合憲〉，《宇法數位出版有限公司》，2008年3月24日，http://www.lawspace.com.tw/digiBoard/default.asp?ID=9932&page=5。

解釋文	94年2月2日修正公布之現行刑法第41條第2項，關於數罪併罰，數宣告刑均得易科罰金，而定應執行之刑逾6個月者，排除適用同條第1項得易科罰金之規定部分，與憲法第23條規定有違，並與釋字第366號解釋意旨不符，應自本解釋公布之日起失其效力。 本件二聲請人就刑法第41條第2項所為暫時處分之聲請部分，因本案業經作成解釋，已無審酌之必要；又其中一聲請人關於刑法第53條之釋憲聲請部分，既應不受理，則該部分暫時處分之聲請亦失所附麗，均應予駁回。
釋憲要點	司法院解釋憲法，並有統一解釋法律及命令之權，憲法78條定有明文。法律與憲法牴觸者無效，法律與憲法有無牴觸發生疑義時，由司法院解釋之，憲法第171條規定甚明。是司法院大法官就憲法所為之解釋，不問其係闡明憲法之真義、解決適用憲法之爭議、抑或審查法律是否違憲，均有拘束全國各機關及人民之效力，業經釋字第185號解釋在案。立法院基於民主正當性之立法責任，為符合變遷中社會實際需求，得制定或修正法律，乃立法形成之範圍及其固有權限。立法院行使立法權時，雖有相當廣泛之自由形成空間，惟基於權力分立與立法權受憲法拘束之原理，自不得逾越憲法規定及司法院所為之憲法解釋。 現行刑法第41條第2項，關於數罪併罰，數宣告刑均得易科罰金，而定應執行之刑逾6個月者，排除適用同條第1項得易科罰金之規定部分，與憲法第23條規定有違，並與釋字第366號解釋意旨不符，應自本解釋公布之日起失其效力。
相關法令	憲法第8、23、78、171條（36.1.1） 司法院釋字第185、366號解釋 司法院大法官審理案件法第5條第1、3項（82.2.3） 刑法第41條（98.1.21） 刑法第51、53、54條（98.6.10）
評論或影響	此號釋憲案促使立法院司法及法制委員會通過刑法修正草案，修法通過後數罪併罰之數罪，均得易科罰金或易服社會勞動；應執行之刑罰超過6個月者，也可易科罰金或易服社會勞動。法務部表示，此修正包括刑法中數罪併罰執行的刑罰易服社會勞動者，其履行期間不得超過3年、「應執行逾6月有期徒刑併科之罰金」不得易服社會勞動；此外，刑法施行法修正部分，則包含此次修正條文施行前經裁判確定處罰，未執行者，仍適用規定，並明定刑法修正條文及此次修正條文，除另定施行日期者外，自公布日施行。[19]

---

19 〈應執行之刑逾六個月 修法可易科罰金〉，《萬國法律事務所》，2009年12月14日，http://ftlaw.cn/cht/news_detail.php?serial=613。

第681號　撤銷假釋處分案

時間	民國99年9月10日
案情	簡○讚、程○民為假釋出監，於假釋期間再犯罪。法務部認聲請人於假釋中違反保安處分執行法規定，情節重大，撤銷假釋。聲請人不服，認確定終局裁定所適用之系爭決議及系爭規定，有牴觸憲法第8條及第16條規定之疑義，聲請釋憲。
解釋爭點	不服撤銷假釋處分，不得提起行政爭訟；如有異議，應俟執行殘刑時，向原裁判法院為之，違憲？
解釋文	最高行政法院93年2月份庭長法官聯席會議決議：「假釋之撤銷屬刑事裁判執行之一環，為廣義之司法行政處分，如有不服，其救濟程序，應依刑事訴訟法第484條之規定，即俟檢察官指揮執行該假釋撤銷後之殘餘徒刑時，再由受刑人或其法定代理人或配偶向當初諭知該刑事裁判之法院聲明異議，不得提起行政爭訟。」及刑事訴訟法第484條規定：「受刑人或其法定代理人或配偶以檢察官執行之指揮為不當者，得向諭知該裁判之法院聲明異議。」並未剝奪人民就撤銷假釋處分依法向法院提起訴訟尋求救濟之機會，與憲法保障訴訟權之意旨尚無牴觸。惟受假釋人之假釋處分經撤銷者，依上開規定向法院聲明異議，須俟檢察官指揮執行殘餘刑期後，始得向法院提起救濟，對受假釋人訴訟權之保障尚非周全，相關機關應儘速予以檢討改進，俾使不服主管機關撤銷假釋之受假釋人，於入監執行殘餘刑期前，得適時向法院請求救濟。
釋憲要點	憲法第16條保障人民訴訟權，係指人民於其權利遭受侵害時，有請求法院救濟之權利（釋字第418號解釋參照），不得因身分之不同而予以剝奪（釋字第243、382、430、462、653號解釋參照）。至訴訟權之具體內容，應由立法機關制定合乎正當法律程序之相關法律，始得實現。而相關程序規範是否正當，除考量憲法有無特別規定及所涉基本權之種類外，尚須視案件涉及之事物領域、侵害基本權之強度與範圍、所欲追求之公共利益、有無替代程序及各項可能程序之成本等因素，綜合判斷而為認定（釋字第639、663、667號解釋參照）。 假釋制度之目的在使受徒刑執行而有悛悔實據並符合法定要件者，得停止徒刑之執行，以促使受刑人積極復歸社會（刑法第77條、監獄行刑法第81條參照）。假釋處分經主管機關作成後，受假釋人因此停止徒刑之執行而出獄，如復予以撤銷，再執行殘刑，非特直接涉及受假釋人之人身自由限制，對其因復歸社會而業已享有之各種權益，亦生重大影響。是主管機關所為之撤銷假釋決定，允宜遵循一定之正當程序，慎重從事。是對於撤銷假釋之決定，應賦予受假釋人得循一定之救濟程序，請求法院依正當法律程序公平審判，以獲適時有效救濟之機會，始與憲法保障人民訴訟權之意旨無違。
相關法令	憲法第7、8、16條（36.1.1） 司法院釋字第243、382、392、418、430、462、639、653、663、667號解釋 司法院大法官審理案件法第5條第1項第2款、第3項（82.2.3）

	刑事訴訟法第405、415、484條（106.4.26） 刑法第77、78條（105.11.30） 監獄行刑法第81條（99.5.26） 保安處分執行法第74-2、74-3條（100.1.26） 肅清煙毒條例第16條（81.7.27，已更名爲毒品危害防制條例） 最高行政法院93年2月份庭長法官聯席會決議
評論或 影響	此號釋憲案認爲，最高行政法院決議及刑事訴訟法第484條規定，假釋犯再犯遭撤銷假釋，不得提起行政訴訟之規定不違憲，但相關機關須檢討假釋遭撤銷後之訴訟權救濟制度，才算完整保障假釋犯之訴訟權。大法官認爲，最高行政法院決議未剝奪人民訴訟權，但應在假釋犯入監執行殘餘刑期前，讓他們有機會向法院請求救濟，才算完整保障假釋犯訴訟權。[20]

第690號　SARS和平醫院員工返院集中隔離案

時間	民國100年9月30日
案情	92年4月間，和平醫院發生院內集體感染SARS事件，臺北市政府依據傳染病防治法第37條第1項規定，對於「曾與傳染病病人接觸或疑似被傳染者」，主管機關必要時得爲「必要之處置」，於4月24日公布「臺北市政府SARS緊急應變處理措施」，召回和平醫院員工返院集中隔離。周○凱醫師兼消化系外科主任未依限返院，遲至同年5月1日下午始返，嗣後被記二大過並先行停職，同時被處以新臺幣24萬元罰鍰，另又受停業3個月之懲戒處分。聲請人不服，提起行政爭訟，爲最高行政法院95年度判字第01651號判決（懲獎部分）、96年度判字第00043號判決（罰鍰部分）、95年度判字第02054號判決（停業部分）予以駁回；又另請求國家賠償，亦爲臺灣高等法院作成95年度重上國字第9號民事判決駁回，爰認命令醫院員工返院集中隔離，剝奪其人身自由，相關規定違反法律明確性、比例原則及正當法律程序，聲請釋憲。
解釋 爭點	91.1.30傳染病防治法第37條第1項所定「必要之處置」包含強制隔離在內，違憲？
解釋文	91年1月30日修正公布之傳染病防治法第37條第1項規定：「曾與傳染病病人接觸或疑似被傳染者，得由該管主管機關予以留驗；必要時，得令遷入指定之處所檢查，或施行預防接種等必要之處置。」關於必要之處置應包含強制隔離在內之部分，對人身自由之限制，尚不違反法律明確性原則，亦未牴觸憲法第23條之比例原則，與憲法第8條依正當法律程序之意旨尚無違背。

---

20 項程鎮，〈假釋撤銷不得提行政訴訟不違憲〉，《自由時報》，2010年9月11日，https://news.ltn.com.tw/news/society/paper/426796。

	曾與傳染病病人接觸或疑似被傳染者，於受強制隔離處置時，人身自由即遭受剝奪，為使其受隔離之期間能合理而不過長，仍宜明確規範強制隔離應有合理之最長期限，及決定施行強制隔離處置相關之組織、程序等辦法以資依循，並建立受隔離者或其親屬不服得及時請求法院救濟，暨對前述受強制隔離者予以合理補償之機制，相關機關宜儘速通盤檢討傳染病防治法制。
釋憲要點	人民身體之自由應予保障，為憲法第8條所明定。惟國家以法律明確規定限制人民之身體自由者，倘與憲法第23條之比例原則無違，並踐行必要之司法程序或其他正當法律程序，即難謂其牴觸憲法第8條之規定（釋字第602、677號解釋參照）。而於人身自由之限制達到剝奪之情形，則應按其實際剝奪之方式、目的與造成之影響，在審查上定相當之標準（釋字第392、588、636、664號解釋參照）。 法律明確性之要求，非僅指法律文義具體詳盡之體例而言，立法者於立法定制時，仍得衡酌法律所規範生活事實之複雜性及適用於個案之妥當性，從立法上適當運用不確定法律概念而為相應之規定。如法律規定之意義，自立法目的與法系整體關聯性觀點非難以理解，且個案事實是否屬於法律所欲規範之對象，為一般受規範者所得預見，並可經由司法審查加以認定及判斷者，即無違反法律明確性原則（釋字第432、521、594、602號解釋參照）。又依憲法第8條之規定，國家公權力對人民身體自由之限制，若涉及嚴重拘束人民身體自由而與刑罰無異之法律規定，其法定要件是否符合法律明確性原則，固應受較為嚴格之審查（釋字第636號解釋參照），惟強制隔離雖拘束人身自由於一定處所，因其乃以保護人民生命安全與身體健康為目的，與刑事處罰之本質不同，且事涉醫療及公共衛生專業，其明確性之審查自得採一般之標準，毋須如刑事處罰拘束人民身體自由之採嚴格審查標準。又系爭規定雖未將強制隔離予以明文例示，惟系爭規定已有令遷入指定處所之明文，則將曾與傳染病病人接觸或疑似被傳染者令遷入一定處所，使其不能與外界接觸之強制隔離，係屬系爭規定之必要處置，自法令文義及立法目的，並非受法律規範之人民所不能預見，亦可憑社會通念加以判斷，並得經司法審查予以確認，與法律明確性原則尚無違背。
相關法令	憲法第8、23條（36.1.1） 司法院釋字第392、432、521、588、594、602、636、639、664、677號解釋 傳染病防治法第4、37條第1項（91.1.30）
評論或影響	根據《焦點事件》網站評論稱，此號釋憲案促成103年對提審法進行修法，在修法前該法被狹隘解釋，僅適用在「因犯罪嫌疑而被逮捕拘禁」者，而因為非法移民、疾病、遊蕩、吸毒或者種種之「教育因素」等，而遭到國家機關逮捕、拘禁，非犯罪嫌疑人，反而不能尋求法院之救濟。此違背公民與政治權利國際公約第9條第4項，「任何人因逮捕或拘禁而被剝奪自由時，有權聲請法院提審，以迅速決定其拘禁是否合法，如屬非法，應即令釋放」之規定。提審法第1條修改為「人民被法院以外之任何機關逮捕、拘禁時，其本人或他人得向逮捕、拘禁地之地方法院聲請提審」，衛生機關之「隔離」、「檢疫」等措施，也就因此可以據此向法院尋求救

	濟。109年3月10日，衛福部針對COVID-19訂定嚴重特殊傳染性肺炎隔離及檢疫期間防疫補償辦法，並將其定位爲對「人身自由受限」之補償，這項（每天1,000元）之補償，只針對「接觸者」與「自疫區入境」，「感染者」並不適用，也就是說，在隔離或檢疫中之人，一旦確診，之後就將失去請領「防疫補償」之資格，爲什麼「感染者」不能領取補償？目前仍欠缺合理與合憲之解釋。[21]

第708號　受驅逐出國外國人之收容案

時間	民國102年2月6日
案情	泰國籍蘇○星與印尼籍Purwati於收容期間分別聲請提審，均遭法院以非因犯罪嫌疑被逮捕拘禁，與提審法第1條規定不符而裁定駁回，乃分別主張上開規定違憲，聲請釋憲。
解釋爭點	外國人受驅逐前由移民署爲暫時收容，未有即時司法救濟；又逾越暫時收容期間之收容，非由法院審查決定，均違憲？
解釋文	96年12月26日修正公布之入出國及移民法第38條第1項：「外國人有下列情形之一者，入出國及移民署得暫予收容……」（即100年11月23日修正公布同條項：「外國人有下列情形之一，……入出國及移民署得暫予收容……」）之規定，其因遣送所需合理作業期間之暫時收容部分，未賦予受暫時收容人即時之司法救濟；又逾越上開暫時收容期間之收容部分，非由法院審查決定，均有違憲法第8條第1項保障人民身體自由之意旨，應自本解釋公布之日起，至遲於屆滿2年時，失其效力。
釋憲要點	人民身體自由享有充分保障，乃行使其憲法上所保障其他自由權利之前提，爲重要之基本人權。故憲法第8條第1項即明示：「人民身體之自由應予保障。除現行犯之逮捕由法律另定外，非經司法或警察機關依法定程序，不得逮捕拘禁。非由法院依法定程序，不得審問處罰。非依法定程序之逮捕、拘禁、審問、處罰，得拒絕之。」是國家剝奪或限制人民身體自由之處置，不問其是否屬於刑事被告之身分，除須有法律之依據外，尚應踐行必要之司法程序或其他正當法律程序，始符合上開憲法之意旨（釋字第588、636號解釋參照）。又人身自由係基本人權，爲人類一切自由、權利之根本，任何人不分國籍均應受保障，此爲現代法治國家共同之準則。故我國憲法第8條關於人身自由之保障亦應及於外國人，使與本國人同受保障。 系爭規定授權入出國及移民署對受驅逐出國之外國人得以行政處分暫予收容，其中就遣送所需合理作業期間之暫時收容部分，固非憲法所不許，惟對受收容人必要之保障，雖於100年11月23日已修正增訂入出國及移民法第38條第8項，規定收容之處分應以當事人理解之語文作成書面通知，附記處分理由及不服處分提起救濟之方

21　〈釋字第690號：防疫隔離之人權保障與不足〉，《焦點事件》，https://eventsinfocus.org/issues/7145464。

	法、期間、受理機關等相關規定，並聯繫當事人原籍國駐華使領館或授權機構，但仍未賦予受暫時收容人即時有效之司法救濟，難認已充分保障受收容人之基本人權，自與憲法第8條第1項正當法律程序有違；又逾越上開暫時收容期間之收容部分，系爭規定由入出國及移民署逕為處分，非由法院審查決定，亦牴觸上開憲法規定保障人身自由之意旨。 衡酌本案相關法律修正尚須經歷一定之時程，且須妥為研議完整之配套規定，例如是否增訂具保責付、法律扶助，以及如何建構法院迅速審查及審級救濟等審理機制，並應規範收容場所設施及管理方法之合理性，以維護人性尊嚴，兼顧保障外國人之權利及確保國家安全；受收容人對於暫時收容處分表示不服，或要求由法院審查決定是否予以收容，而由法院裁定時，原暫時收容處分之效力為何，以及法院裁定得審查之範圍，有無必要就驅逐出國處分一併納入審查等整體規定，相關機關應自本解釋公布之日起2年內，依本解釋意旨檢討修正系爭規定及相關法律，屆期未完成修法者，系爭規定與憲法不符部分失其效力。
相關法令	憲法第8條（36.1.1） 司法院釋字第392、588、636號解釋 入出國及移民法第38條第1、8項（105.11.16） 外國人收容管理規則（104.12.1）
評論或影響	法官楊坤樵稱，釋憲案創設所謂之「合理作業期間」，認為在合理作業期間（15日）內對外國人之收容無須法官保留，僅須提供即時救濟之管道即可，行政機關在合理作業期間內之暫時收容可定性為行政處分。至於逾越合理作業期間之收容，則須保留給法官審查、決定，不再允許行政機關片面決定。此釋憲案雖肯認行政機關於合理作業期間內暫時收容外國人之權限，然外國人有聲請提審或其他即時救濟之權利，且逾暫時收容期間之續予收容及續予收容後之延長收容仍應由法院審查。[22]

第796號　撤銷假釋案

時間	民國109年11月6日
案情	最高法院、臺灣高等法院高雄分院、臺灣臺南地方法院行政訴訟庭4位法官與劉○平（前因犯殺人罪經判處無期徒刑入監服役，假釋出監因故意更犯刑法第221條第1項之強制性交罪及同法第277條第1項之傷害罪，經判處有期徒刑且定應執行有期徒刑4年2月確定後，法務部撤銷其假釋，檢察官據以指揮執行該假釋撤銷後之殘刑25年），認刑法第78條第1項本文規定，對於受假釋人於假釋中故意更犯罪，受有期徒刑以上刑之宣告者，均撤銷其假釋，並無區分所犯罪名及宣告之有期徒刑刑度輕

---

22 楊坤樵，〈我們都是外國人——以德國「收容外國人」法院程序為鏡〉，《司法改革雜誌》，https://digital.jrf.org.tw/articles/2644。

	重，法院亦無依具體個案之犯罪情節、特性及受假釋人個人特殊事由等裁量是否應撤銷假釋之空間，一律應予撤銷假釋，使已逐漸回歸社會之受假釋人，如觸犯輕微罪名，於不符合刑法第61條所定免除其刑要件之情形下，受6月以下有期徒刑之宣告，即應撤銷其假釋，須執行殘刑25年，致生行為人所受之刑罰超過其所應負擔罪責之個案，其人身自由因此遭受過苛侵害部分，對人民受憲法第8條保障人身自由所為限制，牴觸憲法第23條比例原則聲請釋憲。
解釋爭點	刑法第78條第1項本文規定，受假釋人於假釋中因故意更犯罪，受有期徒刑以上刑之宣告者，均一律撤銷其假釋，是否牴觸憲法第23條比例原則？
解釋文	刑法第78條第1項本文規定：「假釋中因故意更犯罪，受有期徒刑以上刑之宣告者，於判決確定後6月以內，撤銷其假釋。」不分受假釋人是否受緩刑或6月以下有期徒刑之宣告，以及有無基於特別預防考量，使其再入監執行殘刑之必要之具體情狀，僅因該更犯罪受有期徒刑以上刑之宣告，即一律撤銷其假釋，致受緩刑或6月以下有期徒刑宣告且無特別預防考量必要之個案受假釋人，均再入監執行殘刑，於此範圍內，其所採取之手段，就目的之達成言，尚非必要，牴觸憲法第23條比例原則，與憲法第8條保障人身自由之意旨有違，應自本解釋公布之日起失其效力。上開規定修正前，相關機關就假釋中因故意更犯罪，受緩刑或6月以下有期徒刑宣告者，應依本解釋意旨，個案審酌是否撤銷其假釋。
釋憲要點	假釋制度之目的在使受徒刑執行而有悛悔實據並符合法定要件者，得停止徒刑之執行，以促使受刑人積極復歸社會（刑法第77條、監獄行刑法第116條及第138條第2項參照）。假釋處分經主管機關作成後，受假釋人因此停止徒刑之執行而出獄，如復予以撤銷，再執行殘刑，非特直接涉及受假釋人之人身自由限制，對其因復歸社會而業已享有之各種權益，亦生重大影響（釋字第681號解釋參照）。是撤銷假釋之處分，雖非使受假釋人另承受新刑罰，然以執行殘刑為撤銷假釋之主要法律效果，受假釋人須再次入監服刑，其人身自由因而受到限制，自應符合憲法第23條比例原則，始符憲法第8條保障人民身體自由之意旨。 系爭規定不分受假釋人是否受緩刑或6月以下有期徒刑之宣告，以及有無基於特別預防考量，使其再入監執行殘刑之必要之具體情狀，僅因該更犯罪受有期徒刑以上刑之宣告，即一律撤銷其假釋，致受緩刑或6月以下有期徒刑宣告且無特別預防考量必要之個案受假釋人，均再入監執行殘刑，於此範圍內，其所採取之手段，就目的之達成言，尚非必要，牴觸憲法第23條比例原則，與憲法第8條保障人身自由之意旨有違，應自本解釋公布之日起失其效力。系爭規定修正前，相關機關就假釋中因故意更犯罪，受緩刑或6月以下有期徒刑宣告者，應依本解釋意旨，個案審酌是否撤銷其假釋。 至聲請人據以聲請解釋之原因案件，若所涉更犯罪之罪責，並非受緩刑或6月以下有期徒刑宣告者，即非屬本解釋文所指相關機關應依本解釋意旨，個案審酌是否撤銷其假釋之範疇，併此指明。

相關 法令	憲法第8、23條（36.1.1） 刑法第41條、第74條第1項、第77條、第93條第2項（109.1.15） 監獄行刑法第1、116、134條、第138條第2項（109.1.15） 受刑人假釋實施辦法第3條（109.7.15）
評論或 影響	此號釋憲案出爐後，法務部清查出共有1,134名在監受刑人，符合大法官解釋所指之「假釋中因故意更犯罪，受緩刑或6月以下有期徒刑宣告」要件。法務部在1,134名回籠受刑人中，共撤銷109人之「撤銷假釋處分」並陸續釋放，以落實釋憲意旨，貫徹人權保障。而部分受刑人之「撤銷假釋」雖經法務部撤銷，但因有他案要執行而未出監。[23]根據「司法流言終結者」表示，所以要修正假釋撤銷之規定，不是因為假釋者值得同情，而是因為原規定不符比例之剝奪社會復歸之功能與效應，違反憲法所保障之比例原則與人身自由等規定。故縱然假釋者曾經犯過社會所不容之過錯，但在歷經重重關卡獲得假釋身分後，在一定程度上已經為自己之行為付出代價。如果又因為不論情節之輕重之行為一律撤銷假釋，或許將讓他離社會復歸之路更為遙遠。[24]

有關羈押之釋憲案

　　羈押是刑事案件被告經檢察官或法官合法傳喚、拘提到案、並逮捕後，法院認為被告犯罪嫌疑重大，而且有事實足認其有湮滅證據、串供、逃亡等之虞時，為保全證據、防止逃亡，並確保刑事訴訟、偵查、審判及刑罰執行可以順利進行，法院得裁定將被告收容至特定處所，是限制人身自由之刑事處分。羈押處所是在看守所，並非監獄。也因為羈押不是服刑，所以有期間限制，羈押期間是可以折抵刑期。由於羈押乃是限制個人之自由，故程序必須嚴謹。羈押之要件包括：犯罪嫌疑重大、法定羈押事由、羈押必要。憲法中有關羈押之規定於第8條：人民身體之自由應予保障。除現行犯之逮捕由法律另定外，非經司法或警察機關依法定程序，不得逮捕拘禁。非由法院依法定程序，不得審問

23　蕭博文，〈釋字第796號解釋⋯「撤銷假釋規定」部分違憲！109人被釋放〉，《ETtoday新聞雲》，2022年12月19日，https://www.ettoday.net/news/20201219/1879931.htm。

24　司法流言終結者，〈假釋後故意犯罪一律「回去蹲」違憲：釋字第796號說了什麼？〉，《鳴人堂》，2020年11月11日，https://opinion.udn.com/opinion/story/12322/6059176。

罰。非依法定程序之逮捕、拘禁、審問、處罰，得拒絕之。本文蒐整6件關於平等權較具代表性之大法官釋憲案，以供參考。

第392號　檢察官羈押權、提審法提審要件案

時間	民國84年12月22日
案情	1.許○良為臺灣高等法院78年度提字第3號刑事確定終局裁定及其所適用之提審法第1條、刑事訴訟法第101條、第76條第4款等牴觸憲法聲請釋憲。 2.李慶雄等17人，為憲法第8條第1項前段所稱之「司法機關」是否包括「檢察機關」乙節產生疑義之臨時提案，聲請釋憲。 3.立法委員張俊雄等52人為刑事訴訟法第102條第3項及同法第71條第4項規定，賦予檢察官羈押被告權限，有牴觸憲法第8條之疑義，聲請釋憲。 4.臺灣臺中地方法院法官高思大為84年度提字第3號聲請提審案件，認檢察官依刑事訴訟法第102條第3項準用同法第71條第4項規定，於偵查中羈押刑事被告之權限，恐有牴觸憲法第8條之疑義，而構成提審法第1條所謂之「非法拘禁」，爰依釋字第371號解釋，聲請釋憲。
解釋爭點	刑訴法檢察官羈押權、提審法提審要件等規定違憲？
解釋文	司法權之一之刑事訴訟、即刑事司法之裁判，係以實現國家刑罰權為目的之司法程序，其審判乃以追訴而開始，追訴必須實施偵查，迨判決確定，尚須執行始能實現裁判之內容。是以此等程序悉與審判、處罰具有不可分離之關係，亦即偵查、訴追、審判、刑之執行均屬刑事司法之過程，其間代表國家從事「偵查」「訴追」「執行」之檢察機關，其所行使之職權，目的既亦在達成刑事司法之任務，則在此一範圍內之國家作用，當應屬廣義司法之一。憲法第8條第1項所規定之「司法機關」，自非僅指同法第77條規定之司法機關而言，而係包括檢察機關在內之廣義司法機關。 憲法第8條第1、2項所規定之「審問」，係指法院審理之訊問，其無審判權者既不得為之，則此兩項所稱之「法院」，當指有審判權之法官所構成之獨任或合議之法院之謂。法院以外之逮捕拘禁機關，依上開憲法第8條第2項規定，應至遲於24小時內，將因犯罪嫌疑被逮捕拘禁之人民移送該管法院審問。是現行刑事訴訟法第101條、第102條第3項準用第71條第4項及第120條等規定，於法院外復賦予檢察官羈押被告之權；同法第105條第3項賦予檢察官核准押所長官命令之權；同法第121條第1項、第259條條第1項賦予檢察官撤銷羈押、停止羈押、再執行羈押、繼續羈押暨其他有關羈押被告各項處分之權，與前述憲法第8條第2項規定之意旨均有不符。

	憲法第8條第2項僅規定：「人民因犯罪嫌疑被逮捕拘禁時，其逮捕拘禁機關應將逮捕拘禁原因，以書面告知本人及其本人指定之親友，並至遲於二十四小時內移送該管法院審問。本人或他人亦得聲請該管法院，於二十四小時內向逮捕之機關提審。」並未以「非法逮捕拘禁」爲聲請提審之前提要件，乃提審法第1條規定：「人民被法院以外之任何機關非法逮捕拘禁時，其本人或他人得向逮捕拘禁地之地方法院或其所隸屬之高等法院聲請提審。」以「非法逮捕拘禁」爲聲請提審之條件，與憲法前開之規定有所違背。 上開刑事訴訟法及提審法有違憲法規定意旨之部分，均應自本解釋公布之日起，至遲於屆滿2年時失其效力；院解字第4034號解釋，應予變更。至於憲法第8條第2項所謂「至遲於二十四小時內移送」之24小時，係指其客觀上確得爲偵查之進行而言。釋字第130號之解釋固仍有其適用，其他若有符合憲法規定意旨之法定障礙事由者，自亦不應予以計入，併此指明。
釋憲 要點	法院係職司審判（裁判）之機關，亦有廣狹兩義，狹義之法院乃指對具體案件由獨任或數人合議以實行審判事務，即行使審判權之機關，此即訴訟法上意義之法院；廣義之法院則指國家爲裁判而設置之人及物之機關，此即組織法上意義之法院。故狹義之法院原則上係限於具有司法裁判之權限（審判權）者，亦即從事前述狹義司法之權限（審判權）而具備司法獨立（審判獨立）之內涵者，始屬當之；而其在此意義之法院執行審判事務（即行使審判權）之人即爲法官，故構成狹義法院之成員僅限於法官，其於廣義法院之內，倘所從事者，並非直接關於審判權之行使，其成員固非法官，其機關亦非狹義之法院，故就審判之訴訟程序而言，法院（狹義法院）實與法官同義，均係指行使審判權之機關，兩者原則上得予相互爲替代之使用。因是法令本身若明定爲「法官」，則除其係關於法官其「人」之規定外（如法官身分、地位之保障、法官之迴避等），關於審判權行使之事項，其所謂之法官當然即等於法院。憲法各條有關「法院」「法官」之規定，究何所指，當亦應依此予以判斷。我國現制之檢察官係偵查之主體，其於「刑事」爲公訴之提起，請求法院爲法律正當之適用，並負責指揮監督判決之適當執行；另於「民事」復有爲公益代表之諸多職責與權限，固甚重要（參看法院組織法第60條、刑事訴訟法第228條以下）；惟其主要任務既在犯罪之偵查及公訴權之行使，雖其在「訴訟上」仍可單獨遂行職務（法院組織法第61條參看）；但關於其職務之執行則有服從上級長官（檢察首長）命令之義務（法院組織法第63條），此與行使職權時對外不受任何其他國家機關之干涉，對內其審判案件僅依據法律以爲裁判之審判權獨立，迥不相侔。至於檢察機關則係檢察官執行其職務之官署，雖配置於法院（法院組織法第58條），但既獨立於法院之外以行使職權，復與實行審判權之法院無所隸屬，故其非前述狹義之法院，其成員中之檢察官亦非法官之一員，要無疑義；惟雖如此，其實任檢察官之保障，除轉調外，則與實任法官同，此業經以釋字第13號解釋有案，其仍應予適用，自不待言。

	憲法並非靜止之概念，其乃孕育於一持續更新之國家成長過程中，依據抽象憲法條文對於現所存在之狀況而為法之抉擇，當不能排除時代演進而隨之有所變遷之適用上問題。從歷史上探知憲法規範性之意義固有其必要；但憲法規定本身之作用及其所負之使命，則不能不從整體法秩序中為價值之判斷，並藉此為一符合此項價值秩序之決定。人權保障乃我國現在文化體系中之最高準則，並亦當今先進文明社會共同之準繩。作為憲法此一規範主體之國民，其在現實生活中所表現之意念，究欲憲法達成何種之任務，於解釋適用時，殊不得不就其所顯示之價值秩序為必要之考量。茲人身自由為一切自由之所本，倘人身自由未能獲得嚴謹之保護，則其他自由何有實現之可能！憲法第8條之規定既應予遵守，則為求貫徹此一規定之理念，本院認其應以前開解釋之適用，始有實現其所規定之目的之可能。爰予解釋如「解釋文」所示。
相關法令	憲法第8、9、52、77、78、80、82、97條（36.1.1） 憲法增修條文第4條（83.8.1） 司法院院解字第4034號 司法院釋字第13、130號 中華民國訓政時期約法第8條（20.5.12） 刑事訴訟法第71、76、101、102、105、107、114、115、116、117、120、121、228、259條（84.10.20） 提審法第1條（37.4.26） 法院組織法第58、60、61、63條（78.12.22）
評論或影響	根據《自由時報》稱，早年不少檢察官都有押人取供之習慣，此後民主與人權意識逐漸抬頭，開始出現檢討檢察官是否該擁有羈押權之聲浪。此釋憲案指出羈押與交保、境管等其他處分不同，形同拘禁，是干預人身自由最大之強制處分，須慎重從事，除非確定已具備法定條件且有必要，否則不可率然為之，須由獨立審判機關審查決定。有了此解釋文，刑事訴訟法隨之修正，羈押權終於在86年正式回歸法院。失去羈押權之檢察官，最初常在聲押時遭法官刁難，給許多被告逃亡、串滅證之機會，導致案件偵辦遭遇困難。不過檢方經過多年調整已逐漸適應，也以實務執行說服法官辦案已更審慎。而且，地方法院及高等法院增設「強制處分專庭」，讓裁押標準更一致。[25]

---

25 黃捷，〈羈押權回歸法院 竟遭法官濫用〉，《自由時報》，2019年5月4日，https://news.ltn.com.tw/news/society/paper/1286053。

第653號　羈押法及其施行細則若干規定違憲案

時間	民國97年12月26日
案情	王○群因案在押期間，違反規定，被施以隔離處分及24小時錄影錄音之處分，認此違反刑法第315條之1、通訊保障及監察法第3、24條及監獄行刑法第76條之規定，爰依訴願法第1條第1項向法務部提起訴願。然法務部於收受訴願後，並未於3個月內依訴願法第53、77條作成不受理決定。聲請人遂依行政訴訟法第2條之規定提起行政訴訟，經高雄高等行政法院裁定駁回。聲請人不服而提起抗告，於93年12月23日被最高行政法院以裁字第1654號裁定駁回。聲請人因認系爭裁定，其所適用之羈押法第6條及其施行細則第14條，侵害憲法第16條之訴願權及訴訟權而聲請釋憲。
解釋爭點	羈押法第6條及其施行細則第14條第1項違憲？
解釋文	羈押法第6條及同法施行細則第14條第1項之規定，不許受羈押被告向法院提起訴訟請求救濟之部分，與憲法第16條保障人民訴訟權之意旨有違，相關機關至遲應於本解釋公布之日起2年內，依本解釋意旨，檢討修正羈押法及相關法規，就受羈押被告及時有效救濟之訴訟制度，訂定適當之規範。
釋憲要點	憲法第16條保障人民訴訟權，係指人民於其權利遭受侵害時，有請求法院救濟之權利（釋字第418號解釋參照）。基於有權利即有救濟之原則，人民權利遭受侵害時，必須給予向法院提起訴訟，請求依正當法律程序公平審判，以獲及時有效救濟之機會，此乃訴訟權保障之核心內容（釋字第396、574號解釋參照），不得因身分之不同而予以剝奪（釋字第243、266、298、323、382、430、462號解釋參照）。立法機關衡量訴訟案件之種類、性質、訴訟政策目的及司法資源之有效配置等因素，而就訴訟救濟應循之審級、程序及相關要件，以法律或法律授權主管機關訂定命令限制者，應符合憲法第23條規定，方與憲法保障人民訴訟權之意旨無違（釋字第160、378、393、418、442、448、466、512、574、629、639號解釋參照）。 羈押係拘束刑事被告身體自由，並將其收押於一定處所之強制處分，此保全程序旨在確保訴訟程序順利進行，使國家刑罰權得以實現。羈押刑事被告，限制其人身自由，將使其與家庭、社會及職業生活隔離，非特予其心理上造成嚴重打擊，對其名譽、信用等人格權之影響亦甚重大，係干預人身自由最大之強制處分，自僅能以之為保全程序之最後手段，允宜慎重從事，其非確已具備法定要件且認有必要者，當不可率然為之（釋字第392號解釋參照）。刑事被告受羈押後，為達成羈押之目的及維持羈押處所秩序之必要，其人身自由及因人身自由受限制而影響之其他憲法所保障之權利，固然因而依法受有限制，惟於此範圍之外，基於無罪推定原則，受羈押被告之憲法權利之保障與一般人民所得享有者，原則上並無不同。是執行羈押機關對受羈押被告所為之決定，如涉及限制其憲法所保障之權利者，仍須符合憲法第23條之規定。受羈押被告如認執行羈押機關對其所為之不利決定，逾越達成羈押目的或維持羈押處所秩序之必要範圍，不法侵害其憲法所保障之權利者，自應許其向法院提起訴訟請求救濟，始無違於憲法第16條規定保障人民訴訟權之意旨。

羈押法第6條第1項規定：「刑事被告對於看守所之處遇有不當者，得申訴於法官、檢察官或視察人員。」第2項規定：「法官、檢察官或視察人員接受前項申訴，應即報告法院院長或檢察長。」同法施行細則第14條第1項並規定：「被告不服看守所處分之申訴事件，依左列規定處理之：一、被告不服看守所之處分，應於處分後十日內個別以言詞或書面提出申訴。其以言詞申訴者，由看守所主管人員將申訴事實詳記於申訴簿。以文書申訴者，應敘明姓名、犯罪嫌疑、罪名、原處分事實及日期、不服處分之理由，並簽名、蓋章或按指印，記明申訴之年月日。二、匿名申訴不予受理。三、原處分所長對於被告之申訴認為有理由者，應撤銷原處分，另為適當之處理。認為無理由者，應即轉報監督機關。四、監督機關對於被告之申訴認為有理由者，得命停止、撤銷或變更原處分，無理由者應告知之。五、視察人員接受申訴事件，得為必要之調查，並應將調查結果報告其所屬機關處理。調查時除視察人員認為必要者外，看守所人員不得在場。六、看守所對於申訴之被告，不得歧視或藉故予以懲罰。七、監督機關對於被告申訴事件有最後決定之權。」上開規定均係立法機關與主管機關就受羈押被告不服看守所處遇或處分事件所設之申訴制度。該申訴制度使執行羈押機關有自我省察、檢討改正其所為決定之機會，並提供受羈押被告及時之權利救濟，其設計固屬立法形成之自由，惟仍不得因此剝奪受羈押被告向法院提起訴訟請求救濟之權利。

按羈押法第6條係制定於35年，其後僅對受理申訴人員之職稱予以修正。而羈押法施行細則第14條第1項則訂定於65年，其後並未因施行細則之歷次修正而有所變動。考其立法之初所處時空背景，係認受羈押被告與看守所之關係屬特別權力關係，如對看守所之處遇或處分有所不服，僅能經由申訴機制尋求救濟，並無得向法院提起訴訟請求司法審判救濟之權利。司法實務亦基於此種理解，歷來均認羈押被告就不服看守所處分事件，僅得依上開規定提起申訴，不得再向法院提起訴訟請求救濟。惟申訴在性質上屬機關內部自我審查糾正之途徑，與得向法院請求救濟之訴訟審判並不相當，自不得完全取代向法院請求救濟之訴訟制度。是上開規定不許受羈押被告向法院提起訴訟請求救濟之部分，與憲法第16條規定保障人民訴訟權之意旨有違。

受羈押被告不服看守所之處遇或處分，得向法院提起訴訟請求救濟者，究應採行刑事訴訟、行政訴訟或特別訴訟程序，所須考慮因素甚多，諸如爭議事件之性質及與所涉刑事訴訟程序之關聯、羈押期間之短暫性、及時有效之權利保護、法院組織及人員之配置等，其相關程序及制度之設計，均須一定期間妥為規畫。惟為保障受羈押被告之訴訟權，相關機關仍應至遲於本解釋公布之日起2年內，依本解釋意旨，檢討修正羈押法及相關法規，就受羈押被告及時有效救濟之訴訟制度，訂定適當之規範。

羈押法第6條及同法施行細則第14條第1項規定之申訴制度雖有其功能，惟其性質、組織、程序及其相互間之關聯等，規定尚非明確；相關機關於檢討訂定上開訴訟救濟制度時，宜就申訴制度之健全化、申訴與提起訴訟救濟之關係等事宜，一併檢討修正之，併此指明。

相關法令	憲法第16、23條（36.1.1） 司法院釋字第160、243、266、298、323、378、382、392、393、396、418、430、442、448、462、466、512、574、629、639號解釋 羈押法第6條（95.12.27） 羈押法施行細則第14條第1項（94.9.23）
評論或影響	周宇修律師表示，近年大法官解釋對於特別權力關係之突破可說是不遺餘力。自此號釋憲案開始，學生、受羈押被告以及監獄受刑人逐漸脫離此幽靈，逐漸邁向了與國家之普通法律關係。許宗力大法官在此號釋憲案之協同意見書中便指出：若國人對於釋字第298、323、338號等解釋還存有疑慮是否已揚棄特別權力關係，則此號解釋應已更清楚表達向特別權力關係說再見之訊息，且掙脫特別權力關係束縛者，不限於受羈押被告，還擴及所有其他具特定身分而被傳統特別權力關係鎖定之穿制服、學生服、軍服，乃至囚服之國民。[26]

第654號　律師接見受羈押被告時監聽案

時間	民國98年1月23日
案情	麥○懷因案被裁定羈押，並禁止接見、通信。檢察官於聲請人與辯護人（律師）接見時，命令全程錄音。辯護人於接見聲請人時，交談內容皆由看守所人員全程監聽、錄音。聲請人認為所方全程監聽、錄音行為侵害其受憲法保障之訴訟權，向臺灣板橋地方法院聲明異議，惟遭該院以97年度聲字第4370號裁定駁回確定。聲請人以確定終局裁定所適用之羈押法第23條第3項、第28條及看守所組織通則第1條第2項有違憲疑義聲請釋憲。
解釋爭點	羈押法憲法第23條第3項、第28條是否違憲？
解釋文	羈押法憲法第23條第3項規定，律師接見受羈押被告時，有同條第2項應監視之適用，不問是否為達成羈押目的或維持看守所秩序之必要，亦予以監聽、錄音，違反憲法第23條比例原則之規定，不符憲法保障訴訟權之意旨；同法第28條之規定，使依同法憲法第23條第3項對受羈押被告與辯護人接見時監聽、錄音所獲得之資訊，得以作為偵查或審判上認定被告本案犯罪事實之證據，在此範圍內妨害被告防禦權之行使，牴觸憲法第16條保障訴訟權之規定。前開羈押法憲法第23條第3項及第28條規定，與本解釋意旨不符部分，均應自98年5月失其效力。 看守所組織通則第1條第2項規定：「關於看守所羈押被告事項，並受所在地地方法院及其檢察署之督導。」屬機關內部之行政督導，非屬執行監聽、錄音之授權規定，不生是否違憲之問題。聲請人就上開羈押法憲法第23條第3項及第28條所為暫時處分之聲請，欠缺權利保護要件，應予駁回。

---

26 周宇修，〈信件為何不能寄出？——從通信權案再談特別權力關係的突破與限制〉，《司法改革雜誌》，第96期，2013年6月9日，https://digital.jrf.org.tw/articles/2533。

釋憲要點	憲法第16條規定人民有訴訟權，旨在確保人民有受公平審判之權利，依正當法律程序之要求，刑事被告應享有充分之防禦權，包括選任信賴之辯護人，俾受公平審判之保障。而刑事被告受其辯護人協助之權利，須使其獲得確實有效之保護，始能發揮防禦權之功能。從而，刑事被告與辯護人能在不受干預下充分自由溝通，為辯護人協助被告行使防禦權之重要內涵，應受憲法之保障。上開自由溝通權利之行使雖非不得以法律加以限制，惟須合乎憲法第23條比例原則之規定，並應具體明確，方符憲法保障防禦權之本旨，而與憲法第16條保障訴訟權之規定無違。 受羈押之被告，其人身自由及因人身自由受限制而影響之其他憲法所保障之權利，固然因而依法受有限制，惟於此範圍之外，基於無罪推定原則，受羈押被告之憲法權利之保障與一般人民所得享有者，原則上並無不同（釋字第653號解釋理由書參照）。受羈押被告因與外界隔離，唯有透過與辯護人接見時，在不受干預下充分自由溝通，始能確保其防禦權之行使。羈押法第23條第3項規定，律師接見受羈押被告時，亦有同條第2項應監視之適用。該項所稱「監視」，從羈押法及同法施行細則之規範意旨、整體法律制度體系觀察可知，並非僅止於看守所人員在場監看，尚包括監聽、記錄、錄音等行為在內。且於現行實務運作下，受羈押被告與辯護人接見時，看守所依據上開規定予以監聽、錄音。是上開規定使看守所得不問是否為達成羈押目的或維持押所秩序之必要，予以監聽、錄音，對受羈押被告與辯護人充分自由溝通權利予以限制，致妨礙其防禦權之行使，已逾越必要程度，違反憲法第23條比例原則之規定，不符憲法保障訴訟權之意旨。
相關法令	憲法第16、23條（36.1.1） 司法院釋字第585、599、653號解釋 羈押法第23條第2、3項、第28條（95.12.27） 看守所組織通則第1條第2項（96.7.11） 刑事訴訟法第103條（96.12.12） 貪污治罪條例第4條第1項第5款（95.5.30）
評論或影響	尤伯祥律師稱，此號釋憲案之重大意義如下：1.藉由宣告羈押法第23條第3項及第28條違憲，終結律師接見之監聽、錄音，是本號解釋之首要成就；2.肯定與辯護人在不受干預狀態下充分溝通、交流，係刑事被告獲得辯護人有效協助之前提，乃其防禦權之重要內涵。同時，律師在憲法之正面形象進一步被勾勒出來；3.對此項權利之限制，須符合法律保留原則、法明確性原則及法官保留原則，並有相應之司法救濟途徑；4.對律師接見以監聽、錄音或其他方式取得之資訊，不得作為認定被告本案犯罪事實之證據。另外，林鈺雄教授對律師接見受羈押被告時監聽所作之妙喻：母親對女兒表示，妳有權自由戀，但我堅持在妳約會時在場聽，而我絕對不會插嘴，在此情況下，女兒大概是談不成戀愛。同樣地，處在監聽甚至錄音環境下之被告，大多無法與律師充分溝通、交流。因此，若保障之目的是在鼓勵當事人暢所欲言，則無論是監聽或錄音，都非憲法所允許。[27]

27　尤伯祥，〈大法官釋字654號之後——人民辯護權之新里程碑〉，《司改雜誌》，第73期，2009年9月，https://digital.jrf.org.tw/articles/1874。

第665號　審前羈押制度與重罪羈押案

時間	民國98年10月16日
案情	前總統陳水扁之配偶等因貪污治罪條例等案件經起訴，並經臺灣臺北地方法院分案，列爲95年度矚重訴字第4號刑事案件，復97年度金矚重訴字第1號刑事案件，聲請人不服羈押裁定提起抗告，臺灣高等法院以98年度抗字第7號刑事裁定駁回抗告，該裁定確定在案。聲請人認該確定終局裁定所適用之法令有違憲疑義，聲請釋憲。
解釋 爭點	1.臺北地院刑庭分案要點就相牽連案件併案規定； 2.刑訴法重罪羈押、檢察官於審判中對停止羈押裁判抗告權規定，合憲？
解釋文	1.臺灣臺北地方法院刑事庭分案要點第10點及第43點規定，與憲法第16條保障人民訴訟權之意旨，尚無違背。 2.刑事訴訟法第101條第1項第3款規定，於被告犯該款規定之罪，犯罪嫌疑重大，且有相當理由認爲有逃亡、湮滅、僞造、變造證據或勾串共犯或證人之虞，非予羈押，顯難進行追訴、審判或執行者，得羈押之。於此範圍內，該條款規定符合憲法第23條之比例原則，與憲法第8條保障人民身體自由及第16條保障人民訴訟權之意旨，尚無牴觸。 3.刑事訴訟法第403條第1項關於檢察官對於審判中法院所爲停止羈押之裁定得提起抗告之規定部分，與憲法第16條保障人民訴訟權之意旨，並無不符。 4.本件關於聲請命臺灣臺北地方法院停止審理97年度金矚重訴字第一號刑事案件，改依該法院97年12月12日之分案結果進行審理之暫時處分部分，已無審酌必要；關於聲請命該法院立即停止羈押聲請人之暫時處分部分，核與釋字第585、599號解釋意旨不符，均應予駁回。
釋憲 要點	法院經由案件分配作業，決定案件之承辦法官，與司法公正及審判獨立之落實，具有密切關係。爲維護法官之公平獨立審判，並增進審判權有效率運作，法院案件之分配，如依事先訂定之一般抽象規範，將案件客觀公平合理分配於法官，足以摒除恣意或其他不當干涉案件分配作業者，即與保障人民訴訟權之憲法意旨，並無不符。法官就受理之案件，負有合法、公正、妥速處理之職責，而各法院之組織規模、案件負擔、法官人數等情況各異，且案件分配涉及法官之獨立審判職責及工作之公平負荷，於不牴觸法律、司法院訂定之法規命令及行政規則（法院組織法第78條、第79條參照）時，法院就受理案件分配之事務，自得於合理及必要之範圍內，訂定補充規範，俾符合各法院受理案件現實狀況之需求，以避免恣意及其他不當之干預，並提升審判運作之效率。 憲法第8條第1項前段規定：「人民身體之自由應予保障。」羈押作爲刑事保全程序時，旨在確保刑事訴訟程序順利進行，使國家刑罰權得以實現。惟羈押係拘束刑事被告身體自由，並將之收押於一定處所，乃干預身體自由最大之強制處分，使刑事被告與家庭、社會及職業生活隔離，非特予其心理上造成嚴重打擊，對其名譽、信用等人格權之影響甚爲重大，自僅能以之爲保全程序之最後手段，允宜慎重從事（釋字第392、653、654號解釋參照）。是法律規定羈押刑事被告之要件，須基於維持刑事司法權之有效行使之重大公益要求，並符合比例原則，方得爲之。

	憲法第16條規定人民有訴訟權，旨在確保人民得依法定程序提起訴訟及受公平之審判。至於訴訟救濟應循之審級、程序及相關要件，應由立法機關衡量訴訟案件之種類、性質、訴訟政策目的以及訴訟制度之功能等因素，以法律爲合理之規定（釋字第442、512、574號解釋參照）。檢察官對於審判中法院所爲停止羈押之裁定是否得提起抗告，乃刑事訴訟制度之一環，衡諸本院上開解釋意旨，立法機關自得衡量相關因素，以法律爲合理之規定。 羈押之強制處分屬於法官保留事項，刑事訴訟法第403條第1項規定：「當事人對於法院之裁定有不服者，除有特別規定外，得抗告於直接上級法院。」第404條規定：「對於判決前關於管轄或訴訟程序之裁定，不得抗告。但下列裁定，不在此限：二、關於羈押、具保、責付、限制住居、搜索、扣押或扣押物發還、因鑑定將被告送入醫院或其他處所之裁定及依第一百零五條第三項、第四項所爲之禁止或扣押之裁定。」又第3條規定：「本法稱當事人者，謂檢察官、自訴人及被告。」是依上開法律規定，檢察官對於審判中法院所爲停止羈押之裁定自得提起抗告。檢察官依上開規定對於審判中法院所爲停止羈押之裁定提起抗告，並未妨礙被告在審判中平等獲得資訊之權利及防禦權之行使，自無違於武器平等原則；且法院就該抗告，應依據法律獨立公平審判，不生侵害權力分立原則之問題。是刑事訴訟法第403條第1項關於檢察官對於審判中法院所爲停止羈押之裁定得提起抗告之規定部分，乃立法機關衡量刑事訴訟制度，以法律所爲合理之規定，核與憲法第16條保障人民受公平審判之意旨並無不符。
相關法令	憲法第8、16、23、80條（36.1.1） 司法院釋字第392、442、512、574、585、599、653、654號解釋 司法院大法官審理案件法第5條第1項第2款（82.2.3） 法院組織法第5、13、15、78、79、81條（108.1.4） 刑事訴訟法第3、6、7、101、101-2、110、114、403、404條（109.1.8） 臺灣臺北地方法院刑事庭分案要點第10、43點（97.8.19） 地方法院及其分院處務規程第4條第2項（97.12.4）
評論或影響	根據《一起讀判決》網站稱，最輕本刑5年以上重罪，是法定羈押事由之一。但此號釋憲案認爲羈押之目的應以保全刑事追訴、審判或執行程序爲限，單以重罪作爲羈押之要件，可能背離羈押作爲保全程序之性質，限制被告武器平等與防禦權行使，可能違背比例原則、無罪推定原則。因此，在此號釋憲案之後，以重罪爲原因，仍然要「同時」符合下列三個要件，才可以羈押：1.被告犯罪嫌疑重大；2.有相當理由認爲有「逃亡」、「湮滅、僞造、變造證據」或「勾串共犯或證人之虞」等要件之一；3.非予羈押，顯難進行追訴、審判或執行者。換言之，重罪並無法單獨作爲羈押原因，但大法官所用詞彙爲「相當理由」，其要求低於非重罪法定羈押事由之「有事實足認」。立法院於106年4月26日修正刑事訴訟法該款規定，在重罪羈押部分，增加「有相當理由認爲有逃亡、湮滅、僞造、變造證據或勾串共犯或證人之虞者」之要件，將釋字665號之要求明文化。[28]

第720號 羈押法修正前受羈押被告之訴訟救濟案

時間	民國103年5月16日
案情	王○群因案羈押於看守所，不服所方隔離處分提出申訴，亦為最高行政法院93年裁字第1654號裁定認不得提行政爭訟而駁回確定，聲請釋憲。大法官作成釋字第653號解釋，宣告羈押法第6條及同法施行細則第14條第1項規定，與憲法第16條保障人民訴訟權意旨有違，相關機關至遲應於解釋公布日起2年內，檢討修正羈押法及相關法規，就受羈押被告及時有效救濟之訴訟制度，訂定適當規範。聲請人據釋字第653號解釋循行政訴訟法第273條第2項規定聲請再審，惟最高行政法院98年裁字第2162號裁定認，該解釋並未宣告羈押法相關規定即時失效，故並未對聲請人據以聲請釋憲之個案有利，非上開行政訴訟法規定規範之範圍，而駁回其再審聲請。聲請人爰就釋字第653號解釋聲請補充解釋。[29]
解釋爭點	羈押法規修正前，受羈押被告不服申訴決定之訴訟救濟方法？
解釋文	羈押法第6條及同法施行細則第14條第1項之規定，不許受羈押被告向法院提起訴訟請求救濟之部分，業經釋字第653號解釋，以其與憲法第16條保障人民訴訟權之意旨有違，宣告相關機關至遲應於解釋公布之日起2年內，依解釋意旨，檢討修正羈押法及相關法規，就受羈押被告及時有效救濟之訴訟制度，訂定適當之規範在案。在相關法規修正公布前，受羈押被告對有關機關之申訴決定不服者，應許其準用刑事訴訟法第416條等有關準抗告之規定，向裁定羈押之法院請求救濟。釋字第653號解釋應予補充。
釋憲要點	羈押為重大干預人身自由之強制處分，受羈押被告認執行羈押機關對其所為之不利決定，逾越達成羈押目的或維持羈押處所秩序之必要範圍，不法侵害其憲法所保障之權利者，自應許其向法院提起訴訟請求救濟。羈押法第6條及同法施行細則第14條第1項之規定，不許受羈押被告向法院提起訴訟請求救濟之部分，業經釋字第653號解釋，以其與憲法第16條保障人民訴訟權之意旨有違，宣告相關機關至遲應於該解釋公布之日（97年12月26日）起2年內，依該解釋意旨，檢討修正羈押法及相關法規在案。惟相關規定已逾檢討修正之2年期間甚久，仍未修正。為保障受羈押被告不服看守所之處遇或處分者之訴訟權，在相關法規修正公布前，受羈押被告對有關機關之申訴決定不服者，應許其準用刑事訴訟法第416條等有關準抗告之規定，向裁定羈押之法院請求救濟。釋字第653號解釋應予補充。 聲請人就聲請釋憲原因案件之隔離處分及申訴決定，得依本解釋意旨，自本件解釋送達後起算5日內，向裁定羈押之法院請求救濟。

---

29 〈釋字第720號：羈押法規修正前，受羈押被告不服申訴決定之訴訟救濟方法？〉，《司法院》，2014年8月28日，https://www.lawtw.com/archives/422539。

相關法令	憲法第8、15、16、23、78、171、172條（36.1.1） 刑事訴訟法第1、34、105、167-1、288-3、416、484、486條（103.1.29） 羈押法第4、5、6、22、38條（99.5.26） 羈押法施行細則第14條（94.9.23）
評論或影響	根據《法源法律》網評論稱，針對羈押法第6條及同法施行細則第14條第1項規定，不許受羈押被告向法院提起訴訟請求救濟之部分，經釋字第653號解釋宣告最遲應於2年內檢討修正，但已逾檢討修正之2年期間仍未修正。而此號釋憲案認為，在相關法規修正公布前，應允許受羈押被告準用刑事訴訟法第416條有關準抗告之規定，向裁定羈押之法院請求救濟。[30]

第737號 偵查中羈押審查程序卷證資訊獲知案

時間	民國105年4月29日
案情	前國民黨主席馬英九辦公室主任、前臺北市議員賴○如被控在臺北雙子星案收賄，一審遭判刑10年。她及其選任辯護人李宜光律師因聲請閱卷遭法院拒絕，認臺灣高等法院102年度偵抗字第616號刑事裁定所適用之刑事訴訟法第33條第1項規定，有違憲疑義，聲請釋憲。
解釋爭點	依刑事訴訟法第33條第1項、第101條第3項規定，犯罪嫌疑人及其辯護人於偵查中羈押審查程序得從而獲知之卷證資訊，僅為聲請羈押事由所依據之事實，是否合憲？
解釋文	本於憲法第8條及第16條人身自由及訴訟權應予保障之意旨，對人身自由之剝奪尤應遵循正當法律程序原則。偵查中之羈押審查程序，應以適當方式及時使犯罪嫌疑人及其辯護人獲知檢察官據以聲請羈押之理由；除有事實足認有湮滅、偽造、變造證據或勾串共犯或證人等危害偵查目的或危害他人生命、身體之虞，得予限制或禁止者外，並使其獲知聲請羈押之有關證據，俾利其有效行使防禦權，始符憲法正當法律程序原則之要求。其獲知之方式，不以檢閱卷證並抄錄或攝影為必要。刑事訴訟法第33條第1項規定：「辯護人於審判中得檢閱卷宗及證物並得抄錄或攝影。」同法第101條第3項規定：「第一項各款所依據之事實，應告知被告及其辯護人，並記載於筆錄。」整體觀察，偵查中之犯罪嫌疑人及其辯護人僅受告知羈押事由所據之事實，與上開意旨不符。有關機關應於本解釋公布之日起1年內，基於本解釋意旨，修正刑事訴訟法妥為規定。逾期未完成修法，法院之偵查中羈押審查程序，應依本解釋意旨行之。

---

30 法源編輯室，〈受羈押被告不服申訴決定 釋720：準用刑事訴訟法第416條準抗告規定〉，《法源法律》，2014年5月16日，https://www.lawbank.com.tw/news/NewsContent.aspx?NID=120435。

釋憲要點	人身自由乃人民行使其憲法上各項自由權利所不可或缺之前提，為重要之基本人權，應受充分之保障。剝奪或限制人身自由之處置，除須有法律之依據外，更須踐行必要之正當法律程序，始得為之，憲法第8條規定甚明（釋字第384、436、567、588號解釋參照）。另憲法第16條所明定人民有訴訟權，係以人民於其權利遭受侵害時，得依正當法律程序請求法院救濟為其核心內容，國家應提供有效之制度性保障，以謀其具體實現（釋字第574號解釋參照）。羈押係於裁判確定前拘束犯罪嫌疑人或刑事被告身體自由，並將其收押於一定處所之強制處分。此保全程序乃在確保偵審程序順利進行，以實現國家刑罰權。惟羈押強制處分限制犯罪嫌疑人或刑事被告之人身自由，將使其與家庭、社會及職業生活隔離，非特予其生理、心理上造成嚴重打擊，對其名譽、信用等人格權之影響亦甚重大，故應以無羈押以外其他替代方法為前提，慎重從事（釋字第392、653號解釋參照）。偵查階段之羈押審查程序，係由檢察官提出載明羈押理由之聲請書及有關證據，向法院聲請裁准之程序。此種聲請羈押之理由及有關證據，係法官是否裁准羈押，以剝奪犯罪嫌疑人人身自由之依據，基於憲法正當法律程序原則，自應以適當方式及時使犯罪嫌疑人及其辯護人獲知，俾得有效行使防禦權。惟為確保國家刑罰權得以實現，於有事實足認有湮滅、偽造、變造證據或勾串共犯或證人等危害偵查目的或危害他人生命、身體之虞時，自得限制或禁止其獲知聲請羈押之有關證據。 現行偵查階段之羈押審查程序是否滿足前揭憲法正當法律程序原則之要求，應綜合觀察刑事訴訟法相關條文而為判斷，不得逕以個別條文為之。刑事訴訟法第33條第1項規定：「辯護人於審判中得檢閱卷宗及證物並得抄錄或攝影。」同法第101條第3項規定：「第一項各款所依據之事實，應告知被告及其辯護人，並記載於筆錄。」致偵查中之犯罪嫌疑人及其辯護人得從而獲知者，僅為聲請羈押事由所依據之事實，並未包括檢察官聲請羈押之各項理由之具體內容及有關證據，與上開憲法所定剝奪人身自由應遵循正當法律程序原則之意旨不符。有關機關應於本解釋公布之日起一年內，基於本解釋意旨，修正刑事訴訟法妥為規定。逾期未完成修法，法院之偵查中羈押審查程序，應依本解釋意旨行之。至於使犯罪嫌疑人及其辯護人獲知檢察官據以聲請羈押之理由及有關證據之方式，究採由辯護人檢閱卷證並抄錄或攝影之方式，或採法官提示、告知、交付閱覽相關卷證之方式，或採其他適當方式，要屬立法裁量之範疇。惟無論採取何種方式，均應滿足前揭憲法正當法律程序原則之要求。 至偵查不公開為刑事訴訟法之原則，係為使國家正確有效行使刑罰權，並保護犯罪嫌疑人及關係人憲法權益之重要制度。然偵查中之羈押審查程序使犯罪嫌疑人及其辯護人獲知必要資訊，屬正當法律程序之內涵，係保護犯罪嫌疑人憲法權益所必要；且就犯罪嫌疑人及其辯護人獲知資訊之範圍，上開解釋意旨亦已設有除外規定，已能兼顧犯罪嫌疑人及關係人憲法權益之保護及刑罰權之正確行使。在此情形下，偵查不公開原則自不應妨礙正當法律程序之實現。至於羈押審查程序應否採武器平等原則，應視其是否採行對審結構而定，現行刑事訴訟法既未探採對審結構，即無武器平等原則之適用問題。又因偵查中羈押係起訴前拘束人民人身自由最為嚴重

	之強制處分，自應予最大之程序保障。相關機關於修法時，允宜併予考量是否將強制辯護制度擴及於偵查中羈押審查程序，併此指明。
相關法令	憲法第8、16條（36.1.1） 司法院釋字第384、392、436、445、567、574、588、653、654號解釋 刑事訴訟法第33條第1項、第101條第3項（109.1.15）
評論或影響	鄭深元律師稱，此釋憲案肯定偵查羈押審查程序中，辯護人有獲知檢察官聲請羈押之「理由」及有關「證據」之權利，一舉打破過往法院羈押審查程序中，被告辯護人在看不到檢察官任何聲請羈押所依據證據之情況下，被迫蒙著雙眼為被告辯護之窘狀。此號解釋之真正作用未必是承認辯護人取得「有限」檢閱卷證或獲知之權利，最重要是產生之「防弊」效果。亦即未來檢方聲請羈押被告時，可預期偵查卷證有可能在法庭上為被告之辯護人檢閱或被要求進行展示，對檢方形成一種制約效果。一方面可促使檢方在聲請羈押之前，自行檢閱偵查作為之合法性及羈押之必要性外；另一方面，可發生節制檢方過往一些偵查惡習之正面意義。[31]

---

31 鄭深元，〈鄭深元觀點：釋字第737號解釋之真正效用〉，《風傳媒》，2016年5月8日，https://www.storm.mg/article/114559。

憲法第9條
有關軍事審判之釋憲案

　　在威權統治時期，軍事審判之主要目的在於貫徹軍令、維持軍紀，因而程序上講求迅速與重刑，與法院審判中強調程序保障不同。憲法第9條規定：「人民除現役軍人外，不受軍事審判」，乃因現役軍人負有保衛國家之特別義務，基於國家安全與軍事需要，對其犯罪行為得設軍事審判之特別訴訟程序。其規範意旨係在保障非現役軍人不受軍事審判，非謂軍事審判機關對於軍人之犯罪有專屬之審判權，而排除現役軍人接受普通法院之審判。然而，自38年5月20日宣布戒嚴後，依據戒嚴法規定，原本應該由司法警察、檢察官與法院負責處理之刑法內亂罪審判程序，均改交由軍事治安機關負責。因此，被政府指控犯下內亂外患罪行之政治犯，縱使其身分非現役軍人，仍由軍事機關進行軍事審判。由於軍事審判對於被告之保障程度不足，使受裁判人之基本人權受到侵害。本文蒐整2件關於軍事審判較具代表性之大法官釋憲案，以供參考。

第51號　士兵另犯他罪受軍法審判案

時間	民國44年8月13日
案情	行政院為34年司法院院字第2822號解釋，軍人逃亡逾24小時後另犯他罪則無軍人身分，依此解釋將使逃兵另犯他罪，不能以軍法審判，似對於風紀之維持甚有影響，在事實上原機關學校或部隊於所屬發生逃亡事件，應辦理呈報開除及緝捕等手續，亦殊未能於24小時以內辦理完竣，原解釋逃亡逾24小時即喪失軍籍之規定失之過，聲請釋憲。
解釋爭點	士兵未准離營逾1個月，另犯他罪，仍受軍法審判？
解釋文	士兵未經核准離營已逾1個月者，依兵役法第20條第1項第3款規定，已失現役軍人身分，如其另犯他罪，依非軍人之例定其審判機關。院字第2822號解釋，應予變更。
相關法令	司法院院字第2822號解釋 兵役法第20條第1項第3款（43.8.16）
評論或影響	此號解釋案變更了司法院院字第2822號有關「逃兵之審判權」之解釋，亦即士兵未准離營逾1個月，雖依兵役法被開革軍籍，但若另犯他罪，仍應受軍法審判，對違法者予以制裁，有利軍方維持軍紀。

第436號　軍審法相關規定違憲案

時間	民國86年10月3日
案情	立法委員蘇煥智等58人為軍人在憲法第16條所保障受司法審判之訴訟權被剝奪，軍事審判法第8條至第11條規定軍事審判機關隸屬於國防行政部門，是否違反憲法第77條司法院為國家最高司法機關之規定？軍事審判法第133條第1、3項，第148條第1、2項，第149條第2項，第154、158條，賦予軍事長官之諸多核准權，是否違反憲法第80條審判獨立之規定？聲請釋憲。
解釋爭點	軍審法相關規定是否違憲？
解釋文	憲法第8條第1項規定，人民身體之自由應予保障，非由法院依法定程序不得審問處罰；憲法第16條並規定人民有訴訟之權。現役軍人亦為人民，自應同受上開規定之保障。又憲法第9條規定：「人民除現役軍人外，不受軍事審判」，乃因現役軍人負有保衛國家之特別義務，基於國家安全與軍事需要，對其犯罪行為得設軍事審判之特別訴訟程序，非謂軍事審判機關對於軍人之犯罪有專屬之審判權。至軍事審判之建制，憲法未設明文規定，雖得以法律定之，惟軍事審判機關所行使者，亦屬國家刑罰權之一種，其發動與運作，必須符合正當法律程序之最低要求，包括獨立、公正之審判機關與程序，並不得違背憲法第77條、第80條等有關司法權建制之憲政原理；規定軍事審判程序之法律涉及軍人權利之限制者，亦應遵守憲法第23條之比例原則。本於憲法保障人身自由、人民訴訟權利及第77條之意旨，在平時經終審軍事審判機關宣告有期徒刑以上之案件，應許被告直接向普通法院以判決違背法令為理由請求救濟。軍事審判法第11條，第133條第1、3項，第158條及其他不許被告逕向普通法院以判決違背法令為理由請求救濟部分，均與上開憲法意旨不符，應自本解釋公布之日起，至遲於屆滿2年時失其效力。有關機關應於上開期限內，就涉及之關係法律，本此原則作必要之修正，並對訴訟救濟相關之審級制度為配合調整，且為貫徹審判獨立原則，關於軍事審判之審檢分立、參與審判軍官之選任標準及軍法官之身分保障等事項，亦應一併檢討改進，併此指明。
釋憲要點	人民身體自由在憲法基本權利中居於重要地位，應受最周全之保護，解釋憲法及制定法律，均須貫徹此一意旨。憲法第8條第1項規定，人民身體之自由應予保障，非由法院依法定程序不得審問處罰；憲法第16條並規定人民有訴訟之權，現役軍人亦為人民，自應同受上開規定之保障。又憲法第9條規定：「人民除現役軍人外，不受軍事審判」，乃因現役軍人負有保衛國家之特別義務，基於國家安全與軍事需要，對其犯罪行為得設軍事審判之特別訴訟程序。查其規範意旨係在保障非現役軍人不受軍事審判，非謂軍事審判機關對於軍人之犯罪有專屬之審判權，而排除現役軍人接受普通法院之審判。至軍事審判之建制，憲法未設明文規定，雖得以法律定之，惟軍事審判機關所行使者，亦屬國家刑罰權之一種，具司法權之性質，其發動與運作，必須符合正當法律程序之最低要求，包括獨立、公正之審判機關與程序，並不得違背憲法第77條司法院為國家最高司法機關，掌理刑事訴訟審判，第80條法

	官依法律獨立審判，不受任何干涉等有關司法權建制之憲政原理；規定軍事審判程序之法律涉及軍人權利之限制者，亦應遵守憲法第23條之比例原則。
相關法令	憲法第8、9、16、23、77、80條（36.1.1） 軍事審判法第11、133、158條（56.12.14）
評論或影響	在過去，軍人犯法均由隸屬國防部之軍事法院審理，若被告對於一審判決不服，只能請求「覆判」，無法尋求普通法院救濟。這種「速審速決」之制度對於被告之保障極為欠缺，而且由行政權掌理具司法權性質之軍事審判，有違憲法權力分立原則。此號釋憲案促使政府於102年8月13日對軍事審判法進行修法，軍人若在非戰爭時期犯罪，改由一般法院管轄，賦予軍人接受普通法院審判之權利。只有在戰時軍人所犯為陸海空軍刑法或是其他特別法，才由軍事法院審判，此修法保障軍人之人權，此為臺灣司法改革之歷史時刻。

憲法第**10**條
有關居住遷徙之釋憲案

憲法令文中有關居住遷徙之規定爲第10條：「人民有居住及遷徙之自由。」其中居住自由，指人民有「選擇其居住處所自由」，「營私人生活不受干預自由」之權利。人民居住自由係指在居所或住所之自由，任何人在其住居所內，有權享有一個安寧居住之空間，外力（包含國家公權力及第三人）不得非法侵入干擾，人民在安寧居住空間自由地發展其人格，並同時衍生出隱私權。憲法上居住自由所保障之居住住宅，不限於密閉空間，縱使開放如庭院亦是在保護不受侵擾範圍內，外力不得隨意進入侵擾。

遷徙自由，係指人民有「依個人意願自由遷徙或旅居各地」之權利，亦即人民在國家領域內自由行動及居留之權利。過去封建時代，君主爲保持國力或經濟因素，人民遷徙自由受到嚴格支配與控制，直至近代始逐漸受重視，甚至有學者認爲遷徙自由爲經濟自由之一種，與營業自由、職業自由合爲一體。遷徙自由功能建構之保護法益，主要是作爲防禦權之保護法益，特別是遷徙自由之消極防禦性，表現在抵抗國家對於遷徙自由侵害時的權利。本文蒐整4件關於居住及遷徙較具代表性之大法官釋憲案，以供參考。

第345號　欠稅人限制出境案

時間	民國83年5月6日
案情	林○芳等2人之被繼承人林○汶於78年5月31日因所營事業營運不佳，背負鉅額債務，而自殺身亡。聲請人向管轄法院陳明爲限定繼承不動產，經管轄法院裁定准予公示催告，俾以被繼承人林○汶所遺財產向全體債權人清償。但因臺北市國稅局對聲請人之被繼承人生前所負債務完全不予認定，將聲請人於申報遺產稅時所列被繼承人未償債務全部予以剔除，並核定達新臺幣400餘萬元之遺產稅，斯時又逢國內經濟景氣衰退，不動產交易陷於停頓，造成聲請人無法立即處分遺產，而無力繳納鉅額遺產稅，無法就被繼承人所遺之不動產辦理繼承登記，造成不動產處分之困難，終至遺產稅未繳，被繼承人所遺債務未償。財政部以聲請人滯納遺產稅爲由，援用其自行頒布之行政命令「限制欠稅人或欠稅營利事業負責人出境實施辦法」函請內政部入出境管理局限制聲請人出境，聲請人迭經提起訴願、再訴願及行政訴訟請求救濟，惟均遞遭駁回。聲請人認爲行政法院81年度判字第1116號確定判決所適用財政部發布之「限制欠稅人或欠稅營利事業負責人出境實施辦法」有牴觸憲法第10、23條之疑義，聲請釋憲。
解釋爭點	限制欠稅人出境辦法之限制規定違憲？

解釋文	行政院於73年7月10日修正發布之「限制欠稅人或欠稅營利事業負責人出境實施辦法」，係依稅捐稽徵法第24條第3項及關稅法第25條之1第3項之授權所訂定，其第2條第1項之規定，並未逾越上開法律授權之目的及範圍，且依同辦法第5條規定，有該條所定6款情形之一時，應即解除其出境限制，已兼顧納稅義務人之權益。上開辦法為確保稅收，增進公共利益所必要，與憲法尚無牴觸。
釋憲要點	稅捐稽徵法第24條第3項規定：「納稅義務人欠繳應納稅捐達一定金額者，得由司法機關或財政部，函請內政部入出境管理局，限制其出境；其為營利事業者，得限制其負責人出境，但其已提供相當擔保者，應解除其限制。其實施辦法，由行政院定之。」關稅法第25條之1第3項亦有相同意旨之規定，行政院於73年7月10日修正發布之「限制欠稅人或欠稅營利事業負責人出境實施辦法」，即係依上開法律明文授權所訂定。其第2條第1項規定：「在中華民國境內居住之個人或在中華民國境內之營利事業，其已確定之應納稅捐或關稅，逾法定繳納期限尚未繳納，其欠繳稅款及已確定之罰鍰單計或合計，個人在新臺幣五十萬元以上，營利事業在新臺幣一百萬元以上者，由稅捐稽徵機關或海關報請財政部，函請內政部入出境管理局，限制該欠稅人或欠稅營利事業負責人出境」，並未逾越上開法律授權之目的及範圍，且依同辦法第5條規定，有該條所定6款情形之一時，應即解除其出境限制，已兼顧納稅義務人之權益。上開辦法限制出境之規定，為確保稅收，增進公共利益所必要，與憲法第10、23條規定，均無牴觸。
相關法令	憲法第10、23條（36.1.1） 稅捐稽徵法第24條第3項（82.7.16） 關稅法第25-1條第3項（80.7.22） 限制欠稅人或欠稅營利事業負責人出境實施辦法第2、5條（73.7.10）
評論或影響	立法院法制局助理研究員何弘光稱，此號釋憲案雖然限制出境手段不違憲，惟依據比例原則，應作為最後之不得已之手段。即應俟財產權之保全無論有無執行，仍無法確保稅捐債權者，始得為之。[1]另外，根據中山聯合會計師事務所會計師張晼評論稱，受新冠肺炎疫情影響，各項預疫措施導致經濟活動停擺，公司倒閉欠稅時有所聞。稅捐稽徵機關為保全租稅，得依稅捐稽徵法第24條或行政執行法第17條，限制財產移轉或設定他項權利、聲請法院假扣押、限制出境、拘提及管收等方式，確保公法債權之實現。其中「限制出境」因效果甚鉅且簡便，常被稽徵機關使用。惟若依行政執行法第17條限制出境，其裁量則需符合同法第3條及同法施行細則第3條所定比例原則，因此手段嚴重影響人民基本遷徙自由權利。雖然大法官於釋字第345號說明此舉與憲法第10條及第23條規定均無牴觸，但執行上仍須符合比例原則。[2]

1　何弘光，〈健全稅捐保全制度之修法建議〉，《當代財政》，第27期，2013年3月，頁66。
2　張晼，〈欠稅公司負責人若處分個人財產即遭限制出境？——以最高行政法院109年判字第414號為例〉，《中山聯合會計師事務所》，https://is.gd/3VDIDl。

第454號　在臺無戶籍人民限制離境案

時間	民國87年5月22日
案情	黃○榮於78年12月18日自香港來臺觀光，旋以準備投資為由申請在臺定居，經被告准予申報戶籍並發給79入字第62008395號定居申請書副本；聲請人並於79年3月15日持該定居申請書副本向臺北市文山區戶政事務所辦妥戶籍登記。嗣內政部警政署刑事警察局報經被告以82年10月7日（82）境忠字第34739號書函致聲請人略以其在港涉案，依「戶籍登記作業要點」第6點第1項第2款規定，撤銷其戶籍登記，請儘速離境等語。聲請人不服，提起訴願、再訴願，遞遭決定駁回，乃提起行政訴訟，經行政法院以83年度判字第2790號判決駁回聲請人之訴確定在案。該確定判決所適用行政院82年6月18日台（82）內字第20077號函修正核定之「戶籍登記作業要點」第6點第1項第1款及行政院82年8月4日台82法字第28057號函釋，駁回聲請人之訴，已涉有牴觸憲法第10條、第23條之規定，聲請釋憲。
解釋爭點	國人入境停留居留及戶籍登記要點之否准、撤銷、離境等規定違憲？
解釋文	憲法第10條規定人民有居住及遷徙之自由，旨在保障人民有自由設定住居所、遷徙、旅行，包括出境或入境之權利。對人民上述自由或權利加以限制，必須符合憲法第23條所定必要之程度，並以法律定之。83年4月20日行政院台內字第13557號函修正核定之「國人入境短期停留長期居留及戶籍登記作業要點」第7點規定（即原82年6月18日行政院台內字第20077號函修正核定之同作業要點第6點），關於在臺灣地區無戶籍人民申請在臺灣地區長期居留得不予許可、撤銷其許可、撤銷或註銷其戶籍，並限期離境之規定，係對人民居住及遷徙自由之重大限制，應有法律或法律明確授權之依據。除其中第1項第3款及第2項之相關規定，係為執行國家安全法等特別法所必要者外，其餘各款及第2項戶籍登記之相關規定、第3項關於限期離境之規定，均與前開憲法意旨不符，應自本解釋公布之日起，至遲於屆滿1年時失其效力。關於居住大陸及港澳地區未曾在臺灣地區設籍之人民申請在臺灣地區居留及設定戶籍，各該相關法律設有規定者，依其規定，併予指明。
解釋重點	憲法第10條規定人民有居住及遷徙之自由，旨在保障人民有自由設定住居所、遷徙、旅行，包括出境或入境之權利。對人民入境居住之權利，固得視規範對象究為臺灣地區有戶籍人民，僑居國外或居住港澳等地區之人民，及其所受限制之輕重而容許合理差異之規範，惟必須符合憲法第23條所定必要之程度，並以法律定之，或經立法機關明確授權由行政機關以命令定之。行政機關據此訂定之行政命令應遵守授權之目的及範圍，不得牴觸母法或對人民之權利增加法律所無之限制。與憲法保障人民居住遷徙自由之意旨不符。 關於居住大陸及港澳地區未曾在臺灣地區設籍之人民申請在臺灣地區居留及設定戶籍，各該相關法律設有規定者，依其規定，併予指明。

相關法令	憲法第10、23條（36.1.1） 戶籍法第8條（62.7.17） 國家安全法第3條第1項（85.2.5） 臺灣地區與大陸地區人民關係條例第10、14條（86.5.14） 香港澳門關係條例第11、12、14條（86.4.2） 國人入境短期停留長期居留及戶籍登記作業要點第7點（83.5.7）
評論或影響	返臺加簽爲過去我國之一種簽證制度，持有有效中華民國護照及取得返臺加簽之旅居海外國人，才能重新入境臺灣；而入出境管理局可取消任何一個回臺加簽字號，此造成海外臺灣人黑名單現象。世界上多數國家只對外國人發出入境簽證，回臺加簽被認爲是我國政府所創「給自己人民入境簽證」之制度。由於返臺加簽之作法違反憲法保障人民居住及遷徙之自由權利，故此號釋憲案宣告違憲，返臺加簽制度於1999年5月23日廢止。目前，持中華民國護照之無戶籍國民如欲入境臺灣停留，必須向我國駐外領使館（國外）或內政部移民署（國內）申請短期停留許可。[3]

第542號　翡翠水庫集水區遷村計畫案

時間	民國91年4月4日
案情	張○敏爲居住地因翡翠水庫興建而被劃入水源區，該地區在居住安全、對外交通等因而受到影響，地方人士請求遷村。臺北水源特定區管理委員會乃於85年公告經行政院核定之「翡翠水庫集水區石碇鄉碧山、永安、格頭三村作業實施計畫」，並依上開計畫以「必須在69年1月1日前已設籍當地，並有實際居住者」爲要件，發給拆遷戶「安遷救濟金」。聲請人以伊雖於69年8月始設籍該地，然於69年1月1日水庫開始蓄水日期之前，即已實際居住於遷村計畫區內，行政機關以伊於開日期尚未設籍爲由，拒絕發給搬遷救濟金，侵害其權益，而認上開實施計畫有違憲疑義，聲請釋憲。
解釋爭點	翡翠水庫集水區遷村計畫居住事實認定規定違憲？
解釋文	人民有居住及遷徙之自由，憲法第10條設有明文。對此自由之限制，不得逾憲法第23條所定必要之程度，且須有法律之明文依據，業經作成釋字第443、454號等解釋在案。自來水法第11條授權行政機關得為「劃定公布水質水量保護區域，禁止在該區域內一切貽害水質與水量之行爲」，主管機關依此授權訂定公告「翡翠水庫集水區石碇鄉碧山、永安、格頭遷村作業實施計畫」，雖對人民居住遷徙自由有所限制，惟計畫遷村之手段與水資源之保護目的間尚符合比例原則，要難謂其有違憲法第10條之規定。

3　〈返臺加簽〉，《Wikiwand》，https://www.wikiwand.com/zh-tw/%E8%BF%94%E5%8F%B0%E5%8A%A0%E7%B0%BD。

	行政機關訂定之行政命令，其屬給付性之行政措施具授與人民利益之效果者，亦應受相關憲法原則，尤其是平等原則之拘束。系爭作業實施計畫中關於安遷救濟金之發放，係屬授與人民利益之給付行政，並以補助集水區內居民遷村所需費用爲目的，既在排除村民之繼續居住，自應以有居住事實爲前提，其認定之依據，設籍僅係其一而已，上開計畫竟以設籍與否作爲認定是否居住於該水源區之唯一標準，雖不能謂有違平等原則，但未顧及其他居住事實之證明方法，有欠周延。相關領取安遷救濟金之規定應依本解釋意旨儘速檢討改進。
釋憲 要點	行政機關內部作業計畫，經公告或發布實施，性質上爲法規之一種；其未經公告或發布，但具有規制不特定人權利義務關係之效用，並已爲具體行政措施之依據者，則屬對外生效之規範，與法規命令或行政規則相當，亦得爲審查對象。本件系爭之「翡翠水庫集水區石碇鄉碧山、永安、格頭三村遷村作業實施計畫」，係先經行政院核定，並由臺北水源特定區管理委員會85年3月6日85北水1字第1855號公告，應屬行政命令而予以審查，合先敘明。 行政機關訂定之行政命令，其屬給付性之行政措施具授與人民利益之效果者，亦應受相關憲法原則，尤其是平等原則之拘束。按關於社會政策之立法，依釋字第485號解釋之意旨，在目的上須具資源有效利用、妥善分配之正當性，在手段上須有助於目的之達成且屬客觀上所必要，亦即須考量手段與目的達成間之有效性及合比例性。查上開作業實施計畫中關於安遷救濟金發放之規定，係屬授與人民利益之給付行政，爲補助居民遷離集水區，停止區域內之居住、作息等生活活動，以維持集水區內水源、水質、水量之潔淨與安全，自有其目的上正當性。是其既在排除村民之繼續居住，自應以有居住事實爲前提，而其認定之依據，設籍僅係其中之一種方法而已，前開計畫竟以設籍與否作爲認定是否居住於該水源區之唯一判斷標準，將使部分原事實上居住於集水區內之遷移戶，僅因未設籍而不符發放安遷救濟金之規定，其雖不能謂有違於平等原則，但未顧及其他居住事實之證明方法，有欠周延。按戶籍僅係基於特定目的所爲之行政管制措施，如行政機關基於行政上之便利將戶籍爲超出該特定目的範圍之使用，而以設籍與否爲管制之要件，固非法所不許，但仍應遵循憲法第7條之平等原則。凡能以其他方式舉證證明其於上揭公告所示日期（69年1月1日）以前有於集水區內長期居住之事實者，縱未設籍，行政機關仍應爲安遷救濟金之發給。系爭作業實施計畫中關於認定有無居住事實之規定，應依本解釋意旨儘速檢討改進。
相關 法令	憲法第7、10、23條（36.1.1） 司法院釋字第443、454、485號解釋 自來水法第11條（86.5.21） 翡翠水庫集水區石碇鄉碧山、永安、格頭三村遷村作業實施計畫
評論或 影響	大法官在審理本案時，以憲法之「平等原則」爲主，並以「比例原則」及「資源有效利用原則」爲輔，作爲審查之基準。淡江大學公共行政系兼任助理教授羅承宗表示，此號釋憲案超越給付行政形式上是否需要法律保留之層次，進一步論述給付立

	法行爲與給付行政行爲，必須受到「平等原則」與「比例原則」之拘束，值得讚同。[4]

第558號　國安法就人民入出境須經許可案

時間	民國92年4月18日
案情	曾經行刺蔣案之國人黃○雄於85年返回臺灣，被政府依國家安全法判處5個月有期徒刑。此案上訴到高等法院，承審法官臺灣高等法院刑事法官蔡永昌、徐昌錦及陳榮和等認爲所應適用之該法第3條第1項關於人民入出境應向主管機關申請許可部分，已嚴重限制國民返國之自由，與憲法保障人民之遷徙權之基本精神有違，且與現行入出國及移民法第5條但書規定，居住臺灣地區設有戶籍之國民入出國不需申請許可之規定不符，有牴觸憲法第10條之疑義，聲請釋憲。
解釋爭點	國安法就人民入出境須經許可之規定違憲？
解釋文	憲法第10條規定人民有居住、遷徙之自由，旨在保障人民有自由設定住居所、遷徙、旅行，包括入出國境之權利。人民爲構成國家要素之一，從而國家不得將國民排斥於國家疆域之外。於臺灣地區設有住所而有戶籍之國民得隨時返回本國，無待許可，惟爲維護國家安全及社會秩序，人民入出境之權利，並非不得限制，但須符合憲法第23條之比例原則，並以法律定之。 動員戡亂時期國家安全法制定於解除戒嚴之際，其第3條第2項第2款係爲因應當時國家情勢所爲之規定，適用於動員戡亂時期，雖與憲法尚無牴觸（參照釋字第265號解釋），惟81年修正後之國家安全法第3條第1項仍泛指人民入出境均應經主管機關之許可，未區分國民是否於臺灣地區設有住所而有戶籍，一律非經許可不得入境，並對未經許可入境者，予以刑罰制裁（參照該法第6條），違反憲法第23條規定之比例原則，侵害國民得隨時返回本國之自由。國家安全法上揭規定，與首開解釋意旨不符部分，應自立法機關基於裁量權限，專就入出境所制定之法律相關規定施行時起，不予適用。
解釋重點	憲法第10條規定人民有居住、遷徙之自由，旨在保障人民有自由設定住居所、遷徙、旅行，包括入出國境之權利。人民爲構成國家要素之一，從而國家不得將國民排斥於國家疆域之外。於臺灣地區設有住所而有戶籍之國民得隨時返回本國，無待許可，惟爲維護國家安全及社會秩序，人民入出境之權利，並非不得限制，但須符合憲法第23條之比例原則，並以法律定之，方符憲法保障人民權利之意旨，釋字第454號解釋即係本此旨趣。依現行憲法增修條文第11條規定，自由地區與大陸地區

4　羅承宗，〈源有效利用原則作爲違憲審查標準？——以釋字第485號與釋字第542號爲中心〉，《德明學報》，第27期，民國95年6月，頁196。

	間人民權利義務關係及其他事務之處理，得以法律為特別之規定，是法律就大陸地區人民進入臺灣地區設有限制，符合憲法上開意旨（參照釋字第497號解釋）。其僑居國外具有中華民國國籍之國民若非於臺灣地區設有住所而有戶籍，仍應適用相關法律之規定（參照入出國及移民法第3條第1款、第5條第1項、第7條規定），此為我國國情之特殊性所使然。至前開所稱設有戶籍者，非不得推定具有久住之意思。 76年公布之動員戡亂時期國家安全法制定於解除戒嚴之際，其第3條第2項第2款係為因應當時國家情勢所為之規定，適用於動員戡亂時期，與憲法尚無牴觸，業經釋字第265號解釋在案。但終止動員戡亂時期及解除戒嚴之後，國家法制自應逐步回歸正常狀態。立法機關盱衡解嚴及終止動員戡亂時期後之情勢，已制定入出國及移民法，並於88年5月21日公布施行，復基於其裁量權限，專就入出境所制定之相關法律規定施行日期。國家安全法於81年修正，其第3條第1項仍泛指人民入出境均應經主管機關許可，未區分國民是否於臺灣地區設有住所而有戶籍，一律非經許可不得入境，對於未經許可入境者，並依同法第6條第1項規定處3年以下有期徒刑、拘役或科或併科新臺幣9萬元以下罰金，違反憲法第23條規定之比例原則，侵害國民得隨時返回本國之自由，國家安全法上揭規定，與首開解釋意旨不符，應自入出國及移民法之相關規定施行時起，不予適用。
相關法令	憲法第1、23條（36.1.1） 憲法增修條文第11條（89.4.25） 司法院釋字第265、454、497號解釋 國家安全法第3、6條（85.2.5） 入出國及移民法第3、5、7條（92.2.6）
評論或影響	根據「台灣民間真相與和解促進會」評論稱，大法官們認為，憲法保障人民有居住遷徙自由，如果你是國民，也在臺灣設有戶籍，出入境就不需要經過國家許可，本來就有返國之權利，因此原規定違反比例原則，才成功挑戰國家安全法之規定。雖然釋憲還是認為，在臺灣沒有戶籍之國民，入境仍需經過許可，黃○雄也因此受到判刑，但至少避免了國家恣意裁量之空間。這正是海外黑名單返回臺灣之重重阻礙，與長久被迫與故鄉分離之背景。[5]

5　〈海外黑名單〉，《台灣民間真相與和解促進會》，2021年7月9日，https://taiwantrc.org/%E6%B5%B7%E5%A4%96%E9%BB%91%E5%90%8D%E5%96%AE/。

憲法第11條
有關表現自由之釋憲案

　　表現自由爲一種基本人權，指公民可以按照個人意願表達意見與想法之法定權利，這些意見表達不用受任何人「事前」審查及限制，也無需擔心受到政府或他人報復。它通常被理解爲充分表達意見之自由，包括以任何方式尋找、接收及發放傳遞資訊或者思想之行爲。然表現自由權利在任何國家通常都會受到不同程度之限制，特別是具有破壞性、攻擊性與粗俗之內容，例如發表誹謗中傷、猥褻、威脅傷人、煽動仇恨或侵犯版權與隱私等言論，或涉嫌侵犯他人人權之行爲與言論都被禁止。而且，表達意見時也需注意時間、地點與禮儀。一般民主國家基於保護人權考量，都以較寬容態度對待表現自由之權利，並以憲法明文保障該全力。我國憲法有關表現自由之規定於第11條：「人民有言論、講學、著作及出版之白由。」本文蒐整12件關於表現自出較具代表性之大法官釋憲案，包括2件有關出版、5件有關言論、5件有關廣告等議題之釋憲案，以供參考。

有關出版之釋憲案

第105號　出版法定期停止發行等處分案

時間	民國53年10月7日
案情	監察院認爲出版法第40、41條所定，對於出版品得予以定期停止，其發行及撤銷其登記之處分，已超過憲法第23條規定之「必要」限度，並違反五權分立不相侵犯之精神聲請釋憲。
解釋爭點	出版法定期停止發行等處分暨由行政機關處理之規定合憲？
解釋文	出版法第40、41條所定定期停止發行或撤銷登記之處分，係爲憲法第23條所定必要情形，而對於出版自由所設之限制，由行政機關逕行處理，以貫徹其限制之目的，尚難認爲違憲。
釋憲要點	出版法第40、41條所定對於違法出版品定期停止發行或撤銷登記之處分，係依憲法第23條規定之必要情形，對於出版自由所設之限制，此點聲請釋憲來文亦有相同之見解。而憲法對於違法出版品之處分方式並無限制，出版法爲貫徹其限制之目的，採用行政處分方式，尚難謂爲違憲。且上開各條所規定之處分要件，甚爲嚴格，行

	政機關僅能根據各該條所列舉之要件，予以處分，受處分人尚得提起訴願及向行政法院提起行政訴訟，請求救濟，亦足以資保障。
相關法令	憲法第23條（36.1.1） 出版法第40、41條（47.6.28）
評論或影響	根據司法院大法官審理案件法第5條以及相關大法官解釋，可以聲請解釋憲法者有4個種類，包括：1.中央或地方機關；2.人民、法人或政黨；3.立法委員現有總額三分之一；4.法官。監察院屬於中央機關，所以亦可提出釋憲案。根據憲法第90條規定，監察院爲國家最高監察機關，得透過充分調查權之行使，向主管機關（構）提出意見、建議、提議和報告，並基於憲法最高監察機關之職權，透過監督各權力機關適用現行立法和行政規定，以確保符合人權的基本原則。監察院檢視現行立法與行政規定，以及法案與提案，是否合憲以保障人民權利，爲中華民國監察權行使之核心基礎。在過去之釋憲案中，由監察院提出者並不多，而此號釋憲案爲首度由監察院所提出，具有指標性之意義，其後該院又曾提出第122、166、331、530、589號等釋憲案。但是並非監察院所提之釋憲案就一定會被司法院受理，例如監察院於107年10月9日所提之年改釋憲案就遭司法院裁定「不受理」，引起該院之不滿，並公開發布新聞稿譴責。[1]

第407號　猥褻出版品認定案

時間	民國85年7月5日
案情	正○有限公司代表人陳○照鑑於國內傳播正確性教育之書籍頗爲缺乏，向英國Paul Hamlyn及Dorlinf Kindersley兩家出版公司分別購買英文書籍名爲Making Love及Sensual Massge二書之中文版權，翻譯成中文，以「性愛大全」及「性按摩」爲名，於82年6月出版發行。臺北市政府新聞處以該二書部分內容刊登人體圖片，裸露乳部、臀部，違反出版法第32條第3款規定爲由，依同法第39條第1項第3款規定，對聲請人處以「禁止出售及散布並扣押其出版品」之行政處分。聲請人不服，提起訴願、再訴願，均遭駁回。嗣經提起行政訴訟，亦遭駁回。聲請人認爲行政法院83年度判字第1801、1959號判決確定終局判決適用法令有牴觸憲法之疑義，聲請釋憲。
解釋爭點	新聞局就猥褻出版品認定所爲之函釋違憲？
解釋文	主管機關基於職權因執行特定法律之規定，得爲必要之釋示，以供本機關或下級機關所屬公務員行使職權時之依據。行政院新聞局81年2月10日（81）強版字第02275號函係就出版品記載內容觸犯刑法第235條猥褻罪而違反出版法第32條第3款之禁止

---

1 監察院新聞稿，〈監察委員仉桂美、劉德勳、包宗和對司法院大法官「不受理」監察院所提年改釋憲案認爲：無視基本人權嚴重侵害人民權利雙重標準的釋憲權——令人遺憾〉，《監察院》，2019年6月21日，https://www.cy.gov.tw/News_Content.aspx?n=124&sms=8912&s=13473。

	規定，所爲例示性解釋，並附有足以引起性慾等特定條件，而非單純刊登文字、圖畫即屬相當，符合上開出版法規定之意旨，與憲法尚無牴觸。惟猥褻出版品乃指一切在客觀上足以刺激或滿足性慾，並引起普通一般人羞恥或厭惡感而侵害性之道德感情，有礙於社會風化之出版品而言。猥褻出版品與藝術性、醫學性、教育性等出版品之區別，應就出版品整體之特性及其目的而爲觀察，並依當時之社會一般觀念定之。又有關風化之觀念，常隨社會發展、風俗變異而有所不同，主管機關所爲釋示，自不能一成不變，應基於尊重憲法保障人民言論出版自由之本旨，兼顧善良風俗及青少年身心健康之維護，隨時檢討改進。至於個別案件是否已達猥褻程度，法官於審判時應就具體案情，依其獨立確信之判斷，認定事實，適用法律，不受行政機關函釋之拘束，乃屬當然。
釋憲要點	出版自由爲民主憲政之基礎，出版品係人民表達思想與言論之重要媒介，可藉以反映公意，強化民主，啓迪新知，促進文化、道德、經濟等各方面之發展，爲憲法第11條所保障。惟出版品無遠弗屆，對社會具有廣大而深遠之影響，故享有出版自由者，應基於自律觀念，善盡其社會責任，不得有濫用自由情事。其有藉出版品妨害善良風俗、破壞社會安寧、公共秩序等情形者，國家自得依法律予以限制。 行政院新聞局依出版法第7條規定，爲出版品中央主管機關，斟酌我國社會情況及風俗習慣，於81年2月10日（81）強版字第02275號函釋謂「出版品記載觸犯或煽動他人觸犯出版法第32條第3款妨害風化罪，以左列各款爲衡量標準：甲、內容記載足以誘發他人性慾者。乙、強調色情行爲者。丙、人體圖片刻意暴露乳部、臀部或性器官，非供學術研究之用或藝術展覽者。丁、刊登婦女裸體照片、雖未露出乳部、臀部或性器官而姿態淫蕩者。戊、雖涉及醫藥、衛生、保健、但對性行爲過分描述者」，係就出版品記載內容觸犯刑法第235條猥褻罪，違反出版法第32條第3款之禁止規定，應依同法第37條、第39條第1項第3款及第40條第1項第4款處罰所爲例示性解釋，並附有足以誘發、強調色情、刻意暴露、過分描述等易引起性慾等特定條件，非單純刊登文字、圖畫即屬相當，以協助出版品地方主管機關認定出版法第32條第3款有關刑法妨害風化罪中之猥褻罪部分之基準，函釋本身未對人民出版自由增加法律所未規定之限制，與憲法尚無牴觸。又有關風化之觀念，常隨社會發展、風俗變異而有所不同，主管機關所爲釋示，自不能一成不變，應基於尊重憲法保障人民言論出版自由之本旨，兼顧善良風俗及青少年身心健康之維護，隨時檢討改進。
相關法令	憲法第11、80條（36.1.1） 司法院釋字第216號解釋 司法院大法官審理案件法第5條第1項第2款（82.2.3） 刑法第235條（83.1.28） 出版法第7、32、37、39、40條（62.8.10） 行政院新聞局（81）強版字第02275號函

評論或影響	學者王爲表示，猥褻物品是否受言論或出版自由之保障問題，在此號釋憲案中並沒有正面回應，僅有說明若出版品有妨害善良風俗、破壞社會安寧、公共秩序等情形者，國家自得依法律予以限制。許宗力大法官曾於91年爲文稱，或許應將該等法益限縮於「維護青少年身心的健全發展」，此種詮釋相較於以「善良風俗」難以客觀認定之概念作爲刑法之保護法益，更能容易判認出版品許可與否以及維護言論及出版自由，也能避免形成如本號釋憲案與第617號解釋中，以其他不確定法律概念來解釋同屬不確定法律概念之「猥褻」情形。[2]

有關言論之釋憲案

第364號　廣播電視表達自由案

時間	民國83年9月23日
案情	立法委員陳水扁等29人，在審查廣播電視法修正草案時，對於憲法第11條所賦予之表現自由是否蘊含廣電自由，並是否保障人民之平等接近使用廣電媒體之機會，適用時滋生疑義，聲請釋憲。
解釋爭點	憲法第11條表現自由之意涵？
解釋文	以廣播及電視方式表達意見，屬於憲法第11條所保障言論自由之範圍。爲保障此項自由，國家應對電波頻率之使用爲公平合理之分配，對於人民平等「接近使用傳播媒體」之權利，亦應在兼顧傳播媒體編輯自由原則下，予以尊重，並均應以法律定之。
釋憲要點	言論自由爲民主憲政之基礎。廣播電視係人民表達思想與言論之重要媒體，可藉以反映公意強化民主，啓迪新知，促進文化、道德、經濟等各方面之發展，其以廣播及電視方式表達言論之自由，爲憲法第11條所保障之範圍。惟廣播電視無遠弗屆，對於社會具有廣大而深遠之影響。故享有傳播之自由者，應基於自律觀念善盡其社會責任，不得有濫用自由情事。其有藉傳播媒體妨害善良風俗、破壞社會安寧、危害國家利益或侵害他人權利等情形者，國家自得依法予以限制。廣播電視之電波頻率爲有限性之公共資源，爲免被壟斷與獨占，國家應制定法律，使主管機關對於開放電波頻率之規劃與分配，能依公平合理之原則審慎決定，藉此謀求廣播電視之均衡發展，民眾亦得有更多利用媒體之機會。

2　王爲，〈猥褻性言論的管制與實務操作——釋字第407號與第617號解釋〉，《保成網路書局》，2021年7月9日，https://www.eyebook.com.tw/Article/Detail/45410?lang=zh-TW。

	至學理上所謂「接近使用傳播媒體」之權利（the right of access to the media），乃指一般民眾得依一定條件，要求傳播媒體提供版面或時間，許其行使表達意見之權利而言，以促進媒體報導或評論之確實、公正。例如媒體之報導或評論有錯誤而侵害他人之權利者，受害人即可要求媒體允許其更正或答辯，以資補救。又如廣播電視舉辦公職候選人之政見辯論，於民主政治品質之提升，有所裨益。 惟允許民眾「接近使用傳播媒體」，就媒體本身言，係對其取材及編輯之限制。如無條件強制傳播媒體接受民眾表達其反對意見之要求，無異剝奪媒體之編輯自由，而造成傳播媒體在報導上瞻前顧後，畏縮妥協之結果，反足影響其確實、公正報導與評論之功能。是故民眾「接近使用傳播媒體」應在兼顧媒體編輯自由之原則下，予以尊重。如何設定上述「接近使用傳播媒體」之條件，自亦應於法律內為明確之規定，期臻平等。 綜上所述，以廣播及電視方式表達意見，屬於憲法第11條所保障言論自由之範圍。為保障此項自由，國家應對電波頻率之使用為公平合理之分配，對於人民平等「接近使用傳播媒體」之權利，亦應在兼顧傳播媒體編輯自由原則下，予以尊重，並均應以法律定之。
相關法令	憲法第11、23條（36.1.1）
評論或影響	根據《國試論壇》稱，此號釋憲案從資源稀有性出發，肯定接近使用媒體權。其認為「廣播電視之電波頻率為有限性之公共資源，為免被壟斷與獨占，國家應制定法律，使主管機關對於開放電波頻率之規劃與分配，能依公平合理之原則審慎決定，藉此謀求廣播電視之均衡發展，民眾亦得有更多利用媒體之機會」。[3]

第509號　刑法誹謗罪違憲案

時間	民國89年7月7日
案情	《商業周刊》記者林○秋發現立法院公報記載立委朱○良質詢行政院人事行政局長陳○金之紀錄：「有位新任首長花費278萬裝潢費，裝潢費開銷是否應事先在施政預算時列入」，而向朱委員之國會助理黃○文及信義大樓住戶蕭○倫查證，獲知該新任首長應是交通部長蔡○陽。林○秋在所撰「信義大樓內大官們的『房』事揭秘」乙文中，報導「新上任交通部長蔡○陽花費278萬公帑，重新裝潢，整修官舍」，登載於85年11月4日發行之該周刊第467期。同期該周刊另有筆名「秦○硯」撰寫之「蔡○陽搶走王○剛的公關愛將」乙文，評論蔡○陽為「氣量狹小」、「趕盡殺絕」、「刻薄寡恩」。蔡○陽以刑法第310條第2項加重誹謗罪提告該周刊總編輯黃○仁及林○秋兩人，經臺灣高等法院判決，以該2人就新聞報導非善意等理

<hr>

3 雁引，〈新聞自由與通訊傳播自由整合題型〉，《國試論壇》，2019年11月18日，https://talk.superbox.com.tw/Text.aspx?id=2324&chksum=Super168947640Talk。

	由，各判處有期徒刑5個月及4個月之誹謗罪，因是屬刑法第61條所列不得上訴於第三審之案件，而告確定。黃、林認為臺灣高等法院判決所適用之刑法第310、311條等規定，有牴觸憲法第11條保障新聞自由、第15條保障人民工作權意旨、第23條比例原則及正當法律程序等之疑義，聲請釋憲。
解釋爭點	刑法誹謗罪之規定違憲？
解釋文	言論自由為人民之基本權利，憲法第11條有明文保障，國家應給予最大限度之維護，俾其實現自我、溝通意見、追求真理及監督各種政治或社會活動之功能得以發揮。惟為兼顧對個人名譽、隱私及公共利益之保護，法律尚非不得對言論自由依其傳播方式為合理之限制。刑法第310條第1項及第2項誹謗罪即係保護個人法益而設，為防止妨礙他人之自由權利所必要，符合憲法第23條規定之意旨。至刑法同條第3項前段以對誹謗之事，能證明其為真實者不罰，係針對言論內容與事實相符者之保障，並藉以限定刑罰權之範圍，非謂指摘或傳述誹謗事項之行為人，必須自行證明其言論內容確屬真實，始能免於刑責。惟行為人雖不能證明言論內容為真實，但依其所提證據資料，認為行為人有相當理由確信其為真實者，即不能以誹謗罪之刑責相繩，亦不得以此項規定而免除檢察官或自訴人於訴訟程序中，依法應負行為人故意毀損他人名譽之舉證責任，或法院發現其為真實之義務。就此而言，刑法第310條第3項與憲法保障言論自由之旨趣並無牴觸。
釋憲要點	憲法第11條規定，人民之言論自由應予保障，鑑於言論自由有實現自我、溝通意見、追求真理、滿足人民知之權利，形成公意，促進各種合理之政治及社會活動之功能，乃維持民主多元社會正常發展不可或缺之機制，國家應給予最大限度之保障。惟為保護個人名譽、隱私等法益及維護公共利益，國家對言論自由尚非不得依其傳播方式為適當限制。至於限制之手段究應採用民事賠償抑或兼採刑事處罰，則應就國民守法精神、對他人權利尊重之態度、現行民事賠償制度之功能、媒體工作者對本身職業規範遵守之程度及其違背時所受同業紀律制裁之效果等各項因素，綜合考量。以我國現況而言，基於上述各項因素，尚不能認為不實施誹謗除罪化，即屬違憲。況一旦妨害他人名譽均得以金錢賠償而了卻責任，豈非享有財富者即得任意誹謗他人名譽，自非憲法保障人民權利之本意。刑法第310條第1項：「意圖散布於眾，而指摘或傳述足以毀損他人名譽之事者，為誹謗罪，處一年以下有期徒刑、拘役或五百以下罰金」，第2項：「散布文字、圖畫犯前項之罪者，處二年以下有期徒刑、拘役或一千以下罰金」係分別對以言詞或文字、圖畫而誹謗他人者，科予不同之刑罰，為防止妨礙他人自由權益所必要，與憲法第23條所定之比例原則尚無違背。 刑法第310條第3項前段規定：「對於所誹謗之事，能證明其為真實者，不罰」，係以指摘或傳述足以毀損他人名譽事項之行為人，其言論內容與事實相符者為不罰之條件，並非謂行為人必須自行證明其言論內容確屬真實，始能免於刑責。惟行為人雖不能證明言論內容為真實，但依其所提證據資料，認為行為人有相當理由確信其為真實者，即不能以誹謗罪之刑責相繩，亦不得以此項規定而免除檢察官或自訴人

	於訴訟程序中，依法應負行爲人故意毀損他人名譽之舉證責任，或法院發現其爲眞實之義務。就此而言，刑法第310條第3項與憲法保障言論自由之旨趣並無牴觸。
相關 法令	憲法第11、23條（36.1.1） 刑法第310、311條（88.4.21）
評論或 影響	此號釋憲案主要有兩部分，首先大法官確認刑法第310條之誹謗罪，因顧及個人名譽、隱私及公共利益保護，仍得以據爲限制言論自由之依據。解釋理由書第一段指出，兼顧考量「國民守法精神、對他人權利尊重之態度、現行民事賠償制度之功能、媒體工作者對本身職業規範遵守之程度及其違背時所受同業紀律制裁之效果」等各項因素，誹謗罪除罪化並非唯一合乎比例原則之方式，動用刑罰用以避免行爲人透過民事責任即可卸責。其次是合憲性解釋，就刑法第310條第3項前段規定：「對於所誹謗之事，能證明其爲眞實者，不罰」之解釋，解釋文說明，雖然行爲人不能證明言論爲眞實，如依據所提證據資料，有相當理由確信其爲眞實，即可排除可罰性。此見解將文義所呈現言論內容之客觀眞實，解讀成行爲人確信之主觀眞實。至於能證明爲眞實之舉證責任，大法官強調並不因第3項規定而有所差異，檢察官或自訴人仍應盡舉證責任，或屬於法院澄清義務之射程內，行爲人並不負舉證爲眞實之責，亦即，檢察官與自訴人依法仍應先負有證明行爲人所傳述事項爲虛假或是僅涉私德而與公益無關之客觀事實，而具有毀損他人名譽之主觀故意的舉證責任。此號釋憲案之所以重要，除了改變以往實務對於刑法第310條第3項之判斷標準外，並進一步釐清控方之舉證責任。因爲在此號釋憲案作成之前，實務對於刑法第310條第3項之詮釋，多以客觀眞實來阻卻誹謗罪之成立。誹謗罪之構成要件包括須意圖散布於眾、須在指摘或傳述之行爲、所指摘或傳述者，足以毀損他人名譽。而此號釋憲案對於新聞自由與名譽權保障之權衡下，採取眞實惡意原則之判斷，以求新聞自由與名譽權保障之平衡。大法官認爲，行爲人只要舉證證明有相當理由信其爲眞，則可以證明不具有故意毀損他人名譽之眞實惡意，從而不會以誹謗罪處罰。[4]根據法官林育賢與檢察官段可芳評論稱，此號釋憲案之所以重要，除了改變以往實務對於刑法第310條第3項之判斷標準外，並進一步釐清控方之舉證責任。在釋憲之前，實務見解多將「能證明其爲眞實者」之舉證責任歸由行爲人負擔，不免有違反不自證己罪原則之疑慮。因此大法官認爲，行爲人只要舉證證明至有相當理由信其爲眞，則可以證明不具有故意毀損他人名譽之眞實惡意，而不會以誹謗罪處罰。[5]另外，朱姓臺商於106年間與王姓女子發生嫌隙，透過通訊軟體傳送性愛影片給王女親友、員工，並稱這是「通姦證據」。檢方認定朱男散布文字及猥褻圖畫而妨害王女名譽，依誹謗等罪起訴，臺灣高等法院判處朱男7月徒刑，得易科罰金確定。朱姓臺商認爲，刑法第310條「誹謗罪」與釋字509號解釋違反法律明確性原則、比例原則、平等權及憲法保障之言論自由與人身自由，因此向大法官聲請釋憲。國立

4　林育賢、段可芳，〈言論自由與名譽保護──從釋字第509號出發對誹謗言論不罰之再思考〉，《司法新聲》，第129期，2019年1月，頁92-102。
5　同前註，頁102。

中正大學法律系教授盧映潔、網路電臺負責人許榮棋及林郁紋、蕭絜仁、陳易騰等人，分別因誹謗罪被判刑確定，也先後提出釋憲聲請。憲法法庭於112年6月9日作出112年度憲判字第8號判決：刑法誹謗罪合憲，但釋字第509號解釋應予補充。判決書指出，當代民主社會之事實性資訊提供者，無論是媒體或一般人，均應負有一定程度之真實查證義務，而不得恣意散播不實或真假難辨的資訊於眾，助長假新聞、假訊息肆意流竄，導致顛覆自由言論市場之事實根基。憲法法庭認為，基於明知或重大輕率的惡意而散播假新聞或假訊息，本來就不受憲法言論自由之保障。[6]司法院長兼憲法法庭審判長許宗力表示，刑法第310條第3項規定：「對於所誹謗之事，能證明其為真實者，不罰。但涉於私德而與公共利益無關者，不在此限。」亦即所誹謗之事涉及公共利益，就算無法證明其言論為真實，惟如發表前確經合理查證程序，依所取得的證據資料，客觀上可合理相信言論內容為真實者，即屬合於「不罰」要件。

第617號　猥褻資訊或物品案

時間	民國95年10月26日
案情	1.謝○雄為南投市某書店之經營者，於該書局販售「性愛女娃」等書10冊，於93年間為警察查獲，案經臺灣高等法院臺中分院94年度上易字第134號刑事判決判處拘役確定。聲請人以確定終局判決所適用之刑法第235條，有侵害憲法第11條保障言論及出版自由，聲請釋憲。 2.賴○哲係臺北市某書店之負責人，店內販售書籍物品以同志文化與性別研究為主，並販售「蘭桂坊」與「雄風」等雜誌，嗣於92年間自香港書商進口該等雜誌，經關稅局查驗認定為妨害風化之雜誌而依法查扣，移送法辦。案經臺灣高等法院於94年度上易字第1567號刑事判決判處拘役確定聲請釋憲。
解釋爭點	刑法第235條違憲？
解釋文	憲法第11條保障人民之言論及出版自由，旨在確保意見之自由流通，使人民有取得充分資訊及實現自我之機會。性言論之表現與性資訊之流通，不問是否出於營利之目的，亦應受上開憲法對言論及出版自由之保障。惟憲法對言論及出版自由之保障並非絕對，應依其性質而有不同之保護範疇及限制之準則，國家於符合憲法第23條規定意旨之範圍內，得以法律明確規定對之予以適當之限制。 為維持男女生活中之性道德感情與社會風化，立法機關如制定法律加以規範，則釋憲者就立法者關於社會多數共通價值所為之判斷，原則上應予尊重。惟為貫徹憲法

6　林長順，〈刑法誹謗罪釋憲判合憲 惡意散播假訊息不受言論自由保障〉，《中央社》，2023年6月9日，https://www.cna.com.tw/news/asoc/202306090187.aspx。

	第11條保障人民言論及出版自由之本旨，除為維護社會多數共通之性價值秩序所必要而得以法律加以限制者外，仍應對少數性文化族群依其性道德感情與對社會風化之認知而形諸為性言論表現或性資訊流通者，予以保障。 刑法第235條第1項規定所謂散布、播送、販賣、公然陳列猥褻之資訊或物品，或以他法供人觀覽、聽聞之行為，係指對含有暴力、性虐待或人獸性交等而無藝術性、醫學性或教育性價值之猥褻資訊或物品為傳布，或對其他客觀上足以刺激或滿足性慾，而令一般人感覺不堪呈現於眾或不能忍受而排拒之猥褻資訊或物品，未採取適當之安全隔絕措施而傳布，使一般人得以見聞之行為；同條第2項規定所謂意圖散布、播送、販賣而製造、持有猥褻資訊、物品之行為，亦僅指意圖傳布含有暴力、性虐待或人獸性交等而無藝術性、醫學性或教育性價值之猥褻資訊或物品而製造、持有之行為，或對其他客觀上足以刺激或滿足性慾，而令一般人感覺不堪呈現於眾或不能忍受而排拒之猥褻資訊或物品，意圖不採取適當安全隔絕措施之傳布，使一般人得以見聞而製造或持有該等猥褻資訊、物品之情形，至對於製造、持有等原屬散布、播送及販賣等之預備行為，擬制為與散布、播送及販賣等傳布性資訊或物品之構成要件行為具有相同之不法程度，乃屬立法之形成自由；同條第3項規定針對猥褻之文字、圖畫、聲音或影像之附著物及物品，不問屬於犯人與否，一概沒收，亦僅限於違反前二項規定之猥褻資訊附著物及物品。依本解釋意旨，上開規定對性言論之表現與性資訊之流通，並未為過度之封鎖與歧視，對人民言論及出版自由之限制尚屬合理，與憲法第23條之比例原則要無不符，並未違背憲法第11條保障人民言論及出版自由之本旨。 刑法第235條規定所稱猥褻之資訊、物品，其中「猥褻」雖屬評價性之不確定法律概念，然所謂猥褻，指客觀上足以刺激或滿足性慾，其內容可與性器官、性行為及性文化之描繪與論述聯結，且須以引起普通一般人羞恥或厭惡感而侵害性之道德感情，有礙於社會風化者為限（釋字第407號解釋參照），其意義並非一般人難以理解，且為受規範者所得預見，並可經由司法審查加以確認，與法律明確性原則尚無違背。
釋憲 要點	男女共營社會生活，其關於性言論、性資訊及性文化等之表現方式，有其歷史背景與文化差異，乃先於憲法與法律而存在，並逐漸形塑為社會多數人普遍認同之性觀念及行為模式，而客觀成為風化者。社會風化之概念，常隨社會發展、風俗變異而有所不同。然其本質上既為各個社會多數人普遍認同之性觀念及行為模式，自應由民意機關以多數判斷特定社會風化是否尚屬社會共通價值而為社會秩序之一部分，始具有充分之民主正當性。為維持男女生活中之性道德感情與社會風化，立法機關如制定法律加以規範，則釋憲者就立法者關於社會多數共通價值所為之判斷，原則上應予尊重。惟性言論與性資訊，因閱聽人不同之性認知而可能產生不同之效應，舉凡不同社群之不同文化認知、不同之生理及心理發展程度，對於不同種類及內容之性言論與性資訊，均可能產生不同之反應。故為貫徹憲法第11條保障人民言論及出版自由之本旨，除為維護社會多數共通之性價值秩序所必要而得以法律或法律授權訂定之命令加以限制者外，仍應對少數性文化族群依其性道德感情與對社會風化之認知而形諸為性言論表現或性資訊流通者，予以保障。

	有關性之描述或出版品，屬於性言論或性資訊，如客觀上足以刺激或滿足性慾，並引起普通一般人羞恥或厭惡感而侵害性之道德感情，有礙於社會風化者，謂之猥褻之言論或出版品。猥褻之言論或出版品與藝術性、醫學性、教育性等之言論或出版品之區別，應就各該言論或出版品整體之特性及其目的而為觀察，並依當時之社會一般觀念定之，釋字第407號解釋足資參照。 立法者為求規範之普遍適用而使用不確定法律概念者，觀諸立法目的與法規範體系整體關聯，若其意義非難以理解，且所涵攝之個案事實為一般受規範者所得預見，並可經由司法審查加以確認，即與法律明確性原則不相違背，迭經釋字第432、521、594、602號解釋闡釋在案。刑法第235條規定所稱猥褻之資訊、物品，其中「猥褻」雖屬評價性之不確定法律概念，然所謂猥褻，指客觀上足以刺激或滿足性慾，其內容可與性器官、性行為及性文化之描繪與論述聯結，且須以引起普通一般人羞恥或厭惡感而侵害性之道德感情，有礙於社會風化者為限（釋字第407號解釋參照），其意義並非一般人難以理解，且為受規範者所得預見，並可經由司法審查加以確認，與法律明確性原則尚無違背。
相關法令	憲法第11、23條（36.1.1） 司法院釋字第407、432、521、594、602號解釋 司法院大法官審理案件法第5條第1項第2款、第3項（82.2.3） 刑法第235條（95.5.17） 兒童及少年性交易防制條例第27、28條（95.5.30）
評論或影響	有關猥褻之法律定義，過去大法官有兩次釋憲，85年釋字第407號解釋，係針對新聞局就猥褻出版品認定所為之函釋是否違憲問題所作之解釋。95年的釋字第617號解釋，則是同志書局「晶晶」販售情色出版品遭警方移送引發之釋憲案，由於該事件所引發警方違法查扣之爭議，當時民間還發起「推動廢除刑法235條聯盟」。[7]猥褻物品是否受言論自由或出版自由之保障問題，在釋字第407號解釋中並沒有正面回應，僅有說明若出版品有妨害善良風俗、破壞社會安寧、公共秩序等情形者，國家自得依法律予以限制。而釋字第617號解釋則明白指出，性言論之表現與性資訊之流通，不問是否出於營利之目的，應受憲法對言論及出版自由之保障。再參照釋字第414號解釋而言，猥褻之言論或出版品與藝術性、醫學性、教育性等之言論或出版品有別，因此應屬低價值言論，國家對此種言論之限制密度與政治、學術、宗教性言論得有所不同。[8]

7　林上祚，〈猥褻是什麼？大法官2度釋憲未解爭議 性議題上電視統統「先喬再說」〉，《風傳媒》，2017年8月15日，https://www.storm.mg/article/314756?mode=whole。

8　王扆，〈猥褻性言論的管制與實務操作——釋字第407號與第617號解釋〉，《法律新訊即時報》，2020年2月14日，https://www.eyebook.com.tw/Article/Detail/45410?lang=zh-TW。

第623號 散布、播送或刊登性交易訊息案

時間	民國96年1月26日
案情	1. 蕭○煒於90年3月間，在網路上散布足以引誘人為性交易之訊息，並進行性交易，嗣為警所查獲，經臺灣板橋地方法院板橋簡易庭判處有期徒刑。聲請人不服提起上訴，經同院90年度簡上字第153號判決駁回，交付保護管束，全案確定。聲請人認判決所適用之兒童及少年性交易防制條例第29條規定，有牴觸憲法第7、11、23條比例原則及明確性原則之疑義，聲請釋憲。
	2. 高○洋於92年8月間，以LEON之名義，利用電腦在《台灣性網》之「一夜情、性經驗－情色討論區」內刊登足以引誘、媒介、暗示使人為性交易訊息之留言，為警查獲。經新竹地方法院檢察署以違反兒童及少年性交易防制條例第29條罪嫌，向新竹地方法院聲請簡易處刑判決，案經法院審理認其犯罪尚屬不能證明，而諭知被告無罪判決。檢察官不服提起上訴，經臺灣高等法院93年度上訴字2829號撤銷原判決，判處有期徒刑聲請人不服，提起上訴，經最高法院95年度台上字第4953號判決駁回上訴確定。聲請人認前開判決所適用之兒童及少年性交易防制條例第29條規定，有牴觸憲法第7、11、23條之疑義，聲請釋憲。
	3. 臺灣高雄少年法院法官何明晃為審理該院93年度少調字第1058號兒童及少年性交易防制條例案件，案件事實皆為少年使用電腦網路之方式刊登足以引誘暗示或促使人為性交易之訊息，聲請人認其所應適用兒童及少年性交易防制條例第29條規定，有違反憲法第11、15、23、152條之疑義，聲請釋憲。
	4. 姜○輝為一定對價，受託在花蓮市區不特定汽車車窗上，黏貼印有「性感尤物」字樣與手機號碼之小廣告，於93年間為警察查獲，案經臺灣花蓮地方法院93年度簡上字第88號刑事判決判處有期徒刑得易科罰金而確定。聲請人認確定終局判決所適用之兒童及少年性交易防制條例第29條規定，有牴觸憲法第11、23條之疑義，聲請釋憲。
	5. 王○傑為○○護膚中心副理，因散發印有「激情浪漫TEL25610750漂亮寶貝優質感性」等廣告名片，為警查獲。經臺灣臺北地方法院以其違反兒童及少年性交易防制條例第29條等規定，判處1年10個月之刑。聲請人不服循序提起上訴，經最高法院92年度台上字第5905號刑事判決駁回上訴而全案確定聲請釋憲。
解釋爭點	兒童及少年性交易防制條例第29條違憲？
解釋文	憲法第11條保障人民之言論自由，乃在保障意見之自由流通，使人民有取得充分資訊及自我實現之機會，包括政治、學術、宗教及商業言論等，並依其性質而有不同之保護範疇及限制之準則。商業言論所提供之訊息，內容為真實，無誤導性，以合法交易為目的而有助於消費大眾作出經濟上之合理抉擇者，應受憲法言論自由之保障。惟憲法之保障並非絕對，立法者於符合憲法第23條規定意旨之範圍內，得以法律明確規定對之予以適當之限制，業經釋字第414、577、617號解釋在案。

	促使人為性交易之訊息，固為商業言論之一種，惟係促使非法交易活動，因此立法者基於維護公益之必要，自可對之為合理之限制。88年6月2日修正公布之兒童及少年性交易防制條例第29條規定：「以廣告物、出版品、廣播、電視、電子訊號、電腦網路或其他媒體，散布、播送或刊登足以引誘、媒介、暗示或其他促使人為性交易之訊息者，處五年以下有期徒刑，得併科新臺幣一百萬元以下罰金」，乃以科處刑罰之方式，限制人民傳布任何以兒童少年性交易或促使其為性交易為內容之訊息，或向兒童少年或不特定年齡之多數人，傳布足以促使一般人為性交易之訊息。是行為人所傳布之訊息如非以兒童少年性交易或促使其為性交易為內容，且已採取必要之隔絕措施，使其訊息之接收人僅限於18歲以上之人者，即不屬該條規定規範之範圍。上開規定乃為達成防制、消弭以兒童少年為性交易對象事件之國家重大公益目的，所採取之合理與必要手段，與憲法第23條規定之比例原則，尚無牴觸。惟電子訊號、電腦網路與廣告物、出版品、廣播、電視等其他媒體之資訊取得方式尚有不同，如衡酌科技之發展可嚴格區分其閱聽對象，應由主管機關建立分級管理制度，以符比例原則之要求，併此指明。
釋憲要點	促使人為性交易之訊息，乃促使人為有對價之性交或猥褻行為之訊息（兒童及少年性交易防制條例第2、29條參照），為商業言論之一種。至於其他描述性交易或有關性交易研究之言論，並非直接促使人為性交或猥褻行為，無論是否因而獲取經濟利益，皆不屬於促使人為性交易之訊息，自不在兒童及少年性交易防制條例第29條規範之範圍。由於與兒童或少年為性交易，或18歲以上之人相互間為性交易，均構成違法行為（兒童及少年性交易防制條例第22條、憲法第23、24條、刑法第227條、社會秩序維護法第80條參照），因此促使人為性交易之訊息，係促使其為非法交易活動，立法者基於維護公益之必要，自可對之為合理之限制。 兒童及少年之心智發展未臻成熟，與其為性交易行為，係對兒童及少年之性剝削。性剝削之經驗，往往對兒童及少年產生永久且難以平復之心理上或生理上傷害，對社會亦有深遠之負面影響。從而，保護兒童及少年免於從事任何非法之性活動，乃普世價值之基本人權（聯合國於西元1989年11月20日通過、1990年9月2日生效之兒童權利公約第19條及第34條參照），為重大公益，國家應有採取適當管制措施之義務，以保護兒童及少年之身心健康與健全成長。兒童及少年性交易防制條例第1條規定：「為防制、消弭以兒童少年為性交易對象事件，特制定本條例」，目的洵屬正當。
相關法令	憲法第11、15、23、152條（36.1.1） 司法院釋字第414、432、521、577、594、602、617號解釋 兒童權利公約第19、34條（78.11.20） 兒童及少年性交易防制條例第1、2、22、23、24、29條（95.5.30） 刑法第227條（96.1.24） 社會秩序維護法第80條（80.6.29）

評論或影響	猥褻物品是否受言論自由或出版自由之保障問題，在釋字第407號解釋中並沒有正面回應，僅有說明若出版品有妨害善良風俗、破壞社會安寧、公共秩序等情形者，國家自得依法律予以限制。此外，此號釋憲案認為，商業言論所提供之訊息，內容為真實，無誤導性，以合法交易為目的而有助於消費大眾作出經濟上之合理抉擇者，應受憲法言論自由之保障。針對「促使人為性交易之訊息」之言論，如促使人為有對價之性交或猥褻行為之訊息，則認定屬「商業言論」之一種，而受憲法保障。[9]

第656號　回復名譽適當處分案

時間	民國98年4月3日
案情	新○○文化事業股份有限公司於89年11月間所發行之新○○周報中，刊出以「鼓動緋聞，暗鬥阿扁的竟然是呂○蓮」之報導，時任副總統之呂○蓮認該報導不實，損害其個人名譽，乃以新○○周報社長王○壯、總編輯李○駿、執行主編陶○瑜、主編吳○玲、採訪記者楊○媚等人員為被告，提起請求侵權行為損害賠償民事訴訟，訴請被告連帶將「道歉聲明」連續3天刊登於18家報紙，並於14家電視臺播放朗讀之，又連帶將判決書全文刊登於18家報紙，並於14家電視臺及8家廣播電臺播放朗讀之，以回復其名譽。經上訴第二審，臺灣高等法院以91年度上字第403號民事判決廢棄部分第一審判決，改命新○○周報等人連帶將「道歉聲明」及該判決主文暨理由刊登於中國時報、聯合報、自由時報、工商時報各1天，而駁回呂○蓮、李○駿其餘上訴。新○○周報等人向最高法院提起上訴，經最高法院93年度台上字第851號民事判決予以駁回，聲請釋憲。
解釋爭點	民法第195條第1項後段由法院為回復名譽適當處分合憲？
解釋文	民法第195條第1項後段規定：「其名譽被侵害者，並得請求回復名譽之適當處分。」所謂回復名譽之適當處分，如屬以判決命加害人公開道歉，而未涉及加害人自我羞辱等損及人性尊嚴之情事者，即未違背憲法第23條比例原則，而不牴觸憲法對不表意自由之保障。
釋憲要點	名譽權旨在維護個人主體性及人格之完整，為實現人性尊嚴所必要，受憲法第22條所保障（釋字第399、486、587、603號解釋參照）。民法第195條第1項規定：「不法侵害他人之身體、健康、名譽、自由、信用、隱私、貞操，或不法侵害其他人格法益而情節重大者，被害人雖非財產上之損害，亦得請求賠償相當之金額。其名譽被侵害者，並得請求回復名譽之適當處分。」其後段之規定（下稱系爭規定），即在使名譽被侵害者除金錢賠償外，尚得請求法院於裁判中權衡個案具體情形，藉適

9　同前註。

	當處分以回復其名譽。至於回復名譽之方法，民事審判實務上不乏以判命登報道歉作為回復名譽之適當處分，且著有判決先例。 憲法第11條保障人民之言論自由，依釋字第577號解釋意旨，除保障積極之表意自由外，尚保障消極之不表意自由。系爭規定既包含以判決命加害人登報道歉，即涉及憲法第11條言論自由所保障之不表意自由。國家對不表意自由，雖非不得依法限制之，惟因不表意之理由多端，其涉及道德、倫理、正義、良心、信仰等內心之信念與價值者，攸關人民內在精神活動及自主決定權，乃個人主體性維護及人格自由完整發展所不可或缺，亦與維護人性尊嚴關係密切（釋字第603號解釋參照）。故於侵害名譽事件，若為回復受害人之名譽，有限制加害人不表意自由之必要，自應就不法侵害人格法益情節之輕重與強制表意之內容等，審慎斟酌而為適當之決定，以符合憲法第23條所定之比例原則。
相關 法令	憲法第11、22、23條（36.1.1） 司法院釋字第399、486、509、577、587、603號解釋 民法第195條第1項（98.1.23） 司法院大法官審理案件法第5條第1項第2款及第3項（82.2.3）
評論或 影響	根據《一起讀判決》網站表示，此號釋憲案雖然認為民法第195條第1項內有關強制道歉之規定合憲，但亦增加一個前提「未涉及加害人自我羞辱等損及人性尊嚴之情事者」，亦即如果以判決命加害人公開道歉，未涉及加害人自我羞辱等損及人性尊嚴之情事，就沒有違憲。於是，司法實務也就繼續使用強制道歉之方式，作為回復名譽適當處分之方式之一。但是此號釋憲案於111年2月25日，憲法法庭判決，變更了此號釋憲案之結論，宣告強制道歉違憲。並且在主文中明白表示：「適當處分」，應不包括法院以判決命加害人道歉之情形。[10]

有關廣告之釋憲案

第206號 醫師法就非醫師為醫療廣告處罰鍰案

時間	民國75年6月20日
案情	詹○富所開設之鑲牙所因懸掛詹○富牙科之招牌，於73年7月間被檢舉違反醫師法第28條之1規定，並遭臺中市衛生局多次罰鍰。聲請人依法訴願、再訴願、行政爭訟均遭駁回，而提請釋憲。

10 〈強制道歉，可以嗎？〉，《一起讀判決》，2022年3月1日，https://casebf.com/2022/03/01/cons_j11102/。

解釋爭點	醫師法就非醫師爲醫療廣告處罰鍰之規定違憲？
解釋文	醫師法第28條之1規定：「未取得合法醫師資格爲醫療廣告者，由衛生主管機關處以五千元以上五萬元以下罰鍰」，旨在禁止未取得合法醫師資格者爲屬於醫師業務之醫療廣告，既未限制鑲牙生懸掛鑲補牙業務之市招，自不致影響其工作機會，與憲法第15、22、23、152條之規定，尚無牴觸。
釋憲要點	依鑲牙生管理規則第6、7條之規定，鑲牙生應以鑲補牙爲其業務，不得施行口腔外科及治療牙病。至牙周病之防治，屬於牙醫師之業務，鑲牙生自不得爲之。如鑲牙生懸掛齒科或牙科市招，標明牙周病或齲齒之防治，即係逾越鑲補牙之業務範圍，而屬於牙醫師業務之醫療廣告。按國家爲維護國民健康，避免貽誤病人就醫機會，於醫師法第18條禁止醫師爲不正當之廣告，並於同法第28條之1規定：「未取得合法醫師資格爲醫療廣告者，由衛生主管機關處以本五千元以上五萬元以下罰鍰」，後一規定旨在禁止未取得合法醫師資格者爲屬於醫師業務之醫療廣告，既未限制鑲牙生懸掛鑲補牙業務之市招，自不致影響其工作機會，與憲法第15、22、23、152條之規定，尚無牴觸。
相關法令	憲法第11、15、22、23、152條（36.1.1） 醫師法第18、28-1條（70.6.12） 鑲牙生管理規則第6、7條（71.3.30）
評論或影響	此號釋憲案爲大法官首度針對廣告問題作出之解釋，其目的在避免與事實不符之廣告內容，貽誤病人就醫機會，影響國民健康。故大法官認爲，醫師法第28條之1規定無牴觸憲法之虞。

第414號　藥物廣告案

時間	民國85年11月8日
案情	百○康股份有限公司代表人王○龍於83年8月在長春雜誌刊登廣告，「慶祝周年慶・父親節，8月1日至31日，凡於此期間購買本公司富士低週波治療器則送臺北至韓國濟州島來回機票抵用券3,000元。」聲請人認爲該內容非屬衛生主管機關之權責，未予送審。臺北市政府認廣告違反藥事法第66條第1項之規定，處罰鍰新臺幣3萬元整。經聲請人申請復核、訴願、再訴願，均被駁回。經向行政法院提起行政訴訟，亦被駁回。聲請人認爲行政法院84年度判字第2558號判決、臺北市政府衛生局83年9月30日北市衛四字第55641號處分書適用藥事法第66條，藥事法第66條違反憲法專業分權原則，由不應具處分權限之機關處分罰鍰，侵及聲請人財產權，違反憲法第15條人民之生存權、工作權及財產權，藥事法第66條應屬無效，藥事法施行細則第47條第2項牴觸母法，應屬無效，聲請釋憲。

解釋爭點	藥事法等法規就藥物廣告應先經核准等規定違憲？
解釋文	藥物廣告係爲獲得財產而從事之經濟活動，涉及財產權之保障，並具商業上意見表達之性質，惟因與國民健康有重大關係，基於公共利益之維護，應受較嚴格之規範。藥事法第66條第1項規定：藥商刊播藥物廣告時，應於刊播前將所有文字、圖畫或言詞，申請省（市）衛生主管機關核准，旨在確保藥物廣告之眞實，維護國民健康，爲增進公共利益所必要，與憲法第11、15條尚屬相符。又藥事法施行細則第47條第2款規定：藥物廣告之內容，利用容器包裝換獎或使用獎勵方法，有助長濫用藥物之虞者，主管機關應予刪除或不予核准，係依藥事法第105條之授權，就同法第66條相關事宜爲具體之規定，符合立法意旨，並未逾越母法之授權範圍，與憲法亦無牴觸。
釋憲要點	藥物廣告係利用傳播方法，宣傳醫療效能，以達招徠銷售爲目的，乃爲獲得財產而從事之經濟活動，並具商業上意見表達之性質，應受憲法第15、11條之保障。言論自由，在於保障意見之自由流通，使人民有取得充分資訊及自我實現之機會，包括政治、學術、宗教及商業言論等，並依其性質而有不同之保護範疇及限制之準則。其中非關公意形成、眞理發現或信仰表達之商業言論，尚不能與其他言論自由之保障等量齊觀。藥物廣告之商業言論，因與國民健康有重大關係，基於公共利益之維護，自應受較嚴格之規範。藥事法第66條規定：「藥商刊播藥物廣告時，應於刊播前將所有文字、圖畫或言詞，申請省（市）衛生主管機關核准，並向傳播業者送驗核准文件。傳播業者不得刊播未經省（市）衛生主管機關核准之藥物廣告。」旨在確保藥物廣告之眞實，維護國民健康，其規定藥商刊播藥物廣告前應申請衛生主管機關核准，係爲專一事權，使其就藥物之功能、廣告之內容、及對市場之影響等情事，依一定程序爲專業客觀之審查，爲增進公共利益所必要，與憲法第11條保障人民言論自由及第15條保障人民生存權、工作權及財產權之意旨尚屬相符。又藥事法施行細則第47條第2款規定：藥物廣告之內容，利用容器包裝換獎或使用獎勵方法，有助長濫用藥物之虞者，主管機關應予刪除或不予核准，係依藥事法第105條之授權，爲執行同法第66條有關事項而爲具體之規定，符合立法意旨，並未逾越母法之授權範圍，亦未對人民之自由權利增加法律所無之限制，與憲法亦無牴觸。惟廣告係在提供資訊，而社會對商業訊息之自由流通亦有重大利益，故關於藥物廣告須先經核准之事項、內容及範圍等，應由主管機關衡酌規範之必要性，依比例原則隨時檢討修正。
相關法令	憲法第11、15條（36.1.1） 藥事法第66、105條（82.2.5） 藥事法施行細則第47條第2款（83.9.21）
評論或影響	劉靜怡教授稱，此號釋憲案首度承認「藥物廣告」是「商業性言論」（commercial speech），受憲法第11條言論自由之保障。但是，大法官認爲廣告乃是「非關公意形成、眞理發現或信仰表達之商業言論，尚不能與其他言論自由之保障等量齊

觀」。而且，本於「藥物廣告之商業言論，因與國民健康有重大關係，基於公共利益之維護，自應受較嚴格之規範」，對於此解釋中所涉商業性言論之規範是否合憲之爭議，採取比較寬鬆之審查基準。[11]

第577號　香菸標示尼古丁案

時間	民國93年5月7日
案情	臺灣○○菸草股份有限公司為外國香菸代理商，其所進口之3種品牌香菸，因未標示尼古丁及焦油含量在臺北市某百貨超市上架販售，經臺北市政府衛生局於87年1月1日查獲，依86年3月19日公布，同年9月19日施行之菸害防制法第8條第1項「菸品所含之尼古丁及焦油含量，應以中文標示於菸品容器上。」及第21條規定「違反……第八條第一項……者，處新臺幣十萬元以上三十萬元以下罰鍰，並通知製造、輸入或販賣者限期收回改正；逾期不遵行者，停止其製造或輸入六個月至一年；違規之菸品並沒入銷燬之。」按品牌不同，各處以新臺幣10萬元罰鍰，共計30萬元整。經提起訴願、再訴願、行政訴訟，均遭駁回判決確定，聲請釋憲。
解釋爭點	菸害防制法命業者標示尼古丁等含量違憲？
解釋文	憲法第11條保障人民有積極表意之自由，及消極不表意之自由，其保障之內容包括主觀意見之表達及客觀事實之陳述。商品標示為提供商品客觀資訊之方式，應受言論自由之保障，惟為重大公益目的所必要，仍得立法採取合理而適當之限制。 國家為增進國民健康，應普遍推行衛生保健事業，重視醫療保健等社會福利工作。菸害防制法第8條第1項規定：「菸品所含之尼古丁及焦油含量，應以中文標示於菸品容器上。」另同法第21條對違反者處以罰鍰，對菸品業者就特定商品資訊不為表述之自由有所限制，係為提供消費者必要商品資訊與維護國民健康等重大公共利益，並未逾越必要之程度，與憲法第11條保障人民言論自由及憲法第23條比例原則之規定均無違背。又於菸品容器上應為上述之一定標示，縱屬對菸品業者財產權有所限制，但該項標示因攸關國民健康，乃菸品財產權所具有之社會義務，且所受限制尚屬輕微，未逾越社會義務所應忍受之範圍，與憲法保障人民財產權之規定，並無違背。另上開規定之菸品標示義務及責任，其時間適用之範圍，以該法公布施行後之菸品標示事件為限，並無法律溯及適用情形，難謂因法律溯及適用，而侵害人民之財產權。至菸害防制法第8條第1項規定，與同法第21條合併觀察，足知其規範對象、規範行為及法律效果，難謂其規範內容不明確而違反法治國家法律明確性原則。另各類食品、菸品、酒類等商品對於人體健康之影響層面有異，難有比較基

11　劉靜怡，〈事前審查所為何事？——釋字第七四四號解釋簡評〉，《月旦法學雜誌》，第267期，2017年8月，頁194-201。

	礎，立法者對於不同事物之處理，有先後優先順序之選擇權限，相關法律或有不同規定，與平等原則尚無違背。
釋憲要點	憲法第11條保障人民有積極表意之自由，及消極不表意之自由，其保障之內容包括主觀意見之表達及客觀事實之陳述。商品標示為提供商品客觀資訊之方式，為商業言論之一種，有助於消費大眾之合理經濟抉擇。是以商品標示如係為促進合法交易活動，其內容又非虛偽不實或不致產生誤導作用者，其所具有資訊提供、意見形成進而自我實現之功能，與其他事務領域之言論並無二致，應屬憲法第11條言論自由保障之範圍，業經釋字第414號解釋所肯認。惟國家為保障消費者獲得真實而完整之資訊、避免商品標示內容造成誤導作用、或為增進其他重大公益目的，自得立法採取與目的達成有實質關聯之手段，明定業者應提供與商品有關聯性之重要商品資訊。 於菸品容器上應為前開一定之標示，縱屬對菸品業者財產權有所限制，但該項標示因攸關國民健康，並可提供商品內容之必要訊息，符合從事商業之誠實信用原則與透明性原則，乃菸品財產權所具有之社會義務，且所受限制尚屬輕微，未逾越社會義務所應忍受之範圍，與憲法保障人民財產權之規定，並無違背。又新訂生效之法規，對於法規生效前「已發生事件」，原則上不得適用，是謂法律適用上之不溯既往原則。所謂「事件」，指符合特定法規構成要件之全部法律事實；所謂「發生」，指該全部法律事實在現實生活中完全具體實現而言。菸害防制法第8條第1項及第21條規定之菸品標示義務及責任，僅適用於該法公布施行後之菸品標示事件，並未規定菸品業者於該法施行前亦有標示義務，無法律溯及適用情形，自難謂因法律溯及適用而侵害人民之財產權。至立法者對於新訂法規構成要件各項特徵相關之過去單一事實，譬如作為菸品標示規範標之物之菸品，於何時製造、何時進口、何時進入銷售通路，認為有特別保護之必要者，則應於兼顧公益之前提下，以過渡條款明文規定排除或延緩新法對之適用。惟對該法施行前，已進入銷售通路，尚未售出之菸品，如欲要求須於該法施行時已履行完畢法定標示義務，勢必對菸品業者造成不可預期之財產權損害，故為保障人民之信賴利益，立法者對於此種菸品，則有制定過渡條款之義務。86年3月19日公布之菸害防制法第30條規定「本法自公布後6個月施行」，使菸品業者對於該法制定生效前已進入銷售通路之菸品，得及時就其法定標示義務預作準備，不致因法律變更而立即遭受不利益，而6個月期限，亦尚不致使維護國民健康之立法目的難以實現，此項過渡期間之規定，符合法治國家信賴保護原則之要求。至各類食品、菸品、酒類商品等，對於人體健康之影響層面有異，難有比較基礎，相關法律或有不同規定，惟立法者對於不同事物之處理，有先後優先順序之選擇權限，與憲法第7條規定之平等原則尚無違背。
相關法令	憲法第7、11、15、23、157條（36.1.1） 憲法增修條文第10條第8項（89.4.25） 司法院釋字第414號解釋 菸害防制法第8、21條（89.1.19） 菸害防制法第30條（86.3.19）

| 評論或影響 | 楊宜蓁律師稱,此號釋憲案指出,商品廣告所提供之訊息,其內容須非虛偽不實或不致產生誤導,並以合法交易為目的而有助於消費大眾作出經濟上之合理抉擇者,始受憲法第11條言論自由之保障。國家為保障消費者獲得真實而完整之資訊,避免商品廣告或標示內容造成誤導,或為增進其他重要公共利益目的(如保護國民健康),得立法採取與達成上述目的間有實質關聯之手段,限制商品廣告。[12] |

第744號　化粧品廣告事前審查案

時間	民國106年1月6日
案情	台灣蝶翠詩化粧品股份有限公司(DHC公司)於99年在奇摩購物網站,刊登「DHC全效淨白防曬乳」化妝品廣告。臺北市政府衛生局依化粧品衛生管理條例第24條第2項規定及第30條第1項規定,以DHC公司並未經申請核准登載廣告,罰鍰3萬元。該公司不服提起訴願,遭駁回後提起行政訴訟,經臺北高等行政法院99年駁回。後再上訴至最高行政法院,該院於100年裁定上訴不合法為由予以駁回之終局判決,聲請釋憲。
解釋爭點	化粧品衛生管理條例第24條第2項及第30條第1項就違反同條例第24條第2項為處罰之部分,是否違憲?
解釋文	化粧品衛生管理條例第24條第2項規定:「化粧品之廠商登載或宣播廣告時,應於事前……申請中央或直轄市衛生主管機關核准……。」同條例第30條第1項規定:「違反第二十四條……第二項規定者,處新臺幣五萬元以下罰鍰。」係就化粧品廣告所為之事前審查,限制化粧品廠商之言論自由,已逾越必要程度,不符憲法第23條之比例原則,與憲法第11條保障人民言論自由之意旨有違,應自本解釋公布之日起失其效力。
釋憲要點	言論自由在於保障資訊之自由流通,使人民有取得充分資訊及自我實現之機會。化粧品廣告係利用傳播方法,宣傳化粧品效能,以達招徠銷售為目的,具商業上意見表達之性質。商業言論所提供之訊息,內容非虛偽不實或不致產生誤導作用,以合法交易為目的而有助於消費大眾作出經濟上之合理抉擇者,應受憲法第11條言論自由之保障(釋字第577、623號解釋參照)。 依現行法規定,化粧品可分為含藥及一般化粧品兩大類(系爭條例第7條第1、2項及第16條第1、2項參照)。所謂含藥化粧品係指具防曬、染髮、燙髮、止汗制臭、美白、面皰預防、潤膚、抗菌、美白牙齒等用途之化粧品(化粧品含有醫療或毒劇藥品基準參照)。其對人民生命、身體、健康造成之影響雖較一般化粧品為高,但就此等化粧品之廣告,性質上仍非屬對人民生命、身體、健康構成直接威脅。況

12　楊宜蓁,〈菸害防制法第9條第8款規定促銷菸品或廣告不得以公益活動等方式為宣傳,未違背憲法保障言論自由及平等權之意旨〉,《理慈國際科技法律事務所》,https://is.gd/9gTpA1。

	含藥化粧品，不論係自外國輸入或本國製造，均須先提出申請書、由主管機關查驗並經核准、發給許可證後，始得輸入或製造（系爭條例第7條第1項及第16條第1項參照）。含藥化粧品，除其標籤、仿單或包裝與一般化粧品同，須記載中央衛生主管機關規定之事項包括成分、用途、用量等外，另須標示藥品名稱、含量、許可證字號及使用時注意事項等（系爭條例第6條規定參照）。就有害人體健康之預防而言，系爭條例第四章憲法第23條以下訂有禁止輸入、製造、販賣、註銷許可證等暨抽檢及抽樣等抽查取締規定；第五章就相關違反情形，亦訂有罰則。又系爭條例第24條第1項已另有不實廣告等禁止之明文，對可能妨礙人體健康之不實化粧品廣告，主管機關本得依系爭條例第30條第1項規定為處罰。是系爭規定適用於含藥化粧品廣告，仍難認係為保護特別重要之公共利益目的，且與目的達成間具直接及絕對必要之關聯。
相關法令	憲法第11、23條（36.1.1） 司法院釋字第414、577、623號解釋 化粧品衛生管理條例第3、6、7、16、24、30條（105.11.9）
評論或影響	劉靜怡教授表示，此號釋憲案固然對商業性言論在釋憲實務上之定位，發揮了重新釐定之功能。不過，其在憲政發展史上更為重要之意義，應該是大法官在釋字第414號出現20年之後，重新檢視「事前審查」（prior restraint）之合憲性爭議，並且對商業性言論之事前審查，並改採「嚴格審查基準」為檢驗其合憲與否之標準，也是大法官在臺灣言論自由史上之重要轉折，展現出其就事前審查制度對言論自由之為害甚強之重要原則認知。因此，此號解釋最重大之意義在於，針對言論自由之事前審查規定，建立較以往嚴格之「推定違憲」審查標準，應屬無可置疑。[13]

第794號　限制菸品業者顯名贊助活動案

時間	民國109年8月28日
案情	傑太日煙國際股份有限公司贊助財團法人弘道老人福利基金會辦理「不老夢想圓夢列車」計畫，因民眾陳情疑涉違反菸害防制法規定。臺北市政府衛生局調查後，認聲請人於100年6月至102年6月間藉由提供經費捐助及志工服務方式贊助系爭計畫，並透過媒體揭露上述贊助訊息，有助於提升其企業形象，進而增加民眾對其好感與對產品之認同感及購買意願，已直接或間接產生菸品宣傳行銷或提升吸菸形象之結果，違反菸害防制法第9條第8款規定，乃依同法第26條第1項規定，處聲請人新臺幣500萬元罰鍰。聲請人不服，提起訴願，遭駁回後，復提起行政訴訟，遞經臺北高等行政法院103年度訴字第1232號判決及最高行政法院104年度判字第576號判決駁回確定，聲請釋憲。

---

13 劉靜怡，〈事前審查所為何事？——釋字第七四四號解釋簡評〉，《月旦法學雜誌》，第267期，2017年8月，頁194-201。

解釋爭點	1.菸害防制法第2條第4、5款、第9條第8款規定是否有違法律明確性原則？ 2.同法第9條第8款規定限制菸品業者以公司名義顯名贊助任何形式之活動，是否侵害憲法保障之言論自由？ 3.同法第9條第8款規定限制菸品業者以公司名義顯名贊助任何形式之活動，是否侵害憲法保障之平等權？ 4.衛生福利部國民健康署102年10月11日國健菸字第1029911263號函說明二是否違反法律保留原則、法律不溯及既往原則、信賴保護原則及比例原則？
解釋文	菸害防制法第2條第4、5款、同法第9條第8款規定，與法律明確性原則均尚無違背。同法第9條第8款規定，與憲法保障言論自由及平等權之意旨尚無違背。衛生福利部國民健康署102年10月11日國健菸字第1029911263號函說明二部分，與法律保留原則、法律不溯及既往原則、信賴保護原則及比例原則，均尚無違背。
釋憲要點	一、系爭規定一至三與法律明確性原則均尚無違背 法律明確性之要求，非僅指法律文義具體詳盡之體例而言，立法者於制定法律時，仍得衡酌法律所規範生活事實之複雜性及適用於個案之妥當性，從立法上適當運用不確定法律概念而為相應之規定。依歷來解釋，如法律規定之意義，自法條文義、立法目的與法體系整體關聯性觀點觀察，非難以理解，且個案事實是否屬於法律所欲規範之對象，為受規範者所得預見，並可經由司法審查加以認定及判斷者，即無違反法律明確性原則（釋字第432、594、768、793號解釋參照）。 二、系爭規定三與憲法保障言論自由之意旨尚屬無違 查菸害防制法第1條前段規定：「為防制菸害，維護國民健康，特制定本法」，故系爭規定三限制廣告或促銷菸品之目的，即在減少菸品之使用、防制菸害及維護國民健康。此等目的係為追求重要公共利益，而屬合憲。又菸品業者之顯名贊助行為，經個案認定結果，如其直接或間接目的或效果在於對不特定之消費者推銷或促進菸品使用，即為系爭規定三所禁止之宣傳，以避免菸品業者假贊助之名，而達廣告或促銷菸品之實，同時產生破壞菸品去正常化之負面效果，衝擊菸害防制政策。就此而言，系爭規定三之限制手段與上述立法目的之達成間，確具實質關聯，亦屬合憲。是系爭規定三與憲法保障言論自由之意旨尚無違背。 三、系爭規定三與憲法保障平等權之意旨尚無違背 憲法第7條保障人民之平等權，並不當然禁止國家為差別待遇。法規範所為差別待遇，是否符合平等保障之要求，應視該差別待遇之目的是否合憲，及其所採取之分類與規範目的之達成間，是否存有一定程度之關聯性而定（釋字第682、722、745、750、791號解釋參照）。 四、系爭函說明二部分並未違反法律保留原則、法律不溯及既往原則、信賴保護原則及比例原則 聲請人主張系爭函說明二違反比例原則部分，按系爭規定三有關限制菸品業者贊助部分，既與憲法保障言論自由之意旨尚無牴觸，系爭函說明二又未增加法律所無之限制，自亦無違憲法比例原則。

相關法令	憲法第7、11、23條（36.1.1） 司法院釋字第414、432、577、594、620、682、717、722、744、745、748、750、768、781、782、783、791、793號解釋 司法院大法官審理案件法第5條第1項第2款、第3項（82.2.3） 菸害防制法第1、2、9、26條（98.1.23） 菸害防制法第9條（86.3.19） 衛生福利部國民健康署102年10月11日國健菸字第1029911263號函
評論或影響	葉立琦律師表示，為維護國民健康此等重要公益，此號釋憲案認為，就菸品業者之商業言論給予適當限制並無違憲，菸品業者熱心公益活動時，仍應注意菸害防制法之關於菸品廣告、促銷等相關限制，以免誤觸紅線。[14]另外，劉建宏教授稱，菸害防制法不是要製造吸菸者與非吸菸者之對立，是用心良苦要設法使吸菸者丟掉手中危害自己與公眾健康之菸品。吸菸者沒有危害公眾健康之自由，也沒有危害自己健康之自由，憲法不保障「吸菸之自由」。[15]

---

14 葉立琦，〈釋字第794號解釋認定菸害防制法限制菸品業者顯名贊助活動等規定合憲〉，《寰瀛法律事務所》，2020年9月4日，https://www.fblaw.com.tw/insights/legal-news-2020-09-04。

15 劉建宏，〈憲法不保障「吸菸的自由」〉，《衛生福利部國民健康署》，2018年1月3日，https://www.hpa.gov.tw/Pages/Detail.aspx?nodeid=41&pid=956。

憲法第12條
有關秘密通訊之釋憲案

　　秘密通訊自由屬言論自由之一，憲法將此視爲基本權加以保障，有賦予個人人格與隱私權之意義，基於秘密通訊自由之保障，國家在非有法令依據情形之下，不可任意對人民秘密通訊之內容加以侵犯。而此之秘密係屬於個人化之事項，即個人可依其自由意志決定是否使他人知曉之事項。所謂通訊係指藉由各式資訊交通媒體所達成之資訊交通行爲，而通訊行爲應屬於秘密之私人通訊或公開之公眾通訊，取決於當事人之主觀意志。

　　「私人通訊」係爲當事人主觀對該通訊行爲之認定，其不欲內容爲第三人所知，自始受憲法第12條之保障。反之，若當事人主觀上將通訊之內容作爲秘密，則可視爲「公開通訊」，此時則非秘密通訊自由所欲保障之客體。而無法外在客觀事實判定通訊當事人之意圖，或事實不明確時，基於法治國家人權保障之觀點，則傾向將其推定爲私人通訊，受秘密通訊之保障。秘密通訊自由在基本權主體之保障上除了寄件者外，亦應包含收件者，此即是因通訊具雙方性本質。正如大法官在釋字第631號表示：「……通訊監察之執行，除通訊監察書上所載受監察人外，可能同時侵害無辜『第三人』之秘密通訊自由」，由此可知，通訊之另一方亦受到秘密通訊自由之保障。本文蒐整2件關於秘密通訊較具代表性之大法官釋憲案，以供參考。

第631號　通訊保障及監察法第5條第2項規定案

時間	民國96年7月20日
案情	王○群任職於臺南市警察局資訊室警員期間，於90年11月12日接獲一名喚「○玲」之不詳女子以行動電話撥接至其使用之行動電話，要求協助查詢某位女子高○萍之個人資料。聲請人經由其使用之電腦，向內政部警政署連線查獲相關資料，並告知「○玲」。上述行爲因檢察官核准通訊監察書，對聲請人使用之行動電話爲通信監察，而得知洩密等情。臺灣高等法院92年度上訴字第882號刑事判決乃以監聽譯文爲證據，認定聲請人構成刑法第132條第1項之洩密罪。聲請人主張：1.通訊監察書應一律由法官核發，通訊保障及監察法第5條第2項有關通訊監察書於偵查中由檢察官核發之規定違憲；2.本件通訊監察書係以槍砲等重罪名義核發，系爭判決卻將監聽不屬本法第5條第1項各款所列重罪而取得之譯文，作爲認定聲請人有罪之證據，有牴觸憲法之疑義，聲請釋憲。
解釋爭點	88年7月14日制定公布之通訊保障及監察法第5條第2項規定違憲？

解釋文	憲法第12條規定：「人民有秘密通訊之自由。」旨在確保人民就通訊之有無、對象、時間、方式及內容等事項，有不受國家及他人任意侵擾之權利。國家採取限制手段時，除應有法律依據外，限制之要件應具體、明確，不得逾越必要之範圍，所踐行之程序並應合理、正當，方符憲法保護人民秘密通訊自由之意旨。88年7月14日制定公布之通訊保障及監察法第5條第2項規定：「前項通訊監察書，偵查中由檢察官依司法警察機關聲請或依職權核發」，未要求通訊監察書原則上應由客觀、獨立行使職權之法官核發，而使職司犯罪偵查之檢察官與司法警察機關，同時負責通訊監察書之聲請與核發，難謂為合理、正當之程序規範，而與憲法第12條保障人民秘密通訊自由之意旨不符，應自本解釋公布之日起，至遲於96年7月11日修正公布之通訊保障及監察法第5條施行之日失其效力。
釋憲要點	按人民於其憲法上所保障之權利，遭受不法侵害，經依法定程序提起訴訟，對於確定終局裁判所適用之法律或命令發生有牴觸憲法之疑義者，得聲請釋憲憲法，司法院大法官審理案件法第5條第1項第2款定有明文。查本件據以聲請之確定終局判決係以監聽取得之證據作為不利於聲請人判決證據之一，而監聽合法與否，係依88年7月14日制定公布之通訊保障及監察法（以下簡稱通保法）第5條之規定定之，故該規定亦屬上述判決所適用之法律，自得依首開規定受理解釋。 憲法第12條規定：「人民有秘密通訊之自由。」旨在確保人民就通訊之有無、對象、時間、方式及內容等事項，有不受國家及他人任意侵擾之權利。此項秘密通訊自由乃憲法保障隱私權之具體態樣之一，為維護人性尊嚴、個人主體性及人格發展之完整，並為保障個人生活私密領域免於國家、他人侵擾及維護個人資料之自主控制，所不可或缺之基本權利（釋字第603號解釋參照），憲法第12條特予明定。國家若採取限制手段，除應有法律依據外，限制之要件應具體、明確，不得逾越必要之範圍，所踐行之程序並應合理、正當，方符憲法保障人民基本權利之意旨。 通保法係國家為衡酌「保障人民秘密通訊自由不受非法侵害」及「確保國家安全、維護社會秩序」之利益衝突，所制定之法律（通保法第1條參照）。依其規定，國家僅在為確保國家安全及維護社會秩序所必要，於符合法定之實體及程序要件之情形下，始得核發通訊監察書，對人民之秘密通訊為監察（通保法第2、5、7條參照）。通保法第5條第1項規定：「有事實足認被告或犯罪嫌疑人有下列各款罪嫌之一，並危害國家安全或社會秩序情節重大，而有相當理由可信其通訊內容與本案有關，且不能或難以其他方法蒐集或調查證據者，得發通訊監察書」，此為國家限制人民秘密通訊自由之法律依據，其要件尚稱具體、明確。國家基於犯罪偵查之目的，對被告或犯罪嫌疑人進行通訊監察，乃是以監控與過濾受監察人通訊內容之方式，蒐集對其有關之紀錄，並將該紀錄予以查扣，作為犯罪與否認定之證據，屬於刑事訴訟上強制處分之一種。惟通訊監察係以未告知受監察人、未取得其同意且未給予防禦機會之方式，限制受監察人之秘密通訊自由，具有在特定期間內持續實施之特性，故侵害人民基本權之時間較長，亦不受有形空間之限制；受監察人在通訊監察執行時，通常無從得知其基本權已遭侵害，致其無從行使刑事訴訟法所賦予之各種防禦權（如保持緘默、委任律師、不為不利於己之陳述等）；且通訊監察之執

	行，除通訊監察書上所載受監察人外，可能同時侵害無辜第三人之秘密通訊自由，與刑事訴訟上之搜索、扣押相較，對人民基本權利之侵害尤有過之。
相關法令	憲法第12條（36.1.1） 司法院釋字第603號解釋 通訊保障及監察法第1、2、5、7條（88.7.14） 司法院大法官審理案件法第5條第1項第2款（82.2.3）
評論或影響	此號釋憲案強調通訊監察必須符合「法官保留」、「正當法律程序」、「最小侵害原則」，以及「隨時監督通訊監察之情形」等原則。李震山教授指出，大法官援用「人性尊嚴」、「人格自由發展」、「隱私權」、「個人主體性」、「個人資料自主控制」、「資訊隱私權」等之先進國家人權之發展理念與法理，強調個人資料蒐集係為達成重大公益目的，並應符合蒐集目的使用與設立監督機制。[1]「通訊保障及監察法」第5條第2項原規定由檢察官核發「通訊監察書」（即監聽票），經此號釋憲案後宣告違憲，該規定自96年12月11日起失效，通保法遂於96年7月11日修法，從96年12月11日起，將偵查案件通訊監察改由法官核發，國家情報機關首長核發的通訊監察書，一併改由高等法院法官審查。從此「通訊監察書」之審核趨於嚴格，核發數量大幅下降，保障人民之通訊自由。[2]

第756號　受刑人秘密通訊案

時間	民國106年12月1日
案情	邱○順因受死刑判決確定，人身自由受限制期間，為請求在外友人協助出版，向監所申請寄出個人回憶錄。經法務部矯正署臺北看守所檢視後，認部分內容有影響機關聲譽，請其修改後再行提出。聲請人不服，經監所召開評議會議，請其再行檢視內容並修正後，始提出申請。聲請人嗣向法院提出行政訴訟，經最高行政法院認其爭訟事項不得提起行政訴訟，以102年度判字第514號判決駁回確定。聲請人主張確定終局判決所適用之監獄行刑法第66條、同法施行細則第82條第1、2、7款及第81條第3項等規定違憲，聲請釋憲。
解釋爭點	1.監獄行刑法第66條是否違反憲法第12條保障之秘密通訊自由？ 2.同法施行細則第82條第1、2、7款是否逾越母法之授權？ 3.同法施行細則第81條第3項是否違反憲法第23條之法律保留原則及第11條保障之表現自由？

1 劉智豪，〈論我國警察機關通訊監察實務與人權保障〉，《國立臺灣大學國家發展研究所碩士論文》，2017年8月，頁123。
2 項程鎮，〈開「監聽票」法官比檢察官嚴格〉，《自由時報》，2008年7月9日，https://news.ltn.com.tw/news/politics/breakingnews/102787。

解釋文	監獄行刑法第66條規定：「發受書信，由監獄長官檢閱之。如認爲有妨害監獄紀律之虞，受刑人發信者，得述明理由，令其刪除後再行發出；受刑人受信者，得述明理由，逕予刪除再行收受。」其中檢查書信部分，旨在確認有無夾帶違禁品，於所採取之檢查手段與目的之達成間，具有合理關聯之範圍內，與憲法第12條保障秘密通訊自由之意旨尚無違背。其中閱讀書信部分，未區分書信種類，亦未斟酌個案情形，一概許監獄長官閱讀書信之內容，顯已對受刑人及其收發書信之相對人之秘密通訊自由，造成過度之限制，於此範圍內，與憲法第12條保障秘密通訊自由之意旨不符。至其中刪除書信內容部分，應以維護監獄紀律所必要者爲限，並應保留書信全文影本，俟受刑人出獄時發還之，以符比例原則之要求，於此範圍內，與憲法保障秘密通訊及表現自由之意旨尚屬無違。 監獄行刑法施行細則第82條第1、2、7款規定：「本法第66條所稱妨害監獄紀律之虞，指書信內容有下列各款情形之一者：一、顯爲虛僞不實、誘騙、侮辱或恐嚇之不當陳述，使他人有受騙、造成心理壓力或不安之虞。二、對受刑人矯正處遇公平、適切實施，有妨礙之虞。……七、違反第18條第1項第1至4款及第6、7、9款受刑人入監應遵守事項之虞。」其中第1款部分，如受刑人發送書信予不具受刑人身分之相對人，以及第7款所引同細則第18條第1項各款之規定，均未必與監獄紀律之維護有關。其與監獄紀律之維護無關部分，逾越母法之授權，與憲法第23條法律保留原則之意旨不符。 監獄行刑法施行細則第81條第3項規定：「受刑人撰寫之文稿，如題意正確且無礙監獄紀律及信譽者，得准許投寄報章雜誌。」違反憲法第23條之法律保留原則。另其中題意正確及監獄信譽部分，均尚難謂係重要公益，與憲法第11條保障表現自由之意旨不符。其中無礙監獄紀律部分，未慮及是否有限制較小之其他手段可資運用，就此範圍內，亦與憲法第11條保障表現自由之意旨不符。 前開各該規定與憲法規定意旨有違部分，除監獄行刑法施行細則第81條第3項所稱題意正確及無礙監獄信譽部分，自本解釋公布之日起失其效力外，其餘部分應自本解釋公布之日起，至遲於屆滿2年時，失其效力。
釋憲要點	一、有關系爭規定－許監獄長官檢、閱及刪除受刑人發受書信部分 憲法第12條規定：「人民有秘密通訊之自由。」旨在確保人民就通訊之有無、對象、時間、方式及內容等事項，有不受國家及他人任意侵擾之權利。此項秘密通訊自由乃憲法保障隱私權之具體態樣之一，爲維護人性尊嚴、個人主體性及人格發展之完整，並係保障個人生活私密領域免於國家、他人任意侵擾及維護個人資料之自主控制，所不可或缺之基本權利（釋字第631號解釋參照）。又憲法第11條規定，人民有言論及其他表現自由，係鑑於言論及其他表現自由具有實現自我、溝通意見、追求真理、滿足人民知之權利，形成公意，促進各種合理之政治及社會活動之功能，乃維持民主多元社會正常發展不可或缺之機制。國家對之自應予最大限度之保障（釋字第509、644、678、734號解釋參照）。

二、有關系爭規定二闡示母法之妨害監獄紀律之虞部分

法律授權行政機關發布命令為補充規定者，該命令須符合立法意旨且未逾越母法授權之範圍，始為憲法所許（釋字第568號解釋參照）；法律概括授權行政機關訂定之施行細則是否逾越母法授權之範圍，應視其規定是否為母法規定之文義所及而定（釋字第710號解釋參照）。系爭規定一限於維護監獄紀律所必要，始許監獄長官刪除相關部分。監獄行刑法第93條之1規定：「本法施行細則，由法務部定之。」據此訂定之系爭規定二規定：「本法第六十六條所稱妨害監獄紀律之虞，指書信內容有下列各款情形之一者：一、顯為虛偽不實、誘騙、侮辱或恐嚇之不當陳述，使他人有受騙、造成心理壓力或不安之虞。二、對受刑人矯正處遇公平、適切實施，有妨礙之虞。……七、違反第十八條第一項第一至四款及第六、七、九款受刑人入監應遵守事項之虞。」系爭規定二第1款部分，如受刑人發送書信予不具受刑人身分之相對人，以及第7款所引同細則第18條第1項各款之規定，均未必與監獄紀律之維護有關。其與監獄紀律之維護無關部分，逾越母法之授權，與憲法第23條法律保留原則之意旨不符。相關機關如認系爭規定一所列「有妨害監獄紀律之虞」尚不足以達成監獄行刑之目的，應修改法律明定之。

三、有關系爭規定三限制受刑人投稿部分

對憲法所保障人民基本權利之限制，須以法律或法律具體明確授權之命令定之，始無違憲法第23條之法律保留原則；若僅屬執行法律之細節性、技術性次要事項，則得由主管機關發布命令為必要之規範（釋字第443號解釋參照）。系爭規定三明定：「受刑人撰寫之文稿，如題意正確且無礙監獄紀律及信譽者，得准許投寄報章雜誌。」係對受刑人憲法保障之表現自由之具體限制，而非技術性或細節性次要事項，監獄行刑法既未具體明確授權主管機關訂定命令予以規範，顯已違反憲法第23條之法律保留原則。

又人民之表現自由涉及人性尊嚴、個人主體性及人格發展之完整，為憲法保障之重要自由權利。國家對一般人民言論之事前審查，原則上應為違憲（釋字第744號解釋參照）。為達成監獄行刑與管理之目的，監獄對受刑人言論之事前審查，雖非原則上違憲，然基於事前審查對言論自由之嚴重限制與干擾，其限制之目的仍須為重要公益，且手段與目的間應有實質關聯。系爭規定三之規定中，題意正確部分涉及觀點之管制，且其與監獄信譽部分，均尚難謂係重要公益，與憲法第11條保障表現自由之意旨不符。另監獄紀律部分，屬重要公益。監獄長官於閱讀受刑人投稿內容後，如認投稿內容對於監獄秩序及安全可能產生具體危險（如受刑人脫逃、監獄暴動等），本得採取各項預防或管制措施。然應注意其措施對於受刑人表現自由所造成之損害，不得超過限制措施所欲追求目的之利益，並需注意是否另有限制較小之其他手段可資運用，且應留給受刑人另行投稿之足夠機會（例如保留原本俾其日後得再行投稿，或使其修正投稿內容後再行投稿等），而不得僅以有礙監獄紀律為由，完全禁止受刑人投寄報章雜誌。系爭規定三有關「受刑人撰寫之文稿，如……無礙監獄紀律……者，得准許投寄報章雜誌」，就逾越上述意旨部分，亦與憲法第11條保障表現自由之意旨有違。

相關 法令	憲法第11、12、23條（36.1.1） 司法院釋字第443、509、568、631、644、678、710、734、744號解釋 監獄行刑法第66條（99.5.26） 監獄行刑法施行細則第81條第3項、第82條第1、2、7款（94.9.23）
評論或 影響	周宇修律師稱，此號釋憲案區分危害「監獄信譽」與「監獄紀律」，認為前者並非重大公益，不能對於「有危害監獄信譽之題意」作限制，但如果是為了維護監獄紀律，後者確實有審查之正當性。此號釋憲案雖然為受刑人開啓之通信權適用範圍並不大，但有別於過去之見解，大法官肯定受刑人在特別權力關係之中，仍然應享有「權利救濟」之可能性。因此在釋憲之後，開始有各種對於監所管理方式提起救濟之個案。例如：臺東綠島監獄命受刑人唱軍歌、答數之管理方式，臺東地方法院審理認為，「軍事訓練與監所矯正之目的」欠缺關聯而不具有管理之正當性。[3]

3　陳映彤，〈憲法保障人民「秘密通訊自由」，受刑人的信為何會寄不出去？〉，《關鍵評論》，2019年8月21日，https://www.thenewslens.com/article/123706。

憲法第13條
有關宗教之釋憲案

　　許多國家對宗教保護與發揚不遺餘力，乃宗教精神可以淨化人性、化解衝突，如美國憲法第一修正案明文保障宗教自由，國會透過宗教土地使用和被收容人士法（Religious Land Use and Institutionalized Persons Act）限制政府不得對宗教土地任意限制或增加負擔，即是國家要遵守「政府最高利益」、「採取最小限制手段」之原則，全力保障宗教用地之法制；又美國國務院2021年5月發布「2020年國際宗教自由報告」，美國國務卿布林肯出席記者會時特別強調「宗教自由，像每一項人權一樣，是普世性之」。聯合國「公民與政治權利國際公約」第18條之3揭示「人人表示其宗教或信仰之自由，非依法律，不受限制，此項限制以保障公共安全、秩序、衛生或風化或他人之基本權利自由所必要者為限」。[1]在大法官釋憲案中亦有涉及宗教之案件，本文蒐整2件關於宗教較具代表性之大法官釋憲案，以供參考。

第460號　財政部就供神壇使用之建物非自用案

時間	民國87年7月10日
案情	安○奇為出售所有坐落臺北縣土城市埤塘小段404之19及414地號（地上建物門牌分別為臺北縣土城市忠義街27巷3弄26及28號）二筆土地，申請按自用住宅稅率核課土地增值稅，經臺北縣稅捐稽徵處查得其中414地號土地（地上建物門牌同上街弄28號）設有邢天宮，屬家庭神壇，乃以一般稅率核課414地號之土地增值稅，另404之19地號因地上建物供住家用，仍准按自用住宅用地稅率核課土地增值稅。原告不服，申請復查未獲變更，提起訴願及再訴願遞遭決定駁回，聲請釋憲。
解釋爭點	財政部就供神壇使用之建物非自用之函釋違憲？
解釋文	土地稅法第6條規定，為發展經濟，促進土地利用，增進社會福利，對於宗教及合理之自用住宅等所使用之土地，得予適當之減免；同條後段並授權由行政機關訂定其減免標準及程序。同法第9條雖就自用住宅用地之定義設有明文，然其中關於何謂「住宅」，則未見規定。財政部72年3月14日台財稅字第31627號函所稱「地上建物係供神壇使用，已非土地稅法第9條所稱之自用『住宅』用地」，乃主管機關適用前開規定時就住宅之涵義所為之消極性釋示，符合土地稅法之立法目的且未逾越住宅概念之範疇，與憲法所定租稅法定主義尚無牴觸。又前開函釋並未區分不同宗教信仰，均有其適用，復非就人民之宗教信仰課予賦稅上之差別待遇，亦與憲法第7、13條規定之意旨無違。

1　林清汶，〈防止廟產淪私財宗廟條例通過之詭譎現象〉，《ETtoday新聞雲》，2022年5月27日，https://forum.ettoday.net/news/2259490。

釋憲要點	人民有依法律納稅之義務，爲憲法第19條所明定。所謂依法律納稅，兼指納稅及免稅之範圍，均應依法律之明文。惟法律條文適用時發生疑義者，主管機關自得爲符合立法意旨之闡釋，釋字第267號解釋敘述甚明。涉及租稅事項之法律，其解釋應本於租稅法定主義之精神，依各該法律之立法目的，衡酌經濟上之意義及實質課稅之公平原則爲之，亦經釋字第420號解釋釋示在案。 財政部72年3月14日台財稅字第31627號函謂：建物係供神壇使用，已非土地稅法第9條所稱之自用「住宅」用地，不得依同法第34條規定按優惠稅率計課土地增值稅，乃主管機關適用土地稅法第九條，就住宅之涵義所爲之消極性釋示，符合土地稅法之立法目的且未逾越住宅概念之本質，依首開解釋意旨，與憲法所定租稅法定主義尚無牴觸。 憲法第13條規定：「人民有信仰宗教之自由。」係指人民有信仰與不信仰任何宗教之自由，以及參與或不參與宗教活動之自由；國家亦不得對特定之宗教加以獎助或禁止，或基於人民之特定信仰爲理由予以優待或不利益。土地稅法第6條規定宗教用地之土地稅得予減免，只須符合同條授權訂定之土地稅減免規則第8條第1項第9款所定之減免標準均得適用，並未區分不同宗教信仰而有差別。神壇未辦妥財團法人或寺廟登記者，尚無適用該款所定宗教團體減免土地稅之餘地，與信仰宗教之自由無關。又「神壇」既係由一般信奉人士自由設壇祭祀神祇，供信衆膜拜之場所，與前述具有私密性之住宅性質有異。上揭財政部函釋示供「神壇」使用之建物非土地稅法第9條所稱之住宅，並非就人民之宗教信仰課予賦稅上之差別待遇，亦與憲法第7、13條規定意旨無違。
相關法令	憲法第7、13、19條（36.1.1） 司法院釋字第267、420號解釋 土地稅法第6、9、34條（86.10.29） 土地稅減免規則第8條第1項第9款（85.1.24） 財政部（72）台財稅字第31627號函
評論或影響	根據本號解釋意旨，土地稅法第9條規定「自用住宅用地」，指土地所有權人或其配偶、直系親屬於該地辦竣戶籍登記，且無出租或供營業用之住宅用地。土地稅法雖然沒有進一步明文規定「住宅」之定義，但是適用法規仍應受事物本質之內在限制。依通常一般觀念，大家所稱之「住宅」，是指提供人們日常居住、生活作息使用，固定在土地上之建築物；外觀上具備基本生活功能設施，單純屬於居住人管理運用之空間，具有高度私密性。財政部72年3月14日台財稅字第31627號函內容，是主管機關在適用土地稅法第9條，就「住宅」之意義依法所作之消極性解釋，符合土地稅法之立法目的，未超過住宅概念之本質。[2]

2　〈【與神同在——自用住宅，我家的神住不行嗎？】〉，《臺中高等行政法院—法律生活小故事》，2020年9月11日，http://tcbstory.blogspot.com/2020/09/232.html。

| 第573號 | 寺廟條例就特定宗教處分財產限制案 |

時間	民國93年2月27日
案情	新竹縣竹東鎮地方善心人士於日據時期擬捐助土地予徐○○以籌建寺廟「五峰寺」，惟當時徐○○尚未成立法人組織，地方人士遂將擬捐助建設「五峰寺」之土地，借另一寺廟「師○堂」名義登記，約定嗣後徐○○組織成立後移轉登記為其所有。徐○○於59年登記成立財團法人新竹縣五峰○○會。「師○堂」隨即於61年經其信徒大會決議，並具贈與土地同意書等呈報主管機關新竹縣政府同意准予後，將上述土地移轉登記予徐○○。事隔20餘年，「師○堂」管理人變更為現任管理人，藉詞監督寺廟條例第8條之規定，以未經其所參加為會員之中國佛教會同意為由，訴請塗銷所有權移轉登記。第一審法院判決駁回原告「師○堂」之訴，第二審法院命塗銷土地所有權移轉登記，第三審判決仍維持第二審判決，而告確定。聲請人不服，乃以前揭確定終局判決適用之監督寺廟條例第8條規定，有牴觸憲法第7、13、15、23條之疑義，聲請釋憲。
解釋爭點	寺廟條例就特定宗教處分財產之限制規定違憲？
解釋文	依18年5月14日國民政府公布之法規制定標準法（以下簡稱「前法規制定標準法」）第1條：「凡法律案由立法院三讀會之程序通過，經政府公布者，定名為法。」第2條第3款所稱，涉及人民權利義務關係之事項，經立法院認為有以法律規定之必要者，為法律案，應經立法院三讀會程序通過之，以及第3條：「凡條例、章程或規則等之制定，應根據法律。」等規定觀之，可知憲法施行前之訓政初期法制，已寓有法律優越及法律保留原則之要求，但有關人民之權利義務關係事項，亦得以未具法律位階之條例等規範形式，予以規定，且當時之立法院並非由人民直接選舉之成員組成。是以當時法律保留原則之涵義及其適用之範圍，均與行憲後者未盡相同。本案系爭之監督寺廟條例，雖依前法規制定標準法所制定，但特由立法院逐條討論通過，由政府於18年12月7日公布施行，嗣依36年1月1日公布之憲法實施之準備程序，亦未加以修改或廢止，而仍持續沿用，並經行憲後立法院認其為有效之法律，且迭經作為審查對象在案，應認其為現行有效規範人民權利義務之法律。人民之宗教信仰自由及財產權，均受憲法之保障，憲法第13條與第15條定有明文。宗教團體管理、處分其財產，國家固非不得以法律加以規範，惟應符合憲法第23條規定之比例原則及法律明確性原則。監督寺廟條例第8條就同條例第3條各款所列以外之寺廟處分或變更其不動產及法物，規定須經所屬教會之決議，並呈請該管官署許可，未顧及宗教組織之自主性、內部管理機制之差異性，以及為宗教傳布目的所為財產經營之需要，對該等寺廟之宗教組織自主權及財產處分權加以限制，妨礙宗教活動自由已逾越必要之程度；其規定應呈請該管官署許可部分，就申請之程序及許可之要件，均付諸闕如，已違反法律明確性原則，遑論採取官署事前許可之管制手段是否確有其必要性，與上開憲法規定及保障人民自由權利之意旨，均有所牴觸；又依同條例第1條及第2條第1項規定，第8條規範之對象，僅適用於部分宗教，亦與憲法上國家對宗教應謹守中立之原則及宗教平等原則相悖。該條例第8條及第2條第1項規定應自本解釋公布日起，至遲於屆滿2年時，失其效力。

| 釋憲要點 | 憲法第13條規定人民有信仰宗教之自由，係指人民有信仰與不信仰任何宗教之自由，以及參與或不參與宗教活動之自由，國家不得對特定之宗教加以獎勵或禁制，或對人民特定信仰畀予優待或不利益。其保障範圍包含內在信仰之自由、宗教行為之自由與宗教結社之自由（釋字第490號解釋參照）。人民所從事之宗教行為及宗教結社組織，與其發乎內心之虔誠宗教信念無法截然二分，人民為實現內心之宗教信念而成立、參加之宗教性結社，就其內部組織結構、人事及財政管理應享有自主權，宗教性規範苟非出於維護宗教自由之必要或重大之公益，並於必要之最小限度內為之，即與憲法保障人民信仰自由之意旨有違。憲法第15條規定人民之財產權應予保障，旨在確保個人依其財產之存續狀態行使其自由使用、收益及處分之權能，並免於遭受公權力或第三人之侵害。寺廟之財產亦應受憲法有關財產權規定之保障。

寺廟內部之組織結構、是否加入其他宗教性人民團體（教會）成為團體會員，及其與該宗教性人民團體之內部關係，暨寺廟財產之管理、處分等事項，均屬宗教結社自由之保障範圍。監督寺廟條例第8條規定：「寺廟之不動產及法物，非經所屬教會之決議，並呈請該管官署許可，不得處分或變更。」旨在保護同條例第3條各款所列以外之寺廟財產，避免寺廟之不動產及法物遭受不當之處分或變更，致有害及寺廟信仰之傳布存續，固有其正當性，惟其規定須經所屬教會同意部分，未顧及上開寺廟之組織自主性、內部管理機制之差異性，以及為宗教傳布目的所為財產經營之需要，對該等寺廟之宗教組織自主權及財產處分權加以限制，妨礙宗教活動自由已逾越必要之程度；且其規定應呈請該管官署許可部分，就申請之程序及許可之要件，均付諸闕如，不僅受規範者難以預見及理解，亦非可經由司法審查加以確認，已違法律明確性原則（釋字第445、491號解釋參照），遑論採取官署事前許可之管制手段是否確有其必要性，其所採行之方式，亦難謂符合最小侵害原則，牴觸憲法第23條規定。

憲法保障人民有信仰宗教之自由，係為維護人民精神領域之自我發展與自我實踐，及社會多元文化之充實，故國家對宗教應謹守中立及寬容原則，不得對特定之宗教加以獎勵或禁制，或對人民特定信仰畀予優待或不利益，前已述及；且憲法第7條明文規定：「中華民國人民，無分男女、宗教、種族、階級、黨派，在法律上一律平等。」是國家如僅針對特定宗教而為禁制或畀予不利益，即有悖於宗教中立原則及宗教平等原則。監督寺廟條例第3條規定，排除由政府機關、地方公共團體管理以及私人建立管理之寺廟適用該條例，僅將由信眾募資成立之寺廟（實務上稱為「募建寺廟」）納入該條例規範，其以寺廟財產來源作為差別待遇之區分標準，尚未涉及對不同宗教信仰之差別待遇，參酌前述該條例保護寺廟財產、防止弊端之立法目的，當屬考量規範對象性質之差異而為之合理差別待遇，固難謂與實質平等之要求有違。惟同條例第8條之規定，依該條例第1條所稱「凡有僧道住持之宗教上建築物，不論用何名稱，均為寺廟」，及第2條第1項所定「寺廟及其財產法物，除法律別有規定外，依本條例監督之」，僅適用於佛、道等部分宗教，對其餘宗教未為相同之限制，即與憲法第13條及第7條所定之宗教中立原則及宗教平等原則有所不符。 |

相關法令	憲法第7、13、15、23、170條（36.1.1） 司法院釋字第65、200、445、490、491號解釋 憲法實施之準備程序（36.1.1） 中央法規標準法第2、5、6條（93.5.19） 監督寺廟條例第1、2、3、8條（18.12.7） 寺廟管理條例（18.1.25） 法規制定標準法第1、2、3、4、5、13、14、23、31條（18.5.14）
評論或影響	國立成功大學法律學系特聘教授許育典表示，我國憲法第13條規定：「人民有信仰宗教之自由。」這是我國承認宗教自由為基本權之憲法依據。但是在臺灣社會長期戒嚴與憲法教育貧瘠下，國人及國家機關大多不瞭解宗教自由之內涵，並一直存在要求國家管制或介入宗教團體之輿論。司法院大法官就監督寺廟條例第8條，有關國家限制寺廟處分財產之規定是否違憲作成釋字第573號解釋，並藉由監督寺廟條例相關條文之檢討，提出對宗教自由內涵與宗教團體自治之看法。大法官針對國家管制宗教之立法問題發聲，在宗教自由保障之原則下，維護宗教團體之自治權，實屬難得。[3]

3　許育典，〈宗教自由保障下的宗教團體自治──評釋字第五七三號解釋〉，《月旦法學雜誌》，第114期，2004年11月，頁211。

憲法第**14**條
有關集會結社之釋憲案

　　憲法第14條規定：「人民有集會及結社之自由」，指人民具有集會與結社兩項權利。因此本文亦蒐整關於集會與結社權較具代表性之大法官釋憲案，以供參考。

有關集會之釋憲案

　　憲法第14條規定人民有集會之自由，但政府於民國77年1月20日制定公布之動員戡亂時期集會遊行法，雖然名為維護社會秩序，但其實是在限制人民之集會自由。政府在終止動員戡亂時期後，立法院於81年7月14日將該法修正更名為集會遊行法。該法第1條說明此法之立法目的：「保障人民集會、遊行之自由，維持社會秩序」，但在執法上，集會遊行法常受質疑不符憲法精神，也曾被兩次宣告部分違憲。本文蒐整2件關於集會遊行較具代表性之大法官釋憲案，以供參考。

第445號　集會遊行法相關規定之爭議案

時間	民國87年1月23日
案情	高○炎、陳○男、張○修因違反集會遊行法，經士林地檢署以違反集會遊行法起訴，並於高等法院83年度上易字第5278號判決判處拘役20天，緩刑2年。聲請人不服，認為判決所適用之集會遊行法有違憲之疑義，違反憲法第14條保障人民之集會自由，依司法院大法官審理案件法第5條第1項第2款之規定，聲請釋憲。
解釋爭點	集會遊行法相關規定違憲？
解釋文	憲法第14條規定人民有集會之自由，此與憲法第11條規定之言論、講學、著作及出版之自由，同屬表現自由之範疇，為實施民主政治最重要之基本人權。國家為保障人民之集會自由，應提供適當集會場所，並保護集會、遊行之安全，使其得以順利進行。以法律限制集會、遊行之權利，必須符合明確性原則與憲法第23條之規定。集會遊行法第8條第1項規定室外集會、遊行除同條項但書所定各款情形外，應向主管機關申請許可。同法第11條則規定申請室外集會、遊行除有同條所列情形之一者外，應予許可。其中有關時間、地點及方式等未涉及集會、遊行目的或內容之事

	項，為維持社會秩序及增進公共利益所必要，屬立法自由形成之範圍，於表現自由之訴求不致有所侵害，與憲法保障集會自由之意旨尚無牴觸。 集會遊行法11條第1款規定違反同法第4條規定者，為不予許可之要件，乃對「主張共產主義或分裂國土」之言論，使主管機關於許可集會、遊行以前，得就人民政治上之言論而為審查，與憲法保障表現自由之意旨有違；同條第2款規定：「有事實足認為有危害國家安全、社會秩序或公共利益之虞者」，第3款規定：「有危害生命、身體、自由或對財物造成重大損壞之虞者」，有欠具體明確，對於在舉行集會、遊行以前，尚無明顯而立即危險之事實狀態，僅憑將來有發生之可能，即由主管機關以此作為集會、遊行准否之依據部分，與憲法保障集會自由之意旨不符，均應自本解釋公布之日起失其效力。 集會遊行法第6條規定集會遊行之禁制區，係為保護國家重要機關與軍事設施之安全、維持對外交通之暢通；同法第10條規定限制集會、遊行之負責人、其代理人或糾察員之資格；第11條第4款規定同一時間、處所、路線已有他人申請並經許可者，為不許可集會、遊行之要件；第5款規定未經依法設立或經撤銷許可或命令解散之團體，以該團體名義申請者得不許可集會、遊行；第6款規定申請不合第9條有關責令申請人提出申請書填具之各事項者為不許可之要件，係為確保集會、遊行活動之和平進行，避免影響民眾之生活安寧，均屬防止妨礙他人自由、維持社會秩序或增進公共利益所必要，與憲法第23條規定並無牴觸。惟集會遊行法第9條第1項但書規定：「因天然災變或其他不可預見之重大事故而有正當理由者，得於二日前提出申請。」對此偶發性集會、遊行，不及於二日前申請者予以不予許可，與憲法保障人民集會自由之意旨有違，亟待檢討改進。 集會遊行法第29條對於不遵從解散及制止命令之首謀者科以刑責，為立法自由形成範圍，與憲法第23條之規定尚無牴觸。
釋憲 要點	憲法第14條規定人民有集會之自由，此與憲法第11條規定之言論、講學、著作及出版之自由，同屬表現自由之範疇，為實施民主政治最重要之基本人權。國家為保障人民之集會自由，應提供適當集會場所，並保護集會、遊行之安全。以法律限制集會、遊行之權利，必須符合明確性原則與憲法第23條之規定。 集遊法違憲之部分：依集會遊行法第14條規定保障人民之集會自由，並未排除偶發性集會、遊行，若依集會遊行法第9條第1項規定之要件以觀，則凡事起倉卒者，因不及於法定期間內提出申請，其集會、遊行概屬違反第9條規定而應予不許可，依此規定而抑制人民之集會、遊行，於憲法保障之基本人權，未盡相符，亟待檢討改進。
相關 法令	憲法第4、11、14、23、78條（36.1.1） 憲法增修條文第5條（86.7.21） 司法院釋字第216、289、324、339、396、436號解釋 司法院大法官審理案件法第5、13條（82.2.3） 國家安全法第2條（85.2.5） 社會秩序維護法第64條（80.6.29）

	集會遊行法第2、4、6、7、8、9、10、11、14、15、25、26、28、29條（81.7.27）刑法第149條（86.11.26）
評論或影響	根據《法律白話文運動》網站稱，集會遊行因爲影響國家秩序，原則上還是需要國家同意。但國家只能審查遊行之「時間、地點、方式」，不能審查遊行主張之論點。大法官認爲，集會遊行法規定遊行不得主張共產主義或分裂國土，是過度限制人民之「表現自由」，故判違憲。對於突然發生事件，大法官認爲，法律均有規定所謂「天然災變或其他不可預見之重大事故」，故認爲「偶發性集會」，並不適用集會遊行法之「許可制」。亦即，基於憲法對人民集會自由之保障，2天前申請偶發性集會之規定，應該檢討改進。雖然集會遊行是憲法第14條中明文保障之人權，但過去政府將集會遊行視爲毒蛇猛獸，並加以污名化。人民耗費很多時間與努力，才讓政府對於集會遊行持比較正面之態度，畢竟遊行是弱勢人民少數能向強勢國家展現不滿之窗口，期待未來集會遊行法可從「許可制」逐漸走向「報備制」。[1]

第718號　緊急性及偶發性集會遊行許可案

時間	民國103年3月21日
案情	1.臺北地院法官陳思帆爲審理臺大社會系助理教授李○璁於97年間未經許可率眾至行政院前集會，抗議海協會會長陳雲林來臺所生維安衝突而違反集會遊行法案件，聲請釋憲。 2.桃園地院陳法官爲審理陳達成律師於96年間未經許可率眾至慈湖陵寢停車場集會，舉辦「兩蔣入土爲安活動」而違反集遊法案件，各依其確信認所應適用之集遊法第8條第1項、第9條第1項但書、第12條第2項關於集會前應申請許可之規定，及其他數相關規定有違憲疑義，聲請釋憲。 3.林○儀爲抗議學費調漲，未經許可聚眾至教育部前集會陳訴，遭以違集遊法而判處拘役確定，認判決所適用之同法第29條關於首謀者之罰則規定，聲請釋憲。
解釋爭點	集會遊行法申請許可規定未排除緊急性及偶發性集會遊行之部分，違憲？
解釋文	集會遊行法第8條第1項規定，室外集會、遊行應向主管機關申請許可，未排除緊急性及偶發性集會、遊行部分，及同法第9條第1項但書與第12條第2項關於緊急性集會、遊行之申請許可規定，違反憲法第23條比例原則，不符憲法第14條保障集會自由之意旨，均應自104年1月1日起失其效力。釋字第445號解釋應予補充。

釋憲要點	室外集會、遊行需要利用場所、道路等諸多社會資源，本質上即易對社會原有運作秩序產生影響，且不排除會引起相異立場者之反制舉措而激發衝突，主管機關爲兼顧集會自由保障與社會秩序維持（集會遊行法第1條參照），應預爲綢繆，故須由集會、遊行舉行者本於信賴、合作與溝通之立場適時提供主管機關必要資訊，俾供瞭解事件性質，盱衡社會整體狀況，就集會、遊行利用公共場所或路面之時間、地點與進行方式爲妥善之規劃，並就執法相關人力物力妥爲配置，以協助集會、遊行得順利舉行，並使社會秩序受到影響降到最低程度。在此範圍內，立法者有形成自由，得採行事前許可或報備程序，使主管機關能取得執法必要資訊，並妥爲因應。此所以集會遊行法第8條第1項規定，室外之集會、遊行，原則上應向主管機關申請許可，爲釋字第445號解釋所肯認。惟就事起倉卒非即刻舉行無法達到目的之緊急性集會、遊行，實難期待俟取得許可後舉行；另就群眾因特殊原因未經召集自發聚集，事實上無所謂發起人或負責人之偶發性集會、遊行，自無法事先申請許可或報備。雖同法第9條第1項但書規定：「但因不可預見之重大緊急事故，且非即刻舉行，無法達到目的者，不受六日前申請之限制。」同法第12條第2項又規定：「依第九條第一項但書之規定提出申請者，主管機關應於收受申請書之時起二十四小時內，以書面通知負責人。」針對緊急性集會、遊行，固已放寬申請許可期間，但仍須事先申請並等待主管機關至長24小時之決定許可與否期間；另就偶發性集會、遊行，亦仍須事先申請許可，均係以法律課予人民事實上難以遵守之義務，致人民不克申請而舉行集會、遊行時，立即附隨得由主管機關強制制止、命令解散之法律效果（集會遊行法第25條第1款規定參照），與釋字第445號解釋：「憲法第十四條規定保障人民之集會自由，並未排除偶發性集會、遊行」，「許可制於偶發性集會、遊行殊無適用之餘地」之意旨有違。至爲維持社會秩序之目的，立法機關並非不能視事件性質，以法律明確規範緊急性及偶發性集會、遊行，改採許可制以外相同能達成目的之其他侵害較小手段，故集會遊行法第8條第1項未排除緊急性及偶發性集會、遊行部分；同法第9條第1項但書與第12條第2項關於緊急性集會、遊行之申請許可規定，已屬對人民集會自由之不必要限制，與憲法第23條規定之比例原則有所牴觸，不符憲法第14條保障集會自由之意旨，均應自104年1月1日起失其效力。就此而言，釋字第445號解釋應予補充。
相關法令	憲法第14、23條（36.1.1） 集會遊行法第8條第1項、第9條第1項但書、第12條第2項（91.6.26） 司法院釋字第445號解釋
評論或影響	根據《一起讀判決》網站稱，過去之集會遊行法規定，一般情況之集會遊行須在6日前提出申請，因爲不可預見之重大事故，而有正當理由時，可以在2日前提出。但釋字第445號解釋認爲偶發性集會、遊行，既然是群眾對不可預見之重大事故，所爲之立即反應而引起，不可能期待負責人於2日前申請，或者在重大事故發生後2日才舉辦集會、遊行。該號解釋之後，集會遊行法修正，將原本之2日限制取消。然而該法第12條規定，在偶發性集會之情況下，申請人還是要事先申請，並且等待主管機關在24小時內決定。對於此問題，釋字第718號對「緊急性、偶發性」這兩

種集會遊行加以定義。所謂「緊急性」集會遊行是指：事起倉卒，非即刻舉行，無法達到目的之緊急性集會、遊行；而「偶發性」集會遊行則是：群眾因特殊原因，未經召集自發聚集，事實上無所謂發起人或負責人之偶發性集會、遊行。[2]因此，大法官在本案對緊急性及偶發性集會遊行應經過許可部分，作出違憲判定，相關法令自104年1月1日起失效。

有關結社之釋憲案

　　結社被現代社會認為是人與生俱有之一種權利，大多數國家憲法明文保障之結社，主要指以非營利為目的之各種結社，如政黨、教會、協會、慈善組織，故人民團體在現代國家乃不可或缺之組成。憲法第14條亦規定：「人民有結社之自由」，並於1942年2月10日即制定公布人民團體法。但由於過去之動員戡亂原因，對於人民結社之自由加以限制，尤其是限制人民組織政黨，使人民團體之發展受到限制。直到前總統李登輝於1989年1月公布修訂之人民團體法，才開放人民籌組政黨。雖然現行之人民團體法較過去之法律，對於人民結社組黨採取較開放之態度，但是仍有許多限制，因此發生許多法律爭議。本文蒐整3件關於結社較具代表性之大法官釋憲案，以供參考。

第373號　禁止教育事業組工會案

時間	民國84年2月24日
案情	李○恆被臺北市國語實驗國民小學以技術工友之職缺僱用，並擔任該校之警衛。除每週白天工作44小時外，仍需每週值日30餘小時，非但不得要求補休，且不得依加班費標準支給，而每小時僅給予14元。渠欲提請申訴，但規定工友無法申訴，因此邀集其他工友共同爭取合理之勞動條件。然聲請人申請籌組之「臺北市教育事業技工工友工會」，經臺北市政府否准後，訴願亦遭駁回，後經行政法院於79年12月21日所為之判字第2014號援用工會法第4條：「各級政府行政及教育事業軍火工業之

	員工，不得組織工會」之規定判決駁回。聲請人認為該法律有牴觸憲法之疑義，故聲請釋憲。
解釋爭點	工會法禁止教育事業技工等組工會之規定違憲？
解釋文	工會法第4條規定：「各級政府行政及教育事業、軍火工業之員工，不得組織工會」，其中禁止教育事業技工、工友組織工會部分，因該技工、工友所從事者僅係教育事業之服務性工作，依其工作之性質，禁止其組織工會，使其難以獲致合理之權益，實已逾越憲法第23條之必要限度，侵害從事此項職業之人民在憲法上保障之結社權，應自本解釋公布之日起，至遲於屆滿1年時，失其效力。惟基於教育事業技工、工友之工作性質，就其勞動權利之行使有無加以限制之必要，應由立法機關於上述期間內檢討修正，併此指明。
釋憲要點	憲法第14條規定人民有結社之自由，第153條第1項復規定國家為改良勞工之生活，增進其生產技能，應制定保護勞工之法律，實施保護勞工之政策。從事各種職業之勞動者，為改善勞動條件，增進其社會及經濟地位，得組織工會，乃現代法治國家普遍承認之勞工基本權利，亦屬憲法上開規定意旨之所在。國家制定有關工會之法律，應於兼顧社會秩序及公共利益前提下，使勞工享有團體交涉及爭議等權利。工會法第4條規定：「各級政府行政及教育事業、軍火工業之員工，不得組織工會。」其中禁止教育事業技工、工友組織工會部分，因該技工、工友所從事者僅為教育事業之服務性工作，其工作之性質，與國民受教育之權利雖有關連，惟禁止其組織工會，使其難以獲致合理之權益，實已逾越憲法第23條規定之必要限度，侵害從事此項職業之人民在憲法上保障之結社權。應自本解釋公布之日起，至遲於屆滿1年時，失其效力。又工會為保障勞工權益，得聯合會員，就勞動條件及會員福利事項，如工資、工作時間、安全衛生、休假、退休、職業災害補償、保險等事項與僱主協商，並締結團體協約；協議不成發生之勞資間糾紛事件，得由工會調處；亦得為勞資爭議申請調解，經調解程序無效後，即得依法定程序宣告罷工，以謀求解決。此觀工會法第5、6、12、20、26條及團體協約法、勞資爭議處理法有關規定自明。基於教育事業技工、工友之工作性質與國民受教育權利之保護，諸如校園之安全、教學研究環境之維護等各方面，仍不能謂全無關涉；其勞動權利之行使，有無加以限制之必要，應由立法機關於1年內檢討修正，併此指明。
相關法令	憲法第14、23、153條（36.1.1） 工會法第4、5、6、12、20、26條（64.5.21） 團體協約法第1條（19.10.18） 勞資爭議處理法第1、2、5、6、8、9、24、35條（77.6.27）
評論或影響	根據《法律百科》網站專案負責人彭雅立稱，該釋憲案是少數從結社權來說明勞動三權與憲法基本權關係之解釋文。大法官認為，從人民有結社之自由，以及考量國家之基本立場、發展方針為出發點，各種職業之勞動者，為改善勞動條件、增進勞

動者社會及經濟地位、賦予勞動者得籌組工會,是現代法治國家普遍承認之勞工基本權利。因此,禁止教育事業技工、工友組織工會,已經逾越憲法第23條規定之必要限度,侵害從事此項職業之人民在憲法上保障之結社權。[3]但大法官卻又在理由書文末指出,儘管許可其組織工會,但其協商與爭議權行使仍關乎校園之安全、教學研究環境之維護等,是否有必要限制仍有待檢討。而大法官所言校園之安全、教學研究環境之維護是否真屬公共利益?技工、工友行使集體勞動權時又將如何影響公共利益?此等公益又是否大於技工、工友之勞動權?這些問題在該釋憲案以及後續之立法,都沒有被仔細地討論與回答。故該釋憲案有疏漏之處,因為仍留有許多尚待討論之缺失。[4]

第644號　人民團體法不許設立主張共產主義、分裂國土團體案

時間	民國97年6月20日
案情	陳○孟於87年間向臺北市政府社會局申請籌組社團「臺北市外省人臺灣獨立促進會」,社會局認定係申請籌組政治團體,而以「支持以和平方式,推動臺灣獨立建國」為宗旨,與人民團體法第2條規定不符,不准其申請。渠不服,提起救濟都被駁回,最高行政法院90年判字第349號是否侵害憲法第14、11條所保障之結社自由、言論自由聲請釋憲。
解釋爭點	人民團體法對主張共產主義、分裂國土之團體不許可設立規定違憲?
解釋文	人民團體法第2條規定:「人民團體之組織與活動,不得主張共產主義,或主張分裂國土。」同法第53條前段關於「申請設立之人民團體有違反第二條……之規定者,不予許可」之規定部分,乃使主管機關於許可設立人民團體以前,得就人民「主張共產主義,或主張分裂國土」之政治上言論之內容而為審查,並作為不予許可設立人民團體之理由,顯已逾越必要之程度,與憲法保障人民結社自由與言論自由之意旨不符,於此範圍內,應自本解釋公布之日起失其效力。
釋憲要點	憲法第14條規定人民有結社之自由,旨在保障人民為特定目的,以共同之意思組成團體並參與其活動之權利,並確保團體之存續、內部組織與事務之自主決定及對外活動之自由等。結社自由除保障人民得以團體之形式發展個人人格外,更有促使具公民意識之人民,組成團體以積極參與經濟、社會及政治等事務之功能。各種不同團體,對於個人、社會或民主憲政制度之意義不同,受法律保障與限制之程度亦有

3　彭雅立,〈所謂的「勞動三權」,具體包括哪些事項?有法條依據嗎?在憲法基本權理論下,怎麼去理解勞動三權?〉,《法律百科》,2018年11月2日,https://www.legis-pedia.com/QA/question/162。

4　曾翔,〈現行法律如何對工會活動進行限制?從釋字373號說起〉,《關鍵評論》,2016年7月2日,https://www.thenewslens.com/article/43296。

	所差異。惟結社自由之各該保障，皆以個人自由選定目的而集結成社之設立自由為基礎，故其限制之程度，自以設立管制對人民結社自由之限制最為嚴重，因此相關法律之限制是否符合憲法第23條之比例原則，應就各項法定許可與不許可設立之理由，嚴格審查，以符憲法保障人民結社自由之本旨。 言論自由有實現自我、溝通意見、追求真理、滿足人民知之權利，形成公意，促進各種合理之政治及社會活動之功能，乃維持民主多元社會正常發展不可或缺之機制（釋字第509號解釋參照），其以法律加以限制者，自應符合比例原則之要求。所謂「主張共產主義，或主張分裂國土」原係政治主張之一種，以之為不許可設立人民團體之要件，即係賦予主管機關審查言論本身之職權，直接限制人民言論自由之基本權利。雖然憲法增修條文第5條第5項規定：「政黨之目的或其行為，危害中華民國之存在或自由民主之憲政秩序者為違憲。」惟組織政黨既無須事前許可，須俟政黨成立後發生其目的或行為危害中華民國之存在或自由民主之憲政秩序者，經憲法法庭作成解散之判決後，始得禁止，而以違反人民團體法第2條規定為不許可設立人民團體之要件，係授權主管機關於許可設立人民團體以前，先就言論之內容為實質之審查。關此，若人民團體經許可設立後發見其有此主張，依當時之事實狀態，足以認定其目的或行為危害中華民國之存在或自由民主之憲政秩序者，主管機關自得依78年1月27日修正公布之同法第53條後段規定，撤銷（91年12月11日已修正為「廢止」）其許可，而達禁止之目的；倘於申請設立人民團體之始，僅有此主張即不予許可，則無異僅因主張共產主義或分裂國土，即禁止設立人民團體，顯然逾越憲法第23條所定之必要範圍，與憲法保障人民結社自由與言論自由之意旨不符，前開人民團體法第2條及第53條前段之規定部分於此範圍內，應自本解釋公布之日起失其效力。
相關法令	憲法第11、14、23條（36.1.1） 憲法增修條文第5條第5項（94.6.10） 司法院釋字第509號解釋 司法院大法官審理案件法第5條第1項第2款（82.2.3） 人民團體法第2、35、39、44、53條（91.12.11）
評論或影響	此號釋憲案促使人民團體法第2條及第53條前段之規定失效，進一步保障人民結社之自由。內政部民政司長黃麗馨指出，政黨在申請備案時，大多會在政黨名稱上宣揚其理念，基於憲法保障言論自由，加上大法官會議作出解釋，未來不得再以人團法第2條相關規定，作為准駁政黨成立之要件，因此擬申請成立備案之政黨，只要不違反人團法其他規定，均可依程序申請設立。大法官已明確指出，政黨成立後，如發生危害中華民國存在或自由民主憲政秩序情事時，可依憲法增修條文規定，交憲法法庭審理，因此已成立之政黨如有違反憲法規定者，內政部會依法檢同相關事證，移送憲法法庭審理。[5]

5　項程鎮、羅添斌、施曉光、李欣芳，〈禁人團主張台獨或共產 違憲〉，《自由時報》，2008年6月21日，https://news.ltn.com.tw/news/focus/paper/221259。

第793號　黨產條例案

時間	民國109年8月28日
案情	臺北高等行政法院法官為審理105年度訴字第1685、1720、1734號政黨及其附隨組織不當取得財產處理條例事件，認其審判應適用之政黨及其附隨組織不當取得財產處理條例第2條、第8條第5項前段、第14條、第4條第1、2款規定，有牴觸憲法保留、權力分立原則、平等原則、法律明確性原則及比例原則等憲法上重要原則，違反憲法第1、2、7、14、15及23條規定之疑義，聲請釋憲。
解釋 爭點	1.政黨及其附隨組織不當取得財產處理條例是否違反憲法保留？ 2.同條例第2條第1項規定，是否違反憲法增修條文第3條第3項及第4項規定？ 3.同條例第2條、第8條第5項前段及第14條規定，是否違反權力分立原則？ 4.同條例第4條第1款規定，是否違反憲法第7條平等原則？ 5.同條例第4條第2款規定，是否違反法律明確性原則、平等原則及比例原則？又同款後段規定，是否違反法律不溯及既往原則？
解釋文	政黨及其附隨組織不當取得財產處理條例規範政黨財產之移轉及禁止事項，不涉及違憲政黨之解散，亦未剝奪政黨賴以存續、運作之財產，並非憲法所不許。 同條例第2條第1項規定：「行政院設不當黨產處理委員會……為本條例之主管機關，不受中央行政機關組織基準法規定之限制。」與憲法增修條文第3條第3、4項規定尚屬無違。 同條例第2條第1項規定及同條第2項規定：「本會依法進行政黨、附隨組織及其受託管理人不當取得財產之調查、返還、追徵、權利回復及本條例所定之其他事項。」第8條第5項前段規定：「本會得主動調查認定政黨之附隨組織及其受託管理人」，第14條規定：「本會依第六條規定所為之處分，或第八條第五項就政黨之附隨組織及其受託管理人認定之處分，應經公開之聽證程序。」尚無違反權力分立原則。 同條例第4條第1款規定：「一、政黨：指於七十六年七月十五日前成立並依動員戡亂時期人民團體法規定備案者。」與憲法第7條平等原則尚屬無違。 同條例第4條第2款規定：「二、附隨組織：指獨立存在而由政黨實質控制其人事、財務或業務經營之法人、團體或機構；曾由政黨實質控制其人事、財務或業務經營，且非以相當對價轉讓而脫離政黨實質控制之法人、團體或機構。」與法律明確性原則、憲法第7條平等原則及第23條比例原則尚無違背；同款後段規定與法律不溯及既往原則尚屬無違。
釋憲 要點	政黨為人民之政治性結社團體，基於憲法第14條結社自由之保障，政黨就其存續、內部之組織與運作以及對外活動等，自不受國家恣意之干預。查憲法以民主國原則為基本建制原則，係以人民作為一切國家權力來源（憲法第1、2條參照），由人民透過參政權之行使，實際參與國家權力之運作，以提供國家權力運作之民主正當性基礎。政黨則係在協助人民形成政治意見，並透過選舉參與國家機關及公職人員之建構，將凝聚之個別國民意志轉化成國家意志予以實現，而直接或間接影響國家運

	作，於民主政治運作有其重要性與必要性。政黨既能影響國家權力之形成或運作，自應服膺自由民主憲政秩序，以謀求國家利益為依歸，不得藉此影響力謀取政黨或第三人不當利益。政黨與其他結社團體，對於個人、社會或民主憲政制度之意義既有不同，其受憲法保障與限制之程度自有所差異。 政黨政治攸關民主制度之運作，乃憲法上民主原則之核心內涵，國家自應致力於建立並確保複數政黨得以自由形成發展與公平參與選舉之法治環境，包括選舉制度與政黨財務等領域，使各政黨得在公平競爭下參與民主政治，爭取執政機會，並以謀求全民福祉為依歸。又政黨機會平等受憲法民主原則與平等權之保障，其目的在確保政黨政治之健全運作與政黨公平競爭，除禁止國家權力之行使以黨派為無正當理由之差別待遇外，政黨應享有在民主競爭下公平參與選舉及平等接近使用各種公共資源之機會，並排除對政黨公平競爭產生不良影響之因素。 尤其就政黨財務而言，其不僅事實上影響各政黨之競爭資源，亦影響政黨能否正常運作及能否致力履行協助人民形成政治意見之任務，更涉及政黨公平競爭機制之建構。是國家為滿足現代民主法治國家之政黨政治及政黨機會平等之要求，自應對政黨財務予以適度規範。從而，政黨之財產權相較於其他人民團體，國家得予以更多限制或賦予特權（例如政黨補助金）。
相關 法令	憲法第1、2、61、77條（36.1.1） 憲法增修條文第5條（94.6.10） 司法院釋字第391、400、432、479、520、585、594、613、709、724、732、745、747、750、760、768號解釋 政黨及其附隨組織不當取得財產處理條例第1、5、6、18條（105.8.10） 促進轉型正義條例第8條（106.12.27） 中央行政機關組織基準法（99.2.3） 中華民國訓政時期約法第30、31、32、72、85條（20.6.1） 動員戡亂時期臨時條款（80.5.1） 動員勘亂時期人民團體法第48、65條（78.12.7） 動員勘亂時期公職人員選舉罷免法第45-5條（78.2.3） 公司法第369-2條（86.6.25） 公平交易法第6條（80.2.4） 土壤及地下水污染整治法第43條（99.2.3） 公務人員退休法第8、23條（99.8.4） 內政部109年6月9日台內民字第1090120132號函
評論或 影響	臺大法律系蘇慧婕副教授稱，此號解釋承認「轉型正義」乃是憲法上「特別重要之公共利益」。該解釋針對政黨財產權限制，採取完整之規範違憲審查架構，如同基本權審查之範本。但必須強調，該解釋不管是在尋繹黨產條例之立法目的或是權衡衝突法益，其時間面向都限定在「轉型後」：黨產條例是因為追求「未來之政黨公平競爭」而具有目的之正當性，政黨財產權與機會平等之保障內涵也都是在「轉型後民主國家」框架下認知，並以此為基準進行衡量。在轉型正義之脈絡中，這種單向

之時間性有其侷限與風險。一方面，指向於「轉型後制度影響」之論證，無法應用在個人行為責任事後追究與個人權利損害事後填補之案例。另一方面，如果將「指向未來」之論證理解成忽視甚至排除「過去時間向度」考量，就可能悖離形式合法與實質正義衝突、以一貫之實質正義標準（向過去）重新評價形式合法行為並藉此（向未來）踐行憲政價值承諾之轉型正義思維。[6]

6　蘇慧婕，〈轉型正義作為法治國之憲法價值：司法院大法官釋字第793號解釋分析〉，《黨產研究》，第6期，2021年6月，頁161-193。

憲法第**15**、**152**、**153**條
有關工作權之釋憲案

　　工作權與人民之生存有密切關係，因此我國憲法第15條規定：「人民之生存權、工作權及財產權，應予保障。」強調人民之工作權應受到國家保障。工作權之主體為本國之自然人與法人，而外國自然人則須取得我國主管單位之工作許可，使得在我國就業，主要以「國籍」作為劃分。另外，關於外國法人及國內公法人，包含國家與地方自治團體，則不可主張職業自由。[1]事實上，工作權不僅是物質生活之基礎，亦是基本權價值上之自我實現。由此可知，工作權亦作為人格發展權之基礎。[2]本文蒐整26件關於工作權較具代表性之大法官釋憲案，包括4件有關職業自由、2件有關營業自由、4件有關醫藥類、2件有關從事計程車駕駛、2件有關從事軍職、2件有關其他職業、4件有關勞基法、6件有關財產權等議題之釋憲案，以供參考。

有關職業自由之釋憲案

第702號 教師因行為不檢有損師道而不得從事教職案

時間	民國101年7月27日
案情	吳○衡為公立高中已婚教師，於98年7月間該校暑期營隊活動擔任輔導員，被檢舉於活動期間對服務學員發生疑似違反其意願之性行為。該校隨即調查，調查結果並無性侵害情事，嗣該校教師評審委員會以上述第1項第6款規定為由，決定自99學年度起不予續聘；教育部亦核准該處分。聲請人不服，經申復、申訴及行政訴訟，均遭駁回，乃認上述各規定違反憲法比例原則及工作權保障，聲請釋憲。
解釋爭點	教師法規定行為不檢有損師道者，不得聘任為教師；已聘任者，解聘、停聘或不續聘，均違憲？
解釋文	98年11月25日修正公布之教師法第14條第1項規定，教師除有該項所列各款情形之一者外，不得解聘、停聘或不續聘，其中第6款（即101年1月4日修正公布之同條第1項第7款）所定「行為不檢有損師道，經有關機關查證屬實」之要件，與憲法上法

1　賴志偉，〈我國外籍勞工工作權保障問題之研究〉，《中央警察大學外事警察研究所碩士論文》，2011年。
2　許育典，《憲法》，第5版（臺北：元照，2011年9月），頁291-295。

	律明確性原則之要求向無違背。又依同條第3項（即101年1月4日修正公布之同條第3項，意旨相同）後段規定，已聘任之教師有前開第6款之情形者，應報請主管教育行政機關核准後，予以解聘、停聘或不續聘，對人民職業自由之限制，與憲法第23條比例原則向無牴觸，亦與憲法保障人民工作權之意旨無違。惟同條第3項前段使違反前開第6款者不得聘任為教師之規定部分，與憲法第23條比例原則有違，應自本解釋公布之日起，至遲於屆滿1年時失其效力。
釋憲要點	憲法第15條規定，人民之工作權應予保障，其內涵包括人民之職業自由。法律若課予人民一定職業上應遵守之義務，即屬對該自由之限制，有關該限制之規定應符合明確性原則。惟立法者仍得衡酌法律所規範生活事實之複雜性及適用於個案之妥當性，適當運用不確定法律概念或概括條款而為相應之規定，苟其意義非難以理解，且為受規範者所得預見，並可經由司法審查加以確認，即不得謂與前揭原則相違（釋字第521、545、659號解釋參照）。另對職業自由之限制，因內容之差異，在憲法上有寬嚴不同之容許標準，若所限制者為從事一定職業所應具備之主觀條件，則需所欲實現者為重要之公共利益，且其手段屬必要時，方得為適當之限制，始符合憲法第23條比例原則之要求，迭經解釋在案（釋字第584、649號解釋參照）。 我國素有尊師重道之文化傳統，學生對教師之尊崇與學習，並不以學術技能為限，教師之言行如有嚴重悖離社會多數共通之道德標準與善良風俗，若任其擔任教職，將對眾多學子身心影響至鉅；其經傳播者，更可能有害於社會之教化。系爭規定二、三對行為不檢有損師道之教師施以較嚴之處置，自有助於上開目的之達成。至於手段是否必要與限制是否過當，系爭規定二、三則有分別審究之必要。 現行教育法規對於教師行為不檢之各種情形，已多有不同之處置，以公立高級中等以下學校教師成績考核辦法而言，其第4條即有就「品德生活較差，情節尚非重大」為留支原薪，同辦法第6條就「有不實言論或不當行為致有損學校名譽」為申誡，就「有不當行為，致損害教育人員聲譽」為記過，或就「言行不檢，致損害教育人員聲譽，情節重大」為記大過等不同程度之處置，顯然「行為不檢」之情節須已達相當嚴重程度，始得認為構成「有損師道」。大學法雖未規定類似之成績考核制度，但通過授權各校訂定之教師評鑑辦法（大學法第21條可參），對於教師行為不檢但未達有損師道之情形，亦可以自治方式為不同之處置。另按教師法第14條第3項之規定，有同條第1項所列與行為不檢相關之事由者，既生相同之法律效果，解釋上系爭規定一之嚴重性自亦應達到與其他各款相當之程度，始足當之。故系爭規定三對行為不檢而有損師道之教師，予以解聘、停聘、不續聘，其所為主觀條件之限制，並無其他較溫和手段可達成同樣目的，尚未過當，自未牴觸憲法第23條之比例原則，與憲法保障人民工作權之意旨尚無違背。
相關法令	憲法第15、23、158條（36.1.1） 司法院釋字第521、545、584、649、659號解釋 教師法第11、14、17條（98.11.25） 教師法第14條第1項第7款、第3項（101.1.4） 大學法第20、21條（104.12.30）

	教育人員任用條例第31條（103.1.22） 公立高級中等以下學校教師成績考核辦法第4、6條（101.4.5） 高級中學以下學校教師評審委員會設置辦法（98.2.4）
評論或 影響	此號釋憲案指出，教師法規定「行為不檢有損師道」而被學校解聘、停聘、不續聘者，終身禁止再任教職，完全扼殺改正機會，逾越限制人民工作權之必要程度，有違憲法第23條之比例原則。該法後修訂為教師除犯下性侵害、性騷擾、性霸凌、體罰或霸凌學生造成其身心嚴重侵害者外，可於解聘或不續聘生效日4年後，得聘任為教師。雖然此號釋憲案保障教師工作權，但修訂之教師法，也依比例原則設下除外條款，並非每位因此行為遭解聘之教師均能重執教鞭。例如一名原國立大學副教授劉男於91年觸碰女學生私密部位，被學校依教師法解聘，終生不得再任教職。在此號釋憲案出爐後，渠指終生剝奪教職違憲，校方因而重啟審議，後仍認劉男猥褻屬實，未予復職。劉男不服，向臺北高等行政法院提告，法官認定猥褻屬於性侵害，情節重大，非教師法保障範圍，而駁回其訴。[3]

第802號　跨國（境）婚姻媒合不得要求或期約報酬案

時間	民國110年2月26日
案情	臺灣臺北地方法院行政訴訟庭制股法官為審理102年度簡字第173、178、285號及103年度簡字第276號入出國及移民法事件，認應適用之入出國及移民法第58條第2項規定及第76條第2款規定，禁止並進而處罰跨國（境）婚姻媒合要求或期約報酬行為，對職業自由及契約自由之限制，與比例原則及平等原則不符，且系爭規定二之法定罰鍰為新臺幣20萬元以上，對財產權所為之限制，亦與比例原則有違，有牴觸憲法第7、15、22條之疑義，聲請釋憲。
解釋 爭點	1.入出國及移民法第58條第2項規定是否符合憲法第15條保障人民工作權、第22條契約自由及第7條平等權之意旨？ 2.入出國及移民法第76條第2款規定是否符合憲法第15條保障人民財產權之意旨？
解釋文	入出國及移民法第58條第2項規定：「跨國（境）婚姻媒合不得要求或期約報酬。」與憲法第15條保障人民工作權、第22條契約自由及第7條平等權之意旨尚無違背。 入出國及移民法第76條第2款規定：「有下列情形之一者，處新臺幣二十萬元以上一百萬元以下罰鍰，並得按次連續處罰：……二、從事跨國（境）婚姻媒合而要求或期約報酬。」與憲法第15條保障人民財產權之意旨尚無違背。

3　吳政峰，〈扛出大法官釋字702號 色師想回復教職〉，《自由時報》，2017年8月31日，https://news.ltn.com.tw/news/society/breakingnews/2180205。

釋憲要點	一、系爭規定一與憲法保障人民工作權及契約自由之意旨尚無違背 憲法第15條規定之工作權，旨在保障人民自主選擇職業及從事相關業務行為之自由。國家為維護他人權益、健全交易秩序、防範違法之逐利行為等公益，仍得以法律對之有所限制。法律對於工作權之限制，因其內容之差異，在憲法上本有寬嚴不同之容許標準。關於從事工作之方法、時間、地點、內容等執行職業自由，如其限制目的係為追求正當之公共利益，且其限制手段與目的之達成間有合理關聯，即非憲法所不許（釋字第778號解釋參照）。又契約自由為個人自主發展與實現自我之重要機制，並為私法自治之基礎，除依契約之具體內容受憲法各相關基本權利規定保障外，亦屬憲法第22條所保障其他自由權利之一種。惟國家為維護正當公益，尚非不得以法律對之為合理之限制（釋字第576號解釋參照）。 二、系爭規定一與憲法保障人民平等權之意旨尚無違背 憲法第7條保障人民之平等權，並不當然禁止國家為差別待遇。法規範所為差別待遇，是否符合平等保障之要求，應視該差別待遇之目的是否合憲，及其所採取之分類與規範目的之達成間，是否存有一定程度之關聯性而定。法規範所採取之分類如未涉及可疑分類，且其差別待遇並不涉及攸關個人人格發展及人性尊嚴之重要基本權利，自得採寬鬆標準予以審查（釋字第768、794號解釋參照）。如其立法目的係為追求正當公共利益，且其分類與目的之達成間有合理關聯，即與憲法第7條平等權保障無違。 三、系爭規定二與憲法保障人民財產權之意旨尚無違背 對人民違反行政法上義務之行為處以罰鍰，涉及對人民財產權之限制，其處罰固應視違規情節之輕重程度為之，俾符合憲法責罰相當原則。惟立法者針對違反行政法上義務行為給予處罰，如已預留視違規情節輕重而予處罰之範圍，對於個案處罰顯然過苛之情形，並有適當調整機制者，應認係屬立法形成自由範疇，原則上應予尊重（釋字第786號解釋參照）。
相關法令	憲法第7、15、22、23條（36.1.1） 司法院釋字第576、768、778、786、794號解釋 入出國及移民法第58條第2項、第59條、第76條第2款（105.11.16）
評論或影響	根據《法源法律網》網站稱，大法官之所以認同跨國（境）婚姻媒合不得要求或期約報酬之法律規定，乃是考量此種婚姻之雙方語言、經濟條件、文化有差異，如果媒合可以請求報酬，可能有人會利用資訊不對稱，勉強撮合或矇騙雙方，或假借婚姻媒合而為移民，甚至販運人口，也可能會將媒合之婚姻商品化，而有物化女性之慮。故法律禁止跨國（境）婚姻媒合得要求或期約報酬，主要是為了去除商業化，以追求正當之公共利益，自屬合憲。[4]

4　法源編輯室，〈媒合跨國婚姻不得要求報酬 釋802：不違憲〉，《法源法律網》，2021年2月26日，https://www.lawbank.com.tw/news/NewsContent.aspx?NID=175551。

第806號　臺北市街頭藝人活動許可證案

時間	民國110年7月30日
案情	陳○楨為領有臺北市活動許可證之街頭藝人（視覺藝術類），於103年7月至11月間，在臺北市萬華區「西門町行人徒步區」區域進行街頭藝人展演活動時，因「於未獲許可之場所進行展演（展演位置與申請不符）、使用空間超過相關規定」等情形，經臺北市政府文化局認定違反臺北市街頭藝人從事藝文活動許可辦法第4、5、6條等規定。聲請人不服，在提起訴願和行政訴訟後，以牴觸憲法第15條所保障之工作權及第23條之法律保留原則，聲請釋憲。
解釋爭點	臺北市街頭藝人從事藝文活動許可辦法第4條第1項、第5條第1項及第6條第1項前段規定是否違反法治國法律保留原則？是否侵害憲法所保障之職業自由及藝術表現自由？
解釋文	臺北市政府於94年4月27日訂定發布施行之臺北市街頭藝人從事藝文活動許可辦法（業於110年3月24日廢止）第4條第1項規定：「街頭藝人於本市公共空間從事藝文活動前，應向主管機關申請核發活動許可證。」第5條第1項規定：「主管機關為處理前條第一項之申請，必要時得通知街頭藝人於指定場所解說、操作、示範或表演，經審查通過後，核發活動許可證。」及第6條第1項前段規定：「取得活動許可證之街頭藝人，得於本市公共空間從事藝文活動。」合併觀察上開三規定所形成之審查許可制度，其中對人民職業自由與藝術表現自由限制之部分，未經地方立法機關通過，亦未獲自治條例之授權，與法治國法律保留原則有違。 上開三規定就街頭藝人之技藝加以審查部分，已涉及對人民選擇在臺北市公共空間從事街頭藝人職業主觀條件之限制，不符比例原則之要求，與憲法第15條保障職業選擇自由之意旨有違。至於就街頭藝人所從事之藝文活動，是否適合於指定公共空間為之加以審查部分，尚無違比例原則。 上開三規定就涉及審查藝文活動內容之部分，其管制目的難認符合特別重要公共利益之要求，與憲法第11條保障藝術表現自由之意旨有違。但對是否適合於指定公共空間表演加以審查部分，則與比例原則之要求尚無違背。
釋憲要點	憲法第15條規定保障人民之工作權，其內涵包括職業自由。對職業自由之限制，因其內容之差異，在憲法上有寬嚴不同之容許標準。關於人民選擇職業應具備之主觀條件，即從事特定職業之個人本身所應具備之專業能力或資格，例如知識、學位、體能等，立法者若欲加以規範，其目的須為追求重要公共利益，且其手段與目的之達成間具有實質關聯，始符比例原則之要求（釋字第749、778號解釋參照）。 關於限制人民從事工作之方法、時間、地點、範圍等執行職業自由，如其限制目的係為追求正當之公共利益，且其限制手段與目的之達成間有合理關聯，即非憲法所不許（釋字第802號解釋參照）。街頭藝人於公共空間從事街頭藝文活動之權利固受憲法保障，但街頭藝人從事藝文活動，對公共空間之正常使用所造成之影響仍應於合理範圍內，始受允許。主管機關就街頭藝人得使用公共空間之時段、地點加以規範，以及系爭規定一、二及三對街頭藝人所從事之藝文活動，是否適合於指定

	公共空間爲之加以審核部分，雖係對街頭藝人從事藝文活動之限制，而限制其職業自由，但僅涉及對人民執行職業之方法、時間、地點、範圍之限制，且係於維護公共空間之正常使用、秩序與安全必要範圍內，符合正當之公共利益，尚無違比例原則。 政府所採取之管制措施，僅屬對於演出活動之時間、地點、方式等無涉表意內容之管制者，其管制目的應爲追求合法之公共利益，但不得夾帶意圖壓抑表意內容之隱藏目的；其手段至多僅得對表意內容造成附帶之適度限制，且應留給表意人有足以表意之其他替代途徑，始符合比例原則之要求。又如相關管制措施涉及對演出內容（包括議題、觀點或品質）之直接干預，則應適用嚴格審查標準予以審查，其目的應爲追求特別重要公共利益，手段應爲別無其他更小侵害手段之最小干預，始得謂與目的之達成間有密切關聯，而無違比例原則。
相關法令	憲法第11、15、23條（36.1.1） 憲法增修條文第9條（94.6.10） 司法院釋字第577、709、739、755、756、764、749、802號解釋 司法院大法官審理案件法第5條第1項第2款、第3項（82.2.3） 地方制度法第18、19、28條（105.6.22） 臺北市街頭藝人從事藝文活動許可辦法（98.4.27） 臺北市街頭藝人從事藝文活動實施要點（103.2.6）
評論或影響	根據《一起讀判決》網站稱，此號釋憲案認爲，就街頭藝人審查許可制涉及職業自由與藝術表現自由之限制，需符合法律保留原則。就街頭藝人之資格能力加以審查，侵害職業自由而違反比例原則；就藝文活動內容之審查，也是侵害表現自由而違反比例原則，故均違憲。但若是針對公共空間之使用限制，或是否適合在指定之公共空間表演進行審查，則是可以。政府不能審查技藝高低，但是可以審查是否適合在特定場合表演，例如會不會違反噪音管制法等這類考量。[5]

第809號　不動產估價師設分事務所案

時間	民國110年10月1日
案情	洪○剛爲經營之不動產估價師事務所，受理臺灣臺南地方法院委託之不動產估價案，遭檢舉有設立分事務所及未於估價報告書簽名情事，涉有違反不動產估價師法第9條第2項及第19條第2項規定，嗣經臺中市不動產估價師懲戒委員會以104年3月19日府授地價一字第1040061370號函附104年度估懲字第2號懲戒決定書，認聲請人違反上述規定，依同法第36條第1款及第2款規定，裁處聲請人警告及申誡各1次。聲請人不服，循序提起行政救濟，最後經最高行政法院105年度判字第493號判決駁回確定。

5　〈釋字806號解釋：政府可以審查藝人的表演好不好嗎？〉，《一起讀判決》，2021年7月30日，https://casebf.com/2021/07/30/j806/。

	聲請人認確定終局判決所適用之系爭規定限制不動產估價師之事務所以一處為限，不得設立分事務所，僅係基於行政機關查核之便宜，未考量不動產估價師依法得全國執行業務，需高度配合不動產所在位置而移動，致不動產估價師囿於現實考量，無法於所設事務所所在地以外地區執行業務，且於有重大公益或緊急情況之需要時，仍禁止不動產估價師於其他處所執行業務，未設必要合理之例外規定，對不動產估價師之職業自由形成不必要之限制，違反憲法第23條規定，有牴觸憲法第15條保障工作權意旨之疑義，聲請釋憲。
解釋爭點	禁止不動產估價師設立分事務所是否違憲？
解釋文	不動產估價師法第9條第2項規定：「前項事務所，以一處為限，不得設立分事務所。」尚未牴觸憲法第23條比例原則，與憲法第15條保障人民工作權之意旨並無違背。
釋憲要點	憲法第15條規定人民之工作權應予保障，人民有從事工作、選擇及執行職業之自由（釋字第404、510、612、637號解釋參照）。按對職業自由之限制，因其限制內容之差異，在憲法上有寬嚴不同之容許標準。關於從事工作之方法、時間、地點、內容等執行職業自由之限制，立法者如係為追求公共利益，所採限制手段與目的之達成間有合理關聯，即符合比例原則之要求，而與憲法第15條保障人民執行職業自由之意旨無違（釋字第802、806號解釋參照）。 不動產估價品質之良窳，影響交易安全及社會經濟至鉅。不動產估價師受委託人之委託，辦理土地、建築改良物、農作改良物及其權利之估價業務（不動產估價師法第14條第1項規定參照）。舉凡法院有關不動產之鑑定估價業務及拍賣不動產之底價評估、公開發行公司取得或處分資產之價值評估、金融機構貸款及有關資產徵信估價、聯合開發權益分配評估或土地徵收補償市價查估等業務，均有賴不動產估價師辦理。而鑑估標之價格之決定係不動產估價師執行業務之核心，估定價格所形成過程則具體呈現於估價報告書（不動產估價技術規則第5、8條及第13至16條規定參照），則基於專門職業人員執行業務所具之專屬不可替代性，應親自執行並對其服務親負其責之特質，不動產估價作業中，與鑑估標之價格之決定及估價報告書之製作有密切相關部分，均應由不動產估價師親自執行，以確保不動產估價品質。系爭規定考量不動產估價師之執行業務並無地區之限制，為使不動產估價師之管理事權統一，並使估價師從事估價業務之權責與名實相符，乃禁止不動產估價師設立分事務所，限制其等僅於一處設立事務所，以利管理並避免借照執業（立法院公報第89卷第51期院會紀錄第62頁參照），從而維護不動產估價品質，以保障委託人財產權益及不動產交易安全，並穩定金融市場秩序，其目的係追求公共利益，洵屬正當。
相關法令	憲法第15、23條（36.1.1） 司法院大法官審理案件法第5條第1項第2款（82.2.3） 不動產估價師法第2、9、10、14、19、21、36條（108.6.21） 專門職業及技術人員考試法第2條（110.4.28）

	專門職業及技術人員考試法施行細則第2條（108.9.20） 不動產估價技術規則第3、4、5、8、13、14、15、16條（102.12.20） 不動產估價師業務檢查作業要點（100.3.25）
評論或 影響	根據《一起讀判決》網站稱，限制不動產估價師只能以「單一」事務所執業，是考量不動產估價師執行業務並無地區限制。為使不動產估價師管理事權統一，估價師從事估價業務之權責與名實相符，因此禁止不動產估價師設立分所，以利管理並避免借牌之情形。大法官指出，此目的是為了維護不動產估價品質，保障委託人之財產權益及不動產交易安全，穩定金融市場秩序，追求公共利益，目的正當，並無違反比例原則。[6]

有關營業自由之釋憲案

第514號　遊戲場業禁止未滿18歲人進入案

時間	民國89年10月13日
案情	萬○企業股份有限公司（法定代理人蔡○琨），因容留未滿18歲青少年進入營業場所遊樂，經高雄市警察局少年警察隊於85年6月26日查獲，認定原告違反遊藝場業輔導管理規則第13條第12款規定，乃依該規則第17條第3項規定，以85年8月2日高市教四字第21945號函撤銷其營業許可，原告不服，提起訴願均遭決定駁回，遂提起行政訴訟敗訴，聲請釋憲。
解釋 爭點	遊戲場業規則對允未滿18歲人進入者撤銷許可規定違憲？
解釋文	人民營業之自由為憲法上工作權及財產權所保障。有關營業許可之條件，營業應遵守之義務及違反義務應受之制裁，依憲法第23條規定，均應以法律定之，其內容更須符合該條規定之要件。若其限制，於性質上得由法律授權以命令補充規定時，授權之目的、內容及範圍應具體明確，始得據以發布命令，送經解釋在案。教育部81年3月11日台（81）參字第12500號令修正發布之遊藝場業輔導管理規則，係主管機關為維護社會安寧、善良風俗及兒童暨少年之身心健康，於法制未臻完備之際，基於職權所發布之命令，固有其實際需要，惟該規則第13條第12款關於電動玩具業不得容許未滿18歲之兒童及少年進入其營業場所之規定，第17條第3項關於違反第13

6　〈809解釋：不動產估價師設分事務所案〉，《一起讀判決》，2021年10月5日，https://casebf.com/2021/10/05/j809/。

	條第12款規定者，撤銷其許可之規定，涉及人民工作權及財產權之限制，自應符合首開憲法意旨。相關之事項已制定法律加以規範者，主管機關尤不得沿用其未獲法律授權所發布之命令。前述管理規則之上開規定，有違憲法第23條之法律保留原則，應不予援用。
釋憲要點	人民營業之自由為憲法第15條工作權及財產權應予保障之一項內涵。基於憲法上工作權之保障，人民得自由選擇從事一定之營業為其職業，而有開業、停業與否及從事營業之時間、地點、對象及方式之自由；基於憲法上財產權之保障，人民並有營業活動之自由，例如對其商品之生產、交易或處分均得自由為之。許可營業之條件、營業須遵守之義務及違反義務應受之制裁，均涉及人民工作權及財產權之限制，依憲法第23條規定，必須以法律定之，且其內容更須符合該條規定之要件。若營業自由之限制在性質上，得由法律授權以命令補充規定者，授權之目的、內容及範圍，應具體明確，始得據以發布命令，迭經解釋在案（釋字第313、390、394、443、510號解釋參照）。
	教育部81年3月11日以台（81）參字第12500號令修正發布之遊藝場業輔導管理規則，係主管機關為維護社會安寧、善良風俗及兒童暨少年之身心健康，於法制未臻完備之際，基於職權所發布之命令，固有其實際需要，惟該規則第13條第12款關於電動玩具業不得容許未滿18歲之兒童及少年進入其營業場所之規定，乃經營營業須遵守之義務，為人民職業選擇自由中營業對象自由之限制，第17條第3項關於違反第13條第12款規定者，撤銷營業許可之規定，乃違反義務之制裁，均涉及人民憲法上工作權及財產權之保障，依前開說明，自應有法律或法律授權之依據，始得為之。少年福利法、兒童福利法就相關事項已制定法律加以規範（少年福利法第19條、第26條第2項，兒童福利法第33條、第47條第2項參照），主管機關尤不得沿用其未獲法律授權所發布之命令，蓋此為法治國家依法行政之基本要求。上開管理規則第13條第12款、第17條第3項規定，違反憲法第23條之法律保留原則，應不予援用。又人民之行為如依當時之法律係屬違法者，自不因主管機關規範該行為所發布之職權命令，嗣經解釋不予適用，而得主張救濟，乃屬當然，爰併予敘明。
相關法令	憲法第15、23條（36.1.1） 司法院釋字第313、390、394、443、510號解釋 少年福利法第19、26條（89.6.14） 兒童福利法第33、47條（89.6.14） 遊藝場業輔導管理規則第13、17條（89.7.19）
評論或影響	學者陳閔翔表示，此號釋憲案之爭點為「遊戲場業規則撤銷許可規定違憲」，表面上看來是工作權、財產權與青少年人權之爭，但實際是教育部行政規則之授權明確性之違憲判斷。大法官對法律明確性及法律保留原則等法治國基本原則已有共識，理由書第2段提到「不得沿用其未獲法律授權所發布之命令，蓋此為法治國家依法行政之基本要求」。揭示法理甚明：基本人權事項之保障，應有法律授權。而授權之目的、內容及範圍應具體明確，始得以發布命令為之。[7]

7　陳閔翔，〈邁向法治的憲政實踐：大法官解釋規範內涵的人權考察〉，《孫學研究》，第29期，2020年11月，頁59。

第738號　電子遊戲場業營業場所距離限制案

時間	民國105年6月24日
案情	聲請人陳○○經臺北縣政府（現改制爲新北市政府）核准於臺北縣三重市（即新北市三重區）經營金○電子遊戲場業（限制級），並領有電子遊戲場業營業級別證。聲請人嗣向臺北縣政府申請變更電子遊戲場業營業級別證之營業場所面積。該府認擬變更作爲電子遊戲場業營業場所之部分，因周遭990公尺範圍內有學校，違反臺北縣電子遊戲場業設置自治條例第4條而否准所請。聲請人不服，循序提起救濟，經臺北高等行政法院99年度訴字第2377號判決及最高行政法院100年度裁字第1601號裁定駁回。聲請人認確定終局判決所適用之臺北縣電子遊戲場業設置自治條例第4條第1項、電子遊戲場業申請核發電子遊戲場業營業級別證作業要點第2點第1款第1目規定有違憲疑義，爰聲請大法官解釋。[8]
解釋爭點	電子遊戲場業申請核發電子遊戲場業營業級別證作業要點第2點第1款第1目規定申請上開級別證須符合自治條例規定，是否合憲？臺北市電子遊戲場業設置管理自治條例第5條第1項第2款、臺北縣電子遊戲場業設置自治條例（已失效）第4條第1項、桃園縣電子遊戲場業設置自治條例（於103年12月25日公告自同日起繼續適用）第4條第1項分別規定電子遊戲場業營業場所應距離特定場所1000、990、800公尺以上，是否合憲？
解釋文	電子遊戲場業申請核發電子遊戲場業營業級別證作業要點第2點第1款第1目規定電子遊戲場業之營業場所應符合自治條例之規定，尚無牴觸法律保留原則。臺北市電子遊戲場業設置管理自治條例第5條第1項第2款規定：「電子遊戲場業之營業場所應符合下列規定：……二限制級：……應距離幼稚園、國民中、小學、高中、職校、醫院、圖書館一千公尺以上。」臺北縣電子遊戲場業設置自治條例第4條第1項規定：「前條營業場所（按指電子遊戲場業營業場所，包括普通級與限制級），應距離國民中、小學、高中、職校、醫院九百九十公尺以上。」（已失效）及桃園縣電子遊戲場業設置自治條例（於103年12月25日公告自同日起繼續適用）第4條第1項規定：「電子遊戲場業之營業場所，應距離國民中、小學、高中、職校、醫院八百公尺以上。」皆未違反憲法中央與地方權限劃分原則、法律保留原則及比例原則。惟各地方自治團體就電子遊戲場業營業場所距離限制之規定，允宜配合客觀環境及規範效果之變遷，隨時檢討而爲合理之調整，以免產生實質阻絕之效果，併此指明。
釋憲要點	人民營業之自由爲憲法第15條工作權及財產權所保障之內涵。人民如以從事一定之營業爲其職業，關於營業場所之選定亦受營業自由保障，僅得以法律或法律明確授權之命令，爲必要之限制，惟若僅屬執行法律之細節性、技術次要事項，得由主管機關發布命令爲必要之規範，而無違於憲法第23條法律保留原則之要求，迭經解

8　〈釋字第738號解釋〉，《憲法法庭》，2016年6月24日，https://cons.judicial.gov.tw/docdata.aspx?fid=100&id=310919&rn=7527。

	釋在案（釋字第443、716、719號解釋參照）。又憲法規定我國實施地方自治。依憲法第118條及增修條文第9條第1項規定制定公布之地方制度法，爲實施地方自治之依據。依地方制度法第25條及第28條第2款規定，地方自治團體得就其自治事項或依法律及上級法規之授權，以自治條例規範居民之權利義務，惟其內容仍不得牴觸憲法有關中央與地方權限劃分之規定、法律保留原則及比例原則。
相關法令	憲法第15、23、108、110、111、118條（36.1.1） 憲法增修條文第9條第1項（94.6.10） 司法院釋字第443、498、550、584、711、716、719號解釋 地方制度法第18、19、25、28條（105.6.22） 電子遊戲場業管理條例第1、2條、第9條第1項、第11條（105.12.28） 電子遊戲場業申請核發電子遊戲場業營業級別證作業要點第2點（89.4.29） 臺北市電了遊戲場業設置管理自治條例第5條第1項第2款（100.11.10） 臺北縣電子遊戲場業設置自治條例第4條第1項（95.6.28） 桃園縣電子遊戲場業設置自治條例第4條第1項（103.12.25）
評論或影響	此號釋憲案認爲，相關自治條例是爲維護社會安寧，且與公共安全、國民身心健康等公益目的有關，宣告合憲。另外，大法官釋字第498號解釋文揭示「地方自治爲憲法所保障之制度」，解釋理由書更提到，地方自治團體在憲法及法律保障範圍內，享有自主與獨立地位，國家機關應尊重。此號釋憲案後來於111年之萊豬爭議中，被地方政府引用作爲維護地方自治權之重要案例。[9]

有關醫藥類之釋憲案

第404號　中醫師以西藥治病案

時間	民國85年5月24日
案情	潘○雄爲中醫診所醫師，涉嫌以西醫手術方式治療病患趙○○之痔病，復交付西藥供其服用，惟因手術不當，致造成趙○○肛門括約肌受損而排便失禁。案經趙○○檢舉，並經臺北市政府衛生局查證後，原原告違反醫師法規定，裁處其停業6個月之處分。聲請人不滿，提起訴願，遭駁回，提起再訴願，經行政院衛生署再訴願決定將原處分及原決定均予撤銷，改處停業1個月之處分。聲請人仍不服，乃提起行政訴訟，但被駁回，聲請釋憲。

9　王宏舜，〈萊豬爭議地方舌戰中央 盼能比照釋字第738號解釋〉，《聯合報》，2022年2月19日，https://udn.com/news/story/9750/6108559?from=udn-relatednews_ch2。

解釋爭點	衛生署關於中醫師以西藥治病，非中醫師業務範圍之函釋違憲？
解釋文	憲法第15條規定人民之工作權應予保障，故人民得自由選擇工作及職業，以維持生計。惟人民之工作與公共福祉有密切關係，爲增進公共利益之必要，對於人民從事工作之方法及應具備之資格或其他要件，得以法律爲適當之限制，此觀憲法第23條規定自明。醫師法爲強化專業分工、保障病人權益及增進國民健康，使不同醫術領域之醫師提供專精之醫療服務，將醫師區分爲醫師、中醫師及牙醫師。醫療法第41條規定醫療機構之負責醫師應督導所屬醫事人員依各該醫事專門職業法規規定執行業務，均屬增進公共利益所必要。中醫師之醫療行爲應依中國傳統之醫術爲之，若中醫師以「限醫師指示使用」之西藥製劑或西藥成藥處方，爲人治病，顯非以中國傳統醫術爲醫療方法，有違醫師專業分類之原則及病人對中醫師之信賴。行政院衛生署71年3月18日衛署醫字第370167號函釋：「三、中醫師如使用『限醫師指示使用』之西藥製劑，核爲醫師業務上之不正當行爲，應依醫師法第25條規定論處。四、西藥成藥依藥物藥商管理法之規定，其不待醫師指示，即可供治療疾病。故使用西藥成藥爲人治病，核非中醫師之業務範圍。」要在闡釋中醫師之業務範圍，符合醫師法及醫療法之立法意旨，與憲法保障工作權之規定，尚無牴觸。
釋憲要點	中醫師執行業務，自應依中國傳統醫術，爲病人診治，以符病人信賴。倘中醫師兼具醫師資格，爲診治疾病需要，併用醫學及中國傳統醫學之醫療方法，爲病人診斷及處方者，既在各該專業範圍，自爲業務上之正當行爲。此觀醫師法第3條第1項第2款後段規定醫學系科畢業，並修習中醫必要學科者，得應中醫師檢覈，是同一人得兼具醫師及中醫師雙重資格，法意至明。除此情形外，中醫師若以「限醫師指示使用」之西藥製劑或西藥成藥處方，爲人治病，即違背醫師專業分類之原則及病人對中醫師基於傳統醫術診治疾病之信賴。縱中醫師兼具藥師資格，亦同。
相關法令	憲法第15、23條（36.1.1） 醫師法第3、25條（81.7.29） 醫療法第41條（75.11.24） 藥事法第9條（82.2.5） 藥師法第15條（68.3.26） 行政院衛生署（71）衛署醫字第370167號函
評論或影響	此號釋憲案明白指出，醫療法第41條規定醫療機構之負責醫師應督導所屬醫事人員依各該醫事專門職業法規規定執行業務，均屬增進公共利益所必要。中醫師之醫療行爲應依中國傳統之醫術爲之，若中醫師以西藥製劑或西藥成藥處方，爲人治病，顯非以中國傳統醫術爲醫療方法，有違醫師專業分類之原則及病人對中醫師之信賴。然而有人認爲，此解釋阻礙中西醫交流之機會。[10]另外，依據法律，中醫師可使用西醫器械如血壓計、聽診器、體溫計（1979.4.3衛署醫字第226138號函）爲病人診病，但不得施打針劑（1986.9.10衛署醫字第614557號函）。[11]

10　張永健，〈中西醫交流的法制問題〉，《張永健的烘焙機》，2003年11月14日，https://idv.sinica.edu.tw/kleiber/essay/chinese_doctor.htm。

11　曾宣靜、林昭庚、孫茂峰，〈民初中醫「醫育法權」之建構（1912-1949）——以《中醫條例》及《醫師法》爲論述核心〉，《臺灣師大歷史學報》，第59期，2018年6月，頁84。

第682號　中醫特考成績未達規定不予及格案

時間	民國99年11月19日
案情	羅○霖參加91年專門職業及技術人員特種考試中醫師考試，經評定總成績雖滿60分，惟其專業科目「中醫內科學」、「中醫診斷學」二科成績未達中醫師特考考試規則第9條第3項所定之及格標準，致未獲錄取。向考選部申請複查各科目考試成績。經該部調閱其試卷及試卡核對結果，並無漏未評閱情事，且評定成績亦與成績單所載相符，遂檢附成績複查表函知聲請人。聲請人不服考選部對其之不及格處分，提起訴願，遭考試院決定駁回；續提行政訴訟，迭經臺北高等行政法院及最高行政法院判決駁回確定，乃認確定終局判決所適用之當時專門職業及技術人員考試法施行細則第15條第2項、專門職業及技術人員考試總成績計算規則第3條第1項及專門職業及技術人員特種考試中醫師考試規則第9條第3項規定，有違反平等原則及法律保留原則之疑義，並致其工作權受侵害，聲請釋憲。
解釋爭點	中醫特考有零分或專科平均或特定科目成績未達規定者不予及格，違憲？
釋憲要點	90年7月23日修正發布之專門職業及技術人員考試法施行細則第15條第2項規定：「前項總成績滿六十分及格……者，若其應試科目有一科成績為零分、專業科目平均不滿五十分、特定科目未達規定最低分數者，均不予及格。」（97年5月14日修正發布之現行施行細則第10條第2項規定亦同）、專門職業及技術人員考試總成績計算規則第3條第1項規定：「……採總成績滿六十分及格者，其應試科目有一科成績為零分，或專業科目平均成績不滿五十分，或特定科目未達規定最低分數者，均不予及格；……」及90年7月25日修正發布之專門職業及技術人員特種考試中醫師考試規則第9條第3項規定：「本考試應試科目有一科成績為零分或專業科目平均成績未滿五十分或專業科目中醫內科學成績未滿五十五分或其餘專業科目有一科成績未滿四十五分者，均不予及格。」尚未牴觸憲法第23條法律保留原則、比例原則及第7條平等權之保障，與憲法第15條保障人民工作權及第18條保障人民應考試權之意旨無違。 人民之工作權受憲法第15條所保障，其內涵包括選擇及執行職業之自由，以法律或法律明確授權之命令對職業自由所為之限制是否合憲，因其內容之差異而有寬嚴不同之審查標準。憲法第86條第2款規定，專門職業人員之執業資格，應經考試院依法考選之。因此人民選擇從事專門職業之自由，根據憲法之規定，即受限制。憲法第18條對人民應考試權之規定，除保障人民參加考試取得公務人員任用資格之權利外，亦包含人民參加考試取得專門職業及技術人員執業資格之權利，以符憲法保障人民工作權之意旨。又為實踐憲法保障人民應考試權之意旨，國家須設有客觀公平之考試制度，並確保整體考試結果之公正。對於參加考試資格或考試方法之規定，性質上如屬應考試權及工作權之限制，自應符合法律保留原則、比例原則及平等權保障等憲法原則。惟憲法設考試院賦予考試權，由總統提名、經立法院同意而任命之考試委員，以合議之方式獨立行使，旨在建立公平公正之考試制度；就專門職業人員考試而言，即在確保相關考試及格者具有執業所需之知識與能力，故考試主管機關有關考試資格及方法之規定，涉及考試之專業判斷者，應給予適度之尊重，始符憲法五權分治彼此相維之精神。

相關法令	憲法第7、15、18、23、86條（36.1.1） 司法院釋字第547號解釋 醫師法第1、3條（105.11.30） 專門職業及技術人員考試法第2、3、9、10、11、15、19、22條（102.1.23） 專門職業及技術人員考試法施行細則第10條（97.5.14） 專門職業及技術人員考試法施行細則第15條（90.7.25） 專門職業及技術人員考試總成績計算規則第3條（90.7.23） 專門職業及技術人員特種考試中醫師考試規則第9條第3項（90.7.25） 特種考試中醫師考試規則（76.12.11） 中醫師檢覈辦法（95.10.23） 檢定考試規則（87.10.29）
評論或影響	學者周麗珠表示，此號釋憲案對維護考試權之獨立性與專業性，以及考選法制之安定性影響深遠，並具重要意義。[12]另外，國立政治大學法學院教授董保城表示，對此號釋憲案以考試機關之獨立性與專業性作為論理之基礎，出發點應屬正確，並贊同大法官之意見。[13]

第711號 藥師執業處所限制案

時間	民國102年7月31日
案情	1.藥師楊○涓、蔡○秀、陳○如、林○志4人各登錄於嘉義縣、臺南縣及臺中市等地藥局執行一般藥師業務；嗣分別向登錄所在地衛生局申請支援他處藥局，均因與藥師法第11條規定不符而遭否准。聲請人不服，提起行政爭訟敗訴確定，乃主張系爭規定及行政院衛生署（現衛生福利部）100年4月1日衛署醫字第1000007247號函違憲，分別聲請釋憲。 2.醫師劉○志認衛生署不修改系爭規定，卻同意藥師可居家照護及義診，並命健保局編列預算鼓勵之，導致其可領得之醫療給付降低，損其財產權，提起國家賠償訴訟敗訴確定後，乃主張系爭規定內容不明確且不公平而違憲，聲請釋憲。 3.臺灣桃園地方法院行政訴訟庭法官錢建榮審理該院101年度簡字第45號違反藥事法案件，依其合理確信認所應適用之系爭規定有違憲疑義，乃依釋字第371、572、590號解釋意旨及行政訴訟法第178條之1規定，聲請釋憲。
解釋爭點	藥師法第11條規定藥師執業處所應以一處為限，違憲？兼具藥護雙重資格者執業場所應同一處所為限之函釋，亦違憲？

---

12 周麗珠，〈釋字第682號解釋對專技人員考試專業科目及特定科目成績設限之意見及其影響〉，《考選論壇季刊》，第1卷第2期，頁61。

13 董保城，〈從大法官法律保留之解釋論憲法考試權〉，《海峽兩岸公法學論壇論文集（一）》，頁61。

解釋文	藥師法第11條規定：「藥師經登記領照執業者，其執業處所應以一處為限。」未就藥師於不違反該條立法目的之情形下，或於有重大公益或緊急情況之需要時，設必要合理之例外規定，已對藥師執行職業自由形成不必要之限制，有違憲法第23條比例原則，與憲法第15條保障工作權之意旨相牴觸，應自本解釋公布之日起，至遲於屆滿1年時失其效力。100年4月1日衛署醫字第100007247號函限制兼具藥師及護理人員資格者，其執業場所應以同一處所為限，違反憲法第23條法律保留原則，應自本解釋公布之日起不再援用。
釋憲要點	系爭規定明定：「藥師經登記領照執業者，其執業處所應以一處為限。」限制藥師於登記領照執業後，僅得於一處所執業，核屬對藥師執行職業之方法、地點所為之限制。查系爭規定之立法目的，係為推行藥師專任之政策及防止租借牌照營業之不法情事（立法院公報第67卷第87期委員會紀錄第31頁參照）。且自82年1月18日修正公布之藥事法第102條規定，推行醫藥分業制度後，藥師係以專門知識技能，核對醫師開立之處方以調配藥劑，並為病人提供正確藥物資訊、諮詢等服務。系爭規定限制藥師執業處所於一處，乃出於確保醫藥管理制度之完善、妥善運用分配整體醫療人力資源，並維護人民用藥安全等公共利益之考量。立法者為此限制，其目的雖屬正當，惟仍不得逾越必要之程度，而對藥師之執行職業自由為過度限制，始符憲法第23條之比例原則。
	系爭規定將藥師執業處所限於一處，固有助於前揭立法目的之達成。惟藥師依法本得執行各種不同之業務（藥師法第15條參照），社會對執行不同業務藥師之期待因而有所不同，且因執業場所及其規模之差異而應有彈性有效運用藥師專業知識之可能。又於醫療義診，或於缺乏藥師之偏遠地區或災區，配合巡迴醫療工作及至安養機構提供藥事諮詢服務等活動，由執業之藥師前往支援，並不違反前揭立法目的，實無限制之必要。且參諸現行實務，主管機關於有上揭情形時皆對系爭規定為彈性解釋，有條件允許之。足見就藥師執業處所僅限於一處之規範，設置一定條件之例外確有其必要。系爭規定於藥師不違反前揭立法目的之情形下，或於有重大公益或緊急情況之需要時，一律禁止藥師於其他處所執行各種不同之藥事業務，未設必要合理之例外規定，已對藥師執行職業自由形成不必要之限制，有違憲法第23條比例原則，而與憲法第15條保障工作權之意旨相牴觸。相關機關至遲應於本解釋公布之日起1年內，依本解釋意旨檢討修正，屆時未完成修法者，系爭規定失其效力。
	按各類醫事人員如何提供醫療服務，具有高度專業及技術之差異性。立法者基於維護醫療品質與保障國民健康之考量，得針對各類專門醫事人員執業之方法、時間及地點而為不同限制。系爭規定與規範其他醫事人員執業處所之規定雖有不同，惟係立法者衡量藥師與其他醫事人員職業性質之差異及其他相關因素所為之不同規定，尚不生牴觸憲法第7條平等原則之問題。
	有關人民之自由權利，於符合憲法第23條規定之限度內，得以法律或法律明確授權之命令加以限制，迭經解釋在案（釋字第584、659號解釋參照）。醫事人員如具備多重醫事人員執業資格，關於醫事人員執業資格、方式或執業場所之限制等規範，涉及人民職業自由之限制及維護國民健康之公共利益等重要事項，應由立法機關以

	法律明定或明確授權行政機關發布命令爲補充規定，始符合憲法第23條法律保留原則。系爭函釋謂：「四、至於藥師兼具護士雙重醫事人員資格，雖得依各該醫事人員專門職業法律之規定，分別申請執業執照，惟其雙重資格執業場所以同一處所爲限。」惟藥師法並未規定人民同時領有藥師及護理人員證書，其執業場所僅得以同一處所爲限。系爭函釋已對人民工作權增加法律所無之限制，與法律保留原則有違，應自本解釋公布之日起，不再援用。
相關法令	憲法第7、15、23條（36.1.1） 司法院釋字第371、572、584、590、649、659、702號解釋 司法院大法官審理案件法第5條第1項第2款、第13條第1項（82.2.3） 藥師法第11、15、102條（103.7.16） 行政訴訟法第178-1條（103.6.18） 行政院衛生署100年4月1日衛署醫字第1000007247號函
評論或影響	根據《法源法律網》網站稱，藥師法第11條有關藥師經登記領照執業，執業處所應以一處爲限之規定，並未考量藥師如果有重大公益或緊急情況需要時，應該要有必要且合理之例外規定，對藥師執行職業自由造成不必要限制。[14]另外，《一起讀判決》網站稱，此號釋憲案宣告上開法律違憲，大幅鬆綁對當時全國2萬多藥師之工作限制，具有重大之意義。[15]

第778號　醫藥分業下之醫師藥品調劑權案

時間	民國108年6月14日
案情	毛○芬爲臺北市某婦產科診所負責醫師，臺北市政府衛生局認其對原因案件之病人調劑給藥不符合藥事法第102條第2項規定：「全民健康保險實施二年後，前項規定（按：即醫師得依自開處方，親自爲藥品之調劑之規定）以在中央或直轄市衛生主管機關公告無藥事人員執業之偏遠地區或醫療急迫情形爲限」所稱「無藥事人員執業之偏遠地區」或「醫療急迫情形」之例外情況，以其違反同法第37條第2項前段有關「調劑藥品應由藥師爲之」規定爲由，依同法第92條第1項規定，對聲請人裁處新臺幣3萬元罰鍰。聲請人不服，提出異議，申請復核，經臺北市政府衛生局核定維持原裁罰處分後，續行提起訴願及行政訴訟，均遭駁回，終經臺北高等行政法院103年度簡上字第105號判決以上訴無理由駁回確定。

---

14 法源編輯室，〈藥師及兼具藥護雙重資格者執業處所以一處爲限 釋711：違憲〉，《法源法律網》，2013年7月31日，https://www.lawbank.com.tw/news/NewsContent.aspx?NID=112817。
15 〈809解釋：不動產估價師設分事務所案〉，《一起讀判決》，2021年10月5日，https://casebf.com/2021/10/05/j809//。

	聲請人認確定終局判決有牴觸憲法第15、23條規定之疑義,並認所適用之藥事法施行細則第50條:「本法第一百零二條第二項所稱醫療急迫情形,係指醫師於醫療機構為急迫醫療處置,須立即使用藥品之情況」,及行政院衛生署食品藥物管理局(現已改制為衛生福利部食品藥物管理署)100年4月12日FDA藥字第1000017608號函:「……說明三、另依據藥事法施行細則第50條,所謂醫療急迫情形,係指醫師於醫療機構為急迫醫療處置,須立即使用藥品之情況。而所稱『立即使用藥品』,係指醫師於急迫醫療處置時,當場施與針劑或口服藥劑」,均有違反法律保留原則之疑義,聲請釋憲。
解釋 爭點	1.藥事法第102條第2項限制醫師藥品調劑權,是否牴觸憲法第15條保障人民工作權之意旨? 2.藥事法施行細則第50條及行政院衛生署食品藥物管理局100年4月12日FDA藥字第1000017608號函對於藥事法第102條第2項「醫療急迫情形」之解釋,是否逾越母法之授權、增加法律所無之限制而違反憲法第23條法律保留原則?
解釋文	藥事法第102條第2項規定:「全民健康保險實施二年後,前項規定以在中央或直轄市衛生主管機關公告無藥事人員執業之偏遠地區或醫療急迫情形為限。」限制醫師藥品調劑權,尚未牴觸憲法第23條比例原則,與憲法第15條保障人民工作權之意旨,尚無違背。 藥事法施行細則第50條及行政院衛生署食品藥物管理局(現已改制為衛生福利部食品藥物管理署)100年4月12日FDA藥字第1000017608號函說明三對於藥事法第102條第2項醫療急迫情形之解釋部分,均為增加法律所無之限制,逾越母法之規定,與憲法第23條法律保留原則之意旨不符。上開施行細則規定應自本解釋公布之日起,失其效力;上開函應自本解釋公布之日起,不再援用。
釋憲 要點	一、系爭規定一尚未牴觸憲法保障人民工作權之意旨 憲法第15條規定人民之工作權應予保障,人民有從事工作及選擇職業之自由(釋字第404、510、612、637號解釋參照)。按對職業自由之限制,因其內容之差異,在憲法上有寬嚴不同之容許標準。關於從事工作之方法、時間、地點、內容等執行職業自由,立法者為追求一般公共利益,非不得予以適當之限制。至人民選擇職業之自由,如屬應具備之主觀條件,即從事特定職業之個人本身所應具備之專業能力或資格,且該等能力或資格可經由訓練培養而獲得者,例如知識、學位、體能等,立法者欲對此加以限制,須有重要公共利益存在。至人民選擇職業應具備之客觀條件,即對從事特定職業之條件限制,非個人努力所可達成,例如行業獨占制度,則應以保護特別重要之公共利益始得為之。此外,不論對人民執行職業自由之限制、選擇職業自由主觀條件之限制、選擇職業自由客觀條件之限制,所採之手段均須與比例原則無違(釋字第649號解釋參照)。 二、系爭規定二及系爭函均違反法律保留原則 對人民自由權利之限制,應以法律或法律明確授權之命令為之(釋字第394、443、559、710及711號解釋參照)。主管機關依法律授權訂定之施行細則,或依職權頒布之解釋函令,如涉及對人民權利之限制,須依一般法律解釋方法,並符合相關憲

	法原則及母法意旨，始與法律保留原則無違（釋字第566、611及751號解釋參照）。
相關法令	憲法第15、23條（36.1.1） 司法院釋字第394、404、443、510、559、566、611、612、637、649、710、711、738、751號解釋 醫師法第11、12、12-1、13、14、16、18條（107.12.19） 藥事法第102、105條（107.1.31） 藥事法施行細則第50條（105.9.28） 行政院衛生署食品藥物管理局100年4月12日FDA藥字第1000017608號函、102年6月5日FDA藥字第1020022537號函
評論或影響	根據《關鍵評論》網站稱，從此號釋憲案可看到大法官其實有意「放寬」醫療「急迫」情形認定。大法官強調，醫藥分業政策是立法選擇，釋憲機關原則上應予尊重，但有關機關應儘速貫徹社區藥局之可近性與方便性，以保障民眾得及時取得藥師調劑藥品服務之權益。在制度未完備前，在斟酌醫師例外可以用藥的情形時，應考量病人醫療權益維護的最高利益。另外，有關醫藥究竟該不該分開之問題，從醫藥分業制度開始後，爭議一直不斷。而從本案大法官之意見書也可以看得出，大法官內部意見相當分歧。[16]

有關從事計程車駕駛之釋憲案

第584號	禁止曾犯特定罪者從事計程車工作案
時間	民國93年9月17日
案情	黃○○於89年間重新申請執業登記，交通主管機關以其曾因殺人未遂遭有罪判決確定，依據修正後之前開處罰條例規定，否准其申請。聲請人不服，乃提起訴願及行政訴訟，均遭駁回，乃以處罰條例第37條第1項規定，有牴觸憲法第7、15、23條之疑義，聲請釋憲。
解釋爭點	道交條例禁曾犯特定罪者駕計程車規定違憲？

---

16 〈釋字778「醫藥分業」：什麼情形下，醫生可以自行調劑藥品？〉，《關鍵評論》，2019年8月19日，https://www.thenewslens.com/article/123422。

解釋文	人民之工作權爲憲法第15條規定所保障，其內涵包括人民選擇職業之自由。人民之職業與公共福祉有密切關係，故對於從事一定職業應具備之資格或其他要件，於符合憲法第23條規定之限度內，得以法律或法律明確授權之命令加以限制。88年4月21日修正公布之道路交通管理處罰條例第37條第1項規定：「曾犯故意殺人、搶劫、搶奪、強盜、恐嚇取財、擄人勒贖或刑法第二百二十一至二百二十九條妨害性自主之罪，經判決罪刑確定者，不准辦理營業小客車駕駛人執業登記。」乃基於營業小客車營運及其駕駛人工作之特性，就駕駛人個人應具備之主觀條件，對人民職業選擇自由所爲之限制，旨在保障乘客之安全，確保社會之治安，及增進營業小客車之職業信賴，與首開憲法意旨相符，於憲法第23條之規定，尚無牴觸。 又營業小客車營運之管理，因各國國情與治安狀況而有不同。相關機關審酌曾犯上述之罪者，其累再犯比率偏高，及其對乘客安全可能之威脅，衡量乘客生命、身體安全等重要公益之維護，與人民選擇職業應具備主觀條件之限制，而就其選擇職業之自由爲合理之不同規定，與憲法第7條之平等原則，亦屬無違。惟以限制營業小客車駕駛人選擇職業之自由，作爲保障乘客安全、預防犯罪之方法，乃基於現階段營業小客車管理制度所採取之不得已措施，但究屬人民職業選擇自由之限制，自應隨營業小客車管理，犯罪預防制度之發展或其他制度之健全，就其他較小限制替代措施之建立，隨時檢討改進；且若已有方法證明曾犯此等犯罪之人對乘客安全不具特別危險時，即應適時解除其駕駛營業小客車執業之限制，俾於維護公共福祉之範圍內，更能貫徹憲法人民工作權之保障及平等原則之意旨，併此指明。
釋憲要點	營業小客車爲都會地區社會大眾之重要公共交通工具，因其營運與其他機動車輛有異，其駕駛人工作與乘客安危、社會治安具有密切關聯之特性。爲維護乘客生命、身體及財產之安全，確保社會治安，建立計程車安全營運之優質環境，增進營業小客車之職業信賴，相關機關就營業小客車駕駛人主觀資格，設一定之限制，避免對於乘客具有特別侵害危險性者，利用駕駛小客車營業之機會從事犯罪行爲，實屬防止妨礙他人之自由，維持社會秩序，增進公共利益所必要。 永久禁止曾犯上述之罪者駕駛營業小客車對人民選擇職業之自由，固屬嚴格之限制，惟衡諸維護搭乘營業小客車之不特定多數人生命、身體、自由、財產等公益之重要性與急迫性，並參以上開調查會時，主管機關及業者表示對於如何有效維護營業小客車之安全性，例如以衛星定位營業小客車之行進路線、全面實施點無線電叫車並加強其追蹤管理，或改裝車輛結構爲前後隔離空間並加強從業人員之職前訓練等，得有效達成目的而侵害較小之具體措施，客觀上目前並無實現之可能以觀，相關機關選擇上述永久禁止之手段，以維護乘客人身、財產安全，於現階段尚屬合理及符合限制人民職業自由較小手段之要求。從而上揭法律規定，核與首開憲法意旨相符，於憲法第23條之規定尚無牴觸。
相關法令	憲法第7、15、23條（36.1.1） 司法院釋字第404、485、510號解釋 道路交通管理處罰條例第37條第1項（86.1.22） 道路交通管理處罰條例第37條第1項（88.4.21）

評論或影響	中央研究院法律學研究所研究員黃舒芃稱，此號釋憲案涉及社會輿論中頗具爭議之問題：針對具有暴力或性犯罪前科者，政府是否應該逕行禁止其擔任計程車司機，以保障社會大眾搭乘計程車時之生命、身體安全？針對此爭議，大法官在推論過程當中，多次引用法務部與內政部警政署所提供之統計數據，最後認定道路交通管理處罰條例第37條第1項之規定合憲。這些數據之引用除突顯本案判斷所牽涉之案件特性外，更重要是在大法官之論理脈絡中，它具有補強、支持，甚至正當化大法官論證內容與結果之功能。[17]此號釋憲案使人民之生命、身體、自由、財產等公益，更到更大之保障。

第749號　計程車駕駛人定期禁業及吊銷駕照案

時間	民國106年6月2日
案情	王○金、李○華、李○耀等人均為計程車司機，因觸犯道路交通管理處罰條例第37條第3項規定，而被廢止其執業登記（無法再開計程車），並吊銷駕駛執照（無法再開車）。渠等認為該交通條例規定，有牴觸憲法第7、15、22、23條之疑義，聲請釋憲。
解釋爭點	道路交通管理處罰條例限制計程車駕駛人於執業期中犯特定之罪者，3年內不得執業，且吊銷其持有之各級駕照，是否違憲？
解釋文	道路交通管理處罰條例第37條第3項規定：「計程車駕駛人，在執業期中，犯竊盜、詐欺、贓物、妨害自由或刑法第二百三十條至第二百三十六條各罪之一，經第一審法院判決有期徒刑以上之刑後，吊扣其執業登記證。其經法院判決有期徒刑以上之刑確定者，廢止其執業登記，並吊銷其駕駛執照。」僅以計程車駕駛人所觸犯之罪及經法院判決有期徒刑以上之刑為要件，而不問其犯行是否足以顯示對乘客安全具有實質風險，均吊扣其執業登記證、廢止其執業登記，就此而言，已逾越必要程度，不符憲法第23條比例原則，與憲法第15條保障人民工作權之意旨有違。有關機關應於本解釋公布之日起2年內，依本解釋意旨妥為修正；逾期未修正者，上開規定有關吊扣執業登記證、廢止執業登記部分失其效力。於上開規定修正前，為貫徹原定期禁業之目的，計程車駕駛人經廢止執業登記者，3年內不得再行辦理執業登記。 上開條例第37條第3項有關吊銷駕駛執照部分，顯逾達成定期禁業目的之必要程度，不符憲法第23條比例原則，與憲法第15條保障人民工作權及第22條保障人民一般行為自由之意旨有違，應自本解釋公布之日起失其效力。從而，自不得再以違反同條例第37條第3項為由，適用同條例第68條第1項（即99年5月5日修正公布前之第68條）之規定，吊銷計程車駕駛人執有之各級車類駕駛執照。

17 黃舒芃，〈數字會說話？——從大法官釋字第584號解釋談事實認定在規範違憲審查中的地位〉，《中研院法學期刊》，第1期，2007年9月，頁1。

	上開條例第67條第2項規定：「汽車駕駛人，曾依……第三十七條第三項……規定吊銷駕駛執照者，三年內不得考領駕駛執照……。」因同條例第37條第3項有關吊銷駕駛執照部分既經本解釋宣告失其效力，應即併同失效。
釋憲要點	系爭規定僅以計程車駕駛人所犯之罪及經法院判決有期徒刑為要件，而不問其犯行是否足以顯示對乘客安全具有實質風險，均吊扣執業登記證、廢止執業登記，已逾越必要程度，不符憲法第23條比例原則，並有違憲法第15條保障人民工作權之意旨。有關機關應於本解釋公布之日起2年內，依本解釋意旨妥為修正。
相關法令	憲法第15、22、23條（36.1.1） 司法院釋字第371、404、510、572、584、590號解釋 道路交通管理處罰條例第37、67、68條（105.11.16） 刑法第230～236、296～308、320～324、339～341、349～351條（105.11.30） 計程車駕駛人執業登記管理辦法第2、3條（95.10.19）
評論或影響	根據《關鍵評論》網站稱，該解釋案可分成兩個部分，一部分被認為「不當」，應予以修正；另一部分違憲立即失效。大法官指出，道交條例以「經法院判決有期徒刑以上之刑」為要件，未區分此犯行對乘客是否實質風險，有所不當。原因在於道交條例雖然有將犯罪樣態限縮於「侵害財產法益之類型者」（竊盜、詐欺、贓物）、「妨害自由之類型者」與「妨害風化之類型者」，但以類型區分，就涵蓋一些可能不會直接影響乘客安全之罪行，如竊占不動產罪、由收費設備取得他人之物罪（如以偽幣投入販賣機取的物品）等。故大法官命有關機關，應於解釋公布之日起2年內，依解釋意旨修正，否則有關吊扣執業登記證、廢止執業登記「部分」失其效力。 在違憲方面，當計程車司機犯了上述犯行且有罪判決確定後，根據道交條例除廢止執業登記外，還會被吊銷駕照。大法官認為，雖然吊銷駕照可達到禁止計程車司機繼續開車之目的，但已超過必要程度。因吊銷駕照還限制計程車司機開自用車之「一般行動自由」，故吊銷駕照部分立即失效。 過去大法官在釋字第584號解釋中也討論過「道交條例禁止曾犯特定罪者駕計程車規定違憲？」這兩號解釋都肯認基於公益考量，可增加計程車司機之身分限制，但同時為了確保憲法所保障之工作權，此限制也不可過當，須實際考量所犯之罪在實質上是否會增加乘客搭計程車之風險。由第584、749號釋憲案可知，針對職業選擇之主觀條件，例如知識能力、體能、犯罪紀錄等，只有在追求「重要公共利益」之下，立法者才能加以規範，且此規範需要能保護所追求之公共利益，才符合憲法之比理原則要求。[18]

---

[18] 游家權，〈釋字749號解釋：計程車司機犯罪後吊銷執照，為什麼部分違憲？〉，《關鍵評論》，2019年10月10日，https://www.thenewslens.com/article/43296。

有關從事軍職之釋憲案

第704號　志願留營核准案

時間	民國101年11月16日
案情	陳○呈原係後備役常備軍官，獲90年特種考試軍法官考試錄取，志願入營並受訓及格，擔任軍事審判官。依91年11月27日修正之陸海空軍軍士官志願留營入營甄選服役規則第7條規定，應於3年役滿前，申請志願留營，經核准後，始得繼續留營服役。聲請人因未申請志願留營，嗣經國防部陸軍司令部依陸海空軍軍官士官服役條例第17條規定，核定解除召集，致喪失軍事審判官身分。聲請人不服，認上開規定與憲法審判獨立等原則有違，循序提起行政訴訟，均遭駁回確定，聲請釋憲。
解釋爭點	志願留營核准程序及服役期滿解除召集之規定，適用於尚未得服役至最大年限（齡）之軍事審判官部分，違憲？
解釋文	91年11月27日修正發布之陸海空軍軍官士官志願留營入營甄選服役規則第7條（95年11月13日全文修正，條次、內容無異），關於後備役軍官志願入營服役期滿而志願繼續服現役者，應依志願留營規定辦理，其中應經之核准程序規定，適用於經考試院特種考試及格志願入營服役，而尚未經核准得服現役至最大年限（齡）之軍事審判官部分，以及陸海空軍軍士官服役條例第17條關於服現役期滿予以解除召集之規定，適用於上開情形部分，與司法權建制之審判獨立憲政原理及憲法第16條保障人民訴訟權之意旨不符，應自本解釋公布之日起至遲於屆滿2年時，對於上開類型軍事審判官不予適用。為保障上開類型軍事審判官之身分，有關機關應於上開期限內，依本解釋意旨，修正相關法律，明定適用於上開類型軍事審判官志願留營之甄選標準及應遵循之正當法律程序。
釋憲要點	按軍事審判機關所行使者，屬國家刑罰權之一種，具司法權之性質。其審判權之發動與運作應符合正當法律程序之最低要求，包括獨立、公正之審判機關與程序，並不得違背憲法第80條等有關司法權建制之憲政原理（釋字第436號解釋參照）。次按職司審判者固不以終身職為必要（釋字第601號解釋參照），然如同法官身分之保障與一般公務員不同，軍事審判官身分之保障亦應有別於一般軍官。為確保職司審判之軍事審判官唯本良知及其對法律之確信獨立行使審判職權，使受軍事審判之現役軍人能獲獨立、公正審判之憲法第16條所保障之訴訟權得以實現，軍事審判官非受刑事或懲戒處分、監護宣告或有與受刑事或懲戒處分或監護宣告相當程度之法定原因，並經正當法律程序，不得免職；非依法律，不得停職、轉任或減俸。此亦為司法權建制原理之重要內涵。

相關法令	憲法第16、80條（36.1.1） 司法院釋字第436、601號解釋 陸海空軍軍官士官服役條例第17、21、22條（101.1.19） 陸海空軍軍官士官任職條例第9條第1款（108.12.4） 陸海空軍軍官士官志願留營入營甄選服役規則第3、4、5、7條（91.11.27） 陸海空軍軍官士官志願留營入營甄選服役作業規定
評論或影響	在此號釋憲案中，大法官首先指明軍事審判亦具有司法權之性質，其審判權之發動亦須符合憲法第80條審判獨立之要求。軍事審判官因職司審判，為確保其能獨立、公正審判，並確保人民之訴訟權，軍事審判官之身分保障需與一般軍官不同對待。大法官會議進一步指出，相關規定適用於軍事審判官並不合理，未考慮到職司審判之軍事審判官之身分特殊性。因為軍事審判官能否續任審判職務完全決定在權責長官對於志願留營申請之核定，但是此決定有三大違誤：第一，程序上未有公正之委員會核定；第二，並未給予軍事審判官申辯機會；第三，長官之甄選標準可能使軍事審判官在未有「受刑事或懲戒處分、監護宣告或有與受刑事或懲戒處分或監護宣告相當程度之法定原因，並經正當法律程序」，即遭免職，其身分將無從確保。故大法官宣告上開違反審判獨立與憲法第16條意旨之規定失效。[19]

第715號　曾受刑之宣告者不得報考預備軍士官班案

時間	民國102年12月20日
案情	邱○弘報名參加99年國軍志願役專業預備軍官預備士官考選，經國防部所屬考選委員會審查，得知渠曾於94年犯過失傷害罪，經桃園地方法院刑事判決判處拘役50日定讞。考選委員會依「國軍志願役專業預備軍官預備士官班考選簡章」規定：「曾受刑之宣告者，不得報考。」以安全調查不合格為由，作成報名不合格之審查結果，否准報名。渠不服，經行政訴訟遭駁回確定後，主張系爭規定違憲聲請釋憲。
解釋爭點	國防部預備軍士官班招生簡章規定曾受刑之宣告者不得報考，違憲？
解釋文	99年國軍志願役專業預備軍官預備士官班考選簡章壹、二、（二）規定：「曾受刑之宣告者，不得報考。」與憲法第23條法律保留原則無違。惟其對應考試資格所為之限制，逾越必要程度，牴觸憲法第23條比例原則，與憲法第18條保障人民服公職之權利意旨不符。相關機關就嗣後同類考試應依本解釋意旨妥為訂定招生簡章。

19　台北保成，〈大法官會議解釋第704號解釋〉，《痞克邦》，2013年11月1日，https://paochen520.pixnet.net/blog/post/53981544。

釋憲要點	國家機關因選用公職人員而舉辦考選，為達鑑別並選取適當人才之目的，固非不得針對其需要而限制應考資格，此係主管機關裁量範圍，本應予尊重，然其限制仍應符合憲法第23條比例原則。國軍志願役預備軍官預備士官可合法持有國防武器、裝備，必要時並能用武力執行軍事任務；而軍校學生日後均為國軍成員或幹部，其個人品德、能力之優劣與國軍戰力之良窳關係至鉅。為確保軍事學校學生及國軍幹部之素質，維持軍隊指揮監督，系爭規定乃以是否曾受刑之宣告，作為有無應考資格之限制，以預防報考之考生品德、能力不足等情事，肇生危害國家或軍事安全之虞，所欲維護者，確屬重要之公共利益，其目的洵屬正當，且所採手段亦有助於前揭目的之達成。 行為人觸犯刑事法律而受刑之宣告，如係出於故意犯罪，顯示其欠缺恪遵法紀之品德；如屬過失犯，則係欠缺相當之注意能力，倘許其擔任國軍基層幹部，或將不利於部隊整體素質及整體職能之提升，或有危害國防安全之虞。系爭規定限制其報考，固屬必要。然過失犯因疏忽而觸法，本無如同故意犯罪之惡性可言，苟係偶然一次，且其過失情節輕微者，難認其必然欠缺應具備之服役品德、能力而影響國軍戰力。系爭規定剝奪其透過系爭考選以擔任軍職之機會，非屬達成目的之最小侵害手段，逾越必要程度，牴觸憲法第23條比例原則，與憲法第18條保障人民服公職之權利意旨不符。相關機關就嗣後同類考試應依本解釋意旨妥為訂定招生簡章。
相關法令	憲法第18、23條（36.1.1） 司法院大法官審理案件法第5條第1項第2款（82.2.3） 兵役法第11條第1項（105.5.18） 軍事教育條例第5條第1項第4款、第3項（105.11.9） 預備軍官預備士官選訓服役實施辦法第3條、第5條第1項、第16條第1項（98.4.27） 軍事學校學員生修業規則第8-3條第3款（95.4.19） 99年國軍志願役專業預備軍官預備士官班考選簡章壹、二、（二）
評論或影響	此號釋憲案雖然同軍校生品德能力優劣與國軍戰力良窳關係至鉅，系爭規定限制曾受刑宣告者參加預備士官班考選，乃為追求重要公益，目的洵屬正當，所採手段亦有助於目的之達成。但大法官認為，偶然一次且情節輕微而遭判刑之過失犯，難認必欠缺國軍應備之服役品德與能力，系爭規定剝奪其參與考選以任軍職之機會，非屬達成目的之最小侵害手段，已牴觸比例原則，與憲法保障人民服公職權之意旨不符。此號釋憲案以違反比例原則保障人民服公職權，值得肯定。

有關其他職業之釋憲案

第649號　按摩業專由視障者從事案

時間	民國97年10月31日
案情	林○絨經營理髮店，僱用非視障者楊○花及鍾○日從事按摩服務，爲警查獲，並將相關資料函送臺北市政府社會局處理。案經該局認係違反行爲時之身心障礙者保護法第37條第1項前段規定處以新臺幣4萬、1萬及2萬元罰鍰。林○絨經臺北高等行政法院92年度簡字第847號判決，最高行政法院94年度裁字第2033號裁定。楊○花及鍾○日經臺北高等行政法院92年度簡字第848號判決，最高行政法院94年度裁字第1291號裁定聲請人等認係爭規定有侵害人民平等權及工作權之疑義，聲請釋憲。
解釋爭點	身心障礙者保護法按摩業專由視障者從事之規定違憲？
解釋文	90年11月21日修正公布之身心障礙者保護法第37條第1項前段規定：「非本法所稱視覺障礙者，不得從事按摩業。」（96.7.11該法名稱修正爲身心障礙者權益保障法，上開規定之「非本法所稱視覺障礙者」，經修正爲「非視覺功能障礙者」，並移列爲第46條第1項前段，規定意旨相同）與憲法第7條平等權、第15條工作權及憲法第23條比例原則之規定不符，應自本解釋公布之日起至遲於屆滿3年時失其效力。
釋憲要點	憲法第15條規定人民之工作權應予保障，人民從事工作並有選擇職業之自由，業經釋字第404、510、584、612、634、637號解釋在案。對職業自由之限制，因其內容之差異，在憲法上有寬嚴不同之容許標準。關於從事工作之方法、時間、地點等執行職業自由，立法者爲追求一般公共利益，非不得予以適當之限制。至人民選擇職業之自由，如屬應具備之主觀條件，乃指從事特定職業之個人本身所應具備之專業能力或資格，且該等能力或資格可經由訓練培養而獲得者，例如知識、學位、體能等，立法者欲對此加以限制，須有重要公共利益存在。而人民選擇職業應具備之客觀條件，係指對從事特定職業之條件限制，非個人努力所可達成，例如行業獨占制度，則應以保護特別重要之公共利益始得爲之。且不論何種情形之限制，所採之手段均須與比例原則無違。
相關法令	憲法第7、15、23、155條（36.1.1） 憲法增修條文第10條（94.6.10） 司法院釋字第404、510、584、612、634、637號解釋 身心障礙者權益保障法第37條（90.11.21） 身心障礙者權益保障法第46條（96.7.11） 視覺障礙者從事按摩業資格認定及管理辦法第4條（92.3.3） 視覺功能障礙者從事按摩或理療按摩資格認定及管理辦法第4條第1款（97.3.5）

| 評論或影響 | 此號釋憲案公布後，在社會上引起不小爭議，因爲受到影響之盲胞上街頭進行抗議。學者黃昱斑評論稱，大法官首先討論關於逆向歧視之問題，將按摩業限定爲僅能由盲胞執業，是否反而是一種歧視？因爲此法規讓正常民眾無法選擇按摩作爲職業、侵犯到他們之工作權。另外，大法官並未否定身心障礙者保護法相關規定之設定，亦不認爲按摩行業獨占之制度設計是違憲。大法官在釋憲文中特別強調「時代」之意義，他們認爲今日將按摩業限定爲盲胞壟斷之行業，不僅侵犯到越來越多人之工作權，亦未能提升盲胞之實質地位，時代前進中，今非昔比，因此宣告此規定違憲。[20] |

第659號　教育部解除私校全體董事案

時間	民國98年5月1日
案情	林○菁原爲私立景○技術學院第5屆董事，該校於89年間因董事長挪用公款爆發財務危機，經教育部依系爭規定但書之規定，以情節重大且情勢急迫爲由，予聲請人停職4個月之處分。前開停職處分期間屆滿後，復延長停職處分3個月。嗣教育部以聲請人所屬之董事會成員，無法就學校財務狀況之改善計畫達成共識，作成台（90）技（二）字第90021119號函，解除該屆全體董事之職務。聲請人認最高行政法院96年度判字第1922號判決，所適用之行爲時私立學校法第32條第1項規定，有牴觸憲法第11、15、23、162條之疑義，聲請釋憲。
解釋爭點	86.6.18私立學校法第32條第1項違憲？
解釋文	86年6月18日修正公布之私立學校法第32條第1項規定：「董事會因發生糾紛，致無法召開會議或有違反教育法令情事者，主管教育行政機關得限期命其整頓改善；逾期不爲整頓改善或整頓改善無效果時，得解除全體董事之職務。但其情節重大且情勢急迫時，主管教育行政機關得經私立學校諮詢委員會決議解除全體董事之職務或停止其職務二個月至六個月，必要時得延長之。」關於董事會因發生糾紛，致無法召開會議或有違反教育法令情事部分，其意義依法令文義及立法目的，非受規範之董事難以理解，並可經由司法審查加以確認，與法律明確性原則尚無違背。上開但書規定，旨在維護私立學校之健全發展，保障學生之受教權利及教職員之工作權益等重要公益，目的洵屬正當，所採取之限制手段，乃爲達成目的所必要，並未牴觸憲法第23條之比例原則，與憲法保障人民工作權之意旨尚無違背。

20 黃昱斑，〈釋字第649號〉，《黃昱斑的部落格》，2017年2月17日，https://blog.udn.com/ophetron/92335024。

釋憲 要點	職業自由為人民充實生活內涵及自由發展人格所必要，不因職業之性質為公益或私益、營利或非營利而有異，均屬憲法第15條工作權保障之範疇。惟國家為增進公共利益，於符合憲法第23條規定之限度內，得以法律或經法律明確授權之命令，對職業自由予以限制。 86年6月18日修正公布之私立學校法（下稱舊私立學校法）規定，私立學校之董事為無給職，但得酌支出席費及交通費；董事每屆任期為3年，連選得連任（第34條、憲法第23條第1項參照）。董事會之職權包括：「一、董事之選聘及解聘；董事長之推選及解職。二、校長之選聘及解聘。三、校務報告、校務計畫及重要規章之審核。四、經費之籌措。五、預算及決算之審核。六、基金之管理。七、財務之監督。八、本法所定其他有關董事會之職權。」（第22條參照）準此，私立學校董事執行私立學校法上開職務之工作，屬職業自由之範疇，自應受憲法工作權之保障。 教育乃國家百年大計，影響深遠，具高度之公共性及強烈之公益性。憲法第162條規定，全國公私立之教育文化機關，依法律受國家監督。舊私立學校法即係為實現上開憲法意旨所制定之法律。舊私立學校法第32條第1項規定：「董事會因發生糾紛，致無法召開會議或有違反教育法令情事者，主管教育行政機關得限期命其整頓改善；逾期不為整頓改善或整頓改善無效果時，得解除全體董事之職務。但其情節重大且情勢急迫時，主管教育行政機關得經私立學校諮詢委員會決議解除全體董事之職務或停止其職務二至六個月，必要時得延長之。」
相關 法令	憲法第15、23、162條（36.1.1） 司法院釋字第432、491、602、636、637、649號解釋 私立學校法第22、23、32、34條（86.6.18）
評論或 影響	林騰鷂教授稱，私校之種種弊端如買賣董事會席次、董事會干預校務、董事不當支薪，不當土地購買及營繕工程、設備採購集中特定關係人、負債過高或向私人舉債、挪用獎補助款、違規收費及為規避退休給付義務，大量資遣不願屈從之教師等事端，層出不窮。此號釋憲案雖明確指出，為維護學校之健全發展，保障學生之受教權利及教職員之工作權益等重要公益，主管機關得依法將非法之私校全體董事解職或停職，但很少看見教育部積極、果斷處理私校弊端。[21]

21　林騰鷂，〈私校問題知多少〉，《蘋果日報》，2010年6月18日，https://vicsforum.blogspot.com/2010/06/blog-post_3740.html。

有關勞基法之釋憲案

第510號　航空人員體格標準限制執業案

時間	民國89年7月20日
案情	謝○楹等6人為中華航空公司副駕駛因曾施行RK（放射狀眼角膜切開）手術，於民國81年間經民航局核定為體格不合格之缺點免計，且准予飛行。該公司依據「航空人員體格檢查標準」第53條有關缺點免計者至少每3年需重新評估規定，於83年間邀集眼科醫學專家複審，決議限制渠等執行夜間起飛及降落。渠等不服而提出陳情，該公司於84年召開「醫事審議委員會眼科小組審查會」審查後，駁回渠等陳請。渠等認為上開規定違反憲法第15、23條規定，提起訴願、再訴願、行政訴訟，均遭駁回後，聲請釋憲。
解釋爭點	航空人員體格標準限制執業之規定違憲？
解釋文	憲法第15條規定人民之工作權應予保障，人民從事工作並有選擇職業之自由。惟其工作與公共利益密切相關者，於符合憲法第23條比例原則之限度內，對於從事工作之方式及必備之資格或其他要件，得以法律或視工作權限制之性質，以有法律明確授權之命令加以規範。73年11月19日修正公布之民用航空法第25條規定，民用航空局對於航空人員之技能、體格或性行，應為定期檢查，且得為臨時檢查，經檢查不合標準時，應限制、暫停或終止其執業，並授權民用航空局訂定檢查標準（84年1月修正公布之同法第25條及87年1月修正公布之第26條規定意旨亦同）。民用航空局據此授權於82年8月26日修正發布之「航空人員體格檢查標準」，其第48條第1項規定，航空人員之體格，不合該標準者，應予不及格，如經特別鑑定後，認其行使職務藉由工作經驗，不致影響飛航安全時，准予缺點免計；第52條規定：「為保障民航安全，對於准予體格缺點免計者，應予時間及作業之限制。前項缺點免計之限制，該航空人員不得執行有該缺點所不能執行之任務」，及第53條規定：「對缺點免計受檢者，至少每三年需重新評估乙次。航空體檢醫師或主管，認為情況有變化時，得隨時要求加以鑑定」，均係為維護公眾利益，基於航空人員之工作特性，就職業選擇自由個人應具備條件所為之限制，非涉裁罰性之處分，與首開解釋意旨相符，於憲法保障人民工作權之規定亦無牴觸。
釋憲要點	近代航空運輸，已屬人類重要交通工具，航空器之結構精密，其操作具有高度專業性，加以航空器在高空快速飛行，其安全與否，於公共利益有密切關係，因而從事飛航之人員，不僅須受高度之專業訓練，而其身心健全，並具有相當之體能，尤為從事此項職業之必要條件。73年11月19日修正公布之民用航空法第25條乃規定，民用航空局對於航空人員之技能、體格或性行，應為定期檢查，且得為臨時檢查，經

	檢查不合標準時，應限制、暫停或終止其執業，並授權民用航空局訂定檢查標準（84年1月修正公布之同法第25條及87年1月修正公布之第26條規定意旨亦同）。民用航空局依據授權於82年8月26日修正發布之「航空人員體格檢查標準」，其第48條第1項規定，航空人員之體格，不合該標準者，應予不及格，如經特別鑑定後，認其行使職務藉由工作經驗，不致影響飛航安全時，准予缺點免計；第52條規定：「為保障民航安全，對於准予體格缺點免計者，應予時間及作業之限制。前項缺點免計之限制，該航空人員不得執行有該缺點所不能執行之任務」，及第53條規定：「對缺點免計受檢者，至少每三年需重新評估乙次。航空體檢醫師或主管，認為情況有變化時，得隨時要求加以鑑定」（89年2月2日修正發布之航空人員體格檢查標準，相關規定第49、52、53條規定意旨相仿），均係基於航空人員之工作特性，針對其執行業務時所應維持體能狀態之必要而設計，係就從事特定職業之人應具備要件所為之規範，非涉裁罰性之處分，與首開解釋意旨相符，於憲法保障人民工作權之規定，亦無牴觸。
相關法令	憲法第15、23條（36.1.1） 民用航空法第25條（73.11.19） 民用航空法第26條（87.1.21） 航空人員體格檢查標準第48、52、53條（82.8.26） 航空人員體格檢查標準第49、52、53條（89.2.2）
評論或影響	此號釋憲案強調，航空運輸屬人類重要交通工具，航空器之結構精密，操作具有高度專業性，加以航空器在高空快速飛行，其安全與否於公共利益有密切關係，因而飛航人員不僅須受高度專業訓練，身心必須健全，並具有相當體能，是從事此職業之必要條件。為維護公眾利益及搭機乘客之安全，故法律可對航空從業人員之條件加以限制，與憲法保障人民工作權之規定並無牴觸，此乃為「限制少數人之權益，以維護多數人之權益」之原則。

第726號　依勞基法第84條之1另行約定而未經核備之效力案

時間	民國103年11月21日
案情	1.龐○財等7人前受僱於士瑞克公司擔任現金運送保全，工作地點在高雄地區，並均簽訂僱用合約書及保全人員約定書，惟士瑞克公司未將合約書及約定書報請當地主管機關核備。聲請人等認勞動契約未經核備，無勞動基準法第84條之1規定「不受……規定之限制」之適用，仍應受同法第30條工時上限之限制，亦應依第24條關於延長工時加計工資方法計付加班費。然士瑞克公司所給付之加班費，遠低於聲請人等之平均時薪，違反僱用合約內容，亦顯低於依第24條計算之數額，乃訴請給付加班費。案經最高法院102年度台上字第1866號民事判決駁回確定。聲請人認該最高法院民事判決表示勞雇雙方依系爭規定所為另行約定未經核備「並非無效」仍受同法第30條等規定限制之見解，與最高行政法院100年度判字第226號判

	決及98年度裁字第400號裁定適用同一法律所表示，須勞雇雙方另行約定並經核備始不受限制之見解歧異，亦與釋字第494號解釋理由書意旨有異，聲請釋憲。 2.中華航空公司其空勤組員（前艙與後艙工作人員）前經行政院勞工委員會核定為勞動基準法第84條之1之工作者，華航於96年9月21日檢送其與駕艙組員（由「中華航空股份有限公司產業工會」代為簽訂）依勞基法第84條之1簽訂之有關勞雇雙方就工作時間、例假、休假、女性夜間工作等事項之約定書報請核備，但臺北市政府認該約定書非與個別勞工簽訂，華航亦未檢附個別勞工之願諾證明，乃以97年8月5日府授勞二字第09734309000號函不予核備。華航不服，循序提起行政訴訟，經原審法院判決駁回後，提起上訴，但被駁回，聲請釋憲。
解釋 爭點	勞雇雙方就工作時間等另行約定未經核備，是否仍受勞基法相關規定之限制？
解釋文	勞動基準法第84條之1有關勞雇雙方對於工作時間、例假、休假、女性夜間工作有另行約定時，應報請當地主管機關核備之規定，係強制規定，如未經當地主管機關核備，該約定尚不得排除同法第30、32、36、37、49條規定之限制，除可發生公法上不利於雇主之效果外，如發生民事爭議，法院自應於具體個案，就工作時間等事項另行約定而未經核備者，本於落實保護勞工權益之立法目的，依上開第30條等規定予以調整，並依同法第24、39條規定計付工資。
釋憲 要點	憲法第15條規定：「人民之生存權、工作權及財產權，應予保障。」第153條規定：「國家為改良勞工及農民之生活，增進其生產技能，應制定保護勞工及農民之法律，實施保護勞工及農民之政策。（第1項）婦女兒童從事勞動者，應按其年齡及身體狀態，予以特別之保護。（第2項）」基於上開意旨，本法乃以保障勞工權益，加強勞雇關係，促進社會與經濟發展為目的，規定關於工資、工作時間、休息、休假、退休、職業災害補償等勞工勞動條件之最低標準。雇主固得依事業性質及勞動態樣與勞工另行約定勞動條件，但仍不得低於本法所定之最低標準（釋字第494、578號解釋參照）。衡酌本法之立法目的並考量其規範體例，除就勞動關係所涉及之相關事項規定外，尚課予雇主一定作為及不作為義務，於違反特定義務時亦有相關罰則，賦予一定之公法效果，其規範具有強制之性質，以實現保護勞工之目的（本法第1條規定參照）。而工作時間、例假、休假、女性夜間工作乃勞動關係之核心問題，影響勞工之健康及福祉甚鉅，故透過本法第30條等規定予以規範，並以此標準作為法律保障之最低限度，除本法有特別規定外，自不容雇雙方以契約自由為由規避之。 惟社會不斷變遷，經濟活動愈趨複雜多樣，各種工作之性質、內容與提供方式差異甚大，此所以立法者特就相關最低條件為相應之不同規範。為因應特殊工作類別之需要，系爭規定乃就經中央主管機關核定公告之特殊工作者，容許勞雇雙方就其工作時間等事項另行約定，經當地主管機關核備，排除本法第30條等規定之限制。中央主管機關之公告與地方主管機關之核備等要件，係為落實勞工權益之保障，避免特殊工作之範圍及勞雇雙方之約定恣意浮濫。故對於業經核定公告之特殊工作，如

勞雇雙方之約定未依法完成核備程序即開始履行，除可發生公法上不利於雇主之效果外，其約定之民事效力是否亦受影響，自應基於前述憲法保護勞工之意旨、系爭規定避免恣意浮濫及落實保護勞工權益之目的而為判斷。

勞動基準法第84條之1規定：「經中央主管機關核定公告之下列工作者，得由勞雇雙方另行約定，工作時間、例假、休假、女性夜間工作，並報請當地主管機關核備，不受第三十條、第三十二條、第三十六條、第三十七條及第四十九條規定之限制。一、監督、管理人員或責任制專業人員。二、監視性或間歇性之工作。三、其他性質特殊之工作。（第1項）前項約定應以書面為之，並應參考本法所定之基準且不得損及勞工之健康及福祉。（第2項）」（下稱系爭規定）係為因應部分性質特殊工作之需要，在法定條件下，給予雇主與特定勞工合理協商工作時間等之彈性，而於85年12月增訂公布。

民法第71條規定：「法律行為，違反強制或禁止之規定者，無效。但其規定並不以之為無效者，不在此限。」係在平衡國家管制與私法自治之原則。在探究法規範是否屬本條之強制規定及違反該強制規定之效力時，自須考量國家管制之目的與內容。勞雇雙方就其另行約定依系爭規定報請核備，雖屬行政上之程序，然因工時之延長影響勞工之健康及福祉甚鉅，且因相同性質之工作，在不同地區，仍可能存在實質重大之差異，而有由當地主管機關審慎逐案核實之必要。又勞方在談判中通常居於弱勢之地位，可能受到不當影響之情形，亦可藉此防杜。系爭規定要求就勞雇雙方之另行約定報請核備，其管制既係直接規制勞動關係內涵，且其管制之內容又非僅單純要求提供勞雇雙方約定之內容備查，自應認其規定有直接干預勞動關係之民事效力。否則，如認為其核備僅發生公法上不利於雇主之效果，系爭規定之前揭目的將無法落實；且將與民法第71條平衡國家管制與私法自治之原則不符。故系爭規定中「並報請當地主管機關核備」之要件，應為民法第71條所稱之強制規定。而由於勞雇雙方有關工作時間等事項之另行約定可能甚為複雜，並兼含有利及不利於勞方之內涵，依民法第71條及本法第1條規定之整體意旨，實無從僅以勞雇雙方之另行約定未經備核為由，逕認該另行約定為無效。系爭規定既稱：「……得由勞雇雙方另行約定……，並報請當地主管機關核備，不受……規定之限制」，亦即如另行約定未經當地主管機關核備，尚不得排除本法第30條等規定之限制。故如發生民事爭議，法院自應於具體個案，就工作時間等事項另行約定而未經核備者，本於落實保護勞工權益之立法目的，依本法第30條等規定予以調整，並依本法第24、39條規定計付工資。

相關法令	憲法第15、153條（36.1.1） 司法院釋字第185、494、578號解釋 民法第71條（104.6.10） 勞動基準法第1、24、30、32、36、37、39、49、84-1條（105.12.21）
評論或影響	根據《法源法律網》網站表示，大法官認為，報經主管機關核備並只要求提供約定之內容備查，且其有直接干預勞動關係之民事效力，屬於民法第71條之強制規定，但為顧及勞雇雙方間約定內容可能甚為複雜，有利或不利於勞工之事項，所以無法

僅以未經核備爲由，直接認爲該另行約定無效，但該約定也不排除關於該法第30條等規定之適用，所以如果發生民事爭議，法院應本於保障勞工權益的立法目的，視具體個案依同法第30、24、39條調整約定內容並計付工資。[22]

第740號　保險業務員招攬保險勞務契約是否為勞動契約案

時間	民國105年10月21日
案情	南山人壽保險公司爲保險業務員於勞工退休金條例公布實施後，陸續申請更改選擇勞工退休新制，爲其提繳退休金。案經勞動部勞工保險局發函限期聲請人爲其所屬保險業務員申報並提繳勞工退休金，聲請人逾限未辦理，故遭處罰鍰。聲請人不服，對勞保局提起行政訴訟，分別經最高行政法院100年度判字第2117、2226、2230號，及臺北高等行政法院103年度簡上字第115號等判決敗訴確定，聲請釋憲。
解釋爭點	保險業務員與其所屬保險公司所簽訂之保險招攬勞務契約，是否爲勞動基準法第2條第6款所稱勞動契約？
解釋文	保險業務員與其所屬保險公司所簽訂之保險招攬勞務契約，是否爲勞動基準法第2條第6款所稱勞動契約，應視勞務債務人（保險業務員）得否自由決定勞務給付之方式（包含工作時間），並自行負擔業務風險（例如按所招攬之保險收受之保險費爲基礎計算其報酬）以爲斷，不得逕以保險業務員管理規則爲認定依據。
釋憲要點	勞基法第2條第6款：「勞動契約：謂約定勞雇關係之契約。」並未規定勞動契約及勞雇關係之界定標準。勞動契約之主要給付，在於勞務提供與報酬給付。惟民法上以有償方式提供勞務之契約，未必皆屬勞動契約。是應就勞務給付之性質，按個案事實客觀探求各該勞務契約之類型特徵，諸如與人之從屬性（或稱人格從屬性）有關勞務給付時間、地點或專業之指揮監督關係，及是否負擔業務風險，以判斷是否爲系爭規定一所稱勞動契約。 關於保險業務員爲其所屬保險公司從事保險招攬業務而訂立之勞務契約，基於私法自治原則，有契約形式及內容之選擇自由，其類型可能爲僱傭、委任、承攬或居間，其選擇之契約類型是否爲系爭規定一所稱勞動契約，仍應就個案事實及整體契約內容，按勞務契約之類型特徵，依勞務債務人與勞務債權人間之從屬性程度之高低判斷之，即應視保險業務員得否自由決定勞務給付之方式（包含工作時間），並自行負擔業務風險（例如按所招攬之保險收受之保險費爲基礎計算其報酬）以爲斷。保險業務員與其所屬保險公司所簽訂之保險招攬勞務契約，雖僅能販售該保險公司之保險契約，惟如保險業務員就其實質上從事招攬保險之勞務活動及工作時間得以自由決定，其報酬給付方式並無底薪及一定業績之要求，係自行負擔業務之風

22 法源編輯室，〈勞雇雙方未經核備另行約定工作事項 釋字726：仍受勞基法限制，《法源法律網》，2014年11月21日，https://www.lawbank.com.tw/news/NewsContent.aspx?NID=124892.00。

	險,則其與所屬保險公司間之從屬性程度不高,尚難認屬系爭規定一所稱勞動契約。再者,保險業務員管理規則係依保險法第177條規定訂定,目的在於強化對保險業務員從事招攬保險行為之行政管理,並非限定保險公司與其所屬業務員之勞務給付型態應為僱傭關係(金融監督管理委員會102年3月22日金管保壽字第1020543170號函參照)。該規則既係保險法主管機關為盡其管理、規範保險業務員職責所訂定之法規命令,與保險業務員與其所屬保險公司間所簽訂之保險招攬勞務契約之定性無必然關係,是故不得逕以上開管理規則作為保險業務員與其所屬保險公司間是否構成勞動契約之認定依據。
相關法令	勞動基準法第2條第6款(108.6.19) 保險法第177條(108.1.16) 保險業務員管理規則第12條第1項、第13條、第14條第1項、第18條第1項、第19條第1項(108.3.18) 勞工退休金條例第3、6、7、9條(108.5.15) 行政訴訟法第189條第1項(109.1.15) 行政法院62年判字第252號判例 金融監督管理委員會102年3月22日金管保壽字第1020543170號函
評論或影響	張思涵律師稱,大法官認為勞基法第2條第6款所稱之勞動契約不僅是勞務與報酬之對價關係,更應有從屬性。從屬性包含人格與經濟兩種,前者是由有關勞務給付時間、地點或專業之指揮監督關係,及負擔業務風險等來判斷是否具備;後者是指有關報酬支領之權利,如果保險業務員未受最低薪資保障,而是等招攬保險客戶成立保險契約締結而收取保險費後,才有按保險費之比例支領報酬之權利,此時保險業務員所負擔之風險與保險公司相同,不具有經濟上從屬性。另外,保險業務員管理規則制定之目的在於保險法主管機關為盡管理、規範保險業務員職責所訂定之法規,與保險業務員與其所屬保險公司簽立之契約是否為勞基法保障之勞動契約並無關係,所以不能僅依該規則內有制定監督、考核、管理及懲罰處分之規定,就認為保險業務員與其所屬之保險公司有人格及經濟上從屬關係,而受勞基法規範。亦即,保險業務員與保險公司所簽訂之招攬業務契約,應以有無人格及經濟從屬關係,個案判斷是否受到勞基法保障,並非一律認為均適用勞基法,故此號解釋對資方較為有利。[23]

23 張思涵,〈釋字740號 保險業務員並非皆受勞基法保障〉,《天秤座法律網》,https://www.chaohsin.com/lists_01.php?id=1609。

第807號 限制女性員工夜間工作案

時間	民國110年8月20日
案情	1. 臺北高等行政法院第5庭法官為審理109年度訴字第420號勞動基準法事件,認應適用之勞基法第49條第1項,僅針對單一性別禁止於午後10時至翌晨6時之時間內工作,又無諸如懷孕等天生之原因,即剝奪女性勞工之夜間工作權,或減少其受僱之機會,有牴觸憲法第7、15、22、23條規定之疑義,聲請釋憲。 2. 家福股份有限公司為勞基法事件,分別經高雄市政府、臺北市政府、桃園市政府、臺中市政府、彰化縣政府、苗栗縣政府、屏東縣政府及臺南市政府,於104至108年間派員至營業處所實施勞動條件檢查,發現未經工會同意,使女性勞工於夜間工作,已違反系爭規定,乃依行為時之同法第79條第1項第1款及第80條之1第1項規定,分別處新臺幣2萬至80萬元不等之罰鍰,聲請人二主張確定終局判決1至12所適用之系爭規定,不法侵害其財產權、營業自由及契約自由等,聲請釋憲。 3. 中華航空股份有限公司為勞基法事件,經桃園市政府於104及105年間派員至營業處所實施勞動條件檢查,發現聲請人三未經工會同意,使女性勞工於夜間工作,多次違反,乃依行為時之同法第79條第1項第1款、第80條之1第1項及桃園市政府處理違反勞動基準法事件統一裁罰基準第42條規定,分別處聲請人5萬及30萬元罰鍰,聲請人主張該確定終局判決13及14所適用不法侵害其財產權、營業自由及契約自由等,聲請釋憲。
解釋爭點	勞動基準法第49條第1項規定,限制女性勞工於夜間工作,是否違反憲法第7條保障性別平等之意旨?
解釋文	勞動基準法第49條第1項規定:「雇主不得使女工於午後十時至翌晨六時之時間內工作。但雇主經工會同意,如事業單位無工會者,經勞資會議同意後,且符合下列各款規定者,不在此限:一、提供必要之安全衛生設施。二、無大眾運輸工具可資運用時,提供交通工具或安排女工宿舍。」違反憲法第7條保障性別平等之意旨,應自本解釋公布之日起失其效力。
釋憲要點	中華民國人民,無分男女,在法律上一律平等;國家應消除性別歧視,促進兩性地位之實質平等,憲法第7條及增修條文第10條第6項,分別定有明文。憲法保障人民之平等權,並不當然禁止國家為差別待遇。惟法規範如採取性別之分類而形成差別待遇,因係以難以改變之個人特徵、歷史性或系統性之刻板印象等可疑分類,為差別待遇之標準,即應採中度標準從嚴審查(釋字第365號解釋參照)。其立法目的須為追求重要公共利益,所為差別待遇之手段,與目的之達成間具實質關聯,始與憲法平等權保障之意旨無違。 系爭規定之所以原則禁止雇主使女性勞工於夜間工作,其立法理由依立法過程中之討論,可知應係出於社會治安、保護母性、女性尚負生養子女之責、女性須照顧家庭及保護女性健康等考量(立法院公報第91卷第47期第45-89頁參照)。而主管機關亦認「衡諸女性勞動年齡期間,生育年齡占其大半;女性勞工上述期間,不僅身心健康負荷較諸男性為重,且其母體健康更與下一代是否健全有明顯直接關聯。從

而，禁止雇主令女性勞工於夜間工作，以免有違人體生理時鐘之工作安排，影響其身體健康，係基於使社會人口結構穩定，及整體社會世代健康安全之考量。」（勞動部110年7月6日復意見參照）基此，系爭規定之目的概為追求保護女性勞工之人身安全、免於違反生理時鐘於夜間工作以維護其身體健康，並因此使人口結構穩定及整體社會世代健康安全等，固均屬重要公共利益。

惟維護社會治安，本屬國家固有職責，且憲法增修條文第10條第6項更明定「國家應保障婦女之人身安全」。因此，就女性夜行人身安全之疑慮，國家原即有義務積極採取各種可能之安全保護措施以為因應，甚至包括立法課予有意使女性勞工於夜間工作之雇主必要時提供交通工具或宿舍之義務，以落實夜間工作之婦女人身安全之保障，而非採取禁止女性夜間工作之方法。乃系爭規定竟反以保護婦女人身安全為由，原則禁止雇主使女性勞工於夜間工作，致女性原應享有並受保障之安全夜行權變相成為限制其自由選擇夜間工作之理由，足見其手段與所欲達成之目的間顯然欠缺實質關聯。

其次，從維護身體健康之觀點，盡量避免違反生理時鐘而於夜間工作，係所有勞工之需求，不以女性為限。女性勞工於夜間工作者，亦難謂因生理結構之差異，對其身體健康所致之危害，即必然高於男性，自不得因此一律禁止雇主使女性勞工於夜間工作。至於所謂女性若於夜間工作，則其因仍須操持家務及照顧子女，必然增加身體負荷之說法，不僅將女性在家庭生活中，拘泥於僅得扮演特定角色，加深對女性不應有之刻板印象，更忽略教養子女或照顧家庭之責任，應由經營共同生活之全體成員依其情形合理分擔，而非責由女性獨自承擔。況此種夜間工作與日常家務之雙重負擔，任何性別之勞工均可能有之，不限於女性勞工。又，前述說法，對單身或無家庭負擔之女性勞工，更屬毫不相關。

此外，系爭規定之但書部分明定，雇主經工會同意，如事業單位無工會者，經勞資會議同意，且依該但書規定提供相關設施後，即得使女性勞工於夜間工作；亦即以工會或勞資會議之同意作為雇主使女性勞工於夜間工作之程序要件。就雇主對勞工工作時間之指示而言，工會或勞資會議之同意程序，通常固具有維護勞工權益之重要功能，避免弱勢之個別勞工承受雇主不合理之工作指示而蒙受生命身體健康之危害。然而，女性勞工是否適於從事夜間工作，往往有個人意願與條件之個別差異，究竟何種情形屬女性勞工應受維護之權益，本難一概而論，未必適宜全由工會或勞資會議代表代事業單位所有女性勞工而為決定。況各種事業單位之工會組成結構與實際運作極為複雜多樣，工會成員之性別比例亦相當分歧，其就雇主得否使女性勞工於夜間工作所為之決定，是否具有得以取代個別女性勞工之意願而為同意或不同意之正當性，實非無疑。基此，系爭規定以工會或勞資會議同意作為解除雇主不得使女性勞工於夜間工作之管制之程序要件，此一手段與系爭規定目的之達成間，亦難謂存有實質關聯。

| 相關法令 | 憲法第7條（36.1.1）
憲法增修條文第10條第6項（94.6.10）
司法院釋字第365號解釋 |

評論或影響	吳子毅律師表示，依勞動基準法第49條第1項，如果女性要在夜間工作，必須經過工會或勞資會議同意，所以「團體代爲同意」是女性可以在夜間工作之關鍵。但大法官認爲，女性勞工是否可以從事夜間工作，有個人意願與條件之個別差異，無法一概而論，工會或勞資會議並沒有辦法代表所有女性勞工決定。此外，又因爲工會之組成結構與運作複雜，性別比例也分歧，因此工會不論是同意或不同意雇主讓女性勞工夜間工作，都不具有取代個別女性勞工意願之正當性。[24]

有關財產權之釋憲案

第389號　勞保診療支付標準表限制給付案

時間	民國84年11月10日
案情	林○明因嚴重咬合不良，進食困難，乃依勞工保險條例第40條及勞工保險條例施行細則第71條之規定向長庚醫院申請予以診療，但由於長庚醫院基於勞工保險診療費用支付標準表第九部第四節（92223A）中與保險人間關於診療給付請領之規定無法申請診療費用，乃告知聲請人必須自付診療費用，始予以治療。聲請人以所罹患之疾病非屬勞工保險條例第44條中之除外不保項目，迭經依法提出訴願、再訴願及行政訴訟敗訴後，聲請釋憲。
解釋爭點	勞保診療支付標準表限制給付之規定違憲？
解釋文	勞工保險條例第44條規定，醫療給付不包括美容外科。又同條例第19條第1項規定，被保險人或其受益人於保險效力開始後停止前發生保險事故者，始得依該條例規定，請領保險給付。勞工保險診療費用支付標準表係依據勞工保險條例第51條第2項授權訂定，其第九部第四節第2項關於顎骨矯正手術，載明「限外傷或顳顎關節疼痛者專案報准後施行」，乃因有此情形，始同時符合保險效力開始後停止前所發生之保險事故，以及非屬美容外科之要件。若勞工於加入勞工保險前發生之先天性痼疾或畸形，即不在勞工保險承保範圍。其不支付診療費用，並未逾越該條例授權範圍，與憲法尚無牴觸。
釋憲要點	勞工保險條例第19條第1項規定：「被保險人或其受益人，於保險效力開始後停止前發生保險事故者，得依本條例規定，請領保險給付」，明示保險給付之請領，以

	保險效力開始後停止前發生保險事故者爲限。又勞工保險係屬社會保險，爲避免浪費社會醫療資源，勞工保險條例第44條又規定：「醫療給付不包括法定傳染病、痲瘋病、麻醉藥品嗜好症、接生、流產、美容外科、義齒、義眼、眼鏡或其他附屬品之裝置，病人運輸、特別護士看護、輸血、掛號費、證件費、醫療院、所無設備之診療及第四十一條、第四十三條未包括之項目。但被保險人因緊急傷病，經保險人自設或特約醫療院、所診斷必須輸血者，不在此限。」顯見「美容外科」，不屬勞工保險條例第40條所定「被保險人罹患傷病」之範圍，不在醫療給付之列。但法律規定之內容不能鉅細靡遺，立法機關自得就有關醫療上之技術性、細節性等專業事項，授權主管機關發布命令爲補充規定，同條例第51條第1項遂定有「應依照勞工保險診療費用支付標準表及用藥種類與價格表支付之」之明文。而上述勞工保險診療費用支付標準表及用藥種類與價格表，依同條第2項，授權由中央主管機關會同中央衛生主管機關定之。該標準表第九部第四節第2項關於顎骨矯正手術，載明「限外傷或顳顎關節疼痛者專案報准後施行」之規定，意指有上述情形，其顎骨矯正手術即符合保險效力開始後停止前所發生之保險事故，以及非屬美容外科之要件。若勞工於加入勞工保險前發生之先天性痼疾或畸形，即不在勞工保險承保範圍。其不支付診療費用，並未逾越該條例授權範圍，與憲法尚無牴觸。
相關法令	勞工保險條例第19、40、41、43、44、51條（84.2.28） 勞工保險診療費用支付標準表第九部第四節第2項（88.3.30）
評論或影響	根據統計，在釋憲案中共有28件與勞工有關，其中有利勞工者有13件，不利勞工者有6件，而沒有影響者有9件，釋字第389號屬於不利勞工之解釋案。[25]因爲根據保險法之原理與原則，大法官表示，勞工於加入勞工保險前發生之先天性痼疾或畸形，即不在勞工保險承保範圍。故勞工保險不支付診療費用，並未逾越該條例授權範圍，與憲法無牴觸。該釋憲案對於解決後來之勞工糾紛，具有參考作用。

第494號　勞基法延長工時加給之計算標準案

時間	民國88年11月18日
案情	張○江等37人係台灣電力公司二次變電所之電機運轉員，向臺北地方法院起訴請求台電公司給付勞基法第24條法定加班費與固定超時報酬二者之差額，經臺北地方法院79年判決駁回，後於同年由臺灣高等法院改判聲請人勝訴，但又經最高法院80年判決廢棄高院判決發回更審，臺灣高等法院81年度重勞上更（一）字第1號判決仍判決聲請人勝訴，最高法院84年判決復廢棄高院更一審判決發回更審，臺灣高等法院85年度重勞上更（二）字第1號判決改判聲請人敗訴，最高法院86年判決駁回聲請人上訴，維持更二審判決確定。聲請人不服，聲請釋憲。

---

25 ns954411，〈#755 許宗力大法官協同意見書〉，《批踢踢實業坊》，2017年12月3日，https://www.ptt.cc/bbs/Examination/M.1512269022.A.207.html。

解釋 爭點	勞基法延長工時加給之計算標準？
解釋文	國家為保障勞工權益，加強勞雇關係，促進社會與經濟發展，而制定勞動基準法，規定勞工勞動條件之最低標準，並依同法第3條規定適用於同條第1項各款所列之行業。事業單位依其事業性質以及勞動態樣，固得與勞工另訂定勞動條件，但不得低於勞動基準法所定之最低標準。關於延長工作時間之加給，自勞動基準法施行後，凡屬於該法適用之各業自有該法第24條規定之適用，俾貫徹法律保護勞工權益之意旨。至監視性、間歇性或其他性質特殊工作，不受上開法律有關工作時間、例假、休假等規定之限制，係85年12月該法第84條之1所增訂，對其生效日期前之事項，並無適用餘地。
釋憲 要點	勞動基準法依據憲法維護人民生存權、工作權及改善勞工生活之意旨，以保障勞工權益，加強勞雇關係，促進社會與經濟發展為目的，而規定關於工資、工作時間、休息、休假、退休、職業災害補償等勞工勞動條件之最低標準，並依同法第3條規定適用於同條第1項各款所列之行業；且於85年12月修正之第3條條文中增列第3項，規定於87年底以前，除確有窒礙難行者外，適用於一切勞雇關係，確保所有勞工皆得受本法之保障，以貫徹法律保護勞工權益之意旨。
相關 法令	勞動基準法第3、24條（87.5.13） 勞動基準法第84-1條（85.12.27） 勞動基準法施行細則第50-2條（86.6.12）
評論或 影響	此號釋憲案強調，勞動基準法依據憲法維護人民生存權、工作權及改善勞工生活之意旨，以保障勞工權益，加強勞雇關係，促進社會與經濟發展為目的，而規定關於工資、工作時間、休息、休假、退休、職業災害補償等勞工勞動條件之最低標準，並依同法第3條規定適用於同條第1項各款所列之行業。後來，此號解釋常被法院援用，作為解決許多勞資糾紛案件之參考。

第549號　勞保條例就勞保遺屬津貼受領案

時間	民國91年8月2日
案情	張○武之父母為照料聲請人之獨居舅父生活起居並承繼香火，於64年1月間將聲請人過繼予舅父為養子，養父旋於同年3月20日因病去世。聲請人乃於85年間與養父在大陸之配偶及子女共同向勞工保險局請領遺屬津貼。該局依勞工保險條例第37條（現行條例第27條）：「被保險人之養子女戶籍登記未滿六個月者，不得享有保險給付之權利」規定否准聲請人之所請，聲請人不服，送經訴願、再訴願及行政訴訟，均遭駁回。因認確定終局判決適用之上開條例，有違憲法第7、23條規定之虞，爰聲請釋憲。[26]

26　〈釋字第549號〉，《憲法法庭》，2002年8月2日，https://cons.judicial.gov.tw/docdata.aspx?fid=100&id=310730&rn=-5217。

解釋 爭點	勞保條例就勞保遺屬津貼受領之規定違憲？
解釋文	勞工保險係國家為實現憲法第153條保護勞工及第155條、憲法增修條文第10條第8項實施社會保險制度之基本國策而建立之社會安全措施。保險基金係由被保險人繳納之保險費、政府之補助及雇主之分擔額所形成，並非被保險人之私產。被保險人死亡，其遺屬所得領取之津貼，性質上係所得替代，用以避免遺屬生活無依，故應以遺屬需受扶養為基礎，自有別於依法所得繼承之遺產。勞工保險條例第27條規定：「被保險人之養子女，其收養登記在保險事故發生時未滿六個月者，不得享有領取保險給付之權利。」固有推行社會安全暨防止詐領保險給付之意，而同條例第63至65條有關遺屬津貼之規定，雖係基於倫常關係及照護扶養遺屬之原則，惟為貫徹國家負生存照顧義務之憲法意旨，並兼顧養子女及其他遺屬確受被保險人生前扶養暨無謀生能力之事實，勞工保險條例第27條及第63至65條規定應於本解釋公布之日起2年內予以修正，並依前述解釋意旨就遺屬津貼等保險給付及與此相關事項，參酌有關國際勞工公約及社會安全如年金制度等通盤檢討設計。
釋憲 要點	勞工保險係國家為實現憲法第153條保護勞工及第155條、憲法增修條文第10條第8項實施社會保險制度之基本國策而建立之社會福利措施，為社會保險之一種，旨在保障勞工生活，促進社會安全。社會保險所提供之保障，依國際公約及各國制度，通常分為兩類：金錢補助及福利服務。金錢補助係為補償被保險人因為老年、殘障、死亡、疾病、生育、工作傷害或面臨失業情況喪失所得時所為之金錢給付，此類金錢給付分別具有所得維持、所得替代之功能；社會福利服務則指直接提供諸如住院照護、醫療服務、復健扶助等，學理上稱為「實物給付」。負擔上述各項給付及服務之社會保險基金，其來源初不限於被保險人所繳納之保險費，我國現行勞工保險制度亦同。依勞工保險條例第四章規定對於被保險人或其受益人所提供之保險給付，計有生育、傷病、醫療、殘廢、老年、死亡等項，勞工保險之保險費，則依同條例第15條所定之比例，由被保險人、投保單位分擔及中央政府與直轄市政府補助。保險事故發生時被保險人或其受益人所受領之保險給付，係由勞工保險創立時政府一次撥付之金額、當年度保險費及其孳息之收入與保險給付支出之結餘、保險費滯納金、基金運用之收益等所形成之勞工保險基金支付之（勞工保險條例第66條參照），可知保險給付所由來之保險基金並非被保險人私有之財產。被保險人死亡，同條例第63條規定之遺屬所得領取之津貼，乃勞工保險機構出於照護各該遺屬所為之設計，用以避免其生活無依，故遺屬津貼有別於依法所得繼承之遺產，上開遺屬之範圍與民法第1138條所定遺產繼承人亦有不同。 勞工保險條例第27條規定：「被保險人之養子女，其收養登記在保險事故發生時未滿六個月者，不得享有領取保險給付之權利。」以養子女收養登記滿6個月為領取保險給付之限制，雖含有防止詐領保險給付之意，惟為貫徹國家對人民無力生活者負扶助與救濟義務之憲法意旨，以收養子女經法院認可後，確有受被保險人生前扶養暨其本身無謀生能力之事實為請領遺屬津貼之要件，更能符合勞工保險條例關於遺屬津貼之制度設計。又同條例第63、64條之遺屬津貼，於配偶、子女、父母、祖

	父母係基於倫常關係，一律得依同條例第65條順序受領。至其餘孫子女與兄弟姊妹則須有專被保險人扶養之事實，始能受領給付，係基於應受照護扶養遺屬之原則而爲之規定。然鑑於上開規定之遺屬得受領遺屬津貼，原爲補貼被保險人生前所扶養該遺屬之生活費用而設，以免流離失所，生活陷於絕境，從而其請領遺屬津貼亦應同以受被保險人生前扶養暨無謀生能力之事實爲要件，始符前開憲法旨意。勞工保險條例第27條及第63至65條規定應於本解釋公布之日起2年內予以修正，並依前述解釋意旨就遺屬津貼等保險給付及與此相關事項，參酌有關國際勞工公約及社會安全如年金制度等通盤檢討設計。
相關法令	憲法第153、155條（36.1.1） 憲法增修條文第10條第8項（89.4.25） 民法第1138條（91.6.26） 勞工保險條例第15、27、63、64、65、66條（90.12.19）
評論或影響	根據統計，在釋憲案中共有28件與勞工有關，其中有利勞工者有13件，不利勞工者有6件，而沒有影響者有9件，釋字第549號屬於有利勞工之解釋案。[27]因爲大法官解釋稱，勞保條例就勞保遺屬津貼受領之規定違憲。被保險人死亡後，其遺屬所得領取之津貼，性質上係所得替代，用以避免遺屬生活無依，故應以遺屬需受扶養爲基礎，自有別於依法所得繼承之遺產。因此促使立法院修訂勞工保險條例第63條之1、第63條之2規定，以加強維護人民之權益。 另外，值得注意者爲，該釋憲案再度提醒立法者，就相關事項，應參酌有關國際勞工公約及社會安全如年金制度等，對勞工保險條例暨勞動基準法相關規定通盤檢討，對立法裁量權之正確行使，應能發揮促進之功能，並解決相關爭議。足見，我國憲法或大法官解釋均肯認國際公約，如國際勞工組織公約爲國際習慣法，可爲我國立法之法源，只要大法官發現最前進之人權條約，即可要求修改國內法。[28]

第568號　以投保人欠費將被保人退保案

時間	民國92年11月14日
案情	○興工業有限公司之負責人郭○○自78年3月22日起加入勞工保險，嗣於87年8月21日因心臟功能衰竭死亡。其勞工保險受益人郭蔣○○於10月6日向勞工保險局申請死亡給付。勞工保險局以該公司因積欠保險費及滯納金，經限期清償仍未繳納，於訴追後由法院發給債權憑證，並依勞工保險條例施行細則第18條規定，自86年9月30日起將該公司原參加保險之勞工全體予以退保，從而被保險人死亡時並非保險有效期間所發生之事故，不得請領死亡給付爲由駁回其聲請。原告不服，申請勞工保

27　ns954411，〈#755 許宗力大法官協同意見書〉，《批踢踢實業坊》，2017年12月3日，https://www.ptt.cc/bbs/Examination/M.1512269022.A.207.html。

28　羅俊瑋，〈勞工退休金條例之檢討〉，《台灣勞工雙月刊》，第4期，2006年11月，頁54-64。

	險監理委員會以（87）保監審字第2133號審定書駁回其審議申請，原告猶未甘服，循序提起訴願、再訴願，遞遭決定駁回，復提起行政訴訟。復經最高行政法院91年度判字第156號判決駁回確定。原告認確定判決適用之勞工保險條例施行細則第18條，逾越勞工保險條例之規定，其內容增加法律所無之限制而有違憲疑義，聲請釋憲。
解釋爭點	勞保條例細則以投保人欠費將被保人退保規定違憲？
解釋文	勞工依法參加勞工保險及因此所生之公法上權利，應受憲法保障。關於保險效力之開始、停止、終止及保險給付之履行等事由，係屬勞工因保險關係所生之權利義務事項，攸關勞工權益至鉅，其權利之限制，應以法律定之，且其立法目的與手段，亦須符合憲法第23條之規定。若法律授權行政機關發布命令爲補充規定者，該命令須符合立法意旨且未逾越母法授權之範圍，始爲憲法所許。勞工保險條例施行細則第18條關於投保單位有歇業、解散、破產宣告情事或積欠保險費及滯納金經依法強制執行無效果者，保險人得以書面通知退保；投保單位積欠保險費及滯納金，經通知限期清償，逾期仍未清償，有事實足認顯無清償可能者，保險人得逕予退保之規定，增加勞工保險條例所未規定保險效力終止之事由，逾越該條例授權訂定施行細則之範圍，與憲法第23條規定之意旨未符，應不予適用。
釋憲要點	勞工保險係國家爲實現憲法第153條保護勞工生活及憲法第155條、增修條文第10條第8項實施社會保險制度之基本國策而建立之社會安全措施，爲社會保險之一種。勞工保險條例即係依憲法意旨而制定之法律。勞工依該條例參加勞工保險及因此所生之公法上權利，應受憲法保障。關於保險效力之開始、停止、終止及保險給付之履行等事由，係屬勞工因保險關係所生之權利義務事項，攸關勞工權益至鉅，其權利之限制，應以法律定之，且其立法目的與手段，亦須符合憲法第23條之規定。若法律授權行政機關發布命令爲補充規定者，該命令須符合立法意旨且未逾越母法授權之範圍，始爲憲法所許。 勞工參加勞工保險爲被保險人，於保險有效期間內發生保險事故者，被保險人或其受益人得依法向保險人請領保險給付（勞工保險條例第19條第1項規定參照）。勞工保險條例對於投保單位逾期繳納保險費者，規定保險人於法定寬限期間經過後，應加徵滯納金，若於加徵滯納金15日後仍未繳納者，應依法訴追，並自訴追之日起，在保險費及滯納金未繳清前，發生暫行拒絕給付之效力（同條例第17條第1、2、3項規定參照），並未規定保險人得以上開事由逕行將被保險人退保；同條例施行細則第18條卻規定：「投保單位有歇業、解散、破產宣告情事或積欠保險費及滯納金經依法強制執行無效果者，保險人得以書面通知退保。保險效力之停止，應繳保險費及應加徵滯納金之計算，以上述事實確定日爲準，未能確定者，以保險人查定之日爲準（第1項）。投保單位積欠保險費及滯納金，經通知限期清償，逾期仍未清償，有事實足認顯無清償可能者，保險人得逕予退保，其保險效力之停止，應繳保險費及應加徵滯納金之計算，以通知限期清償屆滿之日爲準（第2項）。」顯

	已增加勞工保險條例所未規定之保險效力終止事由，逾越該條例授權訂定施行細則之範圍，與憲法第23條規定之意旨未符，應不予適用。又為確保保險財務之健全，與勞工保險之永續經營，國家就社會保險制度縱有較大之自由形成空間，於投保單位積欠應繳之保險費及滯納金，強制執行無效果或顯無清償可能時，若許保險人得將被保險人予以退保者，亦宜依比例原則就被保險人是否已繳納保險費或有無其他特別情事，予以斟酌而有不同之處置；上開條例第17條第3項但書亦明定，被保險人應繳部分之保險費已扣繳或繳納於投保單位者，不因投保單位積欠保險費及滯納金而對其發生暫行拒絕給付之效力，併此指明。
相關法令	憲法第23、153、155條（36.1.1） 憲法增修條文第10條（89.4.25） 司法院大法官審理案件法第5條第1項第1、2款（82.2.3） 勞工保險條例第17、19條（92.1.29） 勞工保險條例施行細則第18條（92.5.14）
評論或影響	原勞工保險條例施行細則第18條規定，雇主如有積欠保險費及滯納金，經通知限期清償仍未清償者，勞保局得逕予退保。但此規定在經此號釋憲案宣告違憲後，於97年12月25日已被刪除，以維護勞工權益。根據蔡晴羽律師表示，雖然此號解釋稱，雇主欠保費，勞保局不能將勞工退保，但是公司若積欠保險費，勞保局還是可「暫時」拒絕，直到公司繳清保費為止，因此這段時間公司員工所提出之各種勞、就保給付申請，原則上都必須等到公司將積欠之保險費及滯納金繳清之後，才能核發。幸好勞工保險局是有3種例外情形，讓勞工可繼續請領勞保給付：1.勞保局可以安排協助雇主分期攤還，只要雇主辦妥手續並繳納第1期款後，就可以恢復所有員工之保險給付；2.勞工提出雇主有就勞工自付額部分按月扣繳之證明，例如薪資帳冊、薪資單、收據等書面文件，經勞保局查證屬實，勞工就可請領相關給付；3.如果無法提出扣繳證明，則必須由勞工朋友「先付清」自負額，或是經勞保局查證，是因為雇主關廠、歇業、停業或勞資糾紛等不可歸責於勞工之事由，可請勞保局開出繳款單，勞工先自行繳清個人應負擔的保險費後，再請勞保局核發相關給付。[29]

第595號　**勞保局墊償雇主積欠工資後代位求償爭議案**

時間	民國94年5月6日
案情	1.臺灣彰化地方法院法官陳弘仁為勞工保險局依勞動基準法第28條規定墊償勞工工資後，依「積欠工資墊償基金提繳及墊償管理辦法」第14條規定向雇主請求償還墊款，向臺灣臺中高等行政法院起訴，該院以本事件屬國庫行政之行政私法行為，應依民事法律規定向普通法院尋求救濟，裁定駁回勞保局之訴。法官陳弘仁

29　蔡晴羽，〈《勞動小咖咖專欄》有「保」有保佑——你不可不知的勞保10知識〉，《圓矩法律事務所》，2016年2月5日，https://www.ozgoodwin.com/articles/47。

	認為此爭議應屬公法關係，應由行政法院審理。乃以該院與行政法院就審判權所持見解歧異，裁定停止訴訟程序，聲請釋憲。 2.臺北高等行政法院第5庭為勞保局依勞動基準法第28條規定墊償勞工工資後，依「積欠工資墊償基金提繳及墊償管理辦法」第14條規定向雇主請求償還墊款，於89年間向臺灣士林地方法院聲請核發支付命令，遭該院以返還墊款屬公法上之法律關係應循行政訴訟程序解決，普通法院對之無審判權為由駁回聲請。嗣勞保局向臺北高等法院提起給付訴訟，該院認此請求返還墊款事件應由普通法院審判。勞保局遂於91年間再向士林地院聲請支付命令仍遭駁回，爰以士林地院與該院因適用勞動基準法第28條第4項規定，就審判權之見解發生歧異，聲請釋憲。
解釋 爭點	勞保局墊償雇主積欠工資後代位求償爭議之審判權？
解釋文	勞動基準法第28條第1、2項規定，雇主應繳納一定數額之積欠工資墊償基金（以下簡稱墊償基金）；於雇主歇業、清算或破產宣告時，積欠勞工之工資，未滿6個月部分，由該基金墊償，以保障勞工權益，維護其生活之安定。同條第4項規定「雇主積欠之工資，經勞工請求未獲清償者，由積欠工資墊償基金墊償之；雇主應於規定期限內，將墊款償還積欠工資墊償基金」，以及「積欠工資墊償基金提繳及墊償管理辦法」（以下簡稱墊償管理辦法）第14條第1項前段規定：「勞保局依本法第二十八條規定墊償勞工工資後，得以自己名義代位行使最優先受清償權（以下簡稱工資債權）」，據此以觀，勞工保險局以墊償基金所墊償者，原係雇主對於勞工私法上之工資給付債務；其以墊償基金墊償後取得之代位求償權（即民法所稱之承受債權），乃基於法律規定之債權移轉，其私法債權之性質，並不因由國家機關行使而改變。勞保局與雇主間因歸墊債權所生之私法爭執，自應由普通法院行使審判權。
釋憲 要點	勞動基準法第28條第4項規定：「雇主積欠之工資，經勞工請求未獲清償者，由積欠工資墊償基金墊償之；雇主應於規定期限內，將墊款償還積欠工資墊償基金」，以及依同條規定訂定之墊償管理辦法第14條第1項前段規定：「勞保局依本法第二十八條規定墊償勞工工資後，得以自己名義代位行使最優先受清償權」，就此以觀，勞工保險局以墊償基金所墊償者，原係雇主對於勞工私法上之工資給付債務。雖墊償基金由中央主管機關設置管理，惟墊償基金之資金來源乃由雇主負責繳納，其墊償行為並非以國庫財產提供人民公法上給付，而是以基金管理者之身分，將企業主共同集資形成之基金提供經營不善企業之勞工確實獲得上開積欠工資之保障，蓋勞工保險局於墊償勞工後，取得對雇主之代位求償權，其債權範圍、內容與原來之私法上工資債權具相同性質。再勞工保險局為墊償基金行使此項代位求償權時，乃處於與勞工之同一地位，不因墊償基金由中央主管機關設置管理委員會管理，基金收繳有關業務由勞工保險機構辦理（勞動基準法第28條第5項），或墊償基金之設立具有公益上理由，而異其性質。亦即原勞工之工資債權改由勞工保險局行使，乃係基於法律規定之債權移轉，其所具私法債權之性質並不因由國家機關行使而

	改變。勞工保險局與雇主間因前述債權所生之私法爭執，自應由普通法院行使審判權。至於雇主違背繳納基金費用之義務，應依91年12月25日修正公布前之勞動基準法第79條第1款規定裁處罰鍰，係屬違背公法上義務，則應循行政訴訟途徑為之。又本件係聲請機關就其職權適用勞動基準法第28條、墊償管理辦法第14條第1項規定，關於其訴訟事件應屬何機關審判之見解與他機關有異，而聲請為統一解釋，憲法第16條規定之訴訟權內涵及各該民事、行政訴訟法法令本身，概非聲請釋憲之標的，本件解釋自不併予及之，均併此敘明。
相關法令	勞動基準法第28、79條（91.6.12） 積欠工資墊償基金提繳及墊償管理辦法第2、14條（94.1.3）
評論或影響	為保障勞工工資債權，政府特別在勞動基準法第28條訂定積欠工資墊償基金制度，以發揮企業互助精神及社會連帶責任，加強對勞工經濟生活的保障，凡是適用勞基法的事業單位，由雇主每月按僱用勞工投保薪資總額萬分之二點五提繳積欠工資墊償基金，當雇主發生歇業、清算或宣告破產時，勞工因此而被積欠之工資、勞基法之退休金、資遣費或勞工退休金條例之資遣費，可由該基金先行墊付，而雇主應於規定期限內，將墊償款償還給該基金。此墊償機制雖屬公法上給付，但給付後向雇主求償或其他權利義務仍屬私法機制。[30]此號釋憲案主要在確認，勞保局墊償雇主積欠工資後代位求償爭議之審判權，歸屬於普通法院審理。又此釋憲案為審判權歸屬之爭議，並未涉及法律是否違憲之問題。

第609號　勞委會就因傷病請領死亡給付增加條件案

時間	民國95年1月27日
案情	陳○英等3人於89年間，為死亡之勞工保險被保險人黃○○申請死亡給付時，勞工保險局認黃○○於87年間經診斷確定罹患肺癌，未達有效之緩解或控制，病情持續惡化，卻於88年間向勞工保險局投保，嗣於89年間死亡，係停保期間發生事故所導致之結果，與勞工保險條例第19條第1項規定不合，核定不予給付。聲請人認確定終局判決所適用之行政院勞工委員會77年4月14日台77勞保二字第6530號函、79年3月10日台79勞保三字第4451號函及82年3月16日台82勞保三字第15865號函等，違反憲法第172條法律優位原則、第23條法律保留原則為由，聲請釋憲。
解釋爭點	勞委會就因傷病請領死亡給付增加條件之函釋違憲？
解釋文	勞工依法參加勞工保險及因此所生之公法上權利，應受憲法保障。關於保險效力之開始、停止、終止、保險事故之種類及保險給付之履行等，攸關勞工或其受益人因

30　〈勞動優先債權及工資墊償制度〉，《勞資爭議處理專業律師》，2016年9月10日，https://sf-labourlawyer.com/commentdetail_8_26.html。

	保險關係所生之權利義務事項，或對其權利之限制，應以法律或法律明確授權之命令予以規範，且其立法之目的與手段，亦須符合憲法第23條之規定，始為憲法所許。84年2月28日修正之勞工保險條例第19條第1項規定：「被保險人或其受益人，於保險效力開始後，停止前發生保險事故者，得依本條例規定，請領保險給付。」依同條例第62至64條之規定，死亡給付之保險事故，除法律有特別排除規定外（同條例憲法第23、26條參照），係指被保險人或其父母、配偶、子女死亡而言，至其死亡之原因何時發生，應非所問。惟若被保險人於加保時已無工作能力，或以詐欺、其他不正當行為領取保險給付等情事，則屬應取消其被保險人之資格，或應受罰鍰處分，並負民、刑事責任之問題（同條例第24、70條參照）。行政院勞工委員會77年4月14日台77勞保2字第6530號函及79年3月10日台79勞保3字第4451號函，就依法加保之勞工因罹患癌症等特定病症或其他傷病，於保險有效期間死亡者，以各該傷病須在保險有效期間發生為條件，其受益人始得請領死亡給付，乃對於受益人請領死亡保險給付之權利，增加勞工保險條例所無之限制，與憲法第23條所定法律保留原則有違，於此範圍內，應不再適用。
釋憲要點	勞工保險係國家為實現憲法第153條第1項保護勞工及第155條、憲法增修條文第10條第8項實施社會保險制度之基本國策而建立之社會福利措施，為社會保險之一種，旨在保障勞工生活安定、促進社會安全，是以勞工保險具有明顯之社會政策目的。勞工依法參加勞工保險之權利，應受憲法之保障。依勞工保險條例之規定，勞工分擔之保險費係按投保勞工當月之月投保薪資一定比例計算（勞工保險條例第13、14條參照），與保險事故之危險間並非謹守對價原則，而是以量能負擔原則維持社會互助之功能；勞工保險除自願參加保險者外，更具有強制性，凡符合一定條件之勞工均應全部參加該保險（同條例第6、8、71、72條參照），非如商業保險得依個人意願參加。是以各投保單位依勞工保險條例規定為其所屬勞工辦理投保時，勞工保險局對其危險之高低無須為評估之核保手續，更不能因危險過高而拒絕其投保，各投保單位所屬之勞工對於是否加入勞工保險亦無選擇之權，此類勞工應依法一律強制加入勞工保險，繳納保險費，分擔自己與其他加保勞工所生保險事故之危險，此均與商業保險有間。又勞工保險因具社會保險之性質，對於何種保險事故始應為保險給付，立法機關自得衡酌勞工保險政策之目的、社會安全制度之妥適建立、勞工權益之保護、社會整體資源之分配及國家財政之負擔能力等因素，本於前述意旨形成一定之必要照顧範圍。勞工依法參加勞工保險所生之公法上權利，亦應受憲法之保障。關於保險效力之開始、停止、終止、保險事故之種類及保險給付之履行等，攸關勞工或其受益人因保險關係所生之權利義務事項，或對其權利之限制，應以法律或法律明確授權之命令予以規範，且其立法之目的與手段，亦須符合憲法第23條之規定，始為憲法所許。
相關法令	憲法第23、153、155條（36.1.1） 憲法增修條文第10條（94.6.10） 司法院釋字第560號解釋

	勞工保險條例第2、6、8、13、14、19、23、24、26、62、63、64、70、71、72條（84.2.28） 行政院勞工委員會77年4月14日台77勞保二字第6530號函、79年3月10日台79勞保三字第4451號函、82年3月16日台82勞保三字第15865號函
評論或影響	此號釋憲案指出，勞保係國家建立之社會福利措施，旨在保障勞工生活安定、促進社會安全，具有明顯之社會政策目的。勞保更具有強制性，凡符合條件之勞工均應參加該保險。且各投保單位為其勞工辦理投保時，勞保局對其危險之高低無須為評估之核保手續，更不能因危險過高而拒絕投保，此與商業保險之性質不同。而關於保險給付之履行等攸關勞工或其受益人因保險關係所生之權利義務事項，或對其權利之限制，應以法律或法律明確授權之命令予以規範，且其立法之目的與手段，亦須符合憲法第23條之規定。[31]此號釋憲案促使內政部於78年11月29日以台內社字第759083號函，停止上開具有爭議規定之適用，進一步保障勞工之權益。

31　〈司法院大法官609號解釋，請領勞保死亡給付，不以傷病原因發生於保險有效期間內為要件〉，《萬國法律事務所》，2006年3月13日，http://taiwanlaw.cn/cht/news_detail.php?serial=90。

憲法第15條

有關財產權之釋憲案

有關退休金之釋憲案

第596號　退休金請求權案

時間	民國94年5月13日
案情	王○泉係高雄市第三信用合作社員工，於89年3月30日申請退休。經三信合作社之人事室核算應給付聲請人退休金新臺幣5,437,301元，詎三信合作社以聲請人對其負有借款債務1,670萬元尚未清償，依民法第334條規定主張與聲請人之退休金互為抵銷，經抵銷後，聲請人已無退休金可領。聲請人不服，提起訴訟。本案經臺灣高雄地方法院及高等法院高雄分院判決聲請人敗訴，而提起釋憲。
解釋爭點	勞基法未禁退休金請求權讓與、抵銷、扣押或供擔保，違憲？
解釋文	憲法第7條規定，中華民國人民在法律上一律平等，其內涵並非指絕對、機械之形式上平等，而係保障人民在法律上地位之實質平等；立法機關基於憲法之價值體系及立法目的，自得斟酌規範事物性質之差異而為合理之差別對待。國家對勞工與公務人員退休生活所為之保護，方法上未盡相同；其間差異是否牴觸憲法平等原則，應就公務人員與勞工之工作性質、權利義務關係及各種保護措施為整體之觀察，未可執其一端，遽下論斷。勞動基準法未如公務人員退休法規定請領退休金之權利不得扣押、讓與或供擔保，係立法者衡量上開性質之差異及其他相關因素所為之不同規定，屬立法自由形成之範疇，與憲法第7條平等原則並無牴觸。
釋憲要點	人民於私法上之債權，係憲法第15條財產權保障之範圍，國家為保護人民私法上之債權，設有民事強制執行制度，俾使債權人得依據執行名義，聲請執行法院，使用強制手段，對於債務人之財產加以執行，以實現其債權，至債務人於強制執行中，雖有忍受國家強制力之義務，惟為維護其受憲法第15條所保障之生存權及其他基本人權，立法者仍得衡酌債權人私法上債權實現及債務人生存保護必要，於不違反憲法第7條及憲法第23條之範圍內，立法禁止對於債務人部分財產之執行。強制執行法第52、53條規定，禁止查封債務人及其共同生活親屬2個月間生活所必需之食物、燃料及金錢，以及其他為維持生活所必需之財物，並於第122條規定，債務人對於第三人之債權，係維持債務人及其共同生活之親屬生活所必需者，不得為強制執行；又民法第338條規定，禁止扣押之債，其債務人不得主張抵銷等規定，雖因此限制債權人之債權之實現，但為保障債務人及其共同生活之親屬之生存權所必要，尚無違於憲法上之比例原則。至禁止執行之債務人財產範圍，並不以上開強制執行法規定者為限，倘立法者基於憲法保障特定對象之意旨，或社會政策之考量，於合於比例原則之限制範圍內，仍得以法律規範禁止執行特定債務人之財產。

	93年6月30日公布之勞工退休金條例第29條規定，勞工退休金及請領退休金之權利不得讓與、扣押、抵銷或供擔保，係立法者考量當今之社會經濟情勢，與勞動基準法制定當時之不同，所採取之不同立法決定，均係立法自由形成之範圍，於平等原則亦無違背，勞工得依有利原則，自行權衡適用勞工退休金條例或勞動基準法之規定（勞工退休金條例第8條參照）。至於勞動基準法既有之勞工退休制度，是否應增訂勞工請領退休金之權利不得讓與、扣押、抵銷或供擔保之規定，則仍屬立法者自由形成之範圍，併此指明。
相關法令	憲法第7、15、18、23、83、153條（36.1.1） 憲法增修條文第6條（89.4.25） 司法院釋字第280、433、575號解釋 強制執行法第52、53、122條（89.2.2） 勞動基準法第56、61條（91.12.25） 勞工退休金條例第8、29條（93.6.30） 公務人員退休法第14條（84.1.28） 敬老福利生活津貼暫行條例第3條（92.6.18）
評論或影響	由此號釋憲案宣告：「勞動基準法未如公務人員退休法規定請領退休金之權利不得扣押、讓與或供擔保，係立法者衡量上開性質之差異及其他相關因素所為之不同規定，屬立法自由形成之範疇，與憲法第7條平等原則並無牴觸。」但是立法委員認為上開解釋罔顧請領舊制退休金勞工朋友之權益，故推動修正勞動基準法，並於104年7月1日修正增訂第58條之2：「勞工請領退休金之權利，不得讓與、扣押、抵銷或供擔保。」

第578號　勞基法課雇主負擔勞工退休金案

時間	民國93年5月21日
案情	高○工業股份有限公司代表人蔡○○主張因公司長期虧損，無力按月提撥勞工退休準備金，而與全體員工協議改以每年給付紅利方式代替退休金之發給，並列入公司章程中。何○○自74年4月起受僱於蔡○○之公司時，已知該公司並無退休金制度，至89年4月間因工作15年以上且滿55歲而自請退休時，仍向聲請人請求給付退休金而未獲給付，經縣政府協調無結果後，向臺灣桃園地方法院起訴請求聲請人依勞動基準法第55條第1項規定給付退休金，嗣該院判決聲請人敗訴，聲請人不服提起上訴，復經臺灣高等法院89年度勞上易字第43號判決駁回確定。聲請人認確定終局判決適用勞動基準法第55條第1項規定最低退休金給與標準，有牴觸憲法第7、15、155條之疑義，聲請釋憲。
解釋爭點	勞基法課雇主負擔勞工退休金違憲？

解釋文	國家爲改良勞工之生活，增進其生產技能，應制定保護勞工之法律，實施保護勞工之政策，憲法第153條第1項定有明文，勞動基準法即係國家爲實現此一基本國策所制定之法律。至於保護勞工之內容與方式應如何設計，立法者有一定之自由形成空間，惟其因此對於人民基本權利構成限制時，則仍應符合憲法上比例原則之要求。勞動基準法第55、56條分別規定雇主負擔給付勞工退休金，及按月提撥勞工退休準備金之義務，作爲照顧勞工生活方式之一種，有助於保障勞工權益，加強勞雇關係，促進整體社會安全與經濟發展，並未逾越立法機關自由形成之範圍。其因此限制雇主自主決定契約內容及自由使用、處分其財產之權利，係國家爲貫徹保護勞工之目的，並衡酌政府財政能力、強化受領勞工勞力給付之雇主對勞工之照顧義務，應屬適當；該法又規定雇主違反前開強制規定者，分別科處罰金或罰鍰，係爲監督雇主履行其給付勞工退休金之義務，以達成保障勞工退休後生存安養之目的，衡諸立法之時空條件、勞資關係及其干涉法益之性質與影響程度等因素，國家採取財產刑罰作爲強制手段，尙有其必要，符合憲法第23條規定之比例原則，與憲法保障契約自由之意旨及第15條關於人民財產權保障之規定並無牴觸。勞動基準法課雇主負擔勞工退休金之給付義務，除性質上確有窒礙難行者外，係一體適用於所有勞雇關係，與憲法第7條平等權之保障，亦無牴觸；又立法者對勞工設有退休金制度，係衡酌客觀之社會經濟情勢、國家資源之有效分配，而爲不同優先順序之選擇與設計，亦無違憲法第7條關於平等權之保障。復次，憲法並未限制國家僅能以社會保險之方式，達成保護勞工之目的，故立法者就此整體勞工保護之制度設計，本享有一定之形成自由。勞工保險條例中之老年給付與勞動基準法中之勞工退休金，均有助於達成憲法保障勞工生活之意旨，二者性質不同，尙難謂兼採兩種制度即屬違憲。惟立法者就保障勞工生活之立法選擇，本應隨社會整體發展而隨時檢討，勞動基準法自73年立法施行至今，爲保護勞工目的而設之勞工退休金制度，其實施成效如何，所採行之手段應否及如何隨社會整體之變遷而適時檢討改進，俾能與時俱進，符合憲法所欲實現之勞工保護政策目標，以及國內人口年齡組成之轉變，已呈現人口持續老化現象，未來將對社會經濟、福利制度等產生衝擊，因此對既有勞工退休制度及社會保險制度，應否予以整合，由於攸關社會資源之分配、國家財政負擔能力等全民之整體利益，仍屬立法形成之事項，允宜在兼顧現制下勞工既有權益之保障與雇主給付能力、企業經營成本等整體社會條件之平衡，由相關機關根據我國憲法保障勞工之基本精神及國家對人民興辦之中小型經濟事業應扶助並保護其生存與發展之意旨，參酌有關國際勞工公約之規定，並衡量國家總體發展，通盤檢討，併此指明。
釋憲要點	按勞動基準法係國家本於保護勞工權益之意旨，規範各項勞動條件最低標準之法律，事業單位固得依事業性質及勞動態樣與勞工另行訂定勞動條件，但仍不得低於勞動基準法所定之最低標準。至於保護勞工最低勞動條件之內容及其保障方式等如何設計，則立法者有一定之形成空間，勞動基準法第六章有關勞工退休制度，即係國家透過立法方式所積極建構之最低勞動條件之一，旨在減少勞工流動率，獎勵久任企業之勞工，俾使其安心工作，提高生產效率，藉以降低經營成本，增加企業利

	潤，具有穩定勞僱關係，並使勞工能獲得相當之退休金，以維持其退休後之生活，與憲法第153條第1項規定國家應實施保護勞工政策之意旨，尚無不符。 該法規定僱主應按月提撥一定之勞工退休準備金，並於勞工符合法定要件時按照法定給與標準，一次發給勞工退休金。僱主按月提撥之勞工退休準備金須專戶存儲，不得作為讓與、扣押、抵銷或擔保之標之，其按月提撥之準備金則匯集為勞工退休基金，由中央主管機關會同財政部指定金融機構保管運用，並由勞僱雙方共同組織委員會監督之（勞動基準法第53、55條及91年6月12日修正前同法第56條規定參照）。就僱主言，以強制其按月提撥勞工退休準備金並為專戶存儲之規定，作為促使其履行給付勞工退休金義務之手段，雖因此使僱主自主決定契約內容之契約自由以及自由使用、處分其財產之財產權受到限制，惟其目的乃在貫徹保護勞工之憲法意旨，並衡酌政府財政能力、強化受領勞工勞力給付之僱主對勞工之照顧義務，應屬適當。而透過專戶存儲之方式，即在使勞工退休金之財源與企業財務分離，避免相互影響或有挪用情事發生，以穩定勞工退休時之資金來源，使勞工領取退休金之權益能獲得充分保障，同時減少僱主須於短期內籌措退休金而衍生之財務問題，明顯有助於保護勞工權益目的之達成，且僱主負擔勞工退休準備金之提撥比率（依勞工退休準備金提撥及管理辦法第2條規定，勞工退休準備金由各事業單位依每月薪資總額2%至15%範圍內按月提撥之）、程序等事項則授權由中央主管機關衡酌實際情形訂定，均具有相當之彈性（同辦法第3、5條規定參照），其負擔提撥責任之同時，又享有一定之稅賦優惠（所得稅法第33條規定參照），故其手段仍在合理範圍內；又為促使僱主確實遵行給付勞工退休金之義務，勞動基準法第78條、91年12月25日修正前同法第79條第1款規定，違反給付退休金或按月提撥退休準備金規定者，分別科3萬元以下罰金或處2,000元以上2萬元以下罰鍰，衡諸立法之時空條件及其所干涉之法益性質暨影響程度，並考量經濟條件居於相對弱勢之勞工，仍難以透過勞動契約或團體協約方式，與僱主協商合理之退休制度等因素，國家採取財產刑罰作為強制手段，以達成保障勞工退休後生存安養之目的，尚有其必要，符合憲法第23條規定之比例原則，與憲法保障契約自由之意旨及第15條關於人民財產權保障之規定並無牴觸。
相關 法令	憲法第7、15、23、153條（36.1.1） 所得稅法第33條（92.6.25） 勞動基準法第3、53、55、78條（85.12.27） 勞動基準法第56條（89.7.19） 勞動基準法第79條（91.6.12） 勞工退休準備金提撥及管理辦法第2、3、5條（91.11.20）
評論或 影響	此號釋憲案指出，現行勞基法中有關僱主應按月提撥勞工退休金之規定，屬強制規定，僱主不得以其他方式規避此項勞工退休金之給付。此外，大法官認為，勞基法乃國家本於保障勞工目的所定各項勞動條件之最低標準，故事業雖得依其性質而與勞工另訂不同之勞動條件，惟仍不得低於勞基法所定之最低標準。現行勞保條例中之老年給付與勞基法中的勞工退休金，雖為性質不同之保障勞工生活制度，二者併

存並無違憲，然就既有之勞工退休制度與社會保險制度應否予以整合，立法與行政機關均應參酌國際勞工相關公約規定，考量勞工權益保障與社會條件之平衡，儘速通盤檢討改進。[1]另外，根據羅俊瑋教授指出，我國現雖非為聯合國或其他國際組織之會員國，但於我國憲法第141條規定及大法官會議釋字第549、578號解釋，均肯認相關國際公約可為我國立法之法源，可認為大法官已肯認國際勞工組織公約為國際習慣法，只要大法官發現最前進之人權條約，即可要求修改國內法。因此，就我國相關社會安全制度之法治規範，應參酌有關國際公約之規定，加以增訂與修改。[2]

第658號　公務人員退休法施行細則第13條第2項違憲案

時間	民國98年4月10日
案情	黃○昭係中科院技術員，於77年底按16年之退休年資標準獲發退職金。其後再任職行政院原子能委員會技術員，於94年1月間經銓敘部依其選擇採計退休撫卹新制施行前、後年資分別為9年5個月及9年7個月，核定新制施行前、後年資為9年及10年（合計共35年）。聲請人主張任職於中科院技術員年資不應併計為公務人員退休年資，亦無公務人員退休法第16條之1及同法施行細則第13條第2項規定之適用，提起復審、行政訴訟，經臺北高等行政法院94年度訴字第2226號判決駁回。復提起上訴，經最高行政法院96年度裁字第3544號裁定以上訴不合法為由駁回。而認臺北高等行政法院94年度訴字第2226號判決，所適用之公務人員退休法施行細則第13條第2項規定有違憲疑義，聲請釋憲。
解釋爭點	公務人員退休法施行細則第13條第2項違憲？
解釋文	公務人員退休法施行細則第13條第2項有關已領退休（職、伍）給與或資遣給與者再任公務人員，其退休金基數或百分比連同以前退休（職、伍）金基數或百分比或資遣給與合併計算，以不超過公務人員退休法第6條及第16條之1第1項所定最高標準為限之規定，欠缺法律具體明確授權；且其規定內容，並非僅係執行公務人員退休法之細節性、技術性事項，而係就再任公務人員退休年資採計及其採計上限等屬法律保留之事項為規定，進而對再任公務人員之退休金請求權增加法律所無之限制，與憲法第23條法律保留原則有違，應自本解釋公布之日起至遲於屆滿2年時失其效力。

1　〈大法官釋憲 資方有義務給付勞工退休金〉，《萬國法律事務所》，2004年5月13日，http://www.taiwanlaw.com/cht/news_detail.php?serial=237。
2　羅俊瑋，〈勞工退休金條例之檢討〉，《台灣勞工雙月刊》，第4期，頁65。

釋憲要點	憲法第18條規定人民有服公職之權利，旨在保障人民有依法令從事公務，暨由此衍生享有之身分保障、俸給與退休金請求等權利。國家則對公務人員有給予俸給、退休金等維持其生活之義務（釋字第575、605號解釋參照）。又公務人員退休年資之多寡，係計算其退休金數額之基礎，故公務人員退休年資之起算日、得計入與不得計入之任職年資種類、如何採計、退休後再任公務人員年資採計及其採計上限等有關退休年資採計事項，為國家對公務人員實現照顧義務之具體展現，對於公務人員退休金請求權之內容有重大影響；且其有關規定之適用範圍甚廣，財政影響深遠，應係實現公務人員服公職權利與涉及公共利益之重要事項，而屬法律保留之事項，自須以法律明定之（釋字第443、614號解釋參照）。上開應以法律規定之退休年資採計事項，若立法機關以法律授權行政機關發布命令為補充規定時，其授權之目的、內容、範圍應明確。若僅屬執行法律之細節性、技術性次要事項，始得由主管機關發布命令為必要之規範，惟其內容不得牴觸母法或對公務人員之權利增加法律所無之限制（釋字第568、650、657號解釋參照）。 為實踐照顧退休公務人員之目的，平衡現職公務人員與退休公務人員間之合理待遇，有關退休後再任公務人員之重行退休制度，其建構所須考量之因素甚多，諸如任職年資採計項目與範圍、再任公務人員前之任職年資是否合併或分段採計、如何避免造成相同年資等條件之再任公務人員與非再任公務人員之退休給與有失衡之情形、是否基於整體公務人員退休權益之公平與國家財政等因素之考量而有限制最高退休年資之必要等，均須相當期間妥為規畫，並以法律或法律具體明確授權之法規命令詳為規定。相關機關至遲應於本解釋公布之日起2年內，依本解釋意旨，檢討修正公務人員退休法及相關法規，訂定適當之規範。屆期未完成修法者，上開施行細則第13條第2項失其效力。
相關法令	憲法第18、23條（36.1.1） 司法院釋字第443、568、575、605、614、650、657號解釋 公務人員退休法第6、8、13條（105.5.11） 公務人員退休法第13、16-1條（97.8.6） 公務人員退休法施行細則第13條（94.10.17）
評論或影響	劉昌坪律師表示，在釋字第575號解釋時，大法官即曾指出：「憲法第18條規定人民有服公職之權利，旨在保障人民有依法令從事於公務，暨由此衍生享有之身分保障、俸給與退休金等權利。」釋字第658號解釋更明確表示，國家對於公務人員有給付退休金之「義務」，公務員則有請求退休金之「權利」。[3] 國家對於公務人員退休金、俸給等保障，不純粹視為國家之恩惠，而是國家之義務，國家必須合理照顧退休公務人員之生活，退休金及相關福利之給付，即屬國家照顧義務之一環，故宣告公務人員退休法施行細則第13條第2項違憲。

3　劉昌坪，〈別再用釋字717號解釋誤導年改議題〉，《中華民國全國公務人員協會》，2018年10月4日，https://ncsatw.org/news/39。

第730號	再任公立學校教職員重行退休年資計算案
時間	民國104年6月18日
案情	1.林○子曾任前臺灣省立臺南師範專科學校工友，其於74年3月間辦理退職並領取退職金。嗣後，聲請人再任國立臺南大學組員，並於98年1月間退休；惟其重行退休之退休金年資採計，依學校教職員退休條例施行細則第19條第2項規定，不得超過學校教職員退休條例第5條及第21條之1第1項所定之最高標準。聲請人不服，經用盡審級救濟後，認確定終局裁判所適用之系爭規定，及銓敘部90年4月10日90退三字第2010757號書函，有違憲之虞，聲請釋憲。 2.呂○福曾先任職於台電公司，退休後再任國立新竹教育大學教授。而後，聲請人申請於98年間退休，惟其重行退休之退休金年資採計，亦同受系爭規定所限制，對此聲請人不服而提起訴訟。聲請人認確定終局裁判所適用之系爭規定，及系爭條例施行細則第19條第1項規定，有違憲之虞，聲請釋憲。
解釋爭點	學校教職員退休條例施行細則第19條第2項規定，違憲？
解釋文	學校教職員退休條例施行細則第19條第2項有關已領退休（職、伍）給與或資遣給與者再任或轉任公立學校教職員重行退休時，其退休金基數或百分比連同以前退休（職、伍）基數或百分比或資遣給與合併計算，以不超過同條例第5條及第21條之1第1項所定最高標準為限之規定，欠缺法律具體明確之授權，對上開人員依同條例請領退休金之權利，增加法律所無之限制，侵害其受憲法第15條保障之財產權，與憲法第23條法律保留原則有違，應自本解釋公布之日起，至遲於屆滿1年時失其效力。
釋憲要點	人民之財產權應予保障，憲法第15條定有明文。公立學校教職員依學校教職員退休條例（下稱系爭條例）請領退休金之權利，乃屬憲法保障之財產權。對上開權利加以限制，須以法律定之或經立法機關具體明確授權行政機關以命令訂定，始無違於憲法第23條之法律保留原則（釋字第443號、第488號解釋參照）。系爭條例施行細則第19條第2項規定：「前項人員重行退休時，其退休金基數或百分比連同以前退休（職、伍）基數或百分比或資遣給與合併計算，以不超過本條例第五條及第二十一條之一第一項所定最高標準為限……。」（下稱系爭規定）係限制同條第1項所指已領退休（職、伍）給與或資遣給與者再任或轉任公立學校之教職員，依系爭條例請領退休金之權利，自應經法律具體明確授權始得定之。 為實踐照顧退休公立學校教職員之目的，平衡現職教職員與退休教職員間之合理待遇，有關退休後再任公立學校教職員之重行退休制度，其建構所須考量之因素甚多，諸如任職年資採計項目與範圍、再任公立學校教職員前之任職年資是否合併或分段採計、如何避免造成相同年資等條件之再任公立學校教職員與非再任公立學校教職員之退休給與有失衡之情形、是否基於整體公立學校教職員退休權益之公平與國家財政等因素之考量而有限制最高退休年資之必要等，均應妥為規畫，並以法律或法律具體明確授權之法規命令詳為規定。相關機關至遲應於本解釋公布之日起1

	年內，依本解釋意旨，檢討修正系爭條例及相關法規，訂定適當之規範。屆期未完成修法者，系爭規定失其效力。
相關 法令	憲法第15、23條（36.1.1） 司法院釋字第443、488號解釋 學校教職員退休條例第5、8、14、21-1、22條（105.6.8） 學校教職員退休條例施行細則第19條（106.4.7）
評論或 影響	李劍非律師表示，此號釋憲案所彰顯更重要之意義，乃是從釋字第658號解釋以來之司法懈怠事實，即行政法院拒絕於個案中適用憲法及大法官解釋，即使大法官已於前案透過大法官解釋宣告極為類似之法律條文違憲，行政法院還是拒絕參考大法官意旨，為人民於個案中運用合憲解釋或拒絕釋用行政命令等方式，為人民落實個案救濟，本案聲請人仍須透過三級三審後，透過大法官再度以解釋宣告法規違憲，方取得一線救濟之曙光。釋字第730號解釋為行政法院淪為大法官說一動作一動之人民敗訴法院，無法落實司法提供及時有效救濟之核心功能，提供最好之啟示。[4]

第766號　國民年金法之遺屬年金請領案

時間	民國107年7月13日
案情	林○泰為配偶於97年10月1日加入國民年金保險，其配偶於99年6月23日死亡。林○泰向國民年金保險之保險人勞工保險局（103年2月17日更名為勞動部勞工保險局）馬公勞保站申請國民年金保險之喪葬給付。嗣於101年1月30日始申請發給遺屬年金。勞保局以101年3月6日保國四字第D00000037469號函核定，自101年1月起按月發給新臺幣3,500元之遺屬年金。聲請人不服核定處分，認係因勞保局怠於告知申請遺屬年金事宜，以致遲誤，其遺屬年金應溯自99年7月，其符合申請條件時發給，勞保局應補發99年7月至100年12月止18個月每月3,000元之遺屬年金，共計5萬4,000元，乃循序申請爭議審議及提起訴願，均遭駁回，遂提起行政訴訟。經臺灣澎湖地方法院以101年度簡字第2號行政訴訟判決駁回，聲請人提起上訴，高雄高等行政法院102年度簡上字第14號裁定，以未具體指摘原判決違背法令，上訴不合法駁回確定，聲請人認確定終局判決所適用之100年6月29日修正公布國民年金法第18條之1規定（104年12月30日修正公布改列為同條第1項，國民年金遺屬年金係「自提出申請且符合條件之當月起」按月發給，相較勞工保險條例第65條之1第3項規定，勞工保險遺屬年金可追溯補給提出請領日起前五年得領取之給付，同為社會保險，並無特殊理由竟為不同處理，有牴觸憲法第7條平等原則並侵害憲法第15條財產權之疑義，聲請釋憲。

4　李劍非，〈拒絕適用憲法的行政法院——釋字第七三〇號解釋評釋〉，《月旦裁判時報》，第44期，2016年2月1日，頁1。

解釋爭點	100年6月29日修正公布之國民年金法第18條之1規定，遺屬年金自提出申請且符合條件之當月起按月給付部分，是否有違憲法第15條保障財產權及生存權之意旨？
解釋文	100年6月29日修正公布之國民年金法第18條之1（104年12月30日修正公布改列為同條第1項）規定：「依本法發給之各項給付為年金者，除老年年金給付自符合條件之當月起按月發給至死亡當月為止外，其他年金給付自提出申請且符合條件之當月起按月發給至應停止發給或死亡之當月止。」其中有關105年2月29日以前發生死亡事故者，上開規定限制以遺屬提出申請且符合條件之當月為領取遺屬年金之始點部分，不符憲法第23條比例原則，與憲法第15條保障財產權及生存權之意旨有違，應自本解釋公布之日起不再適用。其遺屬得準用國民年金法第18條之1第2項規定，申請保險人依法追溯補給尚未罹於同法第28條所定5年時效之遺屬年金。
釋憲要點	憲法第155條前段規定：「國家為謀社會福利，應實施社會保險制度。」基於前開憲法委託，立法者對於社會保險制度有較大之自由形成空間（釋字第568號解釋參照），是社會保險給付之請領要件及金額，應由立法者衡酌國家財政資源之有限性、人口增減及結構變遷可能對社會保險帶來之衝擊等因素而為規範。惟人民依社會保險相關法律享有之社會保險給付請求權，具有財產上價值，應受憲法第15條財產權之保障；如其內容涉及人民最低限度生存需求，則應兼受憲法第15條生存權之保障。對此等兼受生存權保障之社會保險給付請求權之限制，即應受較為嚴格之審查。 國民年金保險係國家為實現人民享有人性尊嚴之生活，依憲法第155條及增修條文第10條第8項實施社會保險制度之基本國策而建立之社會福利措施，為社會保險之一種（立法院公報第96卷第58期第132、135頁參照）。國民年金法即係依上開憲法意旨而制定之法律，旨在「確保未能於相關社會保險獲得適足保障之國民於老年、生育及發生身心障礙時之基本經濟安全，並謀其遺屬生活之安定。」（國民年金法第1條參照）國民年金法第40條第1項規定：「被保險人死亡者、符合第二十九條規定而未及請領老年年金給付前死亡者，或領取身心障礙或老年年金給付者死亡時，遺有配偶、子女、父母、祖父母、孫子女或兄弟、姊妹者，其遺屬得請領遺屬年金給付。」遺屬年金係被保險人死亡事故發生時之主要保險給付，目的在謀求遺屬生活之安定，故被保險人之遺屬作為遺屬年金之受益人依法享有之遺屬年金給付請求權，屬社會保險給付請求權，具有財產上價值，應受憲法財產權之保障。且得請領遺屬年金之遺屬，或為未成年人，或為無謀生能力者，或為每月工作收入未超過其領取遺屬年金給付時之月投保金額者等（國民年金法第40條第2項參照），其等常因被保險人死亡頓失依怙而陷難以維持最低生活需求，因此遺屬年金之給付亦涉及被保險人遺屬受憲法第15條保障之生存權。綜上，立法者就兼受財產權與生存權保障之遺屬年金給付請求權之限制，應符合憲法第23條比例原則之規定，並受較為嚴格之審查。亦即，其目的須為追求重要公益，所採手段與目的之達成間須具有實質關聯。

相關法令	憲法第15、23、155條（36.1.1） 憲法增修條文第10條第8項（94.6.10） 司法院釋字第568號解釋 國民年金法第1、18-1、28、40條（109.6.3） 衛生福利部衛部保字第107110415號函
評論或影響	衛生福利部為因應此號釋憲案之解釋，於107年9月7日訂定「因應司法院釋字第766號解釋，有關105年2月29日前發生死亡事故之國民年金保險遺屬年金給付處理原則」，只要105年2月29日前死亡，符合給付條件之遺屬未於被保險人死亡當月提出遺屬年金給付申請者均可適用，且將以初次申請日（即原申請日）為基準，追溯補發5年內可得領取之給付，遺屬年金給付申請案經勞保局核定且已確定者，需另行向勞保局提出申請補發外（不設申請期限），其餘釋憲聲請人、遺屬年金給付申請案勞保局尚未核定或行政救濟中之案件，勞保局將主動追溯補發，衛生福利部表示，初步估計約有7萬3,000餘人受惠。[5]

有關財產權之釋憲案

第349號　共有物分割分管契約對受讓人繼續存在案

時間	民國83年6月3日
案情	楊○杰等3人分別於73至76年間購入同位於臺北市某房屋，該等房屋之前屋主前於64年與建商葉○記工程公司訂立合建契約時，同意將依建築法規規定建物應強制附設之法定停車空間附設於預留之法定空地上，約定按合建雙方抽分比例使用，嗣合建之房地即由建商及原地主與原始購屋戶分別訂定「預定房屋契約」及「土地買賣契約書」出售其房地。所出售之土地持分包括前述法定空地停車位之所有權在內，嗣後聲請人購得該房地所有權持分，並依持分比例繳納地價稅，而日後過戶移轉共有土地予他人時，亦須繳納土地增值稅。但葉○記公司就前述法定空地停車位，單獨占有並為管理、使用、收益等處分行為，排除包括聲請人在內全體123位共有人之收益、使用、處分等所有權權能，聲請人乃以該大廈125號、137號、32號3戶管理委員會主任委員既共有人身分代表全體共有人依民法第821條規定，於79年3月14

5　社會保險司，〈衛生福利部因應司法院釋字766號解釋，針對105年2月29日前死亡者，訂定國保遺屬年金給付處理原則〉，《衛生福利部》，2018年9月14日，https://www.mohw.gov.tw/cp-3800-43866-1.html。

	日為回復共有人全體之利益而提起訴訟，訴請葉○記公司不得單獨占有該停車位及為管理、使用、收益等處分，並確認該法定空地停車位使用權等權能為全體共有人所共有。但此聲請案經臺北地方法院、臺灣高等法院、最高法院認為，建商與原地主間之合建契約中，就大廈法定空地已成立分管契約，此分管契約轉載於房屋預定契約書內，雖係債權契約，亦拘束所有承購戶，聲請人雖輾轉購得房地，但在點交時知悉分管之內容，自應受契約之拘束，故駁回聲請人之上訴。聲請人不服，聲請釋憲。
解釋爭點	認共有物分割分管契約對受讓人繼續存在之判例違憲？
解釋文	最高法院48年度台上字第1065號判例，認為「共有人於與其他共有人訂立共有物分割或分管之特約後，縱將其應有部分讓與第三人，其分割或分管契約，對於受讓人仍繼續存在」，就維持法律秩序之安定性而言，固有其必要，惟應有部分之受讓人若不知悉有分管契約，亦無可得而知之情形，受讓人仍受讓與人所訂分管契約之拘束，有使善意第三人受不測損害之虞，與憲法保障人民財產權之意旨有違，首開判例在此範圍內，嗣後應不再援用。至建築物為區分所有，其法定空地應如何使用，是否共有共用或共有專用，以及該部分讓與之效力如何，應儘速立法加以規範，併此說明。
釋憲要點	民法上之法律行為，有債權行為與物權行為，除法律有特別規定外，前者於特定人間發生法律上之效力，後者於以公示方法使第三人得知悉之狀態下，對任何第三人均發生法律上之效力。故動產以交付為公示方法，不動產以登記為公示方法，而以之作為權利取得、喪失、變更之要件，以保護善意第三人。如其事實為第三人明知或可得而知，縱為債權契約，其契約內容仍非不得對第三人發生法律上之效力。最高法院48年度台上字第1065號判例，認為「共有人於與其他共有人訂立共有物分割或分管之特約後，縱將其應有部分讓與第三人，其分割或分管契約，對於受讓人仍繼續存在」，就維持法律秩序之安定性而言，固有其必要，惟應有部分之受讓人若不知悉有分管契約，亦無可得而知之情形，受讓人仍受讓與人所訂分管契約之拘束，有使善意第三人受不測損害之虞，與憲法保障人民財產權之意旨有違，上述判例在此範圍內，嗣後應不再援用。至建築物為區分所有，其法定空地應如何使用，是否共有共用或共有專用，以及該部分讓與之效力如何，應儘速立法加以規範，併此說明。
相關法令	憲法第15條（36.1.1） 民法第820、824條（74.6.3） 最高法院48年台上字第1065號民事判例
評論或影響	根據《天秤座法律網》網站表示，分管契約性質上屬債權行為，針對訂立契約之共有人當然具有拘束，但是若共有人中有人將應有部分讓與第三人時，此號釋憲案解釋為保護善意第三人，維持交易之安全，只有在受讓人知悉或可得而知分管契約存

	在時，才會受到分管契約拘束。⁶故若受讓人明知或可得而知時，則分管契約及於受讓人；但若受讓人不知，亦無可得而知之情形時，則分管契約不及於受讓人。⁷

第621號　罰鍰處分具執行力後義務人死亡強制執行案

時間	民國95年12月22日
案情	潘劉○蘭因違反土地稅法第55條之2（業於89.1.26公布刪除）等規定，遭彰化縣稅捐稽徵處認裁處罰鍰新臺幣260餘萬元。潘劉○蘭不服，於逾訴願期間始提起訴願、再訴願，均遭程序駁回。提起行政訴訟後，於89年間訴訟繫屬中死亡，臺中高等行政法院以89年度訴字第201號裁定不合法駁回；其繼承人潘○鐘等人聲明承受訴訟並提起抗告，亦經最高行政法院於以91年度裁字第230號裁定不合法駁回。原處分機關於案件確定後即移送強制執行，潘○鐘等人先後向原處分機關及財政部陳請免對繼承人執行，均未獲准。案經監察院調查，就行政罰鍰裁處確定後，未執行完成前，受處分人死亡，是否仍得依行政執行法第15條規定對其遺產強制執行等問題，認行政罰鍰之處分確定後仍具一身專屬性，不得依行政執行法第15條規定對受處分人之遺產強制執行，亦不得對繼承人之固有財產為執行，財政部認上開土地增值稅違章罰鍰案件不應免予執行，嚴重侵害人民之權益，核有違失，於92年間對行政院提出糾正案。嗣行政三度就監察院函表示：行政罰鍰雖具一身專屬性，然仍得依行政執行法第15條規定對受處分人之遺產強制執行，惟不得對繼承人之固有財產為執行，上開案件不免予執行並無違誤。監察院爰就其職權上適用行政執行法第15條規定所持見解，與行政院適用同一規定所表示之見解有異，聲請釋憲。
解釋爭點	罰鍰處分具執行力後義務人死亡，得否強制執行？
解釋文	行政執行法第15條規定：「義務人死亡遺有財產者，行政執行處得逕對其遺產強制執行」，係就負有公法上金錢給付義務之人死亡後，行政執行處應如何強制執行，所為之特別規定。罰鍰乃公法上金錢給付義務之一種，罰鍰之處分作成而具執行力後，義務人死亡並遺有財產者，依上開行政執行法第15條規定意旨，該基於罰鍰處分所發生之公法上金錢給付義務，得為強制執行，其執行標的限於義務人之遺產。
釋憲要點	行政罰鍰係人民違反行政法上義務，經行政機關課予給付一定金錢之行政處分。行政罰鍰之科處，係對受處分人之違規行為加以處罰，若處分作成前，違規行為人死亡者，受處分之主體已不存在，喪失其負擔罰鍰義務之能力，且對已死亡者再作

6　〈分管契約是什麼？對應有部分的受讓人有效力嗎〉，《天秤座法律網》，https://www.justlaw.com.tw/ViewLawTxt.php?page=1&id=1685。

7　陳嘉惠，〈何謂分管契約之物權化？（釋字349）〉，《高雄市立空中大學》，2012年4月11日，http://ilms.ouk.edu.tw/97110180/doc/10995。

	懲罰性處分，已無實質意義，自不應再行科處。院字第1924號解釋「匿報契價之責任，既屬於死亡之甲，除甲之繼承人仍應照章補稅外，自不應再行處罰」，即係闡明此旨。 罰鍰處分後，義務人未繳納前死亡者，其罰鍰繳納義務具有一身專屬性，至是否得對遺產執行，於法律有特別規定者，從其規定。蓋國家以公權力對於人民違反行政法規範義務者科處罰鍰，其處罰事由必然與公共事務有關。而處罰事由之公共事務性，使罰鍰本質上不再僅限於報應或矯正違規人民個人之行為，而同時兼具制裁違規行為對國家機能、行政效益及社會大眾所造成不利益之結果，以建立法治秩序與促進公共利益。行為人受行政罰鍰之處分後，於執行前死亡者，究應優先考量罰鍰報應或矯正違規人民個人行為之本質，而認罰鍰之警惕作用已喪失，故不應執行；或應優先考量罰鍰制裁違規行為外部結果之本質，而認罰鍰用以建立法治秩序與促進公共利益之作用，不因義務人死亡而喪失，故應繼續執行，立法者就以上二種考量，有其形成之空間。
相關 法令	司法院院字第1924號解釋 司法院院解字第2911號解釋 行政執行法第2、15、43條（94.6.22） 行政執行法施行細則第2條（95.1.6） 民法第1148條（91.6.26） 訴願法第14、18條（89.6.14） 行政訴訟法第4、186條（87.10.28） 民事訴訟法第168、176條（92.6.25）
評論或 影響	此號釋憲案影響後來相關法律之制定，例如財政部賦稅署於110年3月29日發布之「稅務違章納稅義務人死亡者，其應納罰鍰之處理原則」規定：稅務違章案件之受處分人死亡，其罰鍰處分之處理原則如下：一、受處分人於罰鍰處分送達前死亡，因受處分主體已不存在，該處分不生效力，免予處罰；二、受處分人於罰鍰處分送達後死亡，該處分已生效且具執行力，依司法院釋字第621號解釋意旨及行政執行法第15條規定，除經查明確無遺產可供執行外，不得註銷滯欠之罰鍰。[8]

第671號　分別共有土地應有部分設定抵押權案

時間	民國99年1月29日
案情	聲請人廖林○香與案外人徐○程共有坐落桃園縣○○鄉之土地，聲請人持分三分之二，徐○程持分三分之一。嗣該土地於94年12月間經臺灣桃園地方法院裁判分割，

8　〈稅務違章納稅義務人死亡者，其應納罰鍰之處理原則〉，《財政部主管法規共用系統》，2021年3月29日，https://law-out.mof.gov.tw/LawContent.aspx?media=print&id=GL010969。

	聲請人與徐○程均因該分割而取得各自單獨所有之土地。惟徐○程在裁判分割前，已就其原所有之分割前土地三分之一部分，分別設定登記本金最高限額各為新臺幣840萬、6,000萬及1,000萬之抵押權與中○○和股份有限公司、臺灣○○銀行及金○合實業股份有限公司，惟前開分割共有物判決確定後，上開抵押權卻隨同移轉至聲請人所取得之土地。由於聲請人毫無知悉徐○程與該3家公司設定抵押權，且亦未獲絲毫利益，將抵押權隨同移轉至聲請人分割後所分得之土地上，使聲請人意外負擔抵押之義務，而嚴重妨害聲請人所有權之行使。聲請人乃依物上請求權及不當得利之法律關係，向桃園地方法院起訴請求塗銷上揭3家公司之抵押權。桃園地方法院判決聲請人敗訴，經上訴至臺灣高等法院，該院判決聲請人勝訴，且3家公司中之2家公司並未上訴。但中○○和公司不服而上訴，最高法院將該部分判決廢棄發回。臺灣高等法院97年度上更（一）字第73號民事判決，依最高法院發回意旨，駁回聲請人之訴。聲請人上訴後，復經最高法院裁定駁回上訴。聲請人遂以確定終局裁判所適用之土地登記規則第107條及民法第825條規定有違憲疑義，聲請釋憲。
解釋爭點	土地登記規則第107條違憲？
解釋文	憲法第15條關於人民財產權應予保障之規定，旨在確保個人依財產之存續狀態行使其自由使用、收益及處分之權能，不得因他人之法律行為而受侵害。分別共有不動產之應有部分，於設定抵押權後，共有物經分割者，其抵押權不因此而受影響（民法第825、868條規定參照）。於分割前未先徵得抵押權人同意者，於分割後，自係以原設定抵押權而經分別轉載於各宗土地之應有部分，為抵押權之客體。是強制執行時，係以分割後各宗土地經轉載抵押權之應有部分為其執行標之物。於拍定後，因拍定人取得抵押權客體之應有部分，由拍定人與其他共有人，就該不動產全部回復共有關係，其他共有人回復分割前之應有部分，經轉載之應有部分抵押權因已實行而消滅，從而得以維護其他共有人及抵押權人之權益。準此，90年9月14日修正發布之土地登記規則第107條之規定，符合民法規定之意旨，亦與憲法第15條保障人民財產權之規定，尚無牴觸。
釋憲要點	分別共有不動產之應有部分，於設定抵押權後，共有物經分割者，其抵押權不因此而受影響（民法第825、868條規定參照）。90年9月14日修正發布之土地登記規則第107條規定：「分別共有土地，部分共有人就應有部分設定抵押權者，於辦理共有物分割登記時，該抵押權按原應有部分轉載於分割後各宗土地之上。但經先徵得抵押權人同意者，該抵押權僅轉載於原設定人分割後取得之土地上。」（下稱系爭規定）亦即於分割前已先徵得抵押權人同意之情形，始以原設定人分割後取得之土地為抵押權之客體。對於分割前未先徵得抵押權人同意之情形，系爭規定抵押權之轉載方式，固可避免應有部分之抵押權人因分割而受不利益，但系爭規定將該抵押權轉載於分割後各宗土地之上，致使其他分別共有人取得之土地，亦有抵押權負擔，且抵押權人得以轉載於該土地經抵押之應有部分拍賣取償。然抵押權之客體既為原共有物之應有部分，故於分割前未先徵得抵押權人同意者，於分割後，自係以

	原設定抵押權而經分別轉載於各宗土地之應有部分，為抵押權之客體。是強制執行時，係以轉載於分割後各宗土地經抵押之應有部分，為其執行標之物。於拍定後，因拍定人取得抵押權客體之應有部分，由拍定人與其他共有人，就該不動產全部回復共有關係，其他共有人回復分割前之應有部分，經轉載之應有部分抵押權因已實行而消滅，從而得以維護其他共有人及抵押權人之權益。準此，系爭規定符合民法規定之意旨，亦與憲法第15條保障人民財產權之規定，尚無牴觸。
相關法令	憲法第15條（36.1.1） 司法院釋字第141、400、562號解釋 民法第819、825、868條（104.6.10） 土地登記規則第107條（90.9.14）
評論或影響	針對此號釋憲案，前司法院副院長蘇永欽表示，作為市場經濟參與者基本遊戲規則之民事財產法，主要功能在於保障人們追求財富之努力以及保護既得之財產，因此雖然與其他法律一樣直接受基本權之拘束。但因為此一遊戲規則之性格使其直接「限制」主觀財產權，而需受到種種原則檢驗之機會不大，如何從憲法財產權保障之意旨，找出比較清楚可操作之客觀內涵，來對此類規範作適當之控制，是大法官審查民法時，在方法上最大之考驗。此號釋憲案審查民法之配套命令土地登記規則，結論完全正確。[9]

第672號　攜外幣出入境未申報應沒入案

時間	民國99年2月12日
案情	1. 林○楨於94年12月間搭乘班機入境，由綠線檯通過遭關員攔檢，查獲人民幣現鈔2萬元及未依規定申報之港幣現鈔160萬元，認聲請人涉及違反管理外匯條例第11條之情事。當場發還免申報之等值美金1萬元之港幣外，其餘港幣現金共152萬元，依同條例第24條第3項規定沒入。聲請人不服，經訴願、行政訴訟程序後，認最高行政法院97年度裁字第12號裁定所適用之系爭規定，違反憲法平等原則、財產權保障及比例原則，聲請釋憲。 2. 張○居於96年4月間擬搭機出境時，被查獲攜帶日幣4,000萬元。因聲請人未依管理外匯條例第11條規定據實申報，經財政部臺北關稅局依財政部92年3月21日台財融（五）字第0925000075號令意旨，當場發還免申報等值美金1萬元之日幣外，其餘未依規定申報之日幣現鈔3,880萬元，依管理外匯條例第24條第3項規定沒入。聲請人不服，經訴願、行政訴訟後，認最高行政法院98年度裁字第128號裁定所適用之系爭規定，牴觸憲法第15條保障人民財產權、第23條之比例原則與法律保留原則，聲請釋憲。

9　蘇永欽，〈民事財產規範的違憲審查——第671號解釋的審查方法〉，《法令月刊》，第61卷第6期，2010年6月，頁4。

	3.黃○華於97年10月搭乘班機入境，由綠線檯通過遭關員攔檢，查獲未依規定申報之港幣現鈔48萬5,100元，認聲請人違反管理外匯條例第11條規定，當場發還免申報等值美金1萬元之港幣，其餘40萬5,500元依同條例第24條第3項規定沒入。聲請人不服，經訴願、行政訴訟程序後，認最高行政法院98年度裁字第3171號裁定所適用之系爭規定，牴觸憲法第15條保障人民財產權及第23條比例原則，聲請釋憲。
解釋爭點	管理外匯條例等攜外幣出入境未申報應沒入規定違憲？
解釋文	管理外匯條例第11條、第24條第3項及財政部92年3月11日台財融（五）字第0925000075號令，關於攜帶外幣出入國境須報明登記，違反者應予沒入之規定，與憲法第15條保障人民財產權、憲法第23條之比例原則及法律明確性原則，尚無牴觸。
釋憲要點	憲法第15條規定人民財產權應予保障，旨在確保個人依財產之存續狀態行使其自由使用、收益及處分之權能，並免於遭受公權力或第三人之侵害，俾能實現個人自由、發展人格及維護尊嚴（釋字第400號解釋參照）。立法機關對人民財產權之限制，如合於憲法第23條所定必要程度，並以法律定之或明確授權行政機關訂定法規命令者，即與上開憲法意旨無違，迭經解釋在案（釋字第313、488、600號解釋參照）。行政罰之沒入，係對人民財產不法所得或違反行政法上義務之行為，對其財產加以強制剝奪，其規定應合乎上開意旨，乃屬當然。 管理外匯條例第11條規定：「旅客或隨交通工具服務之人員，攜帶外幣出入國境者，應報明海關登記；其有關辦法，由財政部會同中央銀行定之。」財政部92年3月11日台財融（五）字第0925000075號令：「旅客或隨交通工具服務之人員，攜帶外幣出、入國境超過等值壹萬美元者，應報明海關登記。」同條例第24條第3項規定：「攜帶外幣出入國境，不依第十一條規定報明登記者，沒入之；申報不實者，其超過申報部分沒入之。」上開關於申報與沒入之規定（下稱系爭規定），係為平衡國際收支，穩定金融（同條例第1條參照），兼有防制經濟犯罪之作用，其目的洵屬正當。
相關法令	憲法第15、23條（36.1.1） 司法院釋字第313、400、488、600號解釋 管理外匯條例第11、24條（98.4.29） 行政程序法第154、157條（104.12.30） 中央法規標準法第3條（93.5.19） 財政部92年3月21日台財融（五）字第0925000075號令
評論或影響	此號釋憲案雖然認為，管理外匯條例第11條、第24條第3項及財政部92年3月11日台財融（五）字第0925000075號令，關於攜帶外幣出入國境須報明登記，違反者應予沒入之規定，與憲法第15條保障人民財產權、第23條之比例原則及法律明確性原

則，尚無牴觸。但是對於申報之程序、方式等事項則並未規定，不符「正當程序保障」（due process garantee）之原則，應由有關機關儘速檢討修正。[10]

第770號　企業併購法現金逐出合併暨股東及董事利益迴避案

時間	民國107年11月30日
案情	玉禮實業股份有限公司（代表人賴○峰）原本持有台固公司70萬股，該公司經股東常會決議，與台信公司合併。合併之後，台固公司消滅、台信公司存續，台信公司以每股8.3元作為台固公司股份的對價，並改名為台灣固網股份有限公司。聲請人在合併後，股份被依照上述價格，轉換成581萬元，託管在證券公司，失去其對台固公司之股份，被股東會決議現金逐出。聲請人對存續之台灣固網公司跟原來台固公司董事長蔡○忠提起損害賠償訴訟，請求返還股票，一路打到最高法院敗訴確定。聲請人認為，確定終局判決所適用之企業併購法第4條第3款規定：「合併：指依本法或其他法律規定參與之公司全部消滅，由新成立之公司概括承受消滅公司之全部權利義務；或參與之其中一公司存續，由存續公司概括承受消滅公司之全部權利義務，並以……現金……作為對價之行為。」及91年2月6日制定公布之企業併購法（下稱舊法）第18條第5項規定：「公司持有其他參加合併公司之股份，或該公司或其指派代表人當選為其他參加合併公司之董事者，就其他參與合併公司之合併事項為決議時，得行使表決權。」有牴觸憲法第7、15、22、23條之疑義，聲請釋憲。[11]
解釋爭點	企業併購法第4條第3款許現金逐出合併，以及91年2月6日制定公布之同法第18條第5項排除公司法有關利益迴避規定之適用，是否違反憲法第15條保障人民財產權之意旨？
解釋文	企業併購法第4條第3款規定：「合併：指依本法或其他法律規定參與之公司全部消滅，由新成立之公司概括承受消滅公司之全部權利義務；或參與之其中一公司存續，由存續公司概括承受消滅公司之全部權利義務，並以……現金……作為對價之行為。」以及91年2月6日制定公布之同法第18條第5項規定：「公司持有其他參加合併公司之股份，或該公司或其指派代表人當選為其他參加合併公司之董事者，就其他參與合併公司之合併事項為決議時，得行使表決權。」然該法104年7月8日修正公布前，未使因以現金作為對價之合併而喪失股權之股東，及時獲取合併對公司利弊影響暨有前揭企業併購法第18條第5項所列股東及董事有關其利害關係之資訊，亦未就股份對價公平性之確保，設置有效之權利救濟機制，上開二規定於此範圍內，與憲法第15條保障人民財產權之意旨有違。

10　湯德宗，〈法官釋字第672號解釋評析〉，《法令月刊》，第61卷第5期，2010年5月，頁5。
11　〈釋字770號：公司合併時，可以強制退股嗎？〉，《一起讀判決》，2018年12月5日，https://casebf.com/2018/12/05/770/。

	聲請人得於本解釋送達之日起2個月內，以書面列明其主張之公平價格，向法院聲請爲價格之裁定。法院應命原因案件中合併存續之公司提出會計師查核簽證之公司財務報表及公平價格評估說明書，相關程序並準用104年7月8日修正公布之企業併購法第12條第8至12項規定辦理。
釋憲 要點	憲法第15條規定人民財產權應予保障，旨在確保人民依財產之存續狀態，行使其自由使用、收益或處分之權能，並免於遭受公權力或第三人之侵害。公司股份本身具有一定之財產價值；於公司營業獲益時，股東有機會參與股息與紅利之分派；且持有普通股之股東亦有參與表決以間接參與公司經營與治理之權；於公司解散時，股東另有賸餘財產分配之權（公司法第232條第1項、第179、330條參照）。是人民所持有之公司股份，亦受憲法第15條財產權之保障。 按合併爲企業尋求發展及促進經營效率之正當方式之一，立法者就此，原則上有相當之立法裁量權限，使企業得以在維護未贊同合併股東之權益下，進行自主合併。惟倘企業合併之內容對未贊同合併股東之權益影響甚大，諸如以強制購買股份之方式使未贊同合併股東喪失股權，或使系爭規定二所示之股東及董事，就其他參加合併公司之合併事項爲決議時，得行使表決權，基於權衡對未贊同合併股東之周全保障，及企業尋求發展與促進效率等考量，立法者至少應使未贊同合併股東及時獲取有利害關係之股東及董事有關其利害關係之資訊，以及就股份對價公平性之確保，設置有效之權利救濟機制，始符憲法第15條保障人民財產權之意旨。
相關 法令	憲法第15條（36.1.1） 企業併購法第4、5、12條（104.7.8） 企業併購法第18條第5項（91.2.6） 公司法第178、179、206、232、330條（107.8.1） 司法院大法官審理案件法第5條第1項第2款（82.2.3）
評論或 影響	根據《一起讀判決》網站表示，此號釋憲案認爲，現行相關規定有兩個違憲之欠缺，包括：第一，被逐出之股東，無規定讓他們即時獲取兩種資訊：1.合併對公司之利弊影響；2.第18條第5項就股東、董事有關之利害關係。第二，股份對價之公平性確保，並無有效權利救濟機制。 就資訊提供部分，後來修正之企業併購法第5條第3項規定：「公司進行併購時，公司董事就併購交易有自身利害關係時，應向董事會及股東會說明其自身利害關係之重要內容及贊成或反對併購決議之理由。」但這個規定，當時還沒有。 就股份對價之公平性部分，在企業併購法中對少數異議股東不願意被併購時，可以請求按公平價格收買，但這個規定並沒有適用股東被動地被現金逐出之情形，而是股東主動要求收買時才有適用。 對於聲請人應如何救濟問題，解釋理由書指出，就資訊提供部分，當時規定欠缺，現在可能難以救濟。但就公平價格部分，應該給聲請人救濟機會，可參考企業併購法提到之股東主動收買規定，在解釋公布後2個月內向法院聲請價格裁定。法院應

要求台灣固網公司提出會計師查核簽證之公司財務報表及公平價格評估說明書，依照少數異議股東，請求價購股份之程序進行。[12]

有關都市計畫之釋憲案

都市計畫（Urban Planning）是處理都市及其鄰近區域的工程建設、經濟、社會、土地利用配置，以及對未來發展預測之專門學問或技術。各國均會制定相關法規，作為推動都市計畫之依據。我政府雖然於民國28年制定都市計畫法，但直到54年才在臺灣實施，後來曾經過多次修正，以符合時代之發展趨勢。該法律後又於110年5月26日修正，現該法共計有九章、87條。本文蒐整5件關於都市計畫較具代表性之大法官釋憲案，以供參考。[13]

第156號　變更都市計畫案

時間	民國68年3月16日
案情	臺北市政府擬定變更景美區溪子口小段都市主要計畫「住宅區及綠地變為機關用地」，而報經內政部核定，則係「瀝青混凝土拌合場用地」。陳○越以臺北市政府未依都市計畫法第21條（修正後為第28條）規定辦理，竟以行政命令逕為之處分，其違法變更標的之行為，已牴觸法律。瀝青混凝土拌合場製造大量噪音、廢氣，晝夜24小時行駛大型卡車800次，產生一氧化碳，嚴重污染空氣之公害工廠，足以損害於公眾，而影響附近數千戶人民生存權益，有違憲法第15、172條各規定，聲請釋憲。
解釋爭點	變更都市計畫為行政處分？得提行政爭訟？
解釋文	主管機關變更都市計畫，係公法上之單方行政行為，如直接限制一定區域內人民之權利、利益或增加其負擔，即具有行政處分之性質，其因而致特定人或可得確定之多數人之權益遭受不當或違法之損害者，自應許其提起訴願或行政訴訟以資救濟，釋字第148號解釋應予補充釋明。

---

12 同前註。
13 〈都市計畫〉，《維基百科》，https://zh.m.wikipedia.org/zh-tw/%E5%9F%8E%E5%B8%82%E8%A7%84%E5%88%92。

釋憲 要點	主管機關變更都市計畫，係公法上之單方行政行為，如直接限制一定區域內人民之權利、利益或增加其負擔，即具有行政處分之性質，其因而致使特定人或可得確定之多數人之權益遭受不當或違法之損害者，依照訴願法第1條、第2條第1項及行政訴訟法第1條之規定，自應許其提起訴願或行政訴訟，以資救濟。始符憲法保障人民訴願權或行政訴訟權之本旨。此項都市計畫之個別變更，與都市計畫之擬定、發布及擬定計畫機關依規定5年定期通盤檢討所作必要之變更（都市計畫法第26條參照），並非直接限制一定區域內人民之權益或增加其負擔者，有所不同。行政法院59年判字第192號判例，認為：「官署依其行政權之作用，就具體事件所為之單方行政行為，發生公法上具體效果者，不問其對象為特定之何人或某一部分有關係之人民，要不能謂非行政處分。人民如因該行政處分致權利或利益受有損害，自得提起訴願以求救濟；此與官署對於一般人民所為一般性之措施或雖係就具體事件，而係為抽象之規定，不發生公法上具體之效果，影響其權利或利益者不同。本件被告官署變更已公布之都市計畫，……原告以此項變更計畫，將使其所有土地降低其價值，損害其權益，對被告官署此項變更都市計畫之行為，提起訴願，自非法所不許」。其意旨，與此尚屬相符。而同院受理聲請人等因變更都市計畫所提起之行政訴訟事件有無理由，未為實施上之審究，即以主管機關變更都市計畫非屬於對特定人所為之行政處分，人民對之不得提起訴願或行政訴訟等理由，將聲請人等之請求以65年度裁字第103號裁定予以駁回，則與上述意旨有所未合。釋字第148號解釋，應予補充釋明。
相關 法令	憲法第16條（36.1.1） 司法院釋字第148號解釋 訴願法第1、2條（59.12.23） 行政訴訟法第1條（64.12.12） 都市計畫法第26條（62.9.6） 行政法院59年判字第192號判例
評論或 影響	司法監督媒體《法操》稱，此號釋憲案認為在範圍外之人民，亦有可能因為都市計畫之個別變更，而受有權益之侵害。因此，為使人民之權益受侵害時得到法律救濟，就應容許他們提起行政訴訟，請求法院解決問題。[14]該釋憲案乃是釋字對第148號解釋之補充解釋，但自己也被補充解釋過兩次，分別為釋字第774號與第742號解釋。第742號處理之問題為「定期通盤檢討變更」，第774號則是針對「個案變更範圍外之人民」，可否提起救濟之問題。[15]

14 法操，〈釋字第156號解釋〉，《關鍵評論》，2019年1月18日，https://www.thenewslens.com/tag/%E9%87%8B%E5%AD%97%E7%AC%AC156%E8%99%9F%E8%A7%A3%E9%87%8B。

15 〈釋字156號解釋本身是一個補充解釋〉，《一起讀判決》，2019年1月16日，https://zh-cn.facebook.com/legal.taiwan/posts/2176280579096141/。

第709號　都市更新事業概要與計畫審核案

時間	民國102年4月26日
案情	1.新北市土城區大慶信義福邨5層樓集合住宅共90戶，前排40戶因921地震受損依都市更新條例規定辦理重建。嗣新北市政府公告該40戶辦理權利變換，其中部分住戶不滿權利變換內容，而其他住戶亦有主張有權參與重建者，乃有52人對市府核准之都市更新事業計畫暨權利變換計畫之行政處分，共同提起行政爭訟，遭駁回確定，爰主張都市更新條例相關規定違憲，聲請釋憲。 2.王○樹等3人之土地及建物坐落北市陽明段、陳○蘭之土地及建物坐落萬隆段，均為臺北市政府分別納入實施都更，並核准相關都市更新事業計畫及權利變換計畫；彭○三之土地及建物坐落永吉段，因實施都更，臺北市政府核准變更原擬定之都市更新事業計畫及權利變換計畫。三案當事人均不服臺北市政府相關行政處分，分別提起行政爭訟，遭駁回確定，聲請釋憲。
解釋爭點	都市更新條例關於都市更新事業概要及計畫之審核程序規定，違憲？
解釋文	87年11月11日制定公布之都市更新條例第10條第1項（於97年1月16日僅為標點符號之修正）有關主管機關核准都市更新事業概要之程序規定，未設置適當組織以審議都市更新事業概要，且未確保利害關係人知悉相關資訊及適時陳述意見之機會，與憲法要求之正當行政程序不符。同條第2項（於97年1月16日修正，同意比率部分相同）有關申請核准都市更新事業概要時應具備之同意比率之規定，不符憲法要求之正當行政程序。 92年1月29日修正公布之都市更新條例第19條第3項前段（該條於99年5月12日修正將原第3項列為第3、4項）規定，並未要求主管機關應將該計畫相關資訊，對更新單元內申請人以外之其他土地及合法建築物所有權人分別為送達，且未規定由主管機關以公開方式舉辦聽證，使利害關係人得到場以言詞為意見之陳述及論辯後，斟酌全部聽證紀錄，說明採納及不採納之理由作成核定，連同已核定之都市更新事業計畫，分別送達更新單元內各土地及合法建築物所有權人、他項權利人、囑託限制登記機關及預告登記請求權人，亦不符憲法要求之正當行政程序。上開規定均有違憲法保障人民財產權與居住自由之意旨。相關機關應依本解釋意旨就上開違憲部分，於本解釋公布之日起1年內檢討修正，逾期未完成者，該部分規定失其效力。 92年1月29日及97年1月16日修正公布之都市更新條例第22條第1項有關申請核定都市更新事業計畫時應具備之同意比率之規定，與憲法上比例原則尚無牴觸，亦無違於憲法要求之正當行政程序。惟有關機關仍應考量實際實施情形、一般社會觀念與推動都市更新需要等因素，隨時檢討修正之。 92年1月29日修正公布之都市更新條例第22條之1（該條於94年6月22日為文字修正）之適用，以在直轄市、縣（市）主管機關業依同條例第7條第1項第1款規定因戰爭、地震、火災、水災、風災或其他重大事變遭受損壞而迅行劃定之更新地區內，申請辦理都市更新者為限；且係以不變更其他幢（或棟）建築物區分所有權人

	之區分所有權及其基地所有權應有部分為條件，在此範圍內，該條規定與憲法上比例原則尚無違背。
釋憲 要點	憲法第15條規定人民財產權應予保障，旨在確保個人依財產之存續狀態行使其自由使用、收益及處分之權能，並免於遭受公權力或第三人之侵害，俾能實現個人自由、發展人格及維護尊嚴（釋字第400號解釋參照）。又憲法第10條規定人民有居住之自由，旨在保障人民有選擇其居住處所，營私人生活不受干預之自由（釋字第443號解釋參照）。然國家為增進公共利益之必要，於不違反憲法第23條比例原則之範圍內，非不得以法律對於人民之財產權或居住自由予以限制（釋字第596、454號解釋參照）。 憲法上正當法律程序原則之內涵，應視所涉基本權之種類、限制之強度及範圍、所欲追求之公共利益、決定機關之功能合適性、有無替代程序或各項可能程序之成本等因素綜合考量，由立法者制定相應之法定程序（釋字第689號解釋參照）。都市更新之實施不僅攸關重要公益之達成，且嚴重影響眾多更新單元及其週邊土地、建築物所有權人之財產權及居住自由，並因其利害關係複雜，容易產生紛爭。為使主管機關於核准都市更新事業概要、核定都市更新事業計畫時，能確實符合重要公益、比例原則及相關法律規定之要求，並促使人民積極參與，建立共識，以提高其接受度，本條例除應規定主管機關應設置公平、專業及多元之適當組織以行審議外，並應按主管機關之審查事項、處分之內容與效力、權利限制程度等之不同，規定應踐行之正當行政程序，包括應規定確保利害關係人知悉相關資訊之可能性，及許其適時向主管機關以言詞或書面陳述意見，以主張或維護其權利。而於都市更新事業計畫之核定，限制人民財產權及居住自由尤其直接、嚴重，本條例並應規定由主管機關以公開方式舉辦聽證，使利害關係人得到場以言詞為意見之陳述及論辯後，斟酌全部聽證紀錄，說明採納及不採納之理由作成核定，始無違於憲法保障人民財產權及居住自由之意旨。
相關 法令	憲法第10、15、23條（36.1.1） 司法院釋字第400、443、454、596、689號解釋 經濟社會文化權利國際公約第11條（98.12.10） 都市計畫法第63～73條（110.5.26） 都市更新條例第7、10、11、26、36條（87.11.11） 都市更新條例第3、9、19、22、22-1條（92.1.29） 都市更新條例第22-1條（94.6.22） 都市更新條例第10、21、22、31、36條（97.1.16） 都市更新條例第19、36條（99.5.12） 行政程序法第34、92條（104.12.30）
評論或 影響	臺灣大學法學院教授林明鏘表示，2012年3月28日臺北市爆發「士林文林苑事件」後，嚴重影響都更申請案件之審議程序，但可讓中央及地方主管機關有機會重新省視都更條例規定內容之不合理。可惜在行政院所提修正草案版本（修正48條、新增

17條、刪除1條）僅著重技術性內容（例如提升子法為母法內容），並無全面政策性之反省內容，例如：強化權利人之程序保障、增加公權力之介入及主導都更權限、擴大都更單元面積、檢討容積獎勵之浮濫及正當性基礎、貫徹公共利益與都更之公共性等重要議題，大都均被主管機關擱置忽視，直到大法官釋字第709號解釋，由法律觀點再行重新體檢都更條例，突然發現諸多積病（違憲條文）未除（含行政院之修正草案內容），恍如暮鼓晨鐘，驚醒行政及立法部門，讓他們不再沉迷於「程序簡化」、「私（外）部門作主」、「增加容積誘因」、「私人借用公權力」、「拼布都更」之迷思。[16]

另外，律州聯合法律事務所律師蔡志揚表示，大法官針對「文林苑」、「永春警察宿舍社區」、「土城大慶信義福邨」等都更案作成釋字第709號解釋，宣告都更條例第10條第1、2項及第19條第3、4項部分條文違憲，引發都更界震撼。該釋憲案對都更最大之衝擊，就是要求「強制」聽證，雖然會造成額外人力、時間及成本支出，但或許能讓都更「先苦後甘」，對於優質業者而言，反而能藉此澄清一些不理性之爭議，甚至找出最適解決方案。而聽證程序更攸關成熟公民社會之建構，期能藉由「體制內」行政程序之健全，而減少「體制外」之抗爭衝突。[17]

第739號　自辦市地重劃審查案

時間	民國105年7月29日
案情	1.胡○○因繼承而取得之不動產坐落於「臺中市鑫新平自辦市地重劃區」（後更名為臺中市中科經貿自辦市地重劃區）重劃範圍內土地，主張臺中市政府核定重劃籌備會成立及核定籌備會所擬具之重劃計畫書之程序違法，循序訴願遭駁回後，訴經臺中高等行政法院以99年度訴字第125號判決原告之訴駁回，再上訴經最高行政法院以100年度判字第1790號判決上訴駁回而告確定。聲請人認確定判決所適用之平均地權條例第58條第2項、獎勵土地所有權人辦理市地重劃辦法第8、20條規定，有違憲疑義，聲請釋憲。 2.臺灣桃園地方法院仁股法官審理該院103年度訴字第2184號撤銷市地重劃區重劃會會員大會決議等事件，認該案所應適用之平均地權條例第58條第3項規定，有違憲疑義，聲請釋憲。
解釋爭點	獎勵土地所有權人辦理市地重劃辦法第8條第1項發起人申請核定成立籌備會之要件，是否合憲？同辦法第9條第3款、第20條第1項由籌備會申請核定擬辦重劃範圍、第9條第6款、第26條第1項由籌備會為重劃計畫書之申請核定及公告，並通知土地所有權人等規定，是否合憲？同辦法關於主管機關核定擬辦重劃範圍及核准實

16 林明鏘，〈都更條例何去何從？評大法官釋字第709號解釋〉，《財團法人都市更新研究發展基金會》，2013年6月15日，https://www.ur.org.tw/mynews/view/215。
17 蔡志揚，〈「強制」行政聽證──釋字第709號解釋對都市更新的挑戰〉，《財團法人都市更新研究發展基金會》，2013年6月15日，https://www.ur.org.tw/mynews/view/216。

	施重劃計畫之程序，是否合憲？平均地權條例第58條第3項規定之同意比率，是否合憲？
解釋文	獎勵土地所有權人辦理市地重劃辦法第8條第1項發起人申請核定成立籌備會之要件，未就發起人於擬辦重劃範圍內所有土地面積之總和應占擬辦重劃範圍內土地總面積比率為規定；於以土地所有權人7人以上為發起人時，復未就該人數與所有擬辦重劃範圍內土地所有權人總數之比率為規定，與憲法要求之正當行政程序不符。同辦法第9條第3款、第20條第1項規定由籌備會申請核定擬辦重劃範圍，以及同辦法第9條第6款、第26條第1項規定由籌備會為重劃計畫書之申請核定及公告，並通知土地所有權人等，均屬重劃會之職權，卻交由籌備會為之，與平均地權條例第58條第1項規定意旨不符，且超出同條第2項規定之授權目的與範圍，違反法律保留原則。同辦法關於主管機關核定擬辦重劃範圍之程序，未要求主管機關應設置適當組織為審議、於核定前予利害關係人陳述意見之機會，以及分別送達核定處分於重劃範圍內申請人以外之其他土地所有權人；同辦法關於主管機關核准實施重劃計畫之程序，未要求主管機關應設置適當組織為審議、將重劃計畫相關資訊分別送達重劃範圍內申請人以外之其他土地所有權人，及以公開方式舉辦聽證，使利害關係人得到場以言詞為意見之陳述及論辯後，斟酌全部聽證紀錄，說明採納及不採納之理由作成核定，連同已核准之市地重劃計畫，分別送達重劃範圍內各土地所有權人及他項權利人等，均不符憲法要求之正當行政程序。上開規定，均有違憲法保障人民財產權與居住自由之意旨。相關機關應依本解釋意旨就上開違憲部分，於本解釋公布之日起1年內檢討修正，逾期未完成者，該部分規定失其效力。平均地權條例第58條第3項規定，尚難遽謂違反比例原則、平等原則。
釋憲要點	憲法第15條規定人民財產權應予保障，旨在確保個人依財產之存續狀態行使其自由使用、收益及處分之權能，並免於遭受公權力或第三人之侵害，俾能實現個人自由、發展人格及維護尊嚴（釋字第400號解釋參照）。又憲法第10條規定人民有居住之自由，旨在保障人民有選擇其居住處所，營私人生活不受干預之自由（釋字第443號解釋參照）。國家為增進公共利益，固得以法律或法律明確授權之法規命令對於人民之財產權或居住自由予以限制，惟依法律授權訂定之法規命令，仍不得牴觸其授權之目的、內容及範圍，方符憲法第23條法律保留原則。又憲法上正當法律程序原則之內涵，應視所涉基本權之種類、限制之強度及範圍、所欲追求之公共利益、決定機關之功能合適性、有無替代程序或各項可能程序之成本等因素綜合考量，由立法者制定相應之法定程序（釋字第689、709號解釋參照）。 自辦市地重劃個案係由部分土地所有權人申請主管機關核定成立之籌備會發動，此發動將使重劃範圍（平均地權條例第56條至第60條之1所稱重劃區、重劃地區，及獎勵重劃辦法所稱重劃區、重劃範圍、重劃區範圍等語，本解釋概稱重劃範圍）內之土地所有權人，被迫參與自辦市地重劃程序，面臨人民財產權與居住自由被限制之危險。又土地所有權人於自辦市地重劃範圍經核定後，因主管機關得公告禁止或限制重劃範圍內土地之移轉及建築改良物之新建等，對其土地及建築改良物之使用、收益、處分權能已造成一定之限制；於執行重劃計畫時，亦應依主管機關核定

	之重劃計畫內容，負擔公共設施用地、工程費用、重劃費用、貸款利息，並僅於扣除重劃負擔後之其餘土地達最小分配面積標準時才可受土地分配（平均地權條例第59、第60條、第60條之1、獎勵重劃辦法第2條、市地重劃實施辦法第11至13條規定參照），而受有財產權及居住自由之限制。申請主管機關核定成立籌備會之要件、主管機關核定擬辦重劃範圍及核准實施重劃計畫應遵行之程序，暨申請核准實施重劃計畫合法要件之同意比率規定，均爲整體行政程序之一環，須符合憲法要求之正當行政程序，以衡平國家、同意參與重劃者與不同意參與重劃者之權益，始爲憲法之所許（釋字第488、709號解釋參照）。
相關法令	憲法第7、10、15、23條（36.1.1） 司法院釋字第400、443、488、689、709號解釋 平均地權條例第56、57～60-1條（106.5.10） 獎勵土地所有權人辦理市地重劃辦法第2、4、8、9、20、26、37、38條（106.7.27） 都市更新條例第22條第1項（99.5.12） 都市計畫法第24條（104.12.30） 市地重劃實施辦法第11～13條（104.7.13）
評論或影響	爲因應此號釋憲案宣告「獎勵土地所有權人辦理市地重劃辦法」有關籌備會發起、申請重劃範圍及計畫書核定等程序，不符正當行政程序、違反法律保留原則；主管機關審核過程未讓利害關係人陳訴意見，也不符憲法要求之正當行政程序。內政部於106年7月27日修正發布該辦法，修正重點包含：提高自辦市地重劃籌備會發起門檻，應以土地所有權人數超過重劃區總人數十分之三，及其所有土地面積超過重劃區總面積十分之三之同意發起；限縮籌備會任務，僅得辦理籌組成立重劃會之業務；明定各地方政府於審核自辦市地重劃過程中，應給予土地所有權人及利害關係人陳述意見之機會及舉辦公開聽證，以符合正當行政程序，並保障土地所有權人及利害關係人權益等。[18]

第742號　都市計畫定期通盤檢討變更救濟案

時間	民國105年12月9日
案情	1.關○煌等6人共有坐落臺北市南港區之27筆土地，61年間經規劃爲中央研究院機關用地，81年12月14日臺北市政府公告發布實施「臺北市都市計畫公共設施保留地（通盤檢討）」案，關於系爭土地部分，以中央研究院放棄保留而作部分變更：「將北半部機關用地變更爲第三種住宅區，惟應提供30%之土地作公共設施（公

18　〈【新聞發布】內政部修正發布「獎勵土地所有權人辦理市地重劃辦法」 健全自辦市地重劃制度 保障民眾財產權益〉，《中華民國內政部地政司》，2017年7月27日，https://www.land.moi.gov.tw/chhtml/content/10?mcid=71。

	園用地），同時法定空地亦應配合集中留設。」聲請人不服系爭公告，在102年提起訴願，內政部以系爭公告不是行政處分而不受理，聲請人續提行政訴訟請求撤銷，經臺北高等行政法院以103年度訴字第424號判決駁回，理由之一是依司法院釋字第156號解釋意旨，系爭公告屬法規性質，並不是行政處分，不得提起行政訴訟，此見解被最高行政法院104年度判字第680號判決所維持。聲請補充解釋釋字第156號解釋。 2.兆○公司因都市計畫事件，所有坐落臺北市士林區之3筆土地，原來土地使用分區是加油站用地，臺北市政府在報經內政部核定後，於102年5月發布實施「臺北市士林區外雙溪地區都市計畫通盤檢討（主要計畫）案」，將系爭加油站用地變更為「交通用地（遊客中心）」。聲請人不服內政部之核定及系爭公告，提起訴願，遭訴願機關不受理，聲請人續提行政訴訟請求撤銷，經臺北高等行政法院以102年度訴字第2024號裁定駁回，理由之一是依司法院釋字第156號解釋意旨，都市計畫通盤檢討屬法規性質，並不是行政處分，不得提起行政訴訟，此見解被最高行政法院103年度裁字第1505號裁定所維持。聲請補充解釋釋字第156號解釋。
解釋 爭點	都市計畫定期通盤檢討變更，如其中具體項目有直接限制一定區域內特定人或可得確定多數人之權益或增加其負擔者，得否其就該部分提起訴願或行政訴訟？
解釋文	都市計畫擬定計畫機關依規定所為定期通盤檢討，對原都市計畫作必要之變更，屬法規性質，並非行政處分。惟如其中具體項目有直接限制一定區域內特定人或可得確定多數人之權益或增加其負擔者，基於有權利即有救濟之憲法原則，應許其就該部分提起訴願或行政訴訟以資救濟，始符憲法第16條保障人民訴願權與訴訟權之意旨。釋字第156號解釋應予補充。 都市計畫之訂定（含定期通盤檢討之變更），影響人民權益甚鉅。立法機關應於本解釋公布之日起2年內增訂相關規定，使人民得就違法之都市計畫，認為損害其權利或法律上利益者，提起訴訟以資救濟。如逾期未增訂，自本解釋公布之日起2年後發布之都市計畫（含定期通盤檢討之變更），其救濟應準用訴願法及行政訴訟法有關違法行政處分之救濟規定。
釋憲 要點	憲法第15條規定人民財產權應予保障，旨在確保個人依財產之存續狀態行使其自由使用、收益及處分之權能，並免於遭受公權力或第三人之侵害，俾能實現個人自由、發展人格及維護尊嚴（釋字第400、737號解釋參照）。又憲法第16條保障人民訴訟權，係指人民於其權利或法律上利益遭受侵害時，有請求法院救濟之權利（釋字第736號解釋參照）。基於有權利即有救濟之憲法原則，人民權利或法律上利益遭受侵害時，必須給予向法院提起訴訟，請求依正當法律程序公平審判，以獲及時有效救濟之機會。此乃訴訟權保障之核心內容（釋字第396、574、653號解釋參照）。 又都市計畫（含定期通盤檢討之變更），因屬法規性質，並非行政處分，依現行法制，人民縱認其違法且損害其權利或法律上利益，仍須俟後續行政處分作成後，始得依行政訴訟法提起撤銷訴訟（行政訴訟法第四條第1項參照）。然都市計畫核定

	發布後,都市計畫範圍內土地之使用將受限制(都市計畫法第6條及第三至六章等相關限制規定參照),影響區內人民權益甚鉅,且其內容與行政處分往往難以明確區隔。為使人民財產權及訴訟權受及時、有效、完整之保障,於其財產權因都市計畫而受有侵害時,得及時提起訴訟請求救濟,並藉以督促主管機關擬定、核定與發布都市計畫時,遵守法律規範,立法機關應於本解釋公布之日起2年內增訂相關規定,使人民得就違法之都市計畫,認為損害其權利或法律上利益者,提起訴訟以資救濟。如逾期未增訂,自本解釋公布之日起2年後發布之都市計畫之救濟,應準用訴願法及行政訴訟法有關違法行政處分之救濟規定。
相關法令	憲法第15、16條(36.1.1) 司法院釋字第156、396、400、503、574、653、739、741號解釋 都市計畫定期通盤檢討實施辦法第4條(106.4.18) 都市計畫法第26條(62.9.6) 行政訴訟法第4條(109.1.15) 臺北市政府81年12月14日府工二字第81086893號公告
評論或影響	都市計畫法規定兩種變更方式,分別為第26條第1項的「定期通盤檢討變更」及第27條第1項的「個案變更」。此號釋憲案在處理「定期通盤檢討變更」,可否提起救濟之問題。[19]依該釋憲案之意旨,應於解釋公布之日起2年內增訂相關規定,使人民得就違法之都市計畫,認為損害其權利或法律上利益者,逕提起行政訴訟以資救濟。亦即都市計畫主管機關依規定辦理定期通盤檢討時,對原都市計畫作必要之變更,倘有直接限制一定區域內特定人,或可得確定多數人之權益,或增加其負擔者等具體項目,基於有權利即有救濟之憲法原則,應許其就該部分提起訴願或行政訴訟以資救濟,始符憲法第16條保障人民訴願權與訴訟權之意旨。[20]

第795號 釋字第742號補充解釋案

時間	民國109年12月23日
案情	闕○煌、王○鵬、張○明、潘○吉、蕭○裕前以臺北市政府81年12月14日公告「臺北市都市計畫公共設施保留地(通盤檢討)案」,就渠等所有之土地經中央研究院放棄保留而由機關用地變更為第三種住宅區,惟應負擔30%之土地作公共設施,同時法定空地亦應配合集中留設,使其等遭受損失,能否提起行政訴訟以資救濟之爭議,向司法院聲請補充解釋釋字第156號解釋。司法院據其聲請作出釋字第742號解釋(下稱系爭解釋),其內容略以:「都市計畫擬定計畫機關依規定所為定期通盤

---

19 〈釋字742號解釋:對都市計畫通盤檢討變更可否提起救濟?〉,《一起讀判決》,2019年1月17日,https://casebf.com/2019/01/17/j742/。

20 陳耀東,〈司法院釋字第742號解釋對處理公共設施保留地問題之影響〉,《中華民國立法院》,https://www.ly.gov.tw/Pages/Detail.aspx?nodeid=6590&pid=182944。

	檢討……如其中具體項目有直接限制一定區域內特定人或可得確定多數人之權益或增加其負擔者，基於有權利即有救濟之憲法原則，應許其就該部分提起訴願或行政訴訟以資救濟。」聲請人依據系爭解釋提起再審之訴，經最高行政法院107年度判字第487號判決，適用系爭解釋，雖認有再審理由，但以系爭都市計畫早於81年12月14日公告，對其提起行政救濟期間應自同年月15日起算，而聲請人卻於102年10月17日始提起訴願，明顯逾法定得提起訴願之救濟期間，故認原確定判決駁回聲請人之上訴，結論即無不合，從而認定聲請人再審之訴，仍為無理由而駁回。聲請人認確定終局判決適用系爭解釋之結果，對於都市計畫擬定計畫機關所為定期通盤檢討中「許其就該部分提起訴願或行政訴訟以資救濟」之法定救濟期間如何起算，始符憲法第16條保障人民訴願權與訴訟權之意旨仍有疑義，聲請釋憲。
解釋 爭點	應否補充釋示釋字第742號解釋原因案件之訴願期間？
解釋文	本件聲請人於釋字第742號解釋公布之日起30日內所提再審之訴，視為已於法定得提起訴願之期間內向訴願管轄機關提起訴願。釋字第742號解釋應予補充。
釋憲 要點	各機關處理有關事項，應依解釋意旨為之。又司法院依人民聲請所為之解釋，對聲請人據以聲請之案件，亦有效力（釋字第177、185號解釋參照）。原因案件之聲請人，自解釋公布之日起，即得據有利之解釋，依法行使其權利，以符合憲法保障人民訴訟權之意旨，並肯定其維護憲法之貢獻（釋字第725、741、757號解釋參照）。查系爭解釋公布前，人民對於都市計畫擬定計畫機關依規定所為定期通盤檢討，並無法律依據得以提起訴願或行政訴訟以資救濟，故聲請人於系爭都市計畫公告後未於法定期間內提起訴願，依當時法律適用之情形，自難歸責於聲請人。按系爭解釋要求「立法機關應於本解釋公布之日起2年內增訂相關規定，使人民得就違法之都市計畫，認為損害其權利或法律上利益者，提起訴訟以資救濟」。立法院爰修正公布行政訴訟法第98條之5、第263條條文，並增訂公布第237條之18至31條文及第二編第五章章名「都市計畫審查程序」，以落實系爭解釋。是因聲請人聲請補充解釋釋字第156號解釋而作出系爭解釋，已促使行政訴訟法之修改並增訂都市計畫審查程序專章，對憲法之維護確有貢獻。聲請人執系爭解釋就原因案件提起再審之訴，卻因訴願逾期之理由而遭駁回。然於系爭解釋公布前聲請人聲請釋憲之原因案件係屬無從提出行政救濟之情形，於系爭解釋公布後，聲請人對系爭都市計畫始得表示不服。若要求聲請人對系爭都市計畫之訴願必須於公告30日內提出，已課予過高之義務及程序負擔，對人民之訴願、訴訟權之保障有所不足，而系爭解釋對此並未有所釋示。為保障人民之訴願、訴訟權，並符本院鼓勵釋憲聲請人之意旨，系爭解釋應予補充如下：本件聲請人於系爭解釋公布之日起30日內所提再審之訴，視為已於法定得提起訴願之期間內向訴願管轄機關提起訴願。聲請人於本解釋公布後，得依本解釋就本解釋之確定終局判決依法提起再審，有關機關對於系爭都市計畫訴願期間之遵守，應依本解釋意旨辦理。

相關 法令	司法院釋字第156、177、185、725、741、742、757、784號解釋 行政訴訟法第98-5、237-18～237-31、263條（109.1.15）
評論或 影響	此號釋憲案認為，釋字第742號解釋公布前，人民對於都市計畫定期通盤檢討並無法提起行政救濟，須至該解釋公布後，才能對都市計畫表示不服，因此在該都市計畫公告後沒有於法定期間內提起訴願之情形，不可歸責於民眾，如果要求民眾必須在公告30日內提出訴願，已課予過高之義務及程序負擔，應將民眾在該解釋公布起30日內提起之再審，視為已在法定得提起訴願之期間內向訴願管轄機關提起訴願，才足以保障憲法第16條賦予人民之訴願、訴訟權。[21]

有關徵收之釋憲案

　　徵收是指國家基於公共利益需要，以行政權取得集體、個人財產所有權並給予適當補償之行政行為，徵收時需依照法律規定之權限和程序。所謂被徵收人係指因徵收而喪失其權利之人，可分為徵收標的之所有人及關係人。關係人指徵收標的物之所有權人以外，因徵收而蒙受損失之其他一切關於被徵收土地或土地改良物有權利之人，例如就被徵收土地有地上權、農育權、不動產役權、典權、抵押權及耕地三七五租約承租人，改良物之限制物權人，以及其因徵收土地之使用致不能為從來之利用，或減低其利用之效能的接連土地所有權人。

　　徵收原則包括：1.公用徵收目的性原則：徵收必須出於公共利益需要目的；2.合法性原則：徵收必須依照法律規定之權限和程序；3.公平補償原則：徵收必須實現予以公平補償。土地徵收條例公布於89年2月2日，為我政府因應土地徵收所制定之法律，是土地法之特別法，並與憲法及土地法第五編「土地徵收」之相關規定共同架構成為中華民國之土地徵收制度。

　　一般徵收、區段徵收及市地重劃之區別：

---

21 法源編輯室，〈都市計畫變更釋憲許救濟 釋795：解釋公布30天內提視為合法〉，《法源法律網》，2020年10月23日，https://www.lawbank.com.tw/news/NewsContent.aspx?NID=172257.00。

1. 一般徵收：土地徵收乃政府依公權力之運作，為興辦公益事業需要或實施國家經濟建設，基於國家對土地之最高主權，依法定程序，對特定私有土地，給予相當補償，強制取得土地之一種處分行為。

2. 區段徵收：是政府基於新設都市建設、舊都市更新、都市土地之農業區或保護區變更為建築用地、農村社區更新或其他建設目的需要，經過法定程序嚴謹之檢視公益性及必要性後，徵收一定範圍內土地，並依照都市計畫內容，布建公共設施及地籍整理之整體開發方式。

3. 市地重劃：是依照都市計畫規劃內容，將一定區域內，畸零細碎不整之土地，加以重新整理、交換分合，並興建公共設施，使成為大小適宜、形狀方整，各宗土地均直接臨路且立即可供建築使用，然後按原有位次分配予原土地所有權人。而重劃範圍內之道路、溝渠、兒童遊樂場、鄰里公園等公共設施及工程費用，則由參加重劃土地所有權人按其土地受益比例共同負擔，故是一種有效促進土地經濟使用與健全都市發展之綜合性土地改良事業。本文蒐整10件關於徵收較具代表性之大法官釋憲案，以供參考。

第400號　公用地役關係既成道路徵收案

時間	民國85年4月12日
案情	吳○月等5人擁有之坐落嘉義市東門段6小段42-1地號之土地，自日據時代（民國19年）起即成為公共通行道路。嘉義市政府進行都市計畫時，將該土地所屬之舊道路改編為「安和路」，並於63年將其之地目由「建」變更為「道」，使該土地喪失交易價值。聲請人以土地法第14條：「公共交通道路不得私有，其已成為私有者，得依法徵收之」之規定，要求嘉義市政府徵收該土地，以補償聲請人等60餘年來之損失。但嘉義市政府以「財政困難」為由拒絕徵收，聲請人等不服依法提起訴願、再訴願及行政訴訟，均遭駁回。聲請人以行政法院82年度判字第2497號終局判決，維持臺灣省嘉義市政府適用行政院67年7月14日台內字第6301號函與台69內字第2072號函之規定，違反憲法第15、23、143、172條規定，侵害聲請人受憲法保障之財產權，聲請釋憲。
解釋爭點	行政院就有公用地役關係既成道路不予徵收之函違憲？
解釋文	憲法第15條關於人民財產權應予保障之規定，旨在確保個人依財產之存續狀態行使其自由使用、收益及處分之權能，並免於遭受公權力或第三人之侵害，俾能實現個人自由、發展人格及維護尊嚴。如因公用或其他公益目的之必要，國家機關雖得依

	法徵收人民之財產，但應給予相當之補償，方符憲法保障財產權之意旨。既成道路符合一定要件而成立公用地役關係者，其所有權人對土地既已無從自由使用收益，形成因公益而特別犧牲其財產上之利益，國家自應依法律之規定辦理徵收給予補償，各級政府如因經費困難，不能對上述道路全面徵收補償，有關機關亦應訂定期限籌措財源逐年辦理或以他法補償。若在某一道路範圍內之私有土地均辦理徵收，僅因既成道路有公用地役關係而以命令規定繼續使用，毋庸同時徵收補償，顯與平等原則相違。至於因地理環境或人文狀況改變，既成道路喪失其原有功能者，則應隨時檢討並予廢止。行政院67年7月14日台67內字第6301號函及69年2月23日台69內字第2072號函與前述意旨不符部分，應不再援用。
釋憲要點	憲法第15條關於人民財產權應予保障之規定，旨在確保個人依財產之存續狀態行使其自由使用、收益及處分之權能，並免於遭受公權力或第三人之侵害，俾能實現個人自由、發展人格及維護尊嚴。惟個人行使財產權仍應依法受社會責任及環境生態責任之限制，其因此類責任使財產之利用有所限制，而形成個人利益之特別犧牲，社會公眾並因而受益者，應享有相當補償之權利。至國家因興辦公共事業或因實施國家經濟政策，雖得依法律規定徵收私有土地（參照土地法第208、209條），但應給予相當之補償，方符首開憲法保障財產權之意旨。公用地役關係乃私有土地而具有公共用物性質之法律關係，與民法上地役權之概念有間，久為我國法制所承認（參照釋字第255號解釋、行政法院45年判字第8號及61年判字第435號判例）。既成道路成立公用地役關係，首須為不特定之公眾通行所必要，而非僅為通行之便利或省時；其次，於公眾通行之初，土地所有權人並無阻止之情事；其三，須經歷之年代久遠而未曾中斷，所謂年代久遠雖不必限定其期間，但仍應以時日長久，一般人無復記憶其確實之起始，僅能知其梗概（例如始於日據時期、87水災等）為必要。至於依建築法規及民法等之規定，提供土地作為公眾通行之道路，與因時效而形成之既成道路不同，非本件解釋所指之公用地役關係，乃屬當然。私有土地因符合前開要件而存在公用地役關係時，有關機關自應依據法律辦理徵收，並斟酌國家財政狀況給予相當補償。各級政府如因經費困難不能對前述道路全面徵收補償，亦應參酌行政院84年10月28日發布之台84內字第38493號函及同年10月11日內政部台84內營字第8480481號函之意旨，訂定確實可行之期限籌措財源逐年辦理，或以其他方法彌補其損失，諸如發行分期補償之債券、採取使用者收費制度、抵稅或以公有土地抵償等以代替金錢給付。若在某一道路範圍內之私有土地均辦理徵收，僅因既成道路有公用地役關係而以命令規定繼續使用毋庸同時徵收補償，顯與平等原則相違。又因地理環境或人文狀況改變，既成道路喪失其原有功能者，則應隨時檢討並予廢止。
相關法令	憲法第15條（36.1.1） 司法院釋字第255號解釋 司法院大法官審理案件法第5條第1項第2款（82.2.3） 土地法第14、208、209條（84.1.20） 行政法院45年判字第8號判例、61年判字第435號判例

	行政院台（67）內字第6301號函、台（69）內字第2072號函、台（84）內字第38493號函 內政部（84）台內營字第8480481號函
評論或影響	此號釋憲案強調，既成道路符合一定要件而成立「公用地役關係」者，其所有權人對土地既已無從自由使用收益，形成因公益而特別犧牲其財產上之利益，國家自應依法律之規定辦理徵收給予補償，各級政府如因經費困難，不能對上述道路全面徵收補償，有關機關亦應訂定期限籌措財源逐年辦理或以他法補償。大法官因而決議廢止行政院67年7月14日台（67）內字第6301號函與69年2月23日台（69）內字第2072號函之適用，不再援用。該釋憲案再度闡述憲法第15條關於人民財產權應予保障之規定，並成為學理上及實務上界定「公用地役關係」之判斷標準，亦為各級法院所遵循，進一步保障人民之財產權。[22]

第409號　土地法、都市計畫法就徵收目的及用途案

時間	民國85年7月5日
案情	何○興主張嘉義市政府違背都市計畫法第48條之規定，依據業經撤銷之公共設施保留，徵收其所有坐落嘉義市竹圍子段221地號之土地，違反法律保留原則，使其依憲法第15條所賦與之財產權遭受行政機關違憲之侵害，提出訴願、再訴願及行政訴訟，惟均遭駁回。聲請人認為行政法院81年度判字第1831號適用62年9月6日公布都市計畫法第50條第1項、土地法第208條第9款、都市計畫法第48條，牴觸憲法第15、23條保障人民財產權利，侵害其基本權利，聲請釋憲。
解釋爭點	土地法、都市計畫法就徵收目的及用途之規定違憲？
解釋文	人民之財產權應受國家保障，惟國家因公用需要得依法限制人民土地所有權或取得人民之土地，此觀憲法第23條及第143條第1項之規定自明。徵收私有土地，給予相當補償，即為達成公用需要手段之一種，而徵收土地之要件及程序，憲法並未規定，係委由法律予以規範，此亦有憲法第108條第1項第14款可資依據。土地法第208條第9款及都市計畫法第48條係就徵收土地之目的及用途所為之概括規定，但並非謂合於上述目的及用途者，即可任意實施徵收，仍應受土地法相關規定及土地法施行法第49條比例原則之限制。是上開土地法第208條第9款及都市計畫法第48條，與憲法保障人民財產權之意旨尚無牴觸。然徵收土地究對人民財產權發生嚴重影響，法律就徵收之各項要件，自應詳加規定，前述土地法第208條各款用語有欠具體明確，徵收程序之相關規定亦不盡周全，有關機關應檢討修正，併此指明。

22 林光彥，〈公用地役關係之成立要件〉，《臺北律師公會》，https://www.tba.org.tw/3959。

釋憲要點	徵收土地對人民財產權發生嚴重影響，舉凡徵收土地之各項要件及應踐行之程序，法律規定應不厭其詳。有關徵收目的及用途之明確具體、衡量公益之標準以及徵收急迫性因素等，均應由法律予以明定，俾行政主管機關處理徵收事件及司法機關為適法性審查有所依據。尤其於徵收計畫確定前，應聽取土地所有權人及利害關係人之意見，俾公益考量與私益維護得以兼顧，且有促進決策之透明化作用。土地法第208條各款用語有欠具體明確，徵收程序之規定亦不盡周全，有關機關應本諸上開意旨檢討修正，併此指明。
相關法令	憲法第15、23、108、143條（36.1.1） 司法院釋字第236號解釋 土地法第208、219、222～235條（84.1.20） 土地法施行法第49條（79.1.5） 都市計畫法第48條（77.7.15）
評論或影響	此號釋憲案促使我國於89年制定土地徵收條例，嗣為落實保障人民財產權益，再於101年1月4日修正部分條文，增訂優良農田之保護、特定農業區農牧用地之聽證制度、以市價補償地價等規定，並責成需用土地人對於經濟弱勢者應訂定安置計畫，以加強居住權之保障等，且明定需用土地人於申請徵收前必須就徵收計畫個別情形評估其興辦事業之公益性及必要性。[23]

第425號　內政部就徵收補償費因待解釋未依限發放徵收案

時間	民國86年4月11日
案情	張○雯、張○婷主張其土地因臺灣省政府及其轄屬臺中縣政府之徵收作業疏失，將其之所有權遺漏，造成其權益受損，經提出訴願、再訴願與行政訴訟均遭駁回。渠等認為內政部地政78年1月5日台（78）內地字第661991號令發布之土地徵收法令補充規定（第16點），未經立法私設不當行政命令條款，有牴觸憲法之疑義，依憲法第172條之規定：「命令與憲法或法律牴觸者無效」之規定，聲請釋憲。
解釋爭點	內政部就徵收補償費因待解釋未依限發放，徵收有效之規定違憲？
解釋文	土地徵收係國家因公共事業之需要，對人民受憲法保障之財產權，經由法定程序予以剝奪之謂。規定此項徵收及其程序之法律必須符合必要性原則，並應於相當期間內給予合理之補償。被徵收土地之所有權人於補償費發給或經合法提存前雖仍保有該土地之所有權，惟土地徵收對被徵收土地之所有權人而言，係為公共利益所受特別犧牲，是補償費之發給不宜遲延過久。本此意旨，土地法第233條明定補償費應

23　〈土地徵收程序與補償──司法院解釋特輯〉，《內政部地政司》，2019年，頁31，https://reurl.cc/ykvK3D。

	於「公告期滿後十五日內」發給。此法定期間除對徵收補償有異議，已依法於公告期間內向該管地政機關提出，並經該機關提交評定或評議或經土地所有權人同意延期繳交者外，應嚴格格遵守（參照釋字第110號解釋）。內政部78年1月5日台內字第661991號令發布之「土地徵收法令補充規定」，係主管機關基於職權，為執行土地法之規定所訂定，其中第16條規定：「政府徵收土地，於請求法律解釋期間，致未於公告期滿十五日內發放補償地價，應無徵收無效之疑義」，與土地法第233條之規定未盡相符，於憲法保障人民財產權之意旨亦屬有違，其與本解釋意旨不符部分，應不予適用。
釋憲要點	土地徵收係國家因公共事業之需要，對人民受憲法保障之財產權，經由法定程序予以剝奪之謂。規定此項徵收及其程序之法律必須符合必要性原則，並應於相當期間內給予合理之補償，方符憲法保障人民財產權之意旨，前經釋字第400號解釋在案。土地法第235條前段及第231條前段雖規定：「被徵收土地之所有權人，對於其土地之權利義務，於應受之補償發給完竣時終止，在補償費未發給完竣以前，有繼續使用該土地之權」；「需用土地人應俟補償地價及其他補償費發給完竣後，方得進入被徵收土地內工作」，明示物權變動之效力，須待補償費發給完畢始行發生。惟土地徵收對被徵收土地之所有權人而言，係為公共利益所受特別犧牲，是補償費之發給不宜遷延過久。本此意旨，土地法第233條前段規定：「徵收土地應補償之地價及其他補償費，應於公告期滿後15日內發給之」。此項法定期間，自應嚴格遵守，業經釋字第110號解釋解釋文第2項釋示：「需用土地人不於公告期滿完畢後15日內將應補償地價及其他補償費額繳交主管地政機關發給完竣者，依照院字第2704號解釋，其徵收土地核准案固應從此失其效力。但於上開期間內，因對補償之估定有異議，而由該管縣市地政機關依法提交標準地價評議委員會評定，或經土地所有人同意延期繳交有案者，不在此限」，從而土地徵收補償費之發給，除對徵收補償有異議，已依法於公告期間內向該管地政機關提出，並經該機關提交評定或評議或經土地所有人同意延期繳交者外，如有延誤，自屬對人民財產權之侵害。行政機關基於職權，執行法律，雖得訂定命令補充法律之規定，惟其內容須符合法律意旨。內政部78年1月5日台內字第661991號令發布之「土地徵收法令補充規定」第16條：「政府徵收土地，於請求法律解釋期間，致未於公告期滿15日內發放補償地價，應無徵收無效疑義」，與土地法第233條強制規定未盡相符，有違憲法第15條保障人民財產權之意旨，於本解釋不符部分，應不予適用。
相關法令	憲法第15條（36.1.1） 司法院院字第2704號解釋 司法院釋字第110、400號解釋 土地法第231、233、235條（84.1.20） 土地徵收法令補充規定第16條（85.2.5）

評論或 影響	此號釋憲案強調，徵收及其程序之法律必須符合必要性原則，並應於相當期間內給予合理之補償。在都市計畫區內之公共設施保留地，應按毗鄰非公共設施保留地之平均市價補償其地價。補償費之發給不宜遷延過久，土地法第233條及土地徵收條例第15條明定補償費應於公告期滿後15日內發給。此15日法定期間，雖或因被徵收人對徵收補償有異議，由該管地政機關提交評定或評議而展延，然徵收補償價額經復議、行政救濟結果有變動或補償費經依法發給完竣，嗣經發現原補償價額認定錯誤者，其應補償價額差額，應於其結果確定之日起3個月內發給之。該釋憲案促使內政部地政司於88年8月31日廢止「土地徵收法令補充規定」第16條之規定。

第440號　使用道路地下部分不補償案

時間	民國86年11月14日
案情	吳○迅等3人共有坐落臺北市○○區○○段一小段之土地，位在莊敬路與吳興街間之都市計畫11公尺寬道路用地內，臺北市政府工務局養護工程處未辦理徵收補償，亦未徵得聲請人同意，在上開土地內興築排水設施埋設直徑140公分水泥涵管等排水系統，導水引入莊敬路排水幹線，並在其上舖設柏油路面，經聲請人等迭次陳情請求辦理徵收補償，該處駁回聲請人之申請。聲請人乃循行政救濟提起訴願，又遭臺北市政府駁回，嗣又向內政部提起再訴願，惟又遭駁回，聲請人等仍不服，乃向行政法院提起行政訴訟，案經行政法院84年判字第553號判決駁回，聲請釋憲。
解釋 爭點	北市道路規則對使用道路地下部分不補償之規定違憲？
解釋文	人民之財產權應予保障，憲法第15條設有明文。國家機關依法行使公權力致人民之財產遭受損失，若逾其社會責任所應忍受之範圍，形成個人之特別犧牲者，國家應予合理補償。主管機關對於既成道路或都市計畫道路用地，在依法徵收或價購以前埋設地下設施物妨礙土地權利人對其權利之行使，致生損失，形成其個人特別之犧牲，自應享有相當補償之權利。臺北市政府於64年8月22日發布之臺北市市區道路管理規則第15條規定：「既成道路或都市計畫道路用地，在不妨礙其原有使用及安全之原則下，主管機關埋設地下設施物時，得不徵購其用地，但損壞地上物應予補償。」其中對使用該地下部分，既不徵購又未設補償規定，與上開意旨不符者，應不再援用。至既成道路或都市計畫道路用地之徵收或購買，應依釋字第400號解釋及都市計畫法第48條之規定辦理，併此指明。
釋憲 要點	人民之財產權應予保障，憲法第15條設有明文。國家機關依法行使公權力致人民之財產遭受損失，若逾其社會責任所應忍受之範圍，形成個人之特別犧牲者，國家應予合理補償。既成道路符合一定要件而成立公用地役關係者，其所有權人對土地既已無從自由使用收益，形成因公益而特別犧牲其財產上之利益，國家自應依法律之規定辦理徵收給予補償，各級政府如因經費困難，不能對上述道路全面徵收補償，

	有關機關亦應訂定期限籌措財源逐年辦理或以他法補償，業經釋字第400號解釋釋示在案。又關於都市計畫保留地之徵收或購買，都市計畫法第48條規定，依同法指定之公共設施保留地供公用事業設施之用者，由各該事業機構依法予以徵收或購買。其餘由該管政府或鄉、鎮、縣轄市公所依（一）徵收、（二）區段徵收、（三）市地重劃之方式取得之。為儘量保全土地權利人使用收益之權能，都市計畫法第30條及行政院86年1月6日台86內字第38181號函修正之都市計畫公共設施用地多目標使用方案第4點、第11點附表甲規定，土地權利人在其土地被徵收前得申請於地下建造停車場或商場。是關於都市計畫保留地得予徵收或購買已有相關法律可資適用，主管機關基於增進公共利益之必要，依法使用計畫道路用地時，應否予以徵購，須考量其侵害之嚴重性，是否妨礙其原來之使用及安全等因素而為決定。對既成道路或都市計畫用地，主管機關在依據法律辦理徵購前，固得依法加以使用，如埋設電力、自來水管線及下水道等地下設施物，惟應依比例原則擇其損失最少之處所及方法為之；對土地權利人因此所受損失，並應給與相當之補償，以保護其財產上之利益。臺北市政府於64年8月22日發布之臺北市市區道路管理規則第15條規定：「既成道路或都市計畫道路用地，在不妨礙其原有使用及安全之原則下，主管機關埋設地下設施物時，得不徵購其用地，但損壞地上物應予補償。」其中對使用該地下部分，既不徵購又未設補償規定，與上開意旨不符者，應不再援用。至既成道路或都市計畫道路用地之徵收或購買，應依釋字第400號解釋及都市計畫法第48條之規定辦理，併此指明。
相關 法令	憲法第15條（36.1.1） 司法院釋字第400號解釋 都市計畫法第30、48條（77.7.15） 臺北市市區道路管理規則第15條（82.9.16） 都市計畫公共設施用地多目標使用方案第4、11點（86.10.6）
評論或 影響	此號釋憲案最主要之意旨，為政府在私人土地之地下鋪設設施物，如埋設電力、自來水管線及下水道等地下設施物時，亦應給予補償。臺北市之市區道路管理規則已於108年4月16日修改為市區道路管理自治條例，新條例並於第7條規定：「已成立公用地役關係之市區道路或都市計畫道路用地，在不妨礙其安全之原則下，市政府得埋設公共設施管線，土地所有權人、占有人或使用人不得拒絕。前項情形應擇其損害最少之處所及方法為之，並支付償金，其補償標準由市政府另定之。」

第516號　徵收補償費案

時間	民國89年10月26日
案情	何○興所有嘉義市竹園子段3筆土地，經嘉義市政府於78年3月28日公告徵收，並於5月9日發函通知聲請人領取補償地價，惟聲請人循序訴經內政部再訴願決定，認定徵收之土地補償地價計算錯誤，將該原處分撤銷，並命另為適法處分。經嘉義市政

	府之標準地價評議委員會重行評定，於12月14日更正上開土地地價，然遲至81年9月23日始通知聲請人領取補償地價。聲請人認為發放時間顯逾土地法第233條所規定之期限，原徵收處分即應失其效力。嘉義市政府如仍須使用該土地，依法應重新辦理徵收，為此向嘉義市政府提出訴願、再訴願，均遭駁回。後提請行政訴訟，亦遭駁回。聲請人主張行政法院85年度判字第355號判決所適用該院85年1月份庭長評事聯席會議決議，牴觸憲法第15條人民財產權應予保障之規定，聲請釋憲。
解釋爭點	行政法院85年1月17日庭長評事聯席會議決議，未依限發補償費，徵收不失效之決議違憲？
解釋文	國家因公用或其他公益目的之必要，雖得依法徵收人民之財產，但應給予合理之補償。此項補償乃因財產之徵收，對被徵收財產之所有人而言，係為公共利益所受之特別犧牲，國家自應予以補償，以填補其財產權被剝奪或其權能受限制之損失。故補償不僅需相當，更應盡速發給，方符憲法第15條規定，人民財產權應予保障之意旨。準此，土地法第233條明定，徵收土地補償之地價及其他補償費，應於「公告期滿後十五日內」發給。此項法定期間，雖或因對徵收補償有異議，由該管地政機關提交評定或評議而得展延，然補償費額經評定或評議後，主管地政機關仍應即行通知需用土地人，並限期繳交轉發土地所有權人，其期限亦不得超過土地法上述規定之15日（院字第2704號、釋字第110號解釋參照）。倘若應增加補償之數額過於龐大，應動支預備金，或有其他特殊情事，致未能於15日內發給者，仍應於評定或評議結果確定之日起於相當之期限內盡速發給之，否則徵收土地核准案，即應失其效力。行政法院85年1月17日庭長評事聯席會議決議略謂：司法院釋字第110號解釋第3項，固謂徵收土地補償費額經標準地價評議委員會評定後，主管機關通知並轉發土地所有權人，不得超過土地法第233條所規定之15日期限，然縱已逾15日期限，無從使已確定之徵收處分溯及發生失其效力之結果云云，其與本解釋意旨不符部分，於憲法保障人民財產權之旨意有違，應不予適用。
釋憲要點	憲法第15條規定，人民之財產權應予保障。此規定旨在確保個人依財產之存續狀態，行使其自由使用、收益及處分之權能，並免於遭受公權力或第三人之侵害。國家因公用或因其他公益目的之必要，雖得依法徵收人民之財產，但應給予合理之補償。此項補償乃係因財產徵收，對被徵收財產之所有人而言，係為公共利益所受之特別犧牲，國家自應予以補償，以填補其財產權被剝奪或其權能受限制之損失。故補償不僅需相當，為減少財產所有人之損害，更應盡速發給，方符憲法上開保障人民財產權之意旨（釋字第400、425號解釋參照）。準此，土地法第233條前段規定：「徵收土地應補償之地價及其他補償費，應於公告期滿後十五日內發給之。」此項期間雖或因對徵收補償有異議，經該管地政機關提交評定或評議而得展延，但補償費額一經評定或評議後，主管地政機關仍應即行通知需用土地人，並限期繳交，以轉發應受補償人，其期限亦不得超過土地法第233條規定之15日（院字第2704號、釋字第110號解釋參照）。上述徵收程序之嚴格要求，乃在貫徹國家因增進公共利益為公用徵收時，亦應兼顧確保人民財產權益之憲法意旨（釋字第409號

	解釋意旨參照）。對於土地法第227條所公告，被徵收土地應補償之費額，應受補償人有異議，而拒絕受領，依土地法第237條第1項第1款規定，得將款額提存之，但該項應補償之費額，如於提交評定或評議後，認應增加給付時，應增加發給之補償數額，倘未經依法發給，徵收處分即不得謂已因辦理上述提存而不影響其效力。此為有徵收即有補償，補償之發給與徵收土地核准處分之效力間，具有不可分之一體性所必然。觀諸土地法第235條前段規定，「被徵收土地之所有權人，對於其土地之權利義務，於應受補償發給完竣時終止」亦明。至若應增加補償之數額過於龐大，需用土地人（機關）需動支預備金支應，或有其他特殊情事，致未能於15日內發給者，仍應於評定或評議結果確定之日起於相當之期限內盡速發給之（依89年2月2日公布之土地徵收條例第22條第4項為3個月），否則徵收土地核准案，即應失其效力。行政法院85年1月17日庭長評事聯席會議決議略謂：司法院釋字第110號解釋第3項，固謂徵收土地補償費額經標準地價評議委員會評定後，主管機關通知並轉發土地所有權人，不得超過土地法第233條所規定之15日期限，然縱已逾15日期限，無從使已確定之徵收處分溯及發生失其效力之結果云云，其與本解釋意旨不符部分，於憲法保障人民財產權之旨意有違，應不予適用。
相關法令	憲法第15條（36.1.1） 司法院院字第2704號解釋 司法院釋字第110、400、409、425號解釋 土地法第227、233、235、237條（89.1.26） 土地徵收條例第22條第4項（89.2.2） 行政法院85年1月17日庭長評事聯席會議決議
評論或影響	土地徵收自徵收權發動至徵收完成，先後有兩種行為存在，一為預定徵收土地而告知於被徵收人之行為；二為給付補償費用以完成徵收之行為，徵收之完成需依規定於徵收生效後一定期限內發放補償費用，而徵收之生效係基於徵收核准後於一定期限內告知被徵收土地人之行為，有關徵收的一連串之行政程序因前置之行為未完成或違法，將造成徵收效力之失效。司法院釋字第513號與釋字第516號更補強土地徵收程序合法之重要性，徵收之行政處分因未依法公告或未於期限內發放補償金等程序不完備之原因而阻卻徵收之效力。該釋憲案與之前之釋字第513號更補強土地徵收程序合法之重要性，徵收之行政處分因未依法公告或未於期限內發放補償金等程序不完備之原因而阻卻徵收之效力。[24]

---

24 柯人豪，〈由最高行政法院90年度判字第2125號判決討論逾期未發放補償費用之徵收效力與權利失效適用〉，《南投縣政府102年度研究報告》，2013年5月24日，頁5-6。

<table>
<tr><td colspan="2">第652號　徵收補償異議程序後補償費發給期限案</td></tr>
<tr><td>時間</td><td>民國97年12月5日</td></tr>
<tr><td>案情</td><td>林○材等30人共有坐落嘉義縣梅山鄉3筆土地，前經臺灣省政府於79年核准徵收，並經嘉義縣政府公告徵收為梅山鄉停車場用地。原土地所有權人林陳○（聲請人林○材之母）、曾○耀於公告期間就補償費過低提出異議，經嘉義縣竹崎地政事務所函復以78年公告現值無誤。林陳○、曾○耀於81年再要求提高補償金額，嘉義縣政府以徵收符合都市計畫法第49條規定為由否准。曾○耀遂向臺灣省政府提起訴願，經決定撤銷原處分。嘉義縣政府地價評議委員會於82年10月再度作成否准提高補償費之決議，因原土地所有權人對決議有異議，拒絕領取，遂於12月22日提存，曾○耀未再對嘉義縣政府之決定提訴願。嗣林○材於91年9月以需用土地人梅山鄉公所未依核准計畫期限使用系爭土地，聲請照徵收價額收回土地。嘉義縣政府重新檢討，始發現徵收當期（78年）公告土地現值有未按毗鄰非公共設施保留地之區段地價平均計算之情，乃重新提請地價評議委員會審理，將系爭土地公告現值由每平方公尺新臺幣120元更正為1,670元。嘉義縣政府因籌措經費，延至93年始通知聲請人領取補發之差額補償費，但聲請人以縣政府未於相當期限內發放差額補償費，乃拒絕領取，並依行政訴訟法第6條提起「確認系爭土地徵收之法律關係不存在」訴訟，但最高行政法院認為釋字第516號僅解釋適用人民對徵收補償之處分提出異議，徵收補償尚未確定之情形。而本案之處分已確定，無釋字第516號之適用問題，故判決駁回。但聲請人以釋字第516號所確定之「相當之期限」無上限為由，聲請釋憲。</td></tr>
<tr><td>解釋
爭點</td><td>釋字第516號解釋「相當之期限」有無上限？</td></tr>
<tr><td>解釋文</td><td>憲法第15條規定，人民之財產權應予保障，故國家因公用或其他公益目的之必要，雖得依法徵收人民之財產，但應給予合理之補償，且應儘速發給。倘原補償處分已因法定救濟期間經過而確定，且補償費業經依法發給完竣，嗣後直轄市或縣（市）政府始發現其據以作成原補償處分之地價標準認定錯誤，原發給之補償費短少，致原補償處分違法者，自應於相當期限內依職權撤銷該已確定之補償處分，另為適法之補償處分，並通知需用土地人繳交補償費差額轉發原土地所有權人。逾期未發給補償費差額者，原徵收土地核准案即應失其效力，釋字第516號解釋應予補充。</td></tr>
<tr><td>釋憲
要點</td><td>憲法第15條規定，人民之財產權應予保障，故國家因公用或其他公益目的之必要，雖得依法徵收人民之財產，但應給予合理之補償。此項補償乃因財產之徵收，對被徵收財產之所有權人而言，係為公共利益所受之特別犧牲，國家自應予以補償，以填補其財產權被剝奪或其權能受限制之損失。故補償不僅需相當，更應儘速發給，方符憲法保障人民財產權之意旨，迭經解釋在案（釋字第400、425、516號解釋參照）。
按徵收土地應補償之地價及其他補償費，應於公告期滿後15日內發給之，如徵收補償價額經復議或行政救濟結果有變動者，其應補償價額差額，應於其結果確定之日</td></tr>
</table>

	起3個月內發給之（土地法第233條前段、土地徵收條例第20條第1項前段、第22條第4項參照）。釋字第516號解釋亦謂：「土地法第233條明定，徵收土地補償之地價及其他補償費，應於『公告期滿後15日內』發給。此項法定期間，雖或因對徵收補償有異議，由該管地政機關提交評定或評議而得展延，然補償費額經評定或評議後，主管地政機關仍應即行通知需用土地人，並限期繳交轉發土地所有權人，其期限亦不得超過土地法上述規定之15日（院字第2704號、釋字第110號解釋參照）。倘若應增加補償之數額過於龐大，應動支預備金，或有其他特殊情事，致未能於15日內發給者，仍應於評定或評議結果確定之日起於相當之期限內儘速發給之，否則徵收土地核准案，即應失其效力。」均係基於貫徹憲法保障人民財產權之意旨及財產權之程序保障功能，就徵收補償發給期限而為之嚴格要求。
相關法令	憲法第15條（36.1.1） 司法院院字第2704號解釋 司法院釋字第110、400、425、516號解釋 土地法第154、165、233、247條（95.6.14） 土地徵收條例第20、22、30條（91.12.11） 平均地權條例第15、46條（94.1.30） 行政程序法第117條前段（94.12.28）
評論或影響	大法官曾於釋字第516號解釋稱，徵收土地補償之地價及其他補償費，若增加補償之數額過大，應動支預備金，或有其他特殊情事致未能於15日內發給者，應於評定結果確定之日起「相當之期限」內盡速發給，但未對所謂「相當之期限」給予明確解釋。而此號釋憲案則明確解釋，此「相當之期限」最長不得超過2年。

第743號　徵收之捷運用地得否用於聯合開發案

時間	民國105年12月30日
案情	臺北市政府為興建捷運新店線，於80年徵收大坪林段19筆土地，並於88年公告聯合開發計畫，與日盛生公司簽訂投資契約，徵收土地移作聯合開發用地，開發完成後，再將源自徵收土地之應有部分移轉給該公司。監察院於101年提案糾正，認為臺北市政府雙軌辦理徵收（大眾捷運法第6條）、聯合開發（大眾捷運法第7條第1項）違背立法設計，又將徵收來的土地移轉給日盛生公司，無法律明文，違反法律保留原則，要求行政院確實檢討改善。但交通部引用北高行一份判決，認為雙軌併辦徵收、聯合開發為合法。而法務部之函文則認為不需要法律明文，才可以將徵收而來之聯合開發土地移轉私人，行政院函覆監察院表示「尊重」相關權責機關研處情形。監察院於103年以與行政院之上述見解不同，兩院間存在歧見，聲請釋憲。[25]

25　〈一起讀釋字743號解釋〉，《一起讀判決》，2016年12月31日，https://casebf.com/2016/12/31/ko743-2/。

解釋 爭點	徵收之捷運用地得否用於聯合開發案？
解釋文	主管機關依77年7月1日制定公布之大眾捷運法第6條，按相關法律所徵收大眾捷運系統需用之土地，不得用於同一計畫中依同法第7條第1項規定核定辦理之聯合開發。依大眾捷運法第6條徵收之土地，應有法律明確規定得將之移轉予第三人所有，主管機關始得為之，以符憲法保障人民財產權之意旨。
釋憲 要點	系爭規定一要求主管機關就大眾捷運系統需用之土地，依相關法律徵收，作興建捷運系統之特定目的使用，非以追求商業利益為考量。系爭規定二之目的，則在有效利用土地資源，促進地區發展並利大眾捷運系統建設經費之取得（立法院公報第77卷第46期第43頁參照），故聯合開發係為有效利用土地資源，並因此涉及商業利益之分享及風險之分擔。主管機關依系爭規定一，按相關法律徵收人民土地，雖因而取得土地所有權人之地位，然其與一般土地所有權人得自由使用、收益、處分及行使其他土地權利者並不全然相同。其徵收既係基於興建捷運系統之特定目的，主管機關自不得於同一計畫，持該徵收之土地，依系爭規定二辦理聯合開發，而為經濟利用，故自亦無由主管機關將該徵收之土地所有權移轉予第三人之餘地。如因情事變更，主管機關擬依後續計畫辦理聯合開發，應依其時相關法律辦理。 另按法律保留之範圍，原不以憲法第23條所規定限制人民權利之事項為限。政府之行政措施雖未直接限制人民之自由權利，但如涉及公共利益或實現人民基本權利之保障等重大事項，應由法律加以規定，如以法律授權主管機關發布命令為補充規定時，其授權應符合具體明確之原則（釋字第443、614、658、707號解釋參照）。主管機關為公用或公益之目的而以徵收方式剝奪人民財產權後，如續將原屬人民之財產移轉為第三人所有，易使徵收權力遭濫用及使人民產生圖利特定第三人之疑慮。是如因情事變更，主管機關有依其時相關法律規定，將循系爭規定一所徵收大眾捷運系統需用之土地，納入後續計畫，辦理聯合開發之情形，仍應有法律明確規定主管機關得將之移轉予第三人所有，始得為之，以符憲法保障人民財產權之意旨。
相關 法令	憲法第15、23條（36.1.1） 司法院釋字第443、614、658、707號解釋 大眾捷運法第6條（77.7.1） 大眾捷運法第7條第1、3項（103.6.4） 都市計畫法第48條（109.1.15） 土地法第208條第2款（100.6.15） 司法院大法官審理案件法第7條第1項第1款（82.2.3） 內政部80年1月24日台（80）內地字第891630號、80年12月18日台（80）內地字第8007241號函、81年4月21日台（81）內地字第8104860號函、102年7月10日台內地字第1020246881號函 交通部102年5月20日交路字第1025005474號函 監察院103年1月21日院台調壹字第1030800021號函

	行政院103年5月5日院台交字第1030133300號函、104年9月21日院台交字第1040050323號函 司法院104年9月11日院台大二字第1040024712號函
評論或 影響	此號釋憲案非常簡短，僅有兩段，分別為第一段：大眾捷運法第6條徵收而來之土地，不可用在同一計畫中依照第7條第1項規定之聯合開發。理由書指出：第6條徵收是用來作興建捷運系統之特定目的使用，不是以追求商業利益為考量。而第7條第1項聯合開發之目的，則是有效利用土地資源，促進地區發展並利大眾捷運系統建設經費之取得。當主管機關基於興建捷運系統之目的徵收土地，自然不可在同一計畫，以徵收土地辦理聯合開發。第二段：依照第6條徵收之土地，要有法律明確規定，才可以移轉給第三人，以保障人民之財產權。理由書中並指出，主管機關徵收人民土地之後，若移轉第三人所有，會有徵收權力遭濫用及使人民產生圖利特定第三人之疑慮。故基本上，上述大法官之解釋均支持監察院之立場。[26]

第747號　土地所有權人因公路穿越地下得請求徵收地上權案

時間	民國106年3月17日
案情	臺北市指南宮及南宮建設開發股份有限公司代表人高○文以交通部臺灣區國道高速公路局興建北部第二高速公路木柵隧道，未經其同意，穿越其投資興建之指南宮地藏王寶殿附設靈灰堂暨停車場空間新設工程所在土地之地下，影響其土地開發安全及利用，向高公局請求協議價購及辦理徵收，被拒絕。聲請人不服，提起訴願遭不受理，提起行政訴訟，經臺北高等行政法院以99年度訴字第2427號判決駁回，又經最高行政法院101年度判字第465號判決，以上訴為無理由而駁回上訴確定。聲請人認為公路法、土地徵收條例第11條及78年11月6日府工二字第373130號臺北市都市計畫說明書，有牴觸憲法疑義，聲請釋憲並變更釋字第400號解釋。
解釋 爭點	土地所有權人因公路穿越地下，至逾越其社會責任所應忍受範圍，得否請求需用土地人向主管機關申請徵收地上權？
解釋文	人民之財產權應予保障，憲法第15條定有明文。需用土地人因興辦土地徵收條例第3條規定之事業，穿越私有土地之上空或地下，致逾越所有權人社會責任所應忍受範圍，形成個人之特別犧牲，而不依徵收規定向主管機關申請徵收地上權者，土地所有權人得請求需用土地人向主管機關申請徵收地上權。89年2月2日制定公布之同條例第11條規定：「需用土地人申請徵收土地……前，應先與所有人協議價購或以其他方式取得；所有人拒絕參與協議或經開會未能達成協議者，始得依本條例申請徵收。」（101年1月4日修正公布之同條第1項主要意旨相同）第57條第1項規定：「需用土地人因興辦第三條規定之事業，需穿越私有土地之上空或地下，得就需用

26　同前註。

	之空間範圍協議取得地上權，協議不成時，準用徵收規定取得地上權。……」未就土地所有權人得請求需用土地人向主管機關申請徵收地上權有所規定，與上開意旨不符。有關機關應自本解釋公布之日起1年內，基於本解釋意旨，修正土地徵收條例妥為規定。逾期未完成修法，土地所有權人得依本解釋意旨，請求需用土地人向主管機關申請徵收地上權。
釋憲要點	按人民聲請憲法解釋之制度，除為保障當事人之基本權利外，亦有闡明憲法真義以維護憲政秩序之目的，故其解釋範圍自得及於該具體事件相關聯且必要之法令內容，而不全以聲請意旨所述或確定終局裁判所適用者為限（釋字第445號解釋參照）。如非將聲請釋憲以外之其他規定納入解釋，無法整體評價聲請意旨者，自應認該其他規定為相關聯且必要，而得將其納為解釋客體（釋字第737號解釋參照）。 按徵收原則上固由需用土地人向主管機關申請，然國家因公益必要所興辦事業之設施如已實際穿越私人土地之上空或地下，致逾越所有權人社會責任所應忍受範圍，形成個人之特別犧牲，卻未予補償，屬對人民財產權之既成侵害，自應賦予人民主動請求徵收以獲補償之權利。土地徵收條例第57條第2項爰規定：「前項土地因事業之興辦，致不能為相當之使用時，土地所有權人得自施工之日起至完工後一年內，請求需用土地人徵收土地所有權，需用土地人不得拒絕。」以實現憲法第15條保障人民財產權之意旨。
相關法令	憲法第7、15條（36.1.1） 司法院釋字第400、440、445、503、709、732、737、741、742號解釋 土地徵收條例第3、11、57條（101.1.4） 司法院大法官審理案件法第5條第1項2款（82.2.3） 臺北市政府78年11月6日府工二字第373130號臺北市都市計畫說明書
評論或影響	此號釋憲案認定「土地徵收條例第57條」規範不足，與憲法第15條保障人民財產權的意旨不符，有關機關應自本解釋公布日起1年內修法妥為規定。該條例賦予土地所有權人得請求需用機關徵收補償的僅有土地所有權，並未賦予土地所有權人主動請求需用機關徵收地上權以獲得補償的權利，係屬法律規範不足。依據該釋憲案之意旨，需用土地人因興辦土地徵收條例第3條規定之事業，穿越私有土地之上空或地下，致逾越所有權人社會責任所應忍受範圍，形成個人之「特別犧牲」，而不依徵收規定向主管機關申請徵收地上權者，土地所有人得請求需用土地人向主管機關申請徵收地上權。因土地徵收條例目前並無申請徵收地上權之相關規定，多位立法委員已於立法院第9屆第四會期擬具「土地徵收條例第57條條文」修正草案，惟目前尚在審查中。[27]

27　〈淺談釋字743之地上權徵收請求權〉，《經濟部水利署電子報》，第265期，2018年2月9日，https://epaper.wra.gov.tw/Article_Detail.aspx?s=4403&n=30177。

第763號　被徵收土地使用情形應定期通知案

時間	民國107年5月4日
案情	劉○德及劉○祥擁有位在高雄仁武之土地於78年3月被公告徵收，計畫書使用期限從77年至89年9月5日。依據法律規定，若政府超過計畫使用期限而未使用，渠等可於89年9月6日起算，5年內提出申請，行使「收回權」。但渠等迄100年才以政府超過計畫使用期限而未使用，申請以原來的徵收價額收回土地。高雄市政府認為行使「收回權」之期限已經逾期而駁回請求。經提起行政訴訟後，亦遭到法院駁回，聲請釋憲。
解釋爭點	土地法第219條第1項未規定主管機關就其徵收之土地，應定期通知原土地所有權人土地之後續使用情形，致其無從於充分資訊下，行使收回權，是否不符憲法要求之正當行政程序，而有違憲法第15條保障人民財產權之意旨？
解釋文	土地法第219條第1項規定逕以「徵收補償發給完竣屆滿一年之次日」為收回權之時效起算點，並未規定該管直轄市或縣（市）主管機關就被徵收土地之後續使用情形，應定期通知原土地所有權人或依法公告，致其無從及時獲知充分資訊，俾判斷是否行使收回權，不符憲法要求之正當行政程序，於此範圍內，有違憲法第15條保障人民財產權之意旨，應自本解釋公布之日起2年內檢討修正。於本解釋公布之日，原土地所有權人之收回權時效尚未完成者，時效停止進行；於該管直轄市或縣（市）主管機關主動依本解釋意旨通知或公告後，未完成之時效繼續進行；修法完成公布後，依新法規定。
釋憲要點	憲法第15條規定人民之財產權應予保障，旨在使財產所有人得依財產之存續狀態行使其自由使用、收益及處分之權能，免於遭受公權力或第三人之侵害，以確保人民所賴以維繫個人生存及自由發展其人格之生活資源（釋字第596、709、732號解釋參照）。人民依法取得之土地所有權，應受法律之保障與限制，並為憲法第143條第1項所明定。國家因公用或其他公益目的之必要，固得經由法定程序徵收人民之土地，惟徵收人民土地，屬對人民財產權最嚴重之侵害手段，基於憲法正當程序之要求，國家自應踐行最嚴謹之程序。此程序保障不僅及於徵收前（例如於徵收計畫確定前，國家應聽取土地所有權人及利害關係人之意見，釋字第409號解釋參照），並及於徵收時（例如辦理徵收時，應嚴格要求國家踐行公告及書面通知之程序，以確保土地或土地改良物所有權人及他項權利人知悉相關資訊，俾適時行使其權利；徵收之補償應儘速發給，否則徵收土地核准案即喪失其效力，釋字第516、731號解釋參照）。 至土地徵收完成後，是否亦有正當程序之適用，則須視徵收完成後，原土地所有權人是否仍能主張憲法財產權之保障而定。按土地徵收後，國家負有確保徵收土地持續符合公用或其他公益目的之義務，以貫徹徵收必要性之嚴格要求，且需用土地人應於一定期限內，依照核准計畫實行使用，以防止徵收權之濫用，而保障人民私有土地權益（釋字第236號解釋參照）。是徵收後，如未依照核准計畫之目的或期限實行使用，徵收即喪失其正當性，人民因公共利益而忍受特別犧牲之原因亦已不存

	在，基於憲法財產權保障之意旨，原土地所有權人原則上即得申請收回其被徵收之土地，以保障其權益。此項收回權，係憲法財產權保障之延伸，乃原土地所有權人基於土地徵收關係所衍生之公法上請求權，應受憲法財產權之保障。為確保收回權之實現，國家於徵收後仍負有一定之程序保障義務。
相關法令	憲法第15、143條（36.1.1） 司法院釋字第236、409、477、516、596、709、731、732、747、748、762號解釋 土地法第219條（100.6.15） 土地徵收條例第9、49條（101.1.4） 都市計畫法第83條（104.12.30）
評論或影響	根據《一起讀判決》網站表示，當土地被國家依都市計畫法徵收後，若國家並沒有在計畫期限內使用，原土地所有權人可以在期限屆滿後5年內，請求用原徵收價額收回被徵收土地，此為「收回權」。但原土地所有權人卻往往不知道國家有無依照計畫使用，以致喪失應有之權利，如本案中之聲請人所遇到之情況。該釋憲案認為在土地徵收後，仍然要符合正當法律程序之要求，主管機關就被徵收土地之後續使用情形，應「定期通知」原土地所有權人或「依法公告」，讓原土地所有權人可以及時行使「收回權」。[28]該釋憲案促使行政院會於110年9月23日通過內政部擬具「土地法」第219條之1修正草案，送請立法院審議。內政部表示，本次修法主要是配合司法院釋字第763號解釋，增訂政府應主動每年通知及公告被徵收土地的使用情形，並規範合理請求收回土地的時效，更加強保障原所有權人權益。[29]

第813號　歷史建築所定著之土地為第三人所有之補償案

時間	民國110年12月24日
案情	新莊慈祐宮為土城普安堂所坐落土地之所有權人，普安堂於100年及105年向新北市政府申請將寺廟指定為古蹟或登錄為歷史建築，經新北市文化局審議將普安堂登錄為歷史建築，並依文化資產保存法相關規定，不用取得土地所有權人慈祐宮之同意，亦不須給予相當補償。慈祐宮不服，提起訴願遭駁回後，提起行政訴訟，臺北高等行政法院判決駁回。慈祐宮再提上訴，遭最高行政法院駁回確定，聲請釋憲。
解釋爭點	1.文化資產保存法第9條第1項及第18條第1項有關歷史建築登錄之規定，於歷史建築所定著之土地為第三人所有之情形，未以取得土地所有人同意為要件，是否違憲？

28 〈土地徵收「之後」的正當法律程序〉，《一起讀判決》，2018年5月6日，https://casebf.com/2018/05/06/j763/。

29 〈行政院會通過土地法第219條之1修正案 保障被徵收土地所有權人權益〉，《中華民國內政部》，2021年9月23日，https://www.moi.gov.tw/News_Content.aspx?n=4&sms=9009&s=236842。

	2.同法第99條第2項及第100條第1項規定，於歷史建築所定著之土地為第三人所有之情形，未予土地所有人相當之補償，是否違憲？
解釋文	文化資產保存法第9條第1項及第18條第1項關於歷史建築登錄部分規定，於歷史建築所定著之土地為第三人所有之情形，未以取得土地所有人同意為要件，尚難即認與憲法第15條保障人民財產權之意旨有違。惟上開情形之土地所有人，如因定著於其土地上之建造物及附屬設施，被登錄為歷史建築，致其就該土地原得行使之使用、收益、處分等權能受到限制，究其性質，屬國家依法行使公權力，致人民財產權遭受逾越其社會責任所應忍受範圍之損失，而形成個人之特別犧牲，國家應予相當補償。文化資產保存法第9條第1項及第18條第1項規定，構成對上開情形之土地所有人之特別犧牲者，同法第99條第2項及第100條第1項規定，未以金錢或其他適當方式給予上開土地所有人相當之補償，於此範圍內，不符憲法第15條保障人民財產權之意旨。有關機關應自本解釋公布之日起2年內，依本解釋意旨，修正文化資產保存法妥為規定。
釋憲要點	系爭規定1及3關於歷史建築登錄之規定，其目的係為正當公益。按歷史建築又不能離其所定著之土地而存在，是歷史建築所定著之土地為第三人所有之情形，則依文資法相關規定，土地所有人即同受有相應承擔，因歷史建築登錄所生不能自由利用、不能對歷史建築所有人行使民法第767條規定之物上請求權等財產權能之社會責任及限制。上開對土地所有人財產權之限制，就歷史建築登錄所欲達成之充實國民精神生活、發揚多元文化之目的言，自屬必要，不因土地所有人是否同意而有不同。從而系爭規定一及三就歷史建築所定著之土地為第三人所有之情形，未以得土地所有人同意為要件，尚難即認與憲法第15條保障人民財產權之意旨有違。 惟查上述定著於第三人所有土地上之建造物及附屬設施，經登錄為歷史建築後，該第三人使用、管理、處分該土地之權能因文資法相關規定受限制（文資法第34條第1項、第42條及第106條第1項第7款等規定參照），已逾其所應忍受之社會責任範圍，而形成其財產權之特別犧牲者，上開歷史建築所定著之土地所有人自應享有受相當補償之權利，始符憲法第15條保障人民財產權之意旨。至以金錢或其他適當方式給予上開土地所有人相當之補償，立法者自有形成自由。而系爭規定二中，文資法第99條第2項規定，僅就歷史建築所定著之土地得在50%範圍內減徵地價稅；另同法第100條第1項則規定就因繼承而移轉者有免徵遺產稅之優惠。然此等規定，或屬量能課稅原則之具體呈現，或縱具稅捐優惠之性質，均難謂係相當之補償。 系爭規定1及3關於歷史建築登錄部分規定，其中所定著之土地為第三人所有之情形，未以經土地所有人同意為歷史建築登錄要件，尚難即認與憲法第15條保障人民財產權之意旨有違。惟上開情形之土地所有人如因定著於其土地上之建造物及附屬設施，被登錄為歷史建築，致其就該土地原得行使之使用、收益、處分等權能受到限制，究其性質，屬國家依法行使公權力，致人民財產權遭受逾越其社會責任所應忍受範圍之損失，而形成個人之特別犧牲，國家應予相當補償。系爭規定1及3構成對上開情形之土地所有人之特別犧牲者，系爭規定2未以金錢或其他適當方式給予上開土地所有人相當之補償，於此範圍內，不符憲法第15條保障人民財產權之意

	旨。有關機關應自本解釋公布之日起2年內，依本解釋意旨，修正文資法妥為規定。
相關法令	憲法第15、166條（36.1.1） 司法院釋字第400、709、732號解釋 司法院大法官審理案件法第5條第1項第2款（82.2.3） 文化資產保存法第1、3、9、18、34、41、42、99、100、106條（105.7.27）
評論或影響	此釋憲案涉及憲法第15條財產權問題，爭議點為歷史建築物之所有人（普安堂）與土地所有人（慈祐宮）不同，因現行文化資產保存法未提及，在登錄歷史建築時，需取得土地所有權人同意。對慈祐宮而言，當普安堂被登錄為歷史建築，就限制其使用、收益與處分該土地之權能。若形成個人之特別犧牲，國家應予相當補償。但文化資產保存法只規定賦稅優惠，並無以金錢或其他適當方式給予土地所有人相當之補償。大法官認為此違反憲法保障財產權之意旨，並要求有機關應在解釋公布之日起2年內，依照解釋意旨，修正文化資產保存法。[30]

---

30 〈813號解釋：歷史建築所定著之土地為第三人所有之補償案〉，《一起讀判決》，2021年12月29日，https://casebf.com/2021/12/29/j813/。

憲法第16條
有關訴訟權之釋憲案

　　國人過去認為興訟為不吉利之事，能避則避。但是近代由於人權意識高漲，各國均已在憲法將明文規定人民具有訴訟權，人民並已將訴訟權視為是一項基本權利。我國憲法中有關訴訟權規定，主要是第16條：「人民有請願、訴願及訴訟之權。」本文蒐整25件關於訴訟權較具代表性之大法官釋憲案，包括16件有關一般救濟類、9件有關特別救濟等議題之釋憲案，以供參考。

有關一般救濟類之釋憲案

第160號　民訴上訴第三審利益額案

時間	民國68年12月21日
案情	黃○連因調整租金事件控告楊○榮等人，其因不服臺灣高等法院67年上字第2282號民事判決，再度提起上訴。經同法院依民事訴訟法第466條第1項規定：「對於財產權上訴之第二審判決，如因上訴所得受之利益，不逾八千元者，不得上訴」，裁定駁回，致無法求得第三審法院之救濟。聲請人主張上開法律規定，牴觸憲法第1條（三民主義之民生主義）、第16條（保障訴訟權）、第23條（不得以法律限制訴訟權），聲請釋憲。
解釋爭點	上訴第三審利益額之規定合憲？
解釋文	民事訴訟法第466條第1項：「對於財產權上訴之第二審判決，如因上訴所得受之利益，不逾八千元者，不得上訴」之規定，與憲法並無牴觸。
釋憲要點	按憲法第16條所謂人民有訴訟之權，乃人民在司法上之受益權，指人民於其權利受侵害時，有提起訴訟之權利，法院亦有依法審判之義務而言，經大法官會議釋字第154號解釋理由釋明在案。此項權利之行使，究應經若干審級，憲法並未設有明文，自應衡量訴訟案件之性質，以法律為合理之規定，非必任何案件均須經相同審級，始與憲法相符。民事訴訟法第466條第1項對於財產權上訴訟之第二審判決，如因上訴得受之利益，不逾8,000元者，不得上訴於第三審之規定，即係本此意旨所定之訴訟制度，對所有當事人一體適用，以發揮定分止爭之功能，尚難謂於訴訟權之行使，有何妨礙。
相關法令	憲法第1、16、23條（36.1.1） 司法院釋字第154號解釋 民事訴訟法第466條第1項（60.11.17）

評論或 影響	此號釋憲案認為，民事訴訟法第466條第1項之規定可避免虛耗國家有限之司法資源，促使私法關係早日確定，以維持社會秩序所為之正當合理之限制，故主張與憲法第16、23條尚無違背。此原則於93年3月12日之釋字第574號中，再度加以闡明。另外，為配合社會發展，民事訴訟法第466條第1項規定之金額上限已調高為新臺幣100萬元。[1]

第168號　同一案件重行起訴救濟案

時間	民國70年5月8日
案情	同一案件在同一法院先後兩次起訴（先起訴者稱甲訴，後起訴者稱乙訴），並經兩次科刑之判決。甲訴先起訴後判決，乙訴後起訴先判決，均未上訴，判決確定；甲訴判決當時，乙訴判決尚未確定，究係何判決為違法？因最高法院檢察署與最高法院見解有異，行政院聲請釋憲，以為嗣後處理此類案件之依據。
解釋 爭點	同一案件重行起訴，如何救濟？
解釋文	已經提起公訴或自訴之案件，在同一法院重行起訴者，應諭知不受理之判決，刑事訴訟法第303條第2款定有明文。縱先起訴之判決，確定在後，如判決時，後起訴之判決尚未確定，仍應就後起訴之判決，依非常上訴程序，予以撤銷，諭知不受理。
釋憲 要點	按一事不再理，為我刑事訴訟法之基本原則。已經提起公訴或自訴之案件，在同一法院重行起訴者，應諭知不受理之判決，為同法第303條第2款所明定。蓋同一案件，既經合法提起公訴或自訴，自不容在同一法院重複起訴，為免一案兩判，對於後之起訴，應以形式裁判終結之。而同法第202條第1款所定，案件曾經判決確定者，應諭知免訴之判決，必係法院判決時，其同一案件，已經實體判決確定，始有該條款之適用，此由該條款明定：「曾經判決確定者」觀之，洵無庸疑。故法院對於後之起訴，縱已為實體判決，並於先之起訴判決後，先行確定，但後起訴之判決，於先起訴判決時，既未確定，即無既判力，先起訴之判決，依法不受其拘束，無從依同法第302條第1款之規定為免訴之諭知，其所為實體判決，自不能因後起訴之判決先確定，而成為不合法。從而，後之起訴，依上開第303條第2款之規定，本不應受理，倘為實體判決，難謂合法，如已確定，應依非常上訴程序，予以撤銷，諭知不受理。
相關 法令	刑事訴訟法第302、303條（57.12.5）

1　〈民事訴訟法〉，《法務部全國法規資料庫》，https://law.moj.gov.tw/LawClass/LawSingle.aspx?pcode=B0010001&flno=466。

評論或影響	此號釋憲案再度確認，一事不再理之刑事訴訟法基本原則。刑法對於犯罪行為訴究之目的，旨在矯正或隔離該對於社會大眾犯罪行為，而非積極地對被告以律法相繩或剝奪人民之基本權益，故刑事訴訟法第302、303條乃佐以「一罪不二罰」（或稱一事不再理）之原則，以保障犯罪嫌疑人之基本人權，且對於已提起公訴或自訴之案件，在同一法院重行起訴者，應諭知不受理之判決，縱先起訴之判決確定在後，後起訴之判決尚未確定，仍應就後起訴之判決，依非常上訴程序，予以撤銷，諭知不受理。[2]

第170號　行政訴訟法第14條裁定駁回案

時間	民國70年9月25日
案情	楊○順因妨害自由罪遭逮捕，被捕後復因公共危險罪被臺北市城中分局移送警備總部偵辦，經臺灣高等法院68年判決有期徒刑2年。聲請人不服警備總部之行政處分命令（矯正處分），向國防部提起訴願及向行政院提起再訴願，均遭駁回，爰依行政訴訟法第1條規定，提請行政訴訟。惟行政法院引用行政訴訟法第14條第1項之規定：「人民因違警事件，而受警察官署之裁定，依違警罰法第四十六條第一項規定，固得向上級官署提起訴願，但依同法四十七條第二項規定，對於此項訴願決定則不得提起再訴願。」駁回聲請人請求。聲請人主張確定終局裁定所適用法律牴觸憲法第16條侵害其行政訴訟權，聲請釋憲。
解釋爭點	裁定駁回不應行政訴訟或違法定程序之案件違憲？
解釋文	行政訴訟法第14條第1項：「行政法院審查訴狀，認為不應提起行政訴訟或違背法定程序者，應附理由以裁定駁回之」之規定，與憲法第16條並無牴觸。
釋憲要點	人民有訴訟之權，憲法第16條固定有明文，惟訴訟如何進行，應另由法律定之。查行政訴訟法第14條第1項：「行政法院審查訴狀，認為不應提起行政訴訟或違背法定程序者，應附理由以裁定駁回之」之規定，係明示行政法院對於當事人提出之訴狀所載事項，依有關法律之規定，予以審查（如行政訴訟法第1條、違警罰法第47條第2項），認為不應提起行政訴訟或其提起違背法定程序者，所定之處理方式，並為使當事人明瞭緣由，應附述理由，故本條非屬限制訴訟權之規定，與憲法第16條保障人民訴訟權之本旨，無牴觸之可言。
相關法令	憲法第16條（36.1.1） 行政訴訟法第1、14條（64.12.12） 違警罰法第47條第2項（43.10.23）

2　陳忠智，〈論「一事不再理」原則之適用〉，《專利師》，第8期，2012年1月，頁32。

評論或 影響	此號釋憲案認爲，行政訴訟法第14條非屬限制訴訟權之規定。行政訴訟法第14條第1項中規定，對於不可提起行政訴訟或違背法定程序者，行政法院必須說明理由才駁回。依上開規定，提起行政訴訟之要件爲：1.原告須爲人民；2.須對於中央或地方機關之違法行政處分爲之；3.須認爲前款行政處分損害其權利；4.須經依訴願法提起再訴願不服其決定，或提起再訴願後受理機關已逾第1條第1項所定期限不爲決定。反之，有下列情形之一者，行政法院應以裁定駁回：1.非人民而提起行政訴訟者；2.非對於中央或地方機關之違法處分而提起行政訴訟者；3.非認爲前款處分損害其權利而提起行政訴訟者；4.未經依訴願法提起再訴願不服其決定而提起行政訴訟，或提起再訴願非因受理機關已逾第1條第1項所定期限不爲決定而提起行政訴訟者；5.提起行政訴訟已逾第10條第1項規定之期間者；6.提起行政訴訟之書狀不合程式，經審判長定期命其補正，而不補正者。[3]該釋憲案於81年4月24日之釋字第297號被引用。

第181號　審判期日應調查之證據未調查案

時間	民國72年7月1日
案情	羅○龍繼承亡故胞兄位於嘉義市4筆土地之遺產，需繳納遺產稅新臺幣254萬8,112元，但因無積蓄，稅務機關准予分期延期繳付。其在籌款納稅期間，經黃○塔中介於67年12月間將該等土地賣於黃○足，並訂明68年2月20日餘款付清後將土地交割清楚。旋值中、美斷交，黃○足恐土地落價，聲稱訂約時土地登記所有權人非羅○龍，向嘉義地院控告渠詐欺。法院調查後認彼無不法意圖，遂判無罪。迨黃○足上訴，臺南高分院於二審判決，改判羅○龍徒刑3月。嗣羅○龍提起非常上訴，並經最高法院判決撤銷違法程序，惟未撤銷二審判決，羅○龍乃向監察院陳請。該參酌日本判例、學者見解，對於未經合法傳喚相關證人（辦理土地繼承及移轉登記之代書陳錦德）而逕行判決之案件，除訴訟程序違背法令外，同時亦屬判決違背法令，請一併變更44年台非字第54號判例藉資補救，以維公平正義原則。然因司法院及最高法院認爲本案僅係程序違法，原審關於訴訟程序違背法令部分撤銷，上開判例不宜變更。監察院爲統一法令適用及救濟錯誤判決與維護陳訴人權益，聲請釋憲。
解釋 爭點	審判期日應調查之證據未調查，判決屬違背法令？
解釋文	非常上訴，乃對於審判違背法令之確定判決所設之救濟方法。依法應於審判期日調查之證據，未予調查，致適用法令違誤，而顯然於判決有影響者，該項確定判決，即屬判決違背法令，應有刑事訴訟法第447條第1項第1款規定之適用。

釋憲要點	按刑事訴訟為確定國家具體刑罰權之程序，以發見真實，使刑罰權得以正確行使為宗旨。非常上訴，乃對審判違背法令之確定判決予以救濟之方法。所謂審判違背法令，可分為判決違法與訴訟程序違法，在訴訟法上各有其處理方式；前者為兼顧被告之利益，得將原判決撤銷另行判決，具有實質上之效力，後者則僅撤銷其程序而已。惟二者理論上雖可分立，實際上時相牽連，故依法應於審判期日調查之證據，未予調查，致適用法令違誤，而顯然於判決之結果有影響者，倘不予以救濟，則無以維持國家刑罰權之正確行使，該項確定之判決即屬判決違背法令，非僅訴訟程序違背法令，應有刑事訴訟法第447條第1項第1款規定之適用。
相關法令	刑事訴訟法第447條第1項第1款（71.8.4）
評論或影響	此號釋憲案對我國之非常上訴制度，有重大且深遠之影響。非常上訴乃對審判違背法令之確定判決予以救濟之方法，而審判違背法令又可分為判決違背實體法則及程序法則兩種。在訴訟法上各有其處理方式，前者為兼顧被告之利益，得將原判決撤銷另行判決，具有實質上之效力，後者則僅撤銷其程序而已。對於非常上訴就應採何種判決，實務上有釋字第146號及釋字第181號兩號解釋，前者認為當法院認定之犯罪事實與證據顯屬不符時，可提起非常上訴救濟；後者認為應調查證據而未調查者，也可提起非常上訴救濟。亦即釋字第181號解釋放寬非常上訴之判決標準，保障人民之權益。而最高法院97年度第4次刑事庭決議進一步認為，上述兩號解釋之適用範圍只有在不利於被告時才有適用餘地。亦即若該違背法令情形有利於被告時，就不可以因為原法院判決認定犯罪事實與證據不符，以及應調查證據而為調查，而提起非常上訴。[4]

第225號　　民訴法有關原告撤回其訴仍應負擔訴訟費用案

時間	民國77年4月29日
案情	廖○於73年4月6日向臺灣雲林地方法院民事庭起訴，請求確認繼承權，並預繳裁判費新臺幣38,388元，但旋於2天後撤回。因法院尚未分案開始審理，未產生裁判費。聲請人遂向該院聲請返還前所繳交之裁判費，但遭駁回，不予返還。聲請人後向臺灣高等法院臺中分院提起抗告，又被駁回，聲請釋憲。
解釋爭點	民訴法有關原告撤回其訴仍應負擔訴訟費用之規定違憲？

4　〈最高法院九十七年度第四次刑事庭決議——提起非常上訴之必要性〉，《保誠學儒法政網》，http://www.public.tw/prog/allenj/Pcsr2013/OnlinePublicationsDetail/4/65。

解釋文	民事訴訟係當事人請求司法機關確定其私權之程序，繳納裁判費乃為起訴之要件，原告於提起訴訟後撤回其訴，自應負擔因起訴而生之訴訟費用。民事訴訟法第83條第1項：「原告撤回其訴者，訴訟費用由原告負擔」之規定，與憲法第15條尚無牴觸。
釋憲要點	民事訴訟係當事人為自己之利益，請求司法機關確定其私權之程序，自應由當事人負擔因此所生之費用，方稱公平，故我民事訴訟法採有償主義，以依民事訴訟費用法繳納定額之裁判費為起訴之要件，如起訴不備此項要件，經審判長定期命其補正，而未補正者，法院應依民事訴訟法第249條第1項第6款裁定駁回。雖此項裁判費及其他訴訟費用，法院為終局裁判時，應依職權裁判命敗訴之當事人或其他引起無益訴訟行為之人負擔，惟訴訟之終結非必經裁判，如原告於起訴後終局判決前，撤回其訴者，既仍得再行起訴，為防止原告濫行起訴，此項訴訟所生之費用，自應由引起訴訟之原告負擔。民事訴訟法第83條第1項：「原告撤回其訴者，訴訟費用由原告負擔」之規定，為增進公共利益所必要，與憲法第15條尚無牴觸。
相關法令	憲法第15條（36.1.1） 民事訴訟法第83、249條（75.4.25）
評論或影響	此號釋憲案認為，徵收民事訴訟裁判費是為防止人民濫行起訴，是為增進公共利益所必要，與憲法第15條尚無牴觸。後來學者在防止濫訴之基礎上又再補充：減少權利義務之爭執、督促義務人履行義務、利用法院之對價及可減少國庫開支等見解，作為支持民事訴訟起訴前應繳納裁判費之理由。[5]

第238號　刑訴法上訴第三審依本法應於審判期日調查之證據案

時間	民國78年3月31日
案情	李○淵認為，法院對其被人誣告贓物罪案之判決不當，向監察院陳情。監察院乃於72年5月3日函請法務部依法給予救濟。經最高法院檢察署向最高法院提起非常上訴，後由最高法院依據該院29年2月22日刑庭總會之決議：「訴訟程序雖係違背法令，而於判決無影響者，不得提起非常上訴」，駁回上訴。監察院認為最高法院72年度台非字第135號刑事判決，依據該院29年2月22日刑庭總會決議，駁回上訴，其所持理由，與之見解有異，對於該決議是否適法，聲請釋憲。
解釋爭點	刑訴法「依本法應於審判期日調查之證據」意涵？

5　姚其聖，〈論民事訴訟裁判費徵收制度之不當——提出一帖人民最有感的司改良藥〉，《中律會訊》，第22卷第2期，2019年10月，頁101。

解釋文	刑事訴訟法第379條第10款所稱「依本法應於審判期日調查之證據」，指該證據在客觀上爲法院認定事實及適用法律之基礎者而言。此種證據，未予調查，同條特明定其判決爲當然違背法令。其非上述情形之證據，未予調查者，本不屬於上開第10款之範圍，縱其訴訟程序違背法令，惟如應受同法第380條之限制者，既不得據以提起第三審上訴，自不得爲非常上訴之理由。29年2月22日最高法院民、刑庭總會議決議關於「訴訟程序違法不影響判決者，不得提起非常上訴」之見解，就證據部分而言，即係本此意旨，尚屬於法無違，與釋字第181號解釋，亦無牴觸。
釋憲要點	非常上訴係爲統一審判上法律之適用，而對審判違背法令之確定判決所設之特別救濟程序，除刑事訴訟法第394條外，並無準用第三審上訴程序之規定。依刑事訴訟法第441條規定，「判決確定後，發見該案件之審判係違背法令者，最高法院之檢察長得向最高法院提起非常上訴」。所謂「案件之審判係違背法令」，包括原判決違背法令及訴訟程序違背法令，後者係指判決本身以外之訴訟程序違背程序法之規定，與前者在實際上時相牽連，如判決前之訴訟程序違背法令，致適用法令違誤，而顯然於判決有影響者，爲兼顧被告之利益，仍應認爲原判決違背法令而有同法第447條第1項第1款規定之適用，經釋字第181號解釋釋明在案。刑事訴訟法第379條第10款規定：「依本法應於審判期日調查之證據而未予調查者」，其判決當然爲違背法令，亦爲判決前之訴訟程序違背法令。惟所稱「依本法應於審判期日調查之證據」，指事實審訴訟程序中已存在之證據，而在客觀上爲法院認定事實及適用法律之基礎者而言。此種證據，未予調查，同條特明定其判決當然爲違背法令。如在客觀上非認定事實及適用法律基礎之證據，既無調查之必要，則爲避免訴訟程序延滯，影響公益，自得不予調查，此觀同法第172條之規定自明。此種未予調查之情形，本不屬於上開第10款之範圍，縱因法院未駁回其調查之聲請，致訴訟程序違背法令，惟如應受同法第380條之限制者，既不得據以提起第三審上訴，自不得爲非常上訴之理由。29年2月22日最高法院民、刑庭總會議決議關於「訴訟程序違法不影響判決者，不得提起非常上訴」之見解，就證據未踐行調查程序部分而言，即係本此意旨，尚屬於法無違，與釋字第181號解釋，亦無牴觸。至關於證據未調查致訴訟程序違背法令，是否爲同法第380條之限制範圍，乃個案判斷問題，併予說明。
相關法令	司法院釋字第181號解釋 刑事訴訟法第172、379、380、394、441、447條（71.8.4） 最高法院29年2月22日民、刑庭總會決議
評論或影響	此號釋憲案與釋字第181號解釋均與非常上訴之問題有關，此兩號解釋對我國現行實務有重大且深遠之影響。[6]訴訟程序違背法令分爲絕對之訴訟程序判決違背法令與相對之訴訟程序判決違背法令兩種，其不同之處在於是否需要具體個案之判斷對於判決有影響。所謂對於判決有影響，係指就該訴訟程序之違背法令，其結果對於原

	判決之事實認定、證據（刑事）採取、法律適用，有無發生具體之關係而定。即其違法之程序是否已成爲判決基礎之全部或一部，此概念即該釋憲案所稱之「客觀上爲法院認定事實即適用法律之基礎者」之概念。[7]

第269號　公營事業機構行政訴訟被告當事人能力案

時間	民國79年12月7日
案情	樓○與爲勞基法第84條所稱之公務員兼具勞工身分者，在經濟部所屬中○公司服公職，依該法該條規定，其退休「應適用公務員法令」。但中○公司以非屬「公務員法令」之公司內規即「人員退休分等限齡表」及「經濟部所屬事業人員退休撫卹及資遣辦法」之行政命令，強制聲請人提前於63歲屆滿時退休。聲請人以其憲法所保障之工作權、服公職權、平等權以及退休權益，遭受不法侵害，經向經濟部提起訴願，該部於76年10月18日以經（76）訴字第50703號決定書適用行政法院30年判字第43號判例，認「公營事業機構並非依法組織之行政機關，要無行政處分權能，不得對之提起訴願」，而從程序上駁回。聲請人主張此項裁定牴觸憲法第16條保障之訴願及訴訟權，以及大法官會議第8、185、187及201號等解釋，聲請釋憲。
解釋爭點	認公營事業機構無行政訴訟被告當事人能力之判例違憲？
解釋文	依法設立之團體，如經政府機關就特定事項依法授與公權力者，以行使該公權力爲行政處分之特定事件爲限，有行政訴訟之被告當事人能力。行政法院60年裁字第232號判例，與此意旨不符部分，嗣後不再援用。至關於勞動基準法第84條之爭執，究應提起行政訴訟，或提起民事訴訟，與上開判例無涉，不在本件解釋範圍內；其當事人如已提起民事訴訟經判決確定者，自無訴訟權受侵害之可言，併此說明。
釋憲要點	人民對於中央或地方機關之行政處分，認爲違法或不當，致損害其權利或利益者，得依法提起訴願、再訴願、行政訴訟，此觀訴願法第1條、行政訴訟法第1條第1項之規定自明。故行政爭訟之被告，原則上應爲作成處分或決定之政府機關、行政訴訟法第9條亦有明文。政府機關以外之團體，原不得作爲行政訴訟之被告。惟依法設立之團體，如經政府機關就特定事項依法授與公權力者，在其授權範圍內，既有政府機關之功能，以行使該公權力爲行政處分之特定事件爲限，當有行政訴訟之被告當事人能力。行政法院60年度裁字第232號判例謂：「依公司法規定設立之公營事業機構，既非官署，自無被告當事人能力，若對之提起行政訴訟，即爲法所不許。」概認非官署之團體無被告當事人能力，與上述意旨不符部分，嗣後不再援

7　〈訴訟程序違背法令〉，《法律維基》，https://lawswiki.one/%E5%88%91%E8%A8%B4/%E8%A8%B4%E8%A8%9F%E7%A8%8B%E5%BA%8F%E9%81%95%E8%83%8C%E6%B3%95%E4%BB%A4。

	用。至關於勞動基準法第84條之爭執，究應依行政訴訟程序或依民事訴訟程序解決，與上開判例無涉，不在本件解釋範圍內；其當事人如已另行提起民事訴訟經判決確定者，自無訴訟權受侵害之可言，併此說明。
相關 法令	憲法第16條（36.1.1） 訴願法第1條（68.12.7） 行政訴訟法第1、9條（64.12.12） 勞動基準法第84條（73.7.30） 行政法院60年裁字第232號判例
評論或 影響	此號釋憲案促使行政院於80年11月份庭長評事聯席會議決議，行政法院60年裁字第232號判例不再援用。其理由為：依法設立之團體，如經政府機關就特定事項依法授與公權力者，以行使該公權力為行政處分之特定事件為限，有行政訴訟之被告當事人能力。[8]

第297號　犯罪被害人自訴案

時間	民國81年4月24日
案情	陳○原擁有臺北市忠孝東路3段164號之店面房屋，後改建為國民住宅，依照國民住宅出售辦法第5條規定，其有優先購買改建國宅店面房屋之權利。國民住宅條例及國民住宅出售辦法均無規定「開店鋪作生意」之人，有優先購買改建店面房屋之權利。然楊○雄等公務員於72年6月間開協商會議時，決議將店面房屋給予「開店鋪作生意」之人有優先購買權。聲請人認為彼等給「開店鋪作生意」之人「法外利益」，有「圖利他人」之貪污犯罪行為，觸犯戡亂時期貪污治罪條例第6條第3款「公務員對於主管之事務，直接圖利他人」之罪，向臺北地方法院提起訴訟。臺北市地方法院以「其所指被告直接侵害者係國家、社會法益，自訴人縱受有損害，亦係間接被害人」等言，判決駁回。後向臺灣高等法院刑事庭提起上訴，該院刑事第18庭以70年台上字第1799號判例所載「戡亂時期貪污治罪條例第6條第3款之公務圖利罪，係侵害國家法益之犯罪，其所保護之法益，為公務員對於國家服務之忠信規律及國家之利益，縱其犯罪結果，於私人權益不無影響，但直接被害者，仍為國家法益，而非私人法益，雖因該公務員之行為致個人受有損害，該個人仍屬間接被害人」等言駁回上訴。聲請人再向最高法院刑事庭提起上訴，又被駁回，聲請釋憲。
解釋 爭點	認定「犯罪之被害人」範圍之判例違憲？

8　〈最高行政法院判例〉，《全國法規資料庫》，https://law.moj.gov.tw/LawClass/ExContent.aspx?ty=J&JC=E&JNO=232&JYEAR=60&JNUM=001&JCASE=%E8%A3%81。

解釋文	人民有訴訟之權，憲法第16條固定有明文，惟訴訟如何進行，應另由法律定之，業經本院釋字第170號解釋於解釋理由書闡明在案。刑事訴訟乃實現國家刑罰權之程序，刑事訴訟法既建立公訴制度，由檢察官追訴犯罪，又於同法第319條規定：「犯罪之被害人得提起自訴」，其所稱「犯罪之被害人」，法律並未明確界定其範圍，自得由審判法院依具體個別犯罪事實認定之，最高法院70年台上字第1799號判例所表示之法律上見解，尚難認與憲法有何牴觸。
釋憲要點	人民有訴訟之權，憲法第16條固定有明文，惟訴訟如何進行，應另由法律定之，業經本院釋字第170號解釋於解釋理由書闡明在案。刑事訴訟乃實現國家刑罰權之程序，刑事訴訟法第228條第1項規定：「檢察官因告訴、告發、自首或其他情事知有犯罪嫌疑者，應即開始偵查。」第251條第1項規定：「檢察官依偵查所得之證據，足認被告有犯罪嫌疑者，應提起公訴。」既建立公訴制度由檢察官追訴犯罪，犯罪之被害人原得向檢察官告訴，由檢察官依法定程序偵查起訴，而同法第319條又規定：「犯罪之被害人得提起自訴」，其所稱「犯罪之被害人」，係指犯罪之直接被害人而言，但在侵害國家法益或社會法益兼有侵害個人法益之犯罪，何種情形下，個人為直接被害人，法律並未明確界定其範圍，自得由審判法院依具體個別犯罪事實認定之，其不得適用自訴之規定者，當然仍應適用公訴之規定，既無礙於國家刑罰權之實現，亦無訴訟權受限制之問題，最高法院70年台上字第1799號判例稱：「上訴人自訴被告涉嫌刑法上公務員圖利罪，其所保護之法益，為公務員對國家服務之忠信規律及國家之利益，縱其犯罪結果，於私人權益不無影響，但其直接被害者仍為國家法益，而非私人權益。雖因被告之行為致上訴人受有損害，亦屬間接之被害，而非直接被害，依照上開說明，即不得提起自訴」，其所表示之見解，尚難認與憲法有何牴觸。惟犯罪被害人得提起自訴之範圍，應妥為檢討，明確規定，併此指明。
相關法令	憲法第16條（36.1.1） 司法院大法官釋字第170號 刑事訴訟法第228、251、319條（79.8.3） 最高法院70年台上字第1799號刑事判例
評論或影響	刑事訴訟法第319條第1項規定：「犯罪之被害人得提起自訴」，其所稱「犯罪之被害人」，法律並未明確界定其範圍，自得由審判法院依具體個別犯罪事實認定之。而此號釋憲案則敘明「所稱『犯罪之被害人』，係指犯罪之直接被害人而言」。又刑法第125條第1項第3款之濫權追訴處罰罪，該罪名係侵害國家審判權之犯罪，其保護者，係公務員對國家服務之忠信規律及國家刑事司法權實行之嚴正性及公平性，雖其犯罪結果，對於私人權益不無影響，然此為本罪犯罪之內容，亦為公務員濫用職權之結果，該罪既為維護司法權之正當行使而設，是其直接受害者究為國家，並非個人，個人不能認係犯罪之直接被害人，不得提起自訴，此為對自訴制度之合理限制，且為最高法院歷年來之通說見解。[9]

9　〈刑法第125條1項3款保護法益及被害人之自訴權認定〉，《智丞法律事務所》，2015年5月17日，https://m.attorneytsai.com/cases_view.php?sn=2105。

第302號 刑訴法規定以判決違背法令始得上訴第三審案

時間	民國81年8月14日
案情	程○景認爲宋○年與王○武兩名學員損壞工具，並假藉督導立場，控制班費之運用，而提起訴訟。因其不服臺灣高等法院79年度上訴字第2488號刑事判決，判決宋、王兩人無罪，而提起上訴。經最高法院依刑事訴訟法第377條規定以「上訴於第三審法院，非以判決違背法令爲理由，不得爲之」，判決駁回。聲請人認爲駁回之判決致無法尋求第三審法院裁判之救濟，所適用之法律有違反憲法第1、16、23條規定之疑義，聲請釋憲。
解釋爭點	刑訴法規定以判決違背法令始得上訴第三審違憲？
解釋文	刑事訴訟法第377條規定：「上訴於第三審法院，非以判決違背法令爲理由，不得爲之」，旨在合理利用訴訟程序，以增進公共利益，尙未逾越立法裁量範圍，與憲法第16條並無牴觸。
釋憲要點	憲法第16條固規定人民有訴訟之權，惟此項權利應依如何之程序行使，審級如何劃分，應否將第三審法院定爲法律審，使司法訴訟程序之利用臻於合理，屬立法裁量問題，應由立法機關以法律妥爲規定。刑事訴訟法第377條規定：「上訴於第三審法院，非以判決違背法令爲理由，不得爲之」。其限制第三審上訴之理由，即係基於上述意旨，爲增進公共利益所必要，並未逾越立法裁量範圍，爲憲法第23條之所許，與憲法第16條保障人民訴訟權之本旨並無牴觸。
相關法令	憲法第16、23條（36.1.1） 刑事訴訟法第377條（79.8.3）
評論或影響	此號釋憲案雖然表示人民有訴訟之權，惟此項權利應依如何程序行使，審級如何劃分，是否將第三審法院定爲法律審，屬立法裁量問題，應由立法機關以法律規定。而刑事訴訟法第377條規定限制第三審上訴，乃係爲增進公共利益所必要，並未逾越立法裁量範圍，與憲法第16條保障人民訴訟權之本旨無牴觸。

第305號 公營事業機構行政訴訟被告當事人能力案

時間	民國81年10月2日
案情	周○新前屬臺灣汽車客運公司臺北第一運輸處中興號汽車駕駛，於77年9月21日在臺中縣大甲鎮，因過失致楊○藏死亡，經臺北地方法院判刑8月，緩刑3年。依臺汽公司之營業客車行車肇事處理要點第7項規定，不屬重大肇事案件，爲普通肇事，而該公司將此列爲重大肇事，將陳情人當年考績列爲丙等，並將不是連續3天之曠職之事，亦列爲曠職，且臺汽公司在陳情人未經法院判決僞造文書時，而將其列爲有僞造文書，予以免職。陳情人因被臺汽公司呈報公務員懲戒委員會遭記過處分，

	向臺灣省政府提起訴願、再訴願被駁回後，提起行政訴訟。行政法院認臺汽爲公司組織，不屬行政機關，不應提起行政訴訟。陳情人因而向臺北地方法院提起確認訴訟，認陳情人爲公務員兼具勞工身分之人，因曾經考試、任用等程序，經公司予以命令免職，爲公法律行爲，對公法法令，不得提起確認訴訟，因此地方法院將訴訟駁回，經上訴臺灣高等法院、最高法院均遭駁回。陳情人對於自己究係公務員或勞工身分有疑義，聲請釋憲。
解釋 爭點	認公營事業機構無行政訴訟被告當事人能力之判例違憲？（與釋269關連）
解釋文	人民就同一事件向行政法院及民事法院提起訴訟，均被以無審判之權限爲由而予駁回，致其憲法上所保障之訴訟權受侵害，而對其中一法院之確定終局裁判所適用之判例，發生有牴觸憲法之疑義，請求解釋，依法受理後，並得對與該判例有牽連關係之歧異見解，爲統一解釋。本件行政法院判決所適用之判例與民事法院確定終局裁判，對於審判權之見解歧異，應依上開說明解釋之。 公營事業依公司法規定設立者，爲私法人，與其人員間，爲私法上之契約關係，雙方如就契約關係已否消滅有爭執，應循民事訴訟途徑解決。行政法院60年度裁字第232號判例，認爲此種公司無被告當事人能力，其實質意義爲此種事件不屬行政法院之權限，與憲法尚無牴觸。至於依公司法第27條經國家或其他公法人指派在公司代表其執行職務或依其他法律逕由主管機關任用、定有官等、在公司服務之人員，與其指派或任用機關之關係，仍爲公法關係，合併指明。
釋憲 要點	人民就同一事件向行政法院及民事法院提起訴訟，均被法院以無審判之權限爲由而予駁回，致其憲法上所保障之訴訟權受侵害，而對其中一法院之確定終局裁判所適用之判例，發生有牴觸憲法之疑義，請求解釋，依法受理後，並得對與該判例有牽連關係之歧異見解，爲統一解釋。本件行政法院判決所適用之判例與民事法院確定終局裁判，對於審判權之見解有所歧異，應依上開說明解釋之。 公營事業之組織形態不一。如決策上認某種公營事業應採公司組織之形態，則係基於該種公營事業，適於以企業理念經營之判斷，自應本於企業自主之精神及企業所有與企業經營分離之原則爲之。而在法律上，公營事業依公司法規定設立公司者，雖可簡稱爲公營公司，但其性質仍爲私法人，具有獨立之人格，自爲權利義務之主體，享受權利，負擔義務。因之，公營公司與其人員間，係以私法人地位依其人事規章，經由委任（選任、聘任或僱用）之途徑，雙方成立私法上之契約關係，其對於人員之解任行爲，並非行使公權力之結果，而係私法上終止契約之意思表示，契約關係因而消滅。縱令公營公司人之任免考核事項，法令定爲應由政府機關參與決定，此種內部行爲亦係政府機關與公營公司間之另一監督關係，並不影響公營公司與其人員間契約關係之存在。倘雙方就此契約關係已否消滅有爭執，自應循民事訴訟途徑解決，而不屬行政法院之權限範圍。行政法院60年度裁字第232號判例，認此種公營公司，無行政訴訟之被告當事人能力，係本於以往僅中央或地方機關，始有行政訴訟被告當事人能力之見解，此種見解，與釋字第269號解釋意旨不符部分，已不再援用，其實質意義，爲此種事件不屬行政法院之權限範圍，既未限制人

	民民事訴訟之救濟途徑，與憲法尚無牴觸。至於依公司法第27條經國家或其他公法人指派在公司代表其執行職務或依其他法律逕由主管機關任用、定有官等、在公司服務之人員，與其指派或任用機關之關係，仍為公法關係，合併指明。
相關法令	憲法第16條（36.1.1） 司法院釋字第269號解釋 公司法第27條（79.11.10） 行政法院60年裁字第232號判例
評論或影響	根據此號釋憲案，公營事業與員工之關係，除非是依公司法第27條規定，經國家或公法人指派在公司執行職務或其他依法律規定等情形屬於公法關係外，公營事業還是私法人，和員工之間屬於私法的契約關係。解釋理由書認為，雖然主管機關訂有退撫辦法，但這只是因為主管機關對公營事業的監督關係，讓退休撫卹有一致標準，並沒有影響公營事業與員工之間的私法關係。[10]

第396號 公懲法無上訴制度違憲案

時間	民國85年2月2日
案情	78年11月21日，豐原市發生楊○田一家三口滅門血案，豐原分局於79年5月間查獲嫌犯魏○成、陳○鵬、陳○雄、邱○嘉等4人，並經臺中地檢署提起公訴，歷經三審及更審均判決無罪。其間另由臺北市警察局刑事警察大隊查獲被告管○演等涉嫌，遂變成一案雙破。監察院於82年9月8日以豐原分局前分局長柳○輝與刑事組長許○仲未盡督導之責，致所屬員警濫用職權刑求逼供，提案彈劾。涉嫌刑求之分局刑事組小隊長張○銓、楊○雄、偵查員蔡○侗、陳○霖、李○峰、張簡○華、周○福等7員則另行移送檢察機關偵辦。臺中地檢署檢察官於同年12月23日僅將張○銓以涉嫌刑求，提起公訴，其他6員則以證據不足之理由均予不起訴處分（「一員刑求，一人被刑求，一次刑求，分局外刑求」）。然公懲會於83年4月18日議決通過許○仲之彈劾案，並處以撤職並停止任用2年之最嚴重處分。聲請人認為公懲會未依職權自行調查（公懲法第21條），亦未通知被付懲戒人到場申辯（公懲法第20條第1項），未盡調查之能事（刑訴法第163條第1項），僅憑彈劾案文所稱之「7員刑求，4人被刑求，4次刑求，在分局內刑求」，對其處以嚴屬進行處分，有失公允。聲請人依公懲法第33條第1項第6款「就足以影響原議決之重要證據，漏未斟酌者」聲請再審議，然公懲會於7月25日駁回再審議之請。聲請人主張未享有「審級救濟」、「前審迴避」、「言詞辯論」、「律師辯護」等訴訟權，牴觸憲法第16條關於保障人民訴訟權，聲請釋憲。

---

10 〈國營企業職員的撫恤金訴訟，應該由誰來審理？〉，《一起讀判決》，2017年12月30日，https://casebf.com/2017/12/30/pensions/。

解釋爭點	公懲法無上訴制度違憲？懲戒之程序及機關應如何？
解釋文	憲法第16條規定人民有訴訟之權，惟保障訴訟權之審級制度，得由立法機關視各種訴訟案件之性質定之。公務員因公法上職務關係而有違法失職之行為，應受懲戒處分者，憲法明定為司法權之範圍；公務員懲戒委員會對懲戒案件之議決，公務員懲戒法雖規定為終局之決定，然尚不得因其未設通常上訴救濟制度，即謂與憲法第16條有所違背。懲戒處分影響憲法上人民服公職之權利，懲戒機關之成員既屬憲法上之法官，依憲法第82條及釋字第162號解釋意旨，則其機關應採法院之體制，且懲戒案件之審議，亦應本正當法律程序之原則，對被付懲戒人予以充分之程序保障，例如採取直接審理、言詞辯論、對審及辯護制度，並予以被付懲戒人最後陳述之機會等，以貫徹憲法第16條保障人民訴訟權之本旨。有關機關應就公務員懲戒機關之組織、名稱與懲戒程序，併予檢討修正。
釋憲要點	憲法第16條所定人民之訴訟權，乃人民於其權利遭受侵害時，得訴請救濟之制度性保障，其具體內容，應由立法機關制定法院組織與訴訟程序有關之法律，始得實現。惟人民之訴訟權有其受憲法保障之核心領域，為訴訟權必備之基本內容，對其若有欠缺，即與憲法第16條保障人民訴訟權之意旨不符。釋字第243號解釋所謂有權利即有救濟之法理，即在指明人民訴請法院救濟之權利為訴訟權保障之核心內容，不容剝奪。保障訴訟權之審級制度，得由立法機關視各種訴訟案件之性質定之。公務員因公法上職務關係而有違法失職之行為，應受懲戒處分者，憲法明定為司法權之範圍；公務員懲戒委員會對懲戒案件之議決，公務員懲戒法雖規定為終局之決定，然尚不得因其未設通常上訴救濟制度，即謂與憲法第16條有所違背。 憲法所稱之司法機關，就其狹義而言，係指司法院及法院（包括法庭），而行使此項司法權之人員為大法官與法官。公務員懲戒委員會掌理公務員之懲戒事項，屬於司法權之行使，並由憲法上之法官為之。惟懲戒處分影響憲法上人民服公職之權利，懲戒機關之成員既屬憲法上之法官，依憲法第82條及釋字第162號解釋意旨，則其機關應採法院之體制，包括組織與名稱，且懲戒案件之審議，亦應本正當法律程序之原則，對被付懲戒人予以充分之程序保障，例如採取直接審理、言詞辯論、對審及辯護制度，並予以被付懲戒人最後陳述之機會等，以貫徹憲法第16條保障人民訴訟權之本旨。有關機關應就公務員懲戒機關之組織、名稱與懲戒程序，併予檢討修正。
相關法令	憲法第16、77、82條（36.1.1） 司法院釋字第162、243號解釋 公務員懲戒法（74.5.3）
評論或影響	此號釋憲案表示，公懲會再審字第335、351、411、452、478、486、489及497號等，取消再審議之規定，違憲。該會應該回復為法院，並依正當法律程序原則，給予懲戒人對被付懲戒人予以充分之程序保障，例如採取直接審理、言詞辯論、對審及辯護制度，並予以被付懲戒人最後陳述之機會等，以貫徹憲法第16條保障人民訴

訟權之本旨。另外，有關公務人員懲戒之釋憲案還包括：釋字第433號（撤職停止任用期間及休職期間該法均無上限之規定，對人民權利不無影響，建議加以修正）；釋字第446號（公務員聲請在審議之時限，應該以收到裁判書之後開始計算，與釋字第732號類似）；釋字第583號（公務人員考績法內設免職處分屬於懲戒，必須設立懲處權行使期限）。這些釋憲案促使政府於104年5月20日修改公務員懲戒法。由此可見，在社會權利進展之過程中，較懂得爭取自己權利之公務員，扮演著帶領整個權利發展之領頭羊。[11]而且，該釋憲案促使立法院於109年5月22日三讀通過公務員懲戒法、公務員懲戒委員會組織法，將公務員懲戒委員會更名為懲戒法院，委員長、委員更名為院長、法官。懲戒程序由一級一審改為一級二審，以保障被付懲戒人之權益，賦予當事人對於懲戒法庭初次判決不服得提起救濟之權利。[12]

第512號　煙毒條例限制上訴三審案

時間	民國89年9月15日
案情	張○芬於84年10月9日因涉犯煙毒案件，遭臺灣高雄地方法院檢察署依肅清煙毒條例、麻醉藥品管理條例等規定起訴。經臺灣高雄地方法院85年度上訴字第465號判決，處有期徒刑12年；又非法販賣化學合成麻醉藥品，處有期徒刑5年2月；又連續施用毒品，處有期徒刑5月。聲請人上訴至臺灣高等法院高雄分院，但被駁回。聲請人被判販賣毒品部分之判決，因適用肅清煙毒條例第16條規定，致不得上訴至第三審；但被判販賣化學合成麻醉藥品部分之判決，因無不得上訴至第三審之規定，聲請人遂上訴最高法院。嗣經最高法院於86年3月間判決，撤銷原判決販賣化學合成麻醉藥品部分，發回臺灣高等法院高雄分院更審。聲請人認前揭臺灣高等法院高雄分院判決，關於認定聲請人有販賣毒品犯行之判決理由，有諸如違反證據法則、理由不備等判決違背法令之處，關於此節亦為最高法院判決所認同，聲請人遂向最高法院檢察署檢察總長聲請提起非常上訴。嗣聲請人被指販賣化學合成麻醉藥品部分，經高雄分院重新開庭調查審理後，於86年6月間判決無罪。惟被判販賣毒品部分，因受肅清煙毒條例第16條規定之限制不得上訴第三審法院而告確定。聲請人因認該條文有牴觸憲法第16條保障人民訴訟權、第23條比例原則、第7條平等原則意旨之疑義，聲請釋憲。
解釋爭點	煙毒條例限制上訴三審之規定違憲？

11　黃昱珽，〈釋字第396號〉，《黃昱珽的部落格》，2017年3月9日，https://blog.udn.com/ophetron/95100320。

12　〈公務員懲戒2法修正案通過公懲會更名懲戒法院採一級二審〉，《司法周刊》，2020年2月7日，https://www.judicial.gov.tw/tw/cp-1429-163114-2f255-1.html。

解釋文	憲法第16條保障人民有訴訟之權，旨在確保人民有依法定程序提起訴訟及受公平審判之權利，至訴訟救濟應循之審級、程序及相關要件，應由立法機關衡量訴訟案件之種類、性質、訴訟政策目的，以及訴訟制度之功能等因素，以法律爲正當合理之規定。81年7月27日修正公布之「肅清煙毒條例」（87年5月20日修正公布名稱爲：「毒品危害防制條例」）第16條前段規定：「犯本條例之罪者，以地方法院或其分院爲初審，高等法院或其分院爲終審」，對於判處有期徒刑以下之罪，限制被告上訴最高法院，係立法機關鑑於煙毒危害社會至鉅，及其犯罪性質有施保安處分之必要，爲強化刑事嚇阻效果，以達肅清煙毒、維護國民身心健康之目的，所設特別刑事訴訟程序，尚屬正當合理限制。矧刑事案件，上訴於第三審法院非以違背法令爲理由不得爲之。確定判決如有違背法令，得依非常上訴救濟，刑事訴訟法第377、441條定有明文。就第二審法院所爲有期徒刑以下之判決，若有違背法令之情形，亦有一定救濟途徑。對於被告判處死刑、無期徒刑之案件則依職權送最高法院覆判，顯已顧及其利益，尚未逾越立法機關自由形成之範圍，於憲法保障之人民訴訟權亦無侵害，與憲法第7、23條亦無牴觸。
解釋爭點	憲法第16條保障人民有訴訟之權，旨在確保人民有依法定程序提起訴訟及受公平審判之權利，至訴訟救濟應循之審級、程序及相關要件，應由立法機關衡量訴訟案件之種類、性質、訴訟政策目的，以及訴訟制度之功能等因素，以法律爲正當合理之規定，釋字第393、396、418、442號解釋闡釋甚明。81年7月27日修正公布之「肅清煙毒條例」（87年5月20日修正公布名稱爲：「毒品危害防制條例」）第16條前段規定：「犯本條例之罪者，以地方法院或其分院爲初審，高等法院或其分院爲終審」，對於判處有期徒刑以下之罪，限制被告上訴最高法院。此項程序，係立法機關鑑於煙毒危害社會至鉅，及其犯罪性質有施保安處分之必要，爲強化刑事嚇阻效果，以達肅清煙毒、維護國民身心健康之目的，就何種情形得爲上訴以及得上訴至何一審級等事項，所設特別刑事訴訟程序，尚屬正當合理限制。矧刑事案件，上訴於第三審法院非以違背法令爲理由不得爲之。確定判決如有違背法令，得依非常上訴救濟，刑事訴訟法第377、441條定有明文。就第二審法院所爲有期徒刑以下之判決，若有違背法令之情形，亦有一定救濟途徑，對於被告判處死刑、無期徒刑之案件則依職權送最高法院覆判，並未逾越立法機關自由形成之範圍；且依該條例規定，已給予被告上訴第二審之權利，並未剝奪其訴訟權，與憲法第23條規定之比例原則尚無牴觸，且未侵害憲法保障之人民訴訟權，亦與憲法第7條規定無違。
相關法令	憲法第7、16、23條（36.1.1） 司法院釋字第393、396、418、442號解釋 肅清煙毒條例第16條（81.7.27）（87.5.20修正公布名稱爲毒品危害防制條例） 刑事訴訟法第377、441條（89.7.19）
評論或影響	根據法制局副研究員方華香表示，憲法第16條保障人民有訴訟之權，旨在確保人民有依法定程序提起訴訟及受公平審判之權利，至訴訟救濟應循之審級、程序及相關要件，應由立法機關衡量訴訟案件之種類、性質、訴訟政策目的，以及訴訟制度之功能等因素，以法律爲正當合理之規定，肯認「肅清煙毒條例」（87年5月20日修

| | 正公布爲「毒品危害防制條例」）第16條前段規定，對於判處有期徒刑以下之罪，限制被告上訴最高法院，尚未逾越立法機關自由形成之範圍，於憲法保障之人民訴訟權亦無侵害。其後，司法院釋字第574號解釋亦以同樣理由，肯認民事訴訟法第466條對於有關財產權訴訟上訴第三審之規定，以第二審判決後，當事人因上訴所得受之利益是否逾一定之數額，而決定得否上訴第三審之標準，並不違反憲法第16條有關訴訟權之保障。亦即，民事訴訟法第466條係屬立法者衡酌第三審救濟制度之功能及訴訟事件之屬性，避免虛耗國家有限之司法資源，促使私法關係早日確定，以維持社會秩序所爲之正當合理之限制。[13] |

第667號　寄存送達案

時間	民國98年11月20日
案情	林○珠因請求遺族撫卹，向國防部提起訴願，經該部94年6月14日決定駁回。國防部於6月21日將訴誠字第0940000530號訴願決定書，依抗告人訴願書所載地址臺中縣郵務寄送，於6月23日送達時，未獲會晤應受送達人本人或依法得代爲收受之同居人或受僱人，乃以寄存送達方式，將文書寄存於送達地附近之郵政機關大雅郵局，並依法作送達通知書黏貼及放置。嗣聲請人於7月6日簽收該訴願決定書後，於9月5日始向臺北高等行政法院提起行政訴訟，經該院裁定以逾法定不變期間爲由予以駁回。聲請人不服，復向最高行政法院提起抗告，亦經該院裁定抗告無理由駁回而告確定。聲請人主張訴願法第47條第3項及行政訴訟法第73條，未如民事訴訟法第138條第2項明定寄存送達，自寄存之日起，經10日發生效力，致使其提起行政訴訟期間計算因較民事訴訟短少10日，乃認系爭兩規定侵害其訴訟權與平等權，違反憲法第7條、第16條及第23條規定，聲請解釋。
解釋爭點	訴願法第47條第3項及行政訴訟法第73條未明定寄存送達自寄存日起10日後始生效，違憲？
解釋文	訴願法第47條第3項準用行政訴訟法第73條，關於寄存送達於依法送達完畢時，即生送達效力部分，尚與憲法第16條保障人民訴願及訴訟權之意旨無違。
釋憲要點	人民之訴願及訴訟權爲憲法第16條所保障。人民於其權利遭受公權力侵害時，有權循法定程序提起行政爭訟，俾其權利獲得適當之救濟。此項程序性基本權之具體內容，包括訴訟救濟應循之審級、程序及相關要件，須由立法機關衡酌訴訟案件之種類、性質、訴訟政策目的以及訴訟制度之功能等因素，制定合乎正當法律程序之相關法律，始得實現。而相關程序規範是否正當，須視訴訟案件涉及之事物領域、侵害基本權之強度與範圍、所欲追求之公共利益、有無替代程序及各項可能程序之成本等因素，綜合判斷而爲認定（釋字第663號解釋參照）。

13　方華香，〈從司法院釋字752號意旨論第三人財產於第二審初次遭沒收之上訴第三審權益保障〉，《立法院法制局專題研究報告》，2020年11月，頁5。

	行政訴訟與民事訴訟，因訴訟目的、性質、功能之差異，其訴訟種類、有無前置程序、當事人地位或應為訴訟行為之期間等，皆可能有不同之規定。行政訴訟法與民事訴訟法雖多有類似之制度，但其具體規範內容，除屬於憲法保障訴訟權具有重要性者外，並非須作一致之規定。基於精簡法令之立法考量，行政訴訟法雖設有準用部分民事訴訟法之規定，亦非表示二者須有相同之規定。就送達制度而言，人民權利受寄存送達影響之情形極為複雜，非可一概而論。受寄存送達者，如於文書寄存當日即前往領取，其權利所受影響，即與送達機關於會晤應受送達人時交付文書之送達無異，如增設寄存送達之生效期間，反而形成差別待遇。反之，於文書寄存多日後始前往領取者，其能主張或維護權利之時間，雖不免縮短，惟人民於行政訴訟之前，既已歷經行政程序與訴願程序，當可預計行政機關或法院有隨時送達文書之可能，如確有因外出工作、旅遊或其他情事而未能即時領取之情形，衡諸情理，亦得預先指定送達代收人或採行其他適當之因應措施，以避免受寄存送達或未能即時領取而影響其權利。故訴願、訴訟文書之寄存送達，其發生送達效力之時間，雖可能影響當事人得為訴訟行為之時機，但立法政策上究應如同現行行政訴訟法第73條規定，於寄存送達完畢時發生效力，或應如同民事訴訟法第138條第2項規定，自寄存之日起經10日發生效力，抑或應採較10日為更長或更短之期間，宜由立法者在不牴觸憲法正當程序要求之前提下，裁量決定之，自不能僅因行政訴訟法第73條規定未如同民事訴訟法第138條第2項設有自寄存之日起經10日發生送達效力之規定，即遽認違反平等原則。 送達制度攸關憲法保障人民訴願及訴訟權是否能具體落實。鑑於人民可能因外出工作、旅遊或其他情事而臨時不在應送達處所，為避免其因外出期間受寄存送達，不及知悉寄存文書之內容，致影響其權利，92年2月7日修正公布、同年9月1日施行之民事訴訟法第138條第2項，增訂寄存送達，自寄存之日起，經10日發生效力之規定，係就人民訴訟權所為更加妥善之保障。立法機關就訴願法及行政訴訟法未與上開民事訴訟法設有相同規定，基於上開說明，行政訴訟法第73條規定所設之程序及方式，雖已符合憲法正當法律程序之要求，並無違於平等原則，然為求人民訴願及訴訟權獲得更為妥適、有效之保障，相關機關允宜考量訴願及行政訴訟文書送達方式之與時俱進，兼顧現代社會生活型態及人民工作狀況，以及整體法律制度之體系正義，就現行訴願及行政訴訟關於送達制度適時檢討以為因應，併此指明。
相關法令	憲法第16條（36.1.1） 司法院釋字第663號解釋 訴願法第1、47、56條（101.6.27） 民事訴訟法第138條（92.2.7） 行政訴訟法第1、57、67～69、71～83條（103.6.18）
評論或影響	此號釋憲案認為，行政訴訟與民事訴訟之訴訟目的、性質、功能並不相同。人民於行政訴訟之前，既已歷經行政程序與訴願程序，應可預計行政機關或法院有隨時送達文書之可能，如確有因外出工作、旅遊或其他情事而未能即時領取之情形，亦得預先指定送達代收人或採行其他適當之因應措施，以避免受寄存送達或未能即時領

| | 取而影響其權利，因此行政訴訟法雖未如民事訴訟法第138條第2項設有自寄存之日起經10日發生達達效力之規定，並不違反平等原則。但此號解釋作成後，立法者於99年1月13日增訂行政訴訟法第73條第3項：「寄存送達，自寄存之日起，經十日發生效力。」增訂10天緩衝期，而訴願法第47條第3項也準用行政訴訟法第73條規定。[14] |

第752號　第二審初次受有罪判決者得上訴第三審案

時間	民國106年7月28日
案情	1.張○仁因竊盜案件經宜蘭地檢署提起公訴，該院以104年度易字第125號刑事判決，就檢察官起訴指稱之犯行，為部分有罪、部分無罪之判決。張○仁與檢察官各就有罪與無罪部分，分別提起上訴。臺灣高等法院以104年度上易字第2187號刑事判決，就第一審判處有罪部分，均予維持；就第一審判決無罪部分，則就其中5項犯行改依刑法第321條判決張○仁有罪。張○仁就第二審之有罪判決，提起上訴。臺灣高等法院認張○仁所犯刑法第321條竊盜罪，屬刑事訴訟法第376條第2款所定不得上訴於第三審法院之案件，以104年度上易字第2187號刑事裁定，駁回其上訴。張○仁認系爭規定之第2款適用於第二審維持第一審有罪判決及第二審撤銷第一審無罪判決並自為有罪判決部分，牴觸憲法第7條平等原則及第23條比例原則，不法侵害人民受憲法保障之人身自由及訴訟權，聲請釋憲。 2.陳○宏因違反性騷擾防治法案件，經臺灣高雄地方法院檢察署檢察官提起公訴。臺灣高雄地方法院認不能證明陳○宏犯罪，以98年度易字第1416號刑事判決，為其無罪之諭知。嗣檢察官提起上訴，臺灣高等法院高雄分院以99年度上易字第476號刑事判決，撤銷第一審無罪判決，並依性騷擾防治法第25條第1項規定，改判有罪。因性騷擾防治法第25條第1項規定，屬系爭規定之第1款所列「最重本刑為三年以下有期徒刑、拘役或專科罰金之罪」，故不得就該判決上訴於第三審法院而確定。陳○宏認系爭規定之第1款有牴觸憲法第7條保障之平等權及第16條保障之訴訟權，聲請釋憲。
解釋爭點	刑事訴訟法第376條第1款及第2款所列案件： 1 經第一審判決被告有罪，而第二審駁回上訴或撤銷原審判決並自為有罪判決，不得上訴於第三審法院，是否違憲？ 2 經第一審判決被告無罪，但第二審撤銷原審判決而自為有罪判決者，不得上訴於第三審法院，是否違憲？

14 黃昱琤，〈釋字第540號〉，《黃昱琤的部落格》，2017年2月9日，https://blog.udn.com/ophetron/91475236。

解釋文	刑事訴訟法第376條第1款及第2款規定：「下列各罪之案件，經第二審判決者，不得上訴於第三審法院：一、最重本刑爲三年以下有期徒刑、拘役或專科罰金之罪。二、刑法第三百二十條、第三百二十一條之竊盜罪。」就經第一審判決有罪，而第二審駁回上訴或撤銷原審判決並自爲有罪判決者，規定不得上訴於第三審法院部分，屬立法形成範圍，與憲法第16條保障人民訴訟權之意旨尚無違背。惟就第二審撤銷原審無罪判決並自爲有罪判決者，被告不得上訴於第三審法院部分，未能提供至少1次上訴救濟之機會，與憲法第16條保障人民訴訟權之意旨有違，應自本解釋公布之日起失其效力。 上開二款所列案件，經第二審撤銷原審無罪判決並自爲有罪判決，於本解釋公布之日，尚未逾上訴期間者，被告及得爲被告利益上訴之人得依法上訴。原第二審法院，應裁定曉示被告得於該裁定送達之翌日起10日內，向該法院提出第三審上訴之意旨。被告於本解釋公布前，已於前揭上訴期間內上訴而尚未裁判者，法院不得依刑事訴訟法第376條第1款及第2款規定駁回上訴。
釋憲 要點	人民初次受有罪判決，其人身、財產等權利亦可能因而遭受不利益。爲有效保障人民訴訟權，避免錯誤或冤抑，依前開解釋意旨，至少應予1次上訴救濟之機會，亦屬訴訟權保障之核心內容。此外，有關訴訟救濟應循之審級、程序及相關要件，則應由立法機關衡量訴訟案件之種類、性質、訴訟政策目的、訴訟制度之功能及司法資源之有效運用等因素，以決定是否予以限制，及如欲限制，應如何以法律爲合理之規定（釋字第396、442、512、574、639、665號解釋參照）。 系爭規定就所列案件，經第二審撤銷原審無罪判決並自爲有罪判決者，亦規定不得上訴於第三審法院，使被告於初次受有罪判決後即告確定，無法以通常程序請求上訴審法院審查，以尋求救濟之機會。被告就此情形雖仍可向法院聲請再審或向檢察總長聲請提起非常上訴，以尋求救濟，然刑事訴訟法第420條以下所規定再審以及第441條以下所規定非常上訴等程序之要件甚爲嚴格，且實務踐行之門檻亦高。此等特別程序對經第二審撤銷原審無罪判決並自爲有罪判決之被告，所可提供之救濟，均不足以替代以上訴之方式所爲之通常救濟程序。系爭規定就經第二審撤銷原審無罪判決並改判有罪所應賦予之適當上訴機會，既屬訴訟權保障之核心內容，故非立法機關得以衡量各項因素，以裁量是否予以限制之審級設計問題。系爭規定所列案件，經第二審撤銷原審無罪判決並自爲有罪判決者，初次受有罪判決之被告不得上訴於第三審法院之部分，未能提供至少一次上訴救濟之機會，以避免錯誤或冤抑，與憲法第16條保障人民訴訟權之意旨有違，應自本解釋公布之日起失其效力。
相關 法令	憲法第7、16條（36.1.1） 司法院釋字第396、418、442、512、574、639、653、665號解釋 司法院大法官審理案件法第5條第1項第2款（82.2.3） 刑事訴訟法344、345、346、376、420、441條（106.11.16） 性騷擾防治法第25條第1項（98.1.23） 立法院83年6月22日議案關係文書院總第161號政府提案第4969號

評論或影響	此號釋憲案引起法學界廣泛討論，例如真理大學法律系教授兼刑事法研究中心主任吳景欽表示，該釋憲案針對現行犯輕本刑3年以下有期徒刑或竊盜罪者，於第一審判無罪、第二審改判有罪，卻不得上訴第三審的刑事訴訟法第376條之規定，因未能提供至少一次的救濟機會，致侵害人民之訴訟權，故從解釋文公布之日失效。該解釋乃為深化訴訟權保障，雖然值得讚賞，卻也有過與不及之處。該解釋將效力及於相類案件已經第二審判決，但尚未逾越10日上訴期間者，亦可上訴最高法院，且第二審法院就此等案件亦有曉示當事人提起之義務。此種效力擴張或能達成有權利、必有救濟之目的，卻踩踏法安定性之紅線，使大法官正式成為第四審。在法律尚未修正，大法官解釋具有個案效力下，如此自我擴張解釋文之效力，恐是該解釋太過急進之處。除了解釋文效力擴張外，其餘部分之解釋，卻顯得保守。由於聲請本號解釋之原因案件，一涉及性騷擾罪、一涉及竊盜罪，兩者乃屬刑事訴訟法第376條第1、2款之事由，被宣告違憲自屬當然，但此條文所列其他5款不得上訴第三審之罪名，是否亦可一體適用，此解釋基於不告不理，未予說明，致留有遺憾。至於在允許原不得上訴第三審之案件上訴後，若發回更審仍判有罪，是否仍可上訴，於解釋文中亦未能看出端倪。凡此問題，除非立法者立即修改法律，否則就會留下後續之爭執與訴訟。又該解釋認為，於第一、二審皆判有罪而不得上訴第三審之場合，因已給予一次之救濟機會，致屬於立法形成自由之範疇，故不違憲。惟於第二審判比第一審更重，卻不得救濟之場合，是否真無侵害訴訟權，實有相當之疑問。另外，對第一審已判無罪之案件，為何擁有絕對證據優勢之檢察官仍可上訴，而要等到第二審判決無罪，才依刑事妥速審判法第9條第1項不得上訴，或許才是造成被告訴訟權核心受侵害之主因。此癥結於該釋憲案完全未觸及，卻是未來修法，立法者必須審慎面對之嚴肅課題。[15]

第755號　受刑人司法救濟案

時間	民國106年12月1日
案情	聲請人是4位受刑人謝○彥、劉○華、徐○祥、邱○順，入監服刑時，遭到獄方處分，4位聲請人分別不服，其中謝、劉循刑事法院、徐、邱循行政法院程序救濟均遭駁回，理由大抵是依照下述規定，受刑人不服監獄處分，應該向監督機關申訴，而無法提起訴訟。除此之外，臺北地院法官吳佳霖審理一件聲明異議案件中，也認為下述條文違憲，裁定停止審判，聲請釋憲。
解釋爭點	就監獄行刑法第6條及同法施行細則第5條第1項第7款之規定合併觀察，其不許受刑人向法院請求救濟，是否與憲法第16條保障人民訴訟權之意旨有違？

---

15 吳景欽，〈釋字第752號的過與不及〉，《民報》，2017年8月2日，https://www.peoplemedia.tw/news/46040bef-78ed-4746-a880-e7dba9ed515e。

解釋文	監獄行刑法第6條及同法施行細則第5條第1項第7款之規定，不許受刑人就監獄處分或其他管理措施，逾越達成監獄行刑目的所必要之範圍，而不法侵害其憲法所保障之基本權利且非顯屬輕微時，得向法院請求救濟之部分，逾越憲法第23條之必要程度，與憲法第16條保障人民訴訟權之意旨有違。相關機關至遲應於本解釋公布之日起2年內，依本解釋意旨檢討修正監獄行刑法及相關法規，就受刑人及時有效救濟之訴訟制度，訂定適當之規範。 修法完成前，受刑人就監獄處分或其他管理措施，認逾越達成監獄行刑目的所必要之範圍，而不法侵害其憲法所保障之基本權利且非顯屬輕微時，經依法向監督機關提起申訴而不服其決定者，得於申訴決定書送達後30日之不變期間內，逕向監獄所在地之地方法院行政訴訟庭起訴，請求救濟。其案件之審理準用行政訴訟法簡易訴訟程序之規定，並得不經言詞辯論。
釋憲要點	法律使受刑人入監服刑，目的在使其改悔向上，適於社會生活（監獄行刑法第1條參照）。受刑人在監禁期間，因人身自由遭受限制，附帶造成其他自由權利（例如居住與遷徙自由）亦受限制。鑑於監獄為具有高度目的性之矯正機構，為使監獄能達成監獄行刑之目的（含維護監獄秩序及安全、對受刑人施以相當之矯正處遇、避免受刑人涉其他違法行為等），監獄對受刑人得為必要之管理措施，司法機關應予較高之尊重。是如其未侵害受刑人之基本權利或其侵害顯屬輕微，僅能循監獄及其監督機關申訴程序，促其為內部反省及處理。唯於監獄處分或其他管理措施逾越達成監獄行刑目的所必要之範圍，而不法侵害其憲法所保障之基本權利且非顯屬輕微時，本於憲法第16條有權利即有救濟之意旨，始許其向法院提起訴訟請求救濟。 系爭規定一明定：「受刑人不服監獄之處分時，得經由典獄長申訴於監督機關或視察人員。但在未決定以前，無停止處分之效力（第1項）。典獄長接受前項申訴時，應即時轉報該管監督機關，不得稽延（第2項）。第1項受刑人之申訴，得於視察人員蒞監獄時逕向提出（第3項）。」系爭規定二明定：「受刑人不服監獄處分之申訴事件，依左列規定處理之：……七、監督機關對於受刑人申訴事件有最後之決定。」上開規定均係立法機關與主管機關就受刑人不服監獄處分事件所設之申訴制度。該申訴制度使執行監禁機關有自我省察、檢討改正其所為決定之機會，並提供受刑人及時之權利救濟，其設計固屬立法形成之自由，惟仍不得因此剝奪受刑人向法院提起訴訟請求救濟之權利。
相關法令	憲法第16、23條（36.1.1） 司法院釋字第653、691、736號解釋 監獄行刑法第1、6條（109.1.15） 監獄行刑法施行細則第5條第1項第7款（107.5.10）
評論或影響	根據「司法流言終結者」表示，依據監獄行刑法之規定，監獄與受刑人間之關係被認為是「特別權力關係」，受刑人不得完全主張自己之公法上權利，對於受刑人之管理措施被視為是監獄內之事務，受刑人只有服從義務，不再享有基本權利保障，亦不會有法律保留、正當程序等法治國一般原理原則之保障，亦不得救濟，內部之

	上命下從權力關係取代一般人民與國家之間的權利義務關係。然此號釋憲案宣告監獄行刑法第6條及監獄行刑法施行細則第5條第1項第7款違憲。同日，第756號解釋亦宣告監獄行刑法中諸多侵害受刑人秘密通信自由（如准許獄方閱讀受刑人之書信）、表現自由（例如限制受刑人投稿報章雜誌，必須題意正確且無礙監獄紀律及信譽）等規定亦違憲。該法也因此於108年12月17日大幅修正，並於109年1月15日經總統公布，同年7月15日正式生效。修正後之監獄行刑法從94條擴增到156條，並設立陳情、申訴及起訴專章，明定受刑人若有不服監獄所作影響受刑人個人權益的處分或管理措施；或對於依該法請求的事件，遭到監獄拒絕或未於2個月內作成決定，而認為自身權利或法律上利益受到損害；或因為監獄行刑而衍生公法上的財產給付爭議時，得以言詞或書面向監獄提出申訴。[16]

第805號　少年事件被害人到庭陳述意見案

時間	民國110年7月16日
案情	○○○因其未成年女兒遭3名少年非行侵害，提起妨害風化之告訴，經司法警察官依法移送該管少年法院。臺北地方法院少年法庭於104年分別裁定不付審理與保護處分。聲請人不服，提起抗告。嗣經臺灣高等法院少年法庭裁定以抗告無理，由而駁回確定。聲請人以少年事件處理法第36條規定，就審理期日訊問少年時，未賦予被害人及其法定代理人有到庭陳述意見之機會，有違憲侵害人民之程序基本權、訴訟權及正當法律程序等憲法基本權利之疑義，聲請釋憲。
解釋爭點	少年事件處理法第36條及其他相關規定，未賦與被害人有到庭陳述意見之機會，是否違憲？
解釋文	少年事件處理法第36條規定：「審理期日訊問少年時，應予少年之法定代理人或現在保護少年之人及輔佐人陳述意見之機會。」及其他少年保護事件之相關條文，整體觀察，均未明文規範被害人（及其法定代理人）於少年保護事件處理程序中得到庭陳述意見，於此範圍內，不符憲法正當法律程序原則之要求，有違憲法保障被害人程序參與權之意旨。有關機關應自本解釋公布之日起2年內，依本解釋意旨及少年事件處理法保障少年健全自我成長之立法目的，妥適修正少年事件處理法。於完成修法前，少年法院於少年保護事件處理程序進行中，除有正當事由而認不適宜者外，應傳喚被害人（及其法定代理人）到庭並予陳述意見之機會。
釋憲要點	少年保護事件之程序與刑事訴訟程序性質上固然有別，然其被害人於不牴觸少年保護事件立法目的之範圍內，仍應享有一定之到場陳述意見之權利。按國家就兒童及少年之身心健康及人格健全成長，負有特別保護之義務（憲法第156條規定參

---

16 司法流言終結者，〈沒有人是「棄民」：釋字755號的後《監獄行刑法》時代〉，《鳴人堂》，2022年1月26日，https://opinion.udn.com/opinion/story/12322/6059176。

	照），應基於兒童及少年之最佳利益，依家庭對子女保護教養之情況，社會及經濟之進展，採取必要之措施，以符憲法保障兒童及少年健全成長之意旨（釋字第664號解釋參照）。基此，爲保護心智未臻成熟之兒童及少年，立法者就其特定偏差行爲或觸犯刑罰法律行爲之處理，特制定少事法以爲規範，其立法目的著重於健全少年之自我成長、成長環境之調整及其性格之矯治（少事法第1條規定參照）；其中，有關少年保護事件之處理程序，尤爲保護與矯治偏差或非行少年而設。
相關法令	憲法第16、156條（36.1.1） 司法院釋字第512、574、653、664、737、752、755號解釋 司法院大法官審理案件法第5條第1項第2款（82.2.3） 少年事件處理法第1、29、36、41、42、48、62、64-2條（108.6.19）
評論或影響	司法院少年及家事廳調辦事法官林奕宏表示，繼刑事訴訟法於86年在第271條增訂第2項，賦予被害人或其家屬於審判期日到場及給予陳述意見之機會；又於109年增訂第七編之三被害人訴訟參與後，大法官在此號釋憲案明白肯認少年保護事件的被害人及其法定代理人有到庭並陳述意見之機會，進而宣告少年事件處理法第36條及其他少年保護事件之相關條文，均未明文規範被害人及其法定代理人於少年保護事件處理程序中得到庭陳述意見，不符憲法正當法律程序原則之要求，有違憲法保障被害人程序參與權之意旨。因此，在刑事訴訟法修訂加入被害人表達意見乃至程序參與的機會，以及大法官透過此號解釋肯定被害人於少年保護事件具備陳述意見之權利，原本以被告或少年爲中心的刑事訴訟或少年事件程序，天平稍微向被害人擺正，使被害人有機會在刑事訴訟或少年事件程序表達自己之感受。[17] 但根據「司法流言終結者」表示，少年事件處理法第14至64條之規定就是「少年保護事件」所應適用之程序規定，但與刑事訴訟程序最大的不同在於，少年事件處理法之立意旨爲保障少年健全自我成長，調整少年成長之環境，並矯治少年之性格。至於刑事訴訟程序則是爲了發見眞實、訴追犯罪，在少年保護事件裡，除了「是非」、「對錯」、「善惡」之外，更重要的是少年「是否需要保護」，也就是所謂「需保護性」。釋字第805號解釋強調「被害人（及其法定代理人）有到庭陳述意見權」，顯示大法官似乎不清楚，少年調查官在調查與案件相關之一切資料（包含與事件有關之行爲、其人之品格、經歷、身心狀況、家庭情形、社會環境、教育程度等）時，並不是在法庭上調查，這可能也彰顯少年事件處理法對於多數人，甚至是大法官而言，是如此地陌生。因爲少年事件處理法中，有很多程序都能夠讓被害人有機會表示意見之部分；基本上在少年法庭實務現場，都會找機會傳喚被害人到庭陳述意見，畢竟法律並沒有禁止傳被害人表示意見。[18]

17 林奕宏，〈釋字第805號解釋打開被害人權益的新頁？：一個少年事件實務工作者的觀察〉，《司法新聲》，第139期，2022年3月1日，頁160。

18 司法流言終結者，〈被害人權利的里程碑？釋字805對少年保護事件的誤解〉，《鳴人堂》，2021年8月12日，https://opinion.udn.com/opinion/story/12322/5665705。

有關特別救濟之釋憲案

第146號　刑事判決確定後事實與證據不符時救濟案

時間	民國65年7月23日
案情	本案爲行政院函請司法院，就刑事判決確定後，發見該案件認定犯罪事實不依證據，是否即係刑事訴訟法第441條所稱之審判違背法令，最高法院檢復署與最高法院有不同見解，聲請釋憲。
解釋爭點	刑事判決確定後，發見認定之事實與證據不符時之救濟？
解釋文	刑事判決確定後，發見該案件認定犯罪事實與所採用證據顯屬不符，自屬審判違背法令，得提起非常上訴；如具有再審原因者，仍可依再審程序聲請再審。
釋憲要點	刑事判決確定後，發見該案件認定犯罪事實與其所採用之證據顯屬不符，如係文字誤寫，而不影響於全案情節與判決之本旨者，得依釋字第43號解釋予以更正外，均屬審判違背法令，得提起非常上訴，由非常上訴審依刑事訴訟法第445條第2項準用第394條之規定，就原確定判決所確認之事實，以糾正其法律錯誤，如因審判違背法令，致影響於事實之確定，具有再審原因者，仍可依再審程序聲請再審。
相關法令	司法院釋字第43號解釋 刑事訴訟法第394、420、441、445條（57.12.5）
評論或影響	根據蘇友辰律師表示，此號釋憲案與第181號解釋，認定之犯罪事實與採用證據不相符合，以及依法應於審判期日應調查之證據而未調查，均屬判決違背法令，自可提起非常上訴。非常上訴的功能，不只是糾正違法判決、提高裁判品質而已，必須能實際發揮統一法令適用的功能，兼顧平反冤案伸張正義的價值，才能提高司法公信力，贏得民眾信賴。[19]

第177號　民事確定判決再審案

時間	民國71年11月5日
案情	案外人洪○火所有坐落彰化縣○○鄉○○村之房屋於65年10月26日賣予案外人洪○鶴，洪○鶴再於11月3日賣予洪○中。雖該房屋迄未辦理所有權移轉登記，但於該

---

19 蘇友辰，〈ETNEWS雲論刊登本會蘇友辰名譽理事長文章「非常上訴不是爛盲腸」〉，《社團法人中華人權協會》，2017年6月7日，https://www.cahr.org.tw/?p=27386。

	等買賣契約締結前，房屋已爲洪○中占有居住。嗣於66年1月間，該房屋爲被告洪高○英毀損。其後因房屋所有人之債權人於67年1月以彰化地院66年度民執丁字第3012號就該房屋查封拍賣。洪○中因依現行實務見解（最高法院57年台上字第2017號）不得提起第三人異議之訴，不得已再以土地共有人身分，主張優先承買權，買受該被毀損房屋，造成洪○中先後於65年11月及67年1月兩度購買該房屋情形。洪○中於66年間因尚未取得房屋所有權，而無法本於所有權人之地位，向被告洪高○英請求損害賠償。而基於第一次買賣關係，因該房屋已由洪○中占有居住，依民法第273條規定，房屋之危險由買受人承受負擔。故洪○中爲塡補其所受損害，乃基於「第三人損害賠償理論」，主張本於第一次買賣關係債權人之地位，輾轉代位行使所有權人洪○火對於被告之損害賠償請求權。最高法院於70年判決對洪○中主張之事實關係及訴訟標的（以第一次買賣關係爲基礎）不予論列，謂洪○中係於房屋毀損後始依拍賣而取得所有權，基於「第二次」買賣關係，既係按房屋毀損之現狀承買，對於原出賣人洪○火並無主張瑕疵擔保債權之餘地，故不得行使民法第242條之代位權，而駁回洪○中之損害賠償請求。洪○中以最高法院前開確定判決，對洪○中起訴主張之法律關係（即第一次買賣關係），未爲裁判，而就未起訴主張之法律關係（即第二次買賣關係）爲裁判，是乃「訴訟標的」外之裁判，其裁判當然違背法令（民事訴訟法第388條參照）。爰依民事訴訟法第496條第1項第1款規定，提起再審之訴。案經最高法院判決以此種情形，「爲有無認作主張事實之問題，充其量爲消極的不適用法規」，依據60年台再字第170號判例，「尚無適用法規顯有錯誤之情形」，駁回洪○中再審請求。洪○中認爲最高法院再審判決所適用之前開判例，顯已牴觸憲法第7條平等權及第16條保障人民訴訟權之規定，聲請釋憲。
解釋爭點	民事確定判決不適用法規致影響裁判，得再審？
解釋文	確定判決消極之不適用法規，顯然影響裁判者，自屬民事訴訟法第496條第1項第1款所定適用法規顯有錯誤之範圍，應許當事人對之提起再審之訴，以貫徹憲法保障人民權益之本旨。最高法院60年度台再字第170號判例，與上述見解未洽部分，應不予援用。惟確定判決消極之不適用法規，對於裁判顯無影響者，不得據爲再審理由，就此而言，該判例與憲法並無牴觸。依人民聲請所爲之解釋，對聲請人據以聲請之案件，亦有效力。
釋憲要點	最高法院60年度台再字第170號判例稱：「民事訴訟法第496條第1項第1款所謂適用法規顯有錯誤者，係指確定判決所適用之法規顯然不合於法律規定，或與司法院現尚有效及大法官會議之解釋，或尚有效之判例顯然違反者而言，並不包括消極之不適用法規之情形在內，此觀該條款文義，並參照同法第468條將判決不適用法規與適用不當二者並舉之規定自明。」依此見解，當事人對於消極之不適用法規之確定裁判，即無從依再審程序請求救濟。 查判決適用法規顯有錯誤，係指應適用之法規未予適用，不應適用之法規誤予適用者而言，民事訴訟法第496條第1項第1款，原係參照有關民事訴訟法第三審上訴理

	由及刑事訴訟法非常上訴之規定所增設，以貫徹憲法保障人民權益之本旨。按民事第三審上訴及刑事非常上訴係以判決或確定判決違背法令為其理由，而違背法令則兼指判決不適用法規及適用不當而言，從而上開條款所定：「適用法規顯有錯誤者」，除適用法規不當外，並應包含消極之不適用法規之情形在內。 惟確定判決消極之不適用法規，須於裁判之結果顯有影響者，當事人為其利益，始得依上開條款請求救濟。倘判決不適用法規而與裁判之結果顯無影響者，即無保護之必要，自不得據為再審理由。 確定判決消極之不適用法規，顯然影響裁判者，自屬民事訴訟法第496條第1項第1款所定適用法規顯有錯誤之範圍，應許當事人對之提起再審之訴，以貫徹憲法保障人民權益之本旨，最高法院60年度台再字第170號判例，與上述見解未洽部分，應不予援用。惟確定判決消極之不適用法規，對於裁判顯無影響者，不得據為再審理由，就此而言，該判例與憲法並無牴觸。
相關法令	憲法第16條（36.1.1） 司法院大法官會議法第4條第1項第2款（47.7.21） 民事訴訟法第468、496條（60.11.17） 最高法院60年台再字第170號民事判例
評論或影響	根據司法院大法官書記處科長李姿燕表示，此號釋憲案稱：「本院依人民聲請所為之解釋，對聲請人據以聲請之案件，亦有效力。」另理由書闡明：「人民聲請解釋，經解釋之結果，於聲請人有利益者，為符合司法院大法官會議法第4條第1項第2款，許可人民聲請解釋之規定，該解釋效力應及於聲請人據以聲請之案件，聲請人得依法定程序請求救濟。」是以釋憲案件聲請人於大法官作成解釋結果對其有利者，得據以就其個案所受之不利益，依法定程序請求救濟。[20]

第185號　司法院解釋之聲請再審案

時間	民國73年1月27日
案情	魏○成所有臺北市北投區文林段3小段433地號等27筆持分土地，於62年4月25日立約出售泰○建設公司，因第5條約定泰○公司可任意指定名義人辦理過戶，其不予指定名義人，自無過戶，而其於63年間分別讓售陳○象等79人（本件63人，餘16人仍未辦理，聲請人因法令限制及契約約定無法辦理）。因泰○公司怠於行使權利，由其買受人代任行使，聲請人於67年4月間敗訴未上訴，案已確定，惟權利人卻遲延至另一持分共有人敗訴確定方申報移轉。案經臺北市稅捐稽徵處士林分處依68年1月19日申報當業之土地公告現值核定土地增值稅，全額向聲請人徵收，將62年4月25日至68年1月19日之土地自然漲價利益係由泰○公司及其買受人所享有，應「漲

20 李姿燕，〈大法官解釋效力與聲請人原因案件之救濟〉，《法扶報報》，2017年7月10日，https://www.laf.org.tw/index.php?action=media-thousand-detail&tag=265&id=92。

	價歸公」之土地增值稅免除，致使聲請人因出賣土地所獲62年間之價金，尚不足繳納該項土地增值稅，而需再行變賣財產。聲請人認爲財產權遭受不法侵害，經向臺北市稅捐稽徵處士林分處申請複查，未准變更，提起訴願、再訴願及行政訴訟，遞遭駁回，據以駁回所適用之法律爲平均地權條例第47條第2項及土地稅法第30條第1項之規定，聲請釋憲，大法官於72年5月6日作成第180號解釋：「平均地權條例第47條第2項、土地稅法第30條第1項關於土地增值稅徵收及土地漲價總數額計算之規定，旨在使土地自然漲價之利益歸公，與憲法第15、19及143條並無牴觸。惟是項稅款，應向獲得土地自然漲價之利益者徵收，始合於租稅公平之原則。」聲請人向行政法院提起再審之訴，復經行政法院72年判決，持62年判字第610號判例，認前開解釋係作成於原判決之後，解釋雖非法律，惟其在司法上仍當依法律不溯既往之原則，否定釋字第177號第2項解釋之效力，駁回聲請人再審之訴。聲請人不服，再度聲請釋憲。
解釋爭點	司法院解釋之效力？對以違憲判例爲裁判依據之裁判得提救濟？
解釋文	司法院解釋憲法，並有統一解釋法律及命令之權，爲憲法78條所明定，其所爲之解釋，自有拘束全國各機關及人民之效力，各機關處理有關事項，應依解釋意旨爲之，違背解釋之判例，當然失其效力。確定終局裁判所適用之法律或命令，或其適用法律、命令所表示之見解，經依人民聲請釋憲認爲與憲法意旨不符，其受不利確定終局裁判者，得以該解釋爲再審或非常上訴之理由，已非法律見解歧異問題。行政法院62年判字第610號判例，與此不合部分應不予援用。
釋憲要點	法律與憲法牴觸者無效，命令與憲法或法律牴觸者無效，爲憲法第171條第1項及第172條所明定。確定終局裁判所適用之法律或命令，或其適用法律、命令所表示之見解發生有牴觸憲法之疑義，經依人民聲請釋憲認爲確與憲法意旨不符時，是項確定終局裁判即有再審或非常上訴之理由。蓋確定終局裁判如適用法規顯有錯誤或違背法令，得分別依再審、非常上訴及其他法定程序辦理，爲民、刑事訴訟法及行政訴訟法所明定，並經釋字第135、177號解釋在案。故業經解釋之事項，其受不利裁判者，得於解釋公布後，依再審或其他法定程序請求救濟。 行政法院62年判字第610號判例稱：「行政訴訟法第24條規定，有民事訴訟法第496條所列各款情形之一者，當事人對於判決，固得提起再審之訴，惟民事訴訟法第496條第1項第1款所謂適用法規顯有錯誤，係指原判決所適用之法規與該案應適用之現行法規相違背或與解釋、判例有所牴觸者而言。至於法律上見解之歧異，再審原告對之縱有爭執，要難謂爲適用法規錯誤，而據爲再審之理由。」按確定終局裁判於裁判時所適用之法規或判例，經依人民聲請釋憲認爲與憲法意旨不符時，依上所述，是項確定終局裁判，即有再審或非常上訴之理由，其受不利確定終局裁判者，如以該解釋爲理由而請求再審，受訴法院自應受其拘束，不得再以其係法律見解之歧異，認非適用法規錯誤，而不適用該解釋。行政法院上開判例，與此不合部分應不予援用。

相關 法令	憲法第78、171、172條（36.1.1） 司法院釋字第135、177號解釋 民事訴訟法第496條（72.11.9） 行政訴訟法第24條（64.12.12） 行政法院62年判字第610號判例
評論或 影響	根據司法院大法官書記處科長李姿燕表示，關於大法官解釋具有何效力，現行司法院大法官審理案件法及其施行細則，尚無明文規定，此號釋憲案表示：「司法院解釋憲法，並有統一解釋法律及命令之權，為憲法第78條所明定，其所為之解釋，自有拘束全國各機關及人民之效力，各機關處理有關事項，應依解釋意旨為之」，從而確立了大法官所為解釋具有普遍之對世效力；換言之，即有同於憲法之效力。解釋除延續釋字第177號解釋意旨，更進一步將聲請人原因案件之救濟途徑具體化，大法官違憲審查機制重視人權保障之理念益見彰顯。[21]

第209號　裁判違背法令如何再審期間起算案

時間	民國75年9月12日
案情	最高法院為確定之終局裁判，適用法令所表示之見解，經大法官會議解釋，為違背法令之本旨時，依釋字第188號解釋，當事人得據該解釋為再審之理由，惟其提起再審之訴或聲請再審之30日不變期間，究應自裁判確定時起算，抑或應自據以提起再審之訴或聲請再審之解釋公布日起算，該釋字第188號解釋未有明示，聲請釋憲。
解釋 爭點	裁判之見解經解釋為違背法令，如何起算再審期間？
解釋文	確定終局裁判適用法律或命令所持見解，經解釋認為違背法令之本旨時，當事人如據以為民事訴訟再審之理由者，其提起再審之訴或聲請再審之法定不變期間，參照民事訴訟法第500條第2項但書規定，應自該解釋公布當日起算，惟民事裁判確定已逾5年者，依同條第3項規定，仍不得以其適用法規顯有錯誤而提起再審之訴或聲請再審，釋字第188號解釋應予補充。
釋憲 要點	司法院有解釋憲法並有統一解釋法律及命令之權，為憲法78條所明定。此項規定，乃賦與解決憲法上之疑義或爭議，並闡釋法律及命令正確意義之職權。中央或地方機關就其職權上適用同一法律或命令發生見解歧異，依其聲請所為之統一解釋，就引起歧見之該案件，如經確定終局裁判，而其適用法令所表示之見解，經解釋為違背法令之本旨時，是項解釋自得據為再審或非常上訴之理由。但如經解釋，認法院就法令文義所持裁判上見解，非屬適用法規顯有錯誤者，仍不得據為再審理由，經釋字第188、208號解釋末段釋明在案。

---

21 同前註。

	確定終局裁判適用法律或命令所持見解，經解釋為違背法令之本旨時，當事人如認有民事訴訟法第496條第1項第1款之再審理由，提起再審之訴或聲請再審者，其起訴或聲請之法定不變期間，參照同法第五百條第2項但書規定，應自該解釋公布當日起算，始足保障人民之權利。惟確定終局裁判適用法規錯誤，係原確定裁判所生之瑕疵，故民事裁判確定已逾5年者，依同法第500條第3項規定，仍不得以其適用法規顯有錯誤而提起再審之訴或聲請再審，俾兼顧法律秩序之安定性，釋字第188號解釋應予補充。
相關法令	憲法第78條（36.1.1） 司法院釋字第188、208號解釋 民事訴訟法第496、500條（75.4.25）
評論或影響	此號釋憲案闡明：「為維護法秩序安定性，若民事裁判確定已逾5年者，仍不得以其適用法規顯有錯誤而提起再審之訴或聲請再審。」該解釋意旨後也為行政法院所引用，作為行政訴訟實務駁回人民聲請再審之依據。據此，人民即使聲請釋憲成功，若自判決確定後已逾5年，大法官亦未另行諭知具體救濟方式，依行政訴訟法第276條第4項規定，人民即不得提起再審。大法官在之後作成之釋字第725、741號解釋，均未對於上開意旨進行補充或變更。[22] 然而，若ова再審最長救濟期間之原因係「大法官釋憲審理期間過長」所致，形同將「不可歸責於聲請人」之釋憲程序進行時間計入法定除斥期間，由人民承擔該不利益，難合情理，侵害其訴訟權益甚鉅。爰參考司法院102年送交立法院審議之「司法院大法官審理案件法草案」第64條第2項立法模式，增設行政訴訟法第276條第6項：「第二百七十三條第二項之情形，自聲請案件繫屬之日起至裁判送達聲請人之日止，不計入第四項所定期間。」同條第4項所定為「5年」期間。將大法官審理案件之期日，排除於人民得聲請再審之除斥期間，使其訴訟權獲得實質保障。[23] 直到110年1月29日之釋字800號，才對釋字209號作出補充解釋。釋字800號解釋文指出：「確定終局裁判所適用之法令，經本院解釋宣告違憲（包括立即失效、定期失效等類型），各該解釋聲請人就其原因案件依法提起再審之訴者，各該聲請案繫屬本院期間（即自聲請案繫屬本院之日起至解釋送達聲請人之日止），應不計入法律規定原因案件再審之最長期間。」換言之，只要被宣告違憲，再審之5年期限，可扣除聲請人送進司法院，直到解釋作成送到聲請人之時間，這段繫屬大法官之時間，不算在5年之期限。大法官認為在司法院解釋宣告違憲，不管是立即失效、定期失效之類型，若將聲請案繫屬在司法院之時間，都計入再審最長期間，可能會導致聲請人即便獲得有利解釋，也超過行政訴訟法、民事訴訟法規定之5年再審最長期間，而無法獲得有效權利救濟。[24]

22　〈院總第829號〉，《立法院第9屆第3會期第15次會議議案關係文書》，2017年5月24日，頁147。
23　同前註，頁148。
24　〈800號解釋：再審最長期間怎麼算？〉，《一起讀判決》，2021年1月29日，https://casebf.com/2021/01/29/j800/。

第355號　發現未經斟酌之證物得提再審案

時間	民國83年7月1日
案情	劉○雄爲祭祀公業[25]劉○齋派下員，[26]前曾對於祭祀公業劉○齋管理人劉○興提起確認管理權不存在等之訴，其理由爲劉○興並非經新店市公所核准備查之派下員名冊之列名派下員，不符合管理規約第6條規定，故其不得行使派下員權利，亦欠缺被選舉爲管理委員之權利，從而其被派下員大會選任爲管理委員，並經管理委員會選任爲主任委員均屬無效。本案經臺灣高等法院於80年5月間判決駁回。聲請人因遲誤上訴期間而告確定。嗣後聲請人以發見新證據爲由，提起再審之訴。案經臺灣高等法院以80年家再字第7號判決引用最高法院29年上字第1005號判例，駁回再審之訴。聲請人再提起上訴，最高法院仍以81年台上字第591號判決駁回。聲請人不服，聲請釋憲。
解釋爭點	闡述「發現未經斟酌之證物」得提再審之判例違憲？
解釋文	最高法院29年度上字第1005號判例：「民事訴訟法第492條第1項第11款（現行法第496條第1項第13款）所謂當事人發見未經斟酌之證物，係指前訴訟程序事實審之言詞辯論終結前已存在之證物，因當事人不知有此，致未經斟酌，現始知之者而言。若在前訴訟程序事實審言詞辯論終結前，尚未存在之證物，本無所謂發見，自不得以之爲再審理由。」乃爲促使當事人在前訴訟程序事實審言詞辯論終結前，將已存在並已知悉而得提出之證物全部提出，以防止當事人於判決發生既判力後，濫行提起再審之訴，而維持確定裁判之安定性，與憲法並無牴觸。至事實審言詞辯論終結後始存在之證物，雖不得據爲再審理由，但該證物所得證明之事實，是否受確定判決既判力之拘束，則應依個案情形定之，併予說明。
釋憲要點	我國民事訴訟採言詞審理主義與自由順序主義，當事人之攻擊或防禦方法，得於言詞辯論終結前提出，爲民事訴訟法第196條所規定。又依同法第447條意旨，當事人於第二審言詞辯論終結前亦得提出新攻擊或防禦方法。惟事件上訴第三審法院後，依同法第476條第1項意旨，應以第二審判決確定之事實爲判決基礎，不得再行提出新攻擊或防禦方法。故首述言詞辯論終結前，係指事實審言詞辯論終結前而言。法律既許當事人於事實審言詞辯論終結前隨時提出攻擊或防禦方法，就證據言，當事人自應就已存在並已知悉而得提出之證物，於事實審言詞辯論終結前全部提出。確

25　祭祀公業又稱祭田，爲臺灣相當特殊的社會團體，是以祭祀祖先爲目的所設立之獨立財產，淵源於宋代時之「祭田」。明、清以來之臺灣人，往往留下一筆土地或物業，由後裔共同持有，並推選委員會以便管理，以每年的租金或利息收益，作爲掃墓與祭祖等之經費。〈何謂祭祀公業〉，《巨信地產開發有限公司》，https://www.xn--55q089cgglef.tw/contents/14。

26　祭祀公業之成員稱爲「派下員」，以往派下員只有男性子孫才能擔任，女性並不能擔任派下員。曾有女系子孫聲請釋憲，認爲這個規定雖然沒有明白禁止女性當派下員，但依過去習慣，女性是無有機會成爲派下員。〈112憲判1：祭祀公業派下員資格案〉，《一起讀判決》，2023年1月14日，https://casebf.com/2023/01/14/112-1/。

	定終局判決之既判力，其基準時，以事實審言詞辯論終結時為準，即係基於上述原因。若當事人於事實審言詞辯論終結前，將已存在並已知悉而得提出之證物故不提出，留待判決確定後據以提起再審之訴，則係再審制度之濫用，不僅有違訴訟經濟之原則，且足以影響確定終局判決之安定性。最高法院29年度上字第1005號判例：「民事訴訟法第492條第1項第11款（現行法第496條第1項第13款）所謂當事人發見未經斟酌之證物，係指前訴訟程序事實審之言詞辯論終結前已存在之證物，因當事人不知有此，致未經斟酌，現始知之者而言。若在前訴訟程序事實審言詞辯論終結前，尚未存在之證物，本無所謂發見，自不得以之為再審理由。」乃為促使當事人在前訴訟程序事實審言詞辯論終結前，將已存在並已知悉而得提出之證物全部提出，以防止當事人於判決發生既判力後，任意提起再審之訴，而維持確定裁判之安定性，與憲法並無牴觸。至事實審言詞辯論終結後始存在之證物，雖不得據為再審理由，但該證物所得證明之事實，是否受確定判決既判力之拘束，則應依個案情形定之。若證物係依據事實審言詞辯論終結前已存在之證物而製作者，該製作之證物得否認為係發見未經斟酌之證物，乃為事實認定及適用法律之見解問題，均併說明。
相關法令	憲法第16條（36.1.1） 民事訴訟法第196、447、476、496條（79.8.20） 最高法院29年上字第1005號民事判例
評論或影響	此號釋憲案主要在闡述訴訟中新證據之效力。按民事訴訟法第496條第1項第13款所謂當事人發現未經斟酌之證物，係指前訴訟程序事實審之言詞辯論終結前已存在之證物，因當事人不知有此，致未經斟酌，現始知之者而言（最高法院108年度台聲字第335號裁定、91年度台聲字第219號、29年上字第1005號判例意旨參照）。乃為促使當事人在前訴訟程序事實審言詞辯論終結前，將已存在並已知悉而得提出之證物全部提出，以防止當事人於判決發生既判力後，濫行提起再審之訴，而維持確定裁判之安定性（最高法院107年度台上字第46號判決意旨參照）。基本上，該釋憲案支持最高法院29年上字第1005號判例，乃為促使當事人在前訴訟程序事實審言詞辯論終結前，將已存在並已知悉而得提出之證物全部提出，以防止當事人於判決發生既判力後，濫行提起再審之訴，而維持確定裁判之安定性。

第374號　最高法院75年4月22日第8次民事庭會議決議牴觸案

時間	民國84年3月17日
案情	聲請人黃○林與被上訴人吳○柏共有坐落彰化市之一筆土地，省測量大隊在66年間實施地籍圖重測，並進行分割時，誤將吳○柏之土地增加14平方公尺，黃○林之土地則僅增加1平方公尺，聲請人當時對於重測結果未在公告期間提出異議。迄77年7月間，聲請人請求地政機關丈量始發現錯誤。兩造經協調未獲結果，聲請人爰向臺灣彰化地方法院提起訴訟，該院援引最高法院75年4月22日第8次民事庭會議決議，

	以「於重新實施地籍圖測量時，相鄰土地之所有權人苟已於地政機關通知之期限內到場指界一致，並無爭議，地政機關即依其共同指定之界址重新實施測量，並予公告。為貫徹整理地籍之土地政策，免滋紛擾，自不容土地所有人於事後又主張其原指界有誤，訴請另定界址」為由，駁回聲請人之訴。聲請人不服，提起上訴，又經臺灣高等法院臺中分院81年度上字第166號及最高法院同年度台上字第2853號民事判決持相同理由，駁回聲請人之上訴確定在案。聲請人認為最高法院判決適用該院75年4月22日第8次民事庭會議決議，有牴觸憲法第15、16及23條之疑義，聲請釋憲。
解釋 爭點	最高法院就經無異議經公告確定之地界，禁訴請另定之決議違憲？
解釋文	依土地法第46條之1至第46條之3規定所為地籍圖重測，純為地政機關基於職權提供土地測量技術上之服務，將人民原有土地所有權範圍，利用地籍調查及測量等方法，將其完整正確反映於地籍圖，初無增減人民私權之效力。故縱令相鄰土地所有權人於重新實施地籍測量時，均於地政機關通知之期限內到場指界，毫無爭議，地政機關依照規定，已依其共同指定之界址重新實施地籍測量。則於測量結果公告期間內即令土地所有權人以指界錯誤為由，提出異議，測量結果於該公告期間屆滿後即行確定，地政機關應據以辦理土地標示變更登記。惟有爭執之土地所有權人尚得依法提起民事訴訟請求解決，法院應就兩造之爭執，依調查證據之結果予以認定，不得以原先指界有誤，訴請另定界址為顯無理由，為其敗訴之判決。最高法院75年4月22日第8次民事庭會議決議（一）略謂：為貫徹土地法整理地籍之土地政策，免滋紛擾，不許原指界之當事人又主張其原先指界有誤，訴請另定界址，應認其起訴顯無理由云云，與上開意旨不符，有違憲法保障人民財產權及訴訟權之規定，應不予適用。
釋憲 要點	憲法第15條規定，人民之財產權應予保障。又人民有訴訟之權，憲法第16條亦有明文規定。人民財產權遭受侵害，循訴訟途徑謀求救濟，受理之法院，應依其權限，本於調查證據之結果，依經驗法則及論理法則等，就其爭執予以裁判，發揮司法功能，方符憲法上開條文之意旨。依土地法第46條之1至第46條之3之規定所為地籍圖重測，係地政機關基於職權提供土地測量技術上之服務，就人民原有土地所有權範圍，利用地籍調查及測量等方法，將其完整正確反映於地籍圖，初無增減人民私權之效力。故相鄰土地所有權人於重新實施地籍測量時，均於地政機關通知之期限內到場指界而無爭議者，地政機關應依其共同指定之界址重新實施地籍測量。縱令土地所有權人於測量結果公告期間以指界錯誤為由，提出異議，測量結果於該公告期間屆滿後即行確定，地政機關應據以辦理土地標示變更登記。惟有爭執之土地所有權人尚得依法提起民事訴訟請求解決，法院應就兩造之爭執，依調查證據之結果予以認定，不得以原先指界有誤，訴請另定界址為顯無理由，為其敗訴之判決。最高法院75年4月22日第8次民事庭會議決議（一）略稱：相鄰土地所有人於重新實施地籍測量時，均於地政機關通知之期限內到場指界，毫無爭議，地政機關依照規定，

	已依其共同指定之界址重新實施地籍測量。於測量結果公告後，自不許土地所有權人主張其原先指界有誤，訴請另定界址等語，與上開意旨不符，有違憲法保障人民財產權及訴訟權之規定，應不予適用。
相關 法令	憲法第15、16條（36.1.1） 司法院釋字第154、177、185、216、238、243、271、336、368、372號解釋 司法院大法官審理案件法第5條第1項第2款（82.2.3） 土地法第46-1、46-2、46-3條（84.1.20） 中央法規標準法第3條（59.8.31） 法院組織法第78條（78.12.22） 民事訴訟法第222、281、282條（79.8.20） 最高法院處務規程第32條（83.10.21） 最高法院75年4月22日第8次民事庭會議決議
評論或 影響	該釋憲案推翻最高法院75年4月22日第8次民事庭會之議決，因為大法官認為，該決議所稱：「為貫徹土地法整理地籍之土地政策，免滋紛擾，不許原指界之當事人主張其原先指界有誤，訴請另定界址，應認其起訴顯無理由云云。」有違憲法保障人民財產權及訴訟權之規定，應不予適用。亦即大法官認為，有爭執之土地所有權人尚得依法提起民事訴訟請求解決，此釋憲案保障人民之財產權。另外值得關注者，大法官在該釋憲案將違憲審查之客體擴張到決議，認為法官在裁判時援用決議，此時即與命令相當，自為大法官得為審查之對象。雖然決議不如判例具有法律上之效力，但不可否認其具有對法官之實質上拘束力。因此擁有類似於法規範效力之決議，自可以成為大法官違憲審查之標的。[27]

第393號　因證物偽變造提再審所為要件限制案

時間	民國85年1月5日
案情	正○軒食品公司負責人黃○政於79年6月1日被調查局臺南市調查站查獲涉嫌漏報銷貨收入金額，經移送臺南縣稅捐稽徵處審理，核定補徵營業稅。惟該調查站所移送之銷貨收入明細表等文件，後經鑑定為偽造。聲請人以新證據足以證明臺南縣稅捐稽徵處之事實認定基礎有違誤為由，提起訴願、再訴願及行政訴訟，但均被駁回，乃依行政訴訟法第28條第7款：「為判決之證物，係偽造或變造者」規定提起再審之訴。惟行政法院判決（82年度判字第1555號、82年度判字第2462號及83年度判字第372號判決），援引該院76年判字第1451號判例駁回再審之訴。聲請人認為該等判決嚴重侵害人民之訴訟權，與憲法第16、23條之規定牴觸，聲請釋憲。

27　〈從釋字第656號出發，再探違憲審查之聲請客體（二）〉，《公職王網路書局》，2010年11月3日，
　　https://books.public.com.tw/Articles_PracticeOpinionScanning.aspx?ArticleUID=c088f58c-68bc-4fcc-8afe-
　　e5aeec3c7211。

解釋爭點	行政法院就因證物偽變造提再審所爲要件限制之判例違憲？
解釋文	憲法第16條規定，人民訴訟權應予保障，至訴訟救濟應循之審級、程序及相關要件，應由立法機關衡量訴訟之性質，以法律爲正當合理之規定。行政訴訟法第28條第7款規定「爲判決基礎之證物係偽造或變造者」得據以提起再審之訴，係指該證物確係偽造或變造而言，非謂僅須再審原告片面主張其爲偽造或變造，即應重開訴訟程序而予再審。而所謂證物確係偽造或變造，則又以其偽造或變造經宣告有罪之判決已確定，或其刑事訴訟不能開始或續行，非因證據不足者爲限。此乃因再審係對確定裁判之非常救濟程序，影響法秩序之安定，故對其提起要件應有所限制。行政法院76年判字第1451號判例，符合上開意旨，與憲法第16條保障人民訴訟權之規定尚無牴觸。
釋憲要點	行政訴訟法於64年12月12日修正前，即58年之舊法，其第24條原亦規定：「有民事訴訟法第四百九十六條所列各款情形之一者，當事人對於行政法院之判決，得向該院提起再審之訴。」既係引用民事訴訟法第496條之全條條文，而不限於該條之第1項，足見行政訴訟之再審要件與民事訴訟之再審要件相同。嗣該條文修正爲現行法之第28條，雖將再審原因改爲分款列舉方式，但其中第7款：「爲判決基礎之證物，係偽造或變造者」，仍爲民事訴訟法第496條第1項第9款之原文，而當時提案修正之理由，亦僅爲「參照民事訴訟法第四百九十六條及斟酌行政訴訟之性質，改爲列舉規定，俾資適用。且免將來民訴法修正變更條次或內容時，本法即須隨同修正」等語，不具刪除證物之偽造或變造須經有罪判決確定等有關限制之意涵。行政法院76年度判字第1451號判例謂：「所謂爲判決基礎之證物係偽造或變造者，係指其偽造或變造構成刑事上之犯罪者而言，且此種偽造或變造之行爲，應以宣告有罪之判決已確定，或其刑事訴訟不能開始或續行，非因證據不足者爲限。」符合上開意旨，與憲法第16條保障人民訴訟權之規定尚無牴觸。
相關法令	憲法第16條（36.1.1） 行政訴訟法第28條（64.12.12） 民事訴訟法第496條（79.8.20） 行政法院76年判字第1451號判例
評論或影響	此號釋憲案在解釋新發現之證據，是否足以作爲提請再審之依據。大法官認爲，因再審係對確定裁判之非常救濟程序，足以影響法秩序之安定，故對其提起要件應有所限制，包括新證據必須採取嚴格之認定。亦即並非只要發現新證據，就足以作爲提請再審之理由。因此大法官認爲，行政法院76年判字第1451號判例：「所謂爲判決基礎之證物係偽造或變造者，係指其偽造或變造構成刑事上之犯罪者而言，且此種偽造或變造之行爲，應以宣告有罪之判決已確定，或其刑事訴訟不能開始或續行，非因證據不足者爲限。」符合上開意旨，與憲法第16條保障人民訴訟權之規定尚無牴觸。

第725號　宣告法令違憲定期失效之解釋聲請再審案

時間	民國103年10月24日
案情	高○明、黃○昭、柯○澤、張○隆、王○樹等人，前分別因確定之訴訟案件聲請釋憲，經大法官先後作成釋字第638、658、670、709號解釋，宣告各案所指法令違憲定期失效。聲請人等據各該解釋請求再審或重審，惟均被最高行政法院或司法院冤獄賠償委員會，以與釋字第177、185號解釋、最高行政法院97年判字第615號判例或行政訴訟法第273條第2項規定不符，分別裁判駁回。聲請人等乃分別主張該最高行政法院判例、行政訴訟法第273條第2項規定違憲，聲請釋憲，並就第177號、第185號解釋補充解釋（共4聲請案）。
解釋爭點	大法官解釋宣告法令違憲定期失效者，於期限內原因案件不得據以請求救濟，違憲？
解釋文	就人民聲請釋憲憲法，宣告確定終局裁判所適用之法令於一定期限後失效者，聲請人就聲請釋憲之原因案件即得據以請求再審或其他救濟，檢察總長亦得據以提起非常上訴；法院不得以該法令於該期限內仍屬有效為理由駁回。如解釋諭知原因案件具體之救濟方法者，依其諭知；如未諭知，則俟新法令公布、發布生效後依新法令裁判。釋字第177及185號解釋應予補充。最高行政法院97年判字第615號判例與本解釋意旨不符部分，應不再援用。行政訴訟法第273條第2項得提起再審之訴之規定，並不排除確定終局判決所適用之法令經解釋為牴觸憲法而宣告定期失效之情形。
釋憲要點	釋字第177號解釋：「依人民聲請所為之解釋，對聲請人據以聲請之案件，亦有效力。」第185號解釋：「司法院解釋憲法，並有統一解釋法律及命令之權，為憲法78條所明定，其所為之解釋，自有拘束全國各機關及人民之效力，各機關處理有關事項，應依解釋意旨為之，違背解釋之判例，當然失其效力。確定終局裁判所適用之法律或命令……，經依人民聲請釋憲認為與憲法意旨不符，其受不利確定終局裁判者，得以該解釋為再審或非常上訴之理由……。」均在使有利於聲請人之解釋，得作為聲請釋憲之原因案件（下稱原因案件）再審或非常上訴之理由。惟該等解釋並未明示於宣告違憲之法令定期失效者，對聲請人之原因案件是否亦有效力，自有補充解釋之必要。 宣告違憲之法令定期失效者，係基於對相關機關調整規範權限之尊重，並考量解釋客體之性質、影響層面及修改法令所須時程等因素，避免因違憲法令立即失效，造成法規真空狀態或法秩序驟然發生重大之衝擊，並為促使主管機關審慎周延立法，以符合解釋意旨，然並不影響宣告法令違憲之本質。釋字第177、185號解釋，就宣告法令違憲且立即失效者，已使聲請人得以請求再審或檢察總長提起非常上訴等法定程序，對其原因案件循求個案救濟，以保障聲請人之權益，並肯定其對維護憲法之貢獻。為貫徹該等解釋之意旨，就人民聲請釋憲憲法，宣告確定終局裁判所適用之法令定期失效者，聲請人就原因案件應得據以請求再審或其他救濟（例如少年事件處理法第64條之1第1項第1款所規定聲請少年法院重新審理），檢察總長亦得

	據以提起非常上訴；法院不得以法令定期失效而於該期限內仍屬有效爲理由駁回。爲使原因案件獲得實質救濟，如解釋諭知原因案件具體之救濟方法者，依其諭知；如未諭知，則俟新法令公布、發布生效後依新法令裁判。釋字第177、185號解釋應予補充。最高行政法院97年判字第615號判例：「司法院釋字第185號解釋……僅係重申司法院釋字第177號解釋……之意旨，須解釋文未另定違憲法令失效日者，對於聲請人據以聲請之案件方有溯及之效力。如經解釋確定終局裁判所適用之法規違憲，且該法規於一定期限內尚屬有效者，自無從對於聲請人據以聲請之案件發生溯及之效力。」與本解釋意旨不符部分，應不再援用。 行政訴訟法第273條第2項規定：「確定終局判決所適用之法律或命令，經司法院大法官依當事人之聲請釋憲爲牴觸憲法者，其聲請人亦得提起再審之訴。」並不排除確定終局判決所適用之法令經解釋爲牴觸憲法而宣告定期失效之情形，與釋字第177、185號及本解釋所示，聲請人得依有利於其之解釋就原因案件請求依法救濟之旨意，並無不符，亦不生牴觸憲法之問題。
相關法令	憲法第78條（36.1.1） 司法院釋字第177、185號解釋 行政訴訟法第273條第2項（109.1.15） 少年事件處理法第64-1條第1項第1款（108.6.19） 最高行政法院97年判字第615號判例
評論或影響	大法官對法令爲違憲之宣告多採用「違憲定期失效」之方式，此固有其法安定性的考量，長久以來卻亦引發問題爲，在該期間內，原因案件當事人可否提起再審救濟之問題。法院實務向來採否定見解，其理由即約略爲法令固屬違憲、但仍未失效。此問題直到此號釋憲案，宣告如解釋中無其他諭知者，則在期間內當事人可提起再審，或檢察總長可依法定程序提起非常上訴，以茲救濟，此問題方獲致解決。[28]因此在該釋憲案公布前，曾被宣告違憲定期失效者，各該解釋之聲請人均得就其原因案件，請求個案救濟。

第800號　宣告法令違憲解釋後再審最長期間計算案

時間	民國110年1月29日
案情	日新營造廠負責人莊○池於90至93年間承攬金門縣政府8項工程，但因其弟爲縣議會議長，故被依公職人員利益衝突迴避法（下稱利衝法）裁罰新臺幣5億元，而提起行政訴訟，經最高行政法院99年裁定駁回上訴確定。聲請人認利衝法第15條規定有牴觸憲法疑義，聲請釋憲。經司法院大法官釋字第716號解釋宣告上開規定違憲，應自解釋公布之日起，至遲於屆滿1年時失其效力。聲請人據上開解釋提起再

28　吳信華，〈大法官解釋「違憲定期失效」的宣告、救濟與「執行」之諭知〉，《台灣法學雜誌》，第267期，2015年3月1日，頁97。

	審之訴，但經臺北高等行政法院及最高行政法院判決（下稱第一次再審確判），以上開解釋僅宣告上開規定違憲但定期失效，在該解釋所定期限屆滿前，利衝法第15條仍屬有效爲由，駁回再審之訴。 前103年10月24日，大法官作成釋字第725號解釋（莊○池非該釋字之聲請人），闡明法令違憲定期失效者，釋憲聲請人請求再審或其他救濟。莊○池得知後，就第一次再審確定判決提起再審之訴，經最高行政法院裁定（下稱第二次再審確裁）以其非釋字第725號解釋之聲請人，且該解釋並未溯及至其他釋憲案件之聲請人爲由，認爲其聲請不適用行政訴訟法第276條第3項規定，並以其遲至103年11月18日始就第一次再審確判提起再審之訴，已逾行政訴訟法第276條第1項規定之30日不變期間（自103年9月30日第一次再審確判送達日起算，於同年10月30日屆滿）爲由，認爲再審之訴不合法，裁定駁回其訴。後來，大法官於105年11月11日作成之釋字第741號解釋，補充釋字第725號解釋，在解釋理由書指出：「系爭解釋（指第725號解釋）係針對司法院爲法令定期失效宣告之解釋，應係制度性之通案規範，其適用範圍自應包括凡司法院曾宣告違憲法令定期失效之解釋（含釋字第725號前之宣告違憲法令定期失效之解釋）」，亦即，釋字第725號解釋公布前曾被宣告違憲定期失效者，各該解釋之聲請人均得就其原因案件請求個案救濟。因此莊○池既爲釋字第716號解釋宣告利衝法第15條違憲定期失效之聲請人，符合釋字第741號所定之條件，得依釋字第725及741號解釋請求再審。莊○池據釋字741號解釋就第一次再審確判提起再審之訴，經最高行政法院106年度裁字第1561號裁定（下稱第三次再審確裁），以莊○池之原確定判決已於99年5月6日確定，依行政訴訟法第276條第4項，5年再審最長期間應於104年5月6日屆滿。莊○池係於105年12月9日始提起再審之訴，已逾5年再審最長期間，因此再審之訴不合法，裁定駁回其訴。聲請人不服判決，再度聲請釋憲。[29]
解釋 爭點	確定終局裁判所適用之法令，經解釋宣告違憲，聲請人據以提起再審之訴者，其再審最長期間之計算，應否扣除聲請案繫屬期間？釋字第209號解釋，應否補充？
解釋文	確定終局裁判所適用之法令，經解釋宣告違憲（包括立即失效、定期失效等類型），各該解釋聲請人就其原因案件依法提起再審之訴者，各該聲請案繫屬期間（即自聲請案繫屬之日起至解釋送達聲請人之日止），應不計入法律規定原因案件再審之最長期間。行政訴訟法第276條第4項前段規定：「再審之訴自判決確定時起，如已逾五年者，不得提起。」於依同法第273條第2項規定提起再審之訴者，其再審最長期間應依前開意旨計算，始符憲法保障人民訴訟權之意旨。基於同一法理，民事訴訟法第500條第2項但書規定所定5年再審最長期間之計算，亦應扣除聲請案繫屬期間，於此範圍內，釋字第209號解釋應予補充。本案聲請人得自本解釋公布之日起30日內，就臺北高等行政法院98年度訴字第1850號確定判決提起再審之訴，不受上開行政訴訟法所定5年再審最長期間之限制。

---

29 雁引，〈宣告法令違憲解釋後再審最長期間如何計算——初探釋字第800號解釋〉，《國試論壇》，2021年4月28日，https://talk.superbox.com.tw/Text.aspx?id=2654&chksum=Super417Talk。

| 釋憲要點 | 本院依人民聲請所爲之解釋，對聲請人據以聲請之案件，亦有效力，各該解釋之聲請人得據以請求法院實體審酌釋憲原因案件。又所爲之解釋，有拘束全國各機關及人民之效力，各機關處理有關事項，應依解釋意旨爲之（釋字第177、185號解釋參照）。人民聲請釋憲憲法，經解釋宣告確定終局裁判所適用之法令違憲，各該解釋之聲請人均得以各該解釋爲請求再審或其他救濟之理由，其目的在於貫徹憲法對人民訴訟權之保障（釋字第741號解釋參照）。

系爭規定明定：「再審之訴自判決確定時起，如已逾五年者，不得提起。」僅規定以行政訴訟法第273條第1項第5、6款或第12款情形爲再審之理由者，始不受上述5年再審最長期間之限制（系爭規定但書參照）。又行政訴訟法第276條第5項規定：「對於再審確定判決不服，復提起再審之訴者，前項所定期間，自原判決確定時起算。但再審之訴有理由者，自該再審判決確定時起算。」其目的係爲兼顧確定判決之安定性，故除有特定之再審事由外，如逾越5年再審最長期間，即一律不得提起再審之訴。且爲避免當事人就同一實體法律關係一再提起再審之訴，虛耗司法資源，乃明定提起再審之訴之期間原則上係自原判決確定時起算。系爭規定之立法目的係爲維護正當公共利益，其所定5年再審最長期間及其起算時點，並未明顯逾越立法形成範圍，而屬合理限制。是就非依宣告法令違憲之解釋，而係依行政訴訟法第273條第1項各款規定請求再審之一般情形，系爭規定與憲法保障人民訴訟權之意旨尚屬無違。

然於確定終局裁判所適用之法令，爲解釋宣告違憲（包括立即失效、定期失效等類型），各該解釋聲請人據以請求再審之情形，如將聲請案繫屬期間（即自聲請案繫屬之日起至解釋送達聲請人之日止），均計入再審最長期間，則可能導致聲請人縱使獲得有利之解釋，亦已逾越系爭規定所定5年再審最長期間，而仍不得請求再審，致無從獲得有效權利救濟（憲法訴訟法第91條第3項規定意旨參照）。故於聲請人依同法第273條第2項規定提起再審之訴之情形，聲請案繫屬期間，應不計入其再審最長期間，系爭規定所定再審最長期間之計算，應依上開意旨爲之，始符憲法保障人民訴訟權之意旨。是於本解釋公布後，解釋宣告法令違憲者，各該解釋之聲請人據以請求再審時，其再審最長期間之計算，應扣除各該聲請案繫屬期間，如尚有剩餘期間者，應於剩餘期間內依法提起再審之訴；其剩餘期間如逾30日，仍應依法於各該解釋公布日起30日之不變期間內提起再審之訴。

又本案原因案件之第3次再審確裁以「基於法例之一體適用」爲由所引用之釋字第209號解釋，原係就民事訴訟法第500條有關30日不變期間及5年再審最長期間規定所爲之法令統一解釋。其中有關30日不變期間部分，與本解釋意旨相通，並無變更之必要。然有關5年再審最長期間部分，則與系爭規定類似，而法院對於再審最長期間遵守之審查，向多援用釋字第209號解釋。基於同一法理，民事訴訟法第500條第2項但書規定所定5年再審最長期間之計算，亦應扣除聲請案繫屬期間，於此範圍內，釋字第209號解釋應予補充。 |

相關 法令	司法院釋字第177、185、209、716、725、741號解釋 司法院大法官審理案件法第5條第1項第2款（82.2.3） 憲法訴訟法第91條（108.1.4） 行政訴訟法第273、276條（110.6.16） 民事訴訟法第500條（110.6.16）
評論或 影響	根據《一起讀判決》網站表示，此號釋憲案表示，確定終局裁判所適用之法令，只要最後被宣告違憲，再審之5年期限，可扣除聲請人送進司法院，直到解釋作成送到聲請人之時間，此段繫屬大法官之時間，不計入5年之期限。此外，民事訴訟法第500條第2項但書亦有類似規定，該釋憲案指出再審最長期限計算，同樣要扣除繫屬在司法院之時間。大法官認為再審最長期間之限制，是為兼顧確定判決之安定性，避免當事人就同一實體法律關係一再提起再審之訴，虛耗司法資源，這是立法形成範圍，屬於合理限制，並未違背憲法保障訴訟權之意旨。但在司法院解釋宣告違憲，無論是立即或定期失效之類型，若將聲請案繫屬在司法院之時間，均計入再審最長期間，會導致聲請人即便獲得有利解釋，亦超過行政訴訟法、民事訴訟法規定之5年再審最長期間，而無法獲得有效權利救濟。因此大法官補充第209號解釋，認為5年之再審期限，應該扣除繫屬在大法官之時間。[30]

30　〈800號解釋：再審最長期間怎麼算？〉，《一起讀判決》，2021年1月29日，https://casebf.com/2021/01/29/j800/。

憲法第**17**條
有關選舉權之釋憲案

選舉權（suffrage）是民主國家人民所擁有最重要權利之一，人民可藉由手中之選票，表達對政府之表現滿意與否；或是藉由參與選舉，成為候選人，以發揮政治抱負及治國長才，此為被選舉權（candidate eligibility）。故選舉權利又被稱為公權（political franchise，也譯為參政權），同時擁有選舉權與被選舉權，稱為完全選舉權（full suffrage）。本文蒐整5件關於選舉權較具代表性之大法官釋憲案，以供參考。

第340號　保證金減半案

時間	民國83年2月25日
案情	高○宇於80年12月21日登記參加第2屆國民大會代表選舉，並依規定繳交上記載黨籍為「中國國民黨」之政見稿及個人資料，以供臺中縣選舉委員會刊登選舉公報之用。選委會函告聲請人應限期將政見稿中黨籍之「中國國民黨」等字刪除，逾期不刪除，不予刊登選舉公報。聲請人以本屬「中國國民黨」自無將黨籍刪除之理，故未前往刪除。惟選委會後來所編印之選舉公報，將聲請人之「黨籍」欄擅予空白。另同選區共有9位候選人，除聲請人繳納新臺幣220,000元外，其餘8位候選人均僅繳納60,000元，上兩項情事雖經聲請人向選委會異議，均未有結果。於選舉結束後，聲請人向法院提起訴訟，後經臺灣高等法院臺中分院於81年4月20日所為之第二審判決駁回，故聲請釋憲。
解釋爭點	公職選罷法對政黨推薦候選人之保證金減半之規定違憲？
解釋文	公職人員選舉罷免法第38條第2項規定：「政黨推薦之區域、山胞候選人，其保證金減半繳納。但政黨撤回推薦者，應全額繳納」，無異使無政黨推薦之候選人，須繳納較高額之保證金，形成不合理之差別待遇，與憲法第7條之意旨有違，應不再適用。
釋憲要點	中華民國人民無分黨派，在法律上一律平等，憲法第7條定有明文。人民登記為各類公職候選人時，應繳納保證金，其數額由選舉委員會先期公告，但村里長候選人免予繳納，80年8月2日修正公布之公職人員選舉罷免法第38條第1項亦有明文規定。同條第2項則規定：「政黨推薦之區域、山胞候選人，其保證金減半繳納。但政黨撤回推薦者，應全額繳納」，無異使無政黨推薦之候選人，須繳納較政黨推薦之候選人為高之保證金。如主管機關公告之保證金過高時，則有意參選者，僅須結合少數人員，即可依法以備案方式成立政黨，再以政黨推薦名義減輕其負擔，反足使小黨林立，無助於政黨政治之健全發展。是上開公職人員選舉罷免法之規定，係對人民參政權所為不必要之限制，形成不合理之差別待遇，與首開憲法第7條規定意旨不符，應自本解釋公布之日起不再適用。

相關法令	憲法第7條（36.1.1） 公職人員選舉罷免法第38條（80.8.2） 公職人員選舉罷免法第50條第5項（81.11.6）
評論或影響	此號釋憲案認為，公職人員選舉罷免法第38條第2項之規定，將使無政黨推薦之候選人，須繳納較高額之保證金，形成不合理之差別待遇，與憲法第7條之意旨有違，應不再適用。因而促使政府廢除該條規定，保障人民有平等之參政權。

第442號　選舉訴訟採二審終結且不得提起再審案

時間	民國86年12月12日
案情	徐○徹於臺灣省政府83年1月29日舉辦之第13屆縣、市議員選舉時，登記為雲林縣第6選區候選人，以得票數6,449票當選為縣議員。惟同選區候選人許○明因與徐○徹僅差1票而落選，遂以投開票所將其有效票認定為無效票，並將徐○徹之無效票認定為有效票為由，對雲林縣選委會及徐○徹分別提起選舉無效及當選無效之訴。針對無效票認定權限之歸屬問題，徐○徹提出其他審判機關之見解與法院傳訊中央選委會官員陳述之意見，皆未肯認法院對無效票之認定具有審查權，惟雲林地方法院認具有審查權限，就有疑義之無效票重新審查，而判徐○徹當選無效，徐○徹乃向臺南高分院提起上訴。該院請臺灣省選委會派員到庭鑑定，惟均無法認定。臺南高分院以選罷法第103第1項第1款所稱「當選票數不實，認有影響選舉結果之虞者」，為法院對無效票認定有審查權之依據，因此重行審查有疑義之無效票，結果認為原告當選票數超過徐○徹，而駁回徐○徹之上訴。因選舉訴訟採二審終結制（選罷法第109條「不得再審」之規定），使徐○徹無法提起再審之訴，故聲請釋憲。
解釋爭點	選罷法就選舉訴訟二審終結不得再審之規定違憲？
解釋文	憲法第16條規定人民有訴訟之權，旨在確保人民得依法定程序提起訴訟及受公平之審判。至於訴訟救濟應循之審級制度及相關程序，立法機關自得衡量訴訟性質以法律為合理之規定。83年7月23日修正公布之公職人員選舉罷免法第109條規定，選舉訴訟採二審終結不得提起再審之訴，係立法機關自由形成之範圍，符合選舉訴訟事件之特性，於憲法保障之人民訴訟權尚無侵害，且為增進公共利益所必要，與憲法第23條亦無牴觸。
釋憲要點	憲法第16條規定人民有訴訟之權，旨在確保人民得依法定程序提起訴訟及受公平之審判。至於訴訟救濟應循之審級制度及相關程序，立法機關自得衡量訴訟性質以法律為合理之規定。選舉、罷免為公法上之權利，其爭議之處理，雖非可完全置私人權益於不顧；然其究係重在公益之維護，而與保障私權之民事訴訟不盡相同；且公職人員任期有一定之年限，選舉、罷免之訴訟倘審級過多，當難免於時間之拖延，

	不僅將有任期屆滿而訴訟猶未終結之情形，更有使當選人不能安於職位致影響公務推行之結果。是爲謀法秩序之安定，選舉、罷免訴訟自有速予審結之必要。茲訴訟法上之再審，乃屬非常程序，本質上係爲救濟原確定判決之認定事實錯誤而設之制度，與通常訴訟程序有別，亦因其爲非常程序，要不免與確定判決安定性之要求相違。因之，對於確定判決應否設有再審此一程序，當不能一概而論，而應視各種權利之具體內涵暨訴訟案件本身之性質予以決定，此則屬於立法機關自由形成之範疇；倘其所爲之限制合乎該權利維護之目的，並具備必要性者，即不得謂其係侵害憲法所保障之訴訟權。現行選舉、罷免訴訟既採當事人進行主義，復採合議制之審判，其於第一審程序即已愼重進行，以達訴訟之目的，縱使第一審偶有疏未注意之處，致影響當事人權益，亦可因上訴而獲得維護，亦即其經兩次之辯論（一、二審），在健全之司法組織與成員運作下，即應予以信賴，認事用法亦可期待其已臻於理想。因此，基於目的性之要求暨選舉、罷免訴訟之特性，其予排除再審此一非常程序，本爲增進公共利益所必要，難認其有逾越憲法第23條之規定。
相關法令	憲法第16、23條（36.1.1） 公職人員選舉罷免法第109條（83.7.23）
評論或影響	此號釋憲案之所以認爲，選舉訴訟採二審終結，且不得提起再審之訴之理由爲：1.訴訟救濟應循之審級制度及相關程序，屬立法機關自由形成範圍；2.選舉訴訟重在公益之維護；3.公職人員任期有一定之年限。

第468號　總統選舉連署及保證金案

時間	民國87年10月22日
案情	施○青與吳○珍兩人欲參加於95年舉辦之總統副總統大選，然依照總統副總統選舉罷免法第23條第2、4項規定，候選人必須在公告45日內，尋求最近一次中央民意代表選舉人數1.5%以上連署。連署如果不足門檻之二分之一，保證金100萬元就不退還。後來，施、吳兩人因連署人數不足，遭中選會不受理，經提起訴願、行政訴訟被駁回後，聲請釋憲。[1]
解釋爭點	總統副總統選罷法等法規就連署及保證金之規定違憲？
解釋文	憲法第46條規定：總統、副總統之選舉，以法律定之。立法機關依此制定法律，規範總統、副總統之選舉程序，應符合公平合理之原則。總統副總統選舉罷免法憲法第23條第2項及第4項規定，總統、副總統候選人須於法定期間內尋求最近一次中央民意代表選舉選舉人總數1.5%上之連署，旨在採行連署制度，以表達被連署人有相

1　〈選舉保證金，違憲嗎？〉，《一起讀判決》，2018年8月31日，https://casebf.com/2018/08/31/deposit/。

	當程度之政治支持，藉與政黨推薦候選人之要件相平衡，並防止人民任意參與總統、副總統之候選，耗費社會資源，在合理範圍內所爲適當之規範，尚難認爲對總統、副總統之被選舉權爲不必要之限制，與憲法規定之平等權亦無違背。又爲保證連署人數確有同條第4項所定人數二分之一以上，由被連署人依同條第1項提供保證金新臺幣100萬元，並未逾越立法裁量之範圍，與憲法第23條規定尚無違背。總統副總統選舉連署及查核辦法係主管機關依總統副總統選舉罷免法憲法第23條第9項授權所訂定，其授權有明確之目的及範圍，同辦法第2條第3項關於書件不全、不符規定或保證金不足者，中央選舉委員會應拒絕受理其申請之規定，符合法律授權之意旨，與憲法並無牴觸。惟關於上開被選舉權行使之要件，應隨社會變遷及政治發展之情形，適時檢討改進，以副憲法保障人民參政權之本旨，乃屬當然。
釋憲要點	總統副總統選舉連署及查核辦法係主管機關依總統副總統選舉罷免法憲法第23條第九項授權所訂定，其授權有明確之目的及範圍。依連署方式申請登記爲總統副總統候選人者，應於限期內提出連署人名冊、連署切結書及加蓋連署人印章之連署人國民身分證影本暨繳交連署保證金。於規定期間內連署人數不足法定人數二分之一以上者，保證金不予發還。爲總統副總統選舉罷免法憲法第23條所明定。上開辦法第2條第3項關於書件不全、不符規定或保證金不足者，中央選舉委員會應拒絕受理其申請之規定，符合法律授權之意旨，與憲法並無牴觸。惟關於上開選舉權行使之要件，應隨社會變遷及政治發展之情形，適時檢討改進，以副憲法保障人民參政權之意旨，乃屬當然。
相關法令	憲法第7、17、23、45、46條（36.1.1） 總統副總統選舉罷免法第22、23條（84.8.9） 總統副總統選舉連署及查核辦法第2條（84.10.4）
評論或影響	根據《一起讀判決》網站表示，此號釋憲案認爲，要求連署達標之規定，目的在表達被連署人有相當程度之政治支持，藉此和政黨推薦候選人之要件相平衡，防止人民任意參與選舉、耗費社會資源。大法官認爲，此規定是在合理範圍所作之適當規範，並不是對被選舉權之不必要限制，亦無違背平等權。至於保證連署人數達標二分之一以上，由被連署人提供保證金100萬，大法官認爲只要達標二分之一，保證金就退還，可見此非強制被選舉人負擔鉅額之選舉費用，並非不當之限制，至於保證金之數目，也未逾越立法裁量。但解釋文最後指出，此等規定應該隨著社會變遷與政治發展，適時地檢討改進。之後亦曾發生幾件有關類似之爭議，例如91年清水鎮長選舉落選人之保證金遭沒收，宋佳倫於105年參選臺北市議員落選後保證金20萬元遭沒收，他們都提起釋憲，但在大法官會議時決議不受理。社民黨之范雲原本於107年欲參加臺北市長選舉，但對於參選需要繳交200萬保證金，表達不合理，而未參選。[2]

2　同前註。

第645號　公民投票法爭議案

時間	民國97年7月11日
案情	立法委員陳金德等85人對於92年12月31日公布之公民投票法認為：1.公民投票法第2條第2項第4款、第31條第4款將「憲法修正案之複決」列為全國性公民投票事項；2.第16條賦予立法院得提案交付公民投票之權力；3.第35條規定行政院公民投票審議委員會之委員，由各政黨依立法院各黨團席次比例推薦等規定，有牴觸憲法第27條第1項第4款、第53條、第174條第2款及增修條文第1條第2項第1款、第3條第2項之疑義；4.公民投票法第18條之審查過程，欠缺立法應具備之三讀程序，及違反三讀不得進行實質修正之規定，聲請釋憲。
解釋 爭點	公投法中立法院有公投提案權違憲？公投審議委員之任命規定違憲？
解釋文	公民投票法第16條第1項規定：「立法院對於第二條第二項第三款之事項，認有進行公民投票之必要者，得附具主文、理由書，經立法院院會通過後，交由中央選舉委員會辦理公民投票。」旨在使立法院就重大政策之爭議，而有由人民直接決定之必要者，得交付公民投票，由人民直接決定之，並不違反我國憲政體制為代議民主之原則，亦符合憲法主權在民與人民有創制、複決權之意旨；此一規定於立法院行使憲法所賦予之權限範圍內，且不違反憲法權力分立之基本原則下，與憲法尚無牴觸。 公民投票法第35條第1項規定：「行政院公民投票審議委員會，置委員二十一人，任期三年，由各政黨依立法院各黨團席次比例推薦，送交主管機關提請總統任命之。」關於委員之任命，實質上完全剝奪行政院依憲法應享有之人事任命決定權，顯已逾越憲法上權力相互制衡之界限，自屬牴觸權力分立原則，應自本解釋公布之日起，至遲於屆滿1年時，失其效力。
釋憲 要點	為保障人民之創制、複決權，使公民投票順利正當進行，立法機關應就公民投票有關之實體與程序規範，予以詳細規定，尤應以法律明確規定有關公民投票提案之實質要件與程序進行，並設置公正、客觀之組織，處理提案之審核，以獲得人民之信賴，而提高參與公民投票之意願。惟立法者為上開立法時，除應本於主權在民原則妥為規範外，亦當遵循權力分立原則，對於行政院應享有之人事決定權，自不得制定法律，逾越憲法上權力相互制衡之界限，而完全予以剝奪。 公民投票法第34條規定：「行政院應設全國性公民投票審議委員會，審議下列事項：一、全國性公民投票事項之認定。二、第三十三條公民投票案是否為同一事項之認定。」是全國性公民投票審議委員會係設於主管機關行政院之內，而負有特定之職掌。復按公民投票法第10條第2項規定：「審議委員會應於收到公民投票提案後，十日內完成審核，提案不合規定者，應予駁回。」第3項規定：「前項提案經審核完成符合規定者，審議委員會應於十日內舉行聽證，確定公民投票案之提案內容。」同法第14條第2項規定：「公民投票案經審查無前項各款情事者，主管機關應將該提案送請各該審議委員會認定，該審議委員會應於三十日內將認定結果通知

	主管機關。」第3項規定：「公民投票案經前項審議委員會認定不合規定者，主管機關應予駁回；合於規定者應函請戶政機關於十五日內查對提案人。」同法第55條第1項規定：「全國性或地方性公民投票案經審議委員會否決者，領銜提案人於收到通知後三十日內，得依行政爭訟程序提起救濟。」準此，設於行政院內之全國性公民投票審議委員會，對全國性公民投票提案成立與否具有實質決定權限，對外則以行政院名義作成行政處分，行政院對於該委員會所爲之決定並無審查權，領銜提案人對其決定如有不服，則循訴願及行政訴訟程序謀求救濟。
相關法令	憲法第2、17、27、53、56、62、63、136、174條（36.1.1） 憲法增修條文第1、12條（94.6.10） 憲法增修條文第3條（86.7.21） 司法院釋字第342、520號解釋 司法院大法官審理案件法第5條第1項第3款（82.2.3） 行政程序法第114條（94.12.28） 公民投票法第2、10、14、16、18、31、33、34、35、55條（95.5.30）
評論或影響	此號釋憲案宣告公民投票法部分合憲與部分違憲，合憲部分爲：公民投票法第16條第1項規定：「立法院對於第二條第二項第三款之事項，認有進行公民投票之必要者，得附具主文、理由書，經立法院院會通過後，交由中央選舉委員會辦理公民投票。」旨在使立法院就重大政策之爭議，而有由人民直接決定之必要者，得交付公民投票，由人民直接決定之，並不違反我國憲政體制爲代議民主之原則，亦符合憲法主權在民與人民有創制、複決權之意旨；此規定於立法院行使憲法所賦予之權限範圍內，且不違反憲法權力分立之基本原則下，與憲法尚無牴觸。 而違憲部分爲：公民投票法第35條第1項規定：「行政院公民投票審議委員會，置委員二十一人，任期三年，由各政黨依立法院各黨團席次比例推荐，送交主管機關提請總統任命之。」關於委員之任命，實質上完全剝奪行政院依憲法應享有之人事任命決定權，顯已逾越憲法上權力相互制衡之界限，自屬牴觸權力分立原則，應自本解釋公布之日起，至遲於屆滿1年時，失其效力。 該釋憲案促使立法院於106年12月12日三讀通過修正公民投票法部分條文，廢除行政院公民投票審議委員會。另外，行政院於107年2月26日發布「院台綜字第1070165342號令」，廢止行政院公民投票審議委員會組織規程、行政院公民投票審議委員會審議規則、公民投票法施行細則。

第721號　政黨比例代表選舉案

時間	民國103年6月6日
案情	97年1月12日舉辦第7屆立法委員選舉，依憲法增修條文第4條第1、2項，及公職人員選舉罷免法第67條第2項規定，採「單一選區兩票並立制」，一票以區域（含原住民）候選人爲投票對象，一票以政黨爲投票對象，區域選出立法委員按應選名額

	劃分同額選舉區選出之（單一選區代表制），全國不分區及僑居國外國民選出立法委員依政黨名單投票，由獲得5%以上政黨選舉票之政黨依得票比率選出之（政黨比例代表制）。中央選舉委員會於同年月18日公告當選人名單。 制憲聯盟及綠黨認上述關於立委選舉之規定，違反國民主權原則，侵害平等選舉原則暨平等權、參政權之保障，有選舉無效及不分區立法委員有當選無效事由，與公民黨共同提起選舉訴訟。案經臺灣高等法院97年度選上字第9號民事判決駁回確定。制憲聯盟及綠黨即以確定終局判決所適用之前揭關於單一選區兩票制之並立制、政黨比例代表席次及政黨門檻等規定，牴觸憲法第2條國民主權原則、第7、129條等所彰顯之選舉平等原則，聲請釋憲。
解釋爭點	立委選舉採單一選區兩票並立制及所設政黨比例席次與5%政黨門檻之規定，違憲？
解釋文	憲法增修條文第4條第1項及第2項關於單一選區兩票制之並立制、政黨比例代表席次及政黨門檻規定部分，並未違反現行憲法賴以存立之自由民主憲政秩序。公職人員選舉罷免法第67條第2項關於並立制及政黨門檻規定部分，與上開增修條文規定內容相同，亦不生牴觸憲法之疑義。
解釋爭點	憲法為國家根本大法，其修改應由修憲機關循正當修憲程序為之。國民大會為憲法所設置之修憲機關，基於修憲職權所制定之憲法增修條文與未經修改之憲法條文，係處於同等位階，惟憲法條文中具有本質之重要性而為規範秩序存立之基礎者，如聽任修改條文予以變更，則憲法整體規範秩序將形同破毀，該修改之條文即失其應有之正當性。憲法條文中，諸如：第1條民主共和國原則、第2條國民主權原則、第二章保障人民權利、以及有關權力分立與制衡之原則，具有本質之重要性，亦為憲法整體基本原則之所在。基於前述規定所形成之自由民主憲政秩序，乃現行憲法賴以存立之基礎，凡憲法設置之機關均有遵守之義務。憲法之修改，除其程序有明顯重大瑕疵或內容涉及自由民主憲政秩序之違反者外，自應予尊重（釋字第499號解釋參照）。申言之，憲法之修改如未違反前述民主共和國原則、國民主權原則，或未涉人民基本權核心內涵之變動，或不涉權力分立與制衡原則之違反，即未違反自由民主憲政秩序。
相關法令	憲法第1、2、7、17、129條（36.1.1） 憲法增修條文第4條第1、2項（94.6.10） 公職人員選舉罷免法第67條第2項（105.12.14）
評論或影響	大法官認為「單一選區兩票並立制」只是反映我國政治文化，且為避免小黨林立，並未變動選舉權、平等權之核心，因此不違憲。[3]我國於93年第7次修憲後，將立法委員選舉方式改為單一選區兩票制之並立制，但此制度導致票票不等值之問題，大

3　〈綠社盟政黨票不到5%不能分配立委席次合理嗎？〉，《極憲焦點》，2016年1月28日，https://zh-http://www.focusonlaw.com/reasonable_for_party_less_than_5_percent_no_legislator/。

黨席次被不成比例地放大，小黨則幾乎被湮滅。因此有人呼籲，要適度增加國會席次，特別是增加不分區之席次。同時，降低政黨門檻讓小黨有當選空間，並以「聯立制」取代現行「並立制」，這樣國會席次分布較能接近民意。所謂並立制，即各政黨依其政黨得票率來分配以政黨比例代表選出之固定名額，與各政黨在區域選舉中之當選席次多寡無關，目前採行此制之國家包括我國、日本、韓國。例如，日本眾議員為480名，小選區300名，比例區為180名。小選區候選人以得最高票者當選，比例區各政黨依其得票比例分配席次，二者分開計算，並無關聯。（如下圖[4]所示）

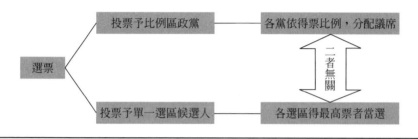

4 寧尚，〈台灣選制阻礙小黨生存？關於單一選區兩票制的「前世」與「今生」〉，《關鍵評論網》，2016年2月10日，https://www.thenewslens.com/article/35885。

憲法第18條
有關考選之釋憲案

考選制度最主要之核心精神，就是透過具有信度與效度之考試科目及考試方法，遴選出適當人才。我國公務人員考試自從民國39年舉辦以來，報考人數已超過1,200萬人，考選部承辦公務人員考試之經驗在歷經60年各種考試之考驗後，對於舉辦「公平」、「公正」、「公開」之國家考試目標，已經受到全國民眾與考生之信賴。過去有關國家公務人員之考試弊案，已將近絕跡。憲法中有關考選之規定為第18條：「人民有應考試，服公職之權。」本文蒐整8件關於平等權較具代表性之大法官釋憲案，以供參考。

第205號 退除役軍人轉任公職考試案

時間	民國75年5月23日
案情	張○衡參加72年特種考試退除役軍人轉任公務人員乙等考試衛生行政人員考試，並以第8名獲得錄取（錄取10名）。退輔會依據考試院頒布之「72年特種考試退除役軍人轉任公務人員考試規則」訂定「應考須知」中規定「乙等以分發軍官為限」，因聲請人係士官長退役，故不予分發。惟聲請人退役後曾就讀大學，以藥學士報考，合於考試法規定，且乙等其它類科尚有分發士官之事實，故向退輔會請求分發，但該會仍拒絕辦理分發。聲請人向考選部訴願，該部將訴願函送行政院人事行政局，但該局將訴願駁回；繼之向行政院再訴願，及向行政法院提行政訴訟，均先後被駁回，聲請釋憲。
解釋爭點	退除役軍人轉任公職考試之分發規定違憲？
解釋文	72年特種考試退除役軍人轉任公務人員考試，原係因應事實上之特殊需要，有其依序安置退除役官兵就業之特定目的。其應考須知內所載乙等考試及格人員之分發以軍官為限，前經安置就業之現職人員不予重新分發之規定，係主管機關依有關輔導退除役官兵就業法令而為，旨在使考試及格者依原定任用計畫分別得以就業或取得任用資格，與憲法保障人民平等權及應考試服公職之權之規定尚無牴觸。至該項考試中乙等考試之應考人，既包括士官在內，而分發則以軍官為限，不以考試成績之順序為原則，雖未盡妥洽，亦不生牴觸憲法問題。
釋憲要點	中華民國人民無分男女、宗教、種族、階級、黨派，在法律上一律平等，為憲法第7條所明定。其依同法第18條應考試服公職之權，在法律上自亦應一律平等。惟此所謂平等，係指實質上之平等而言，其為因應事實上之需要，及舉辦考試之目的，就有關事項，依法酌為適當之限制，要難謂與上述平等原則有何違背。 特種考試退除役軍人轉任公務人員考試，依國軍退除役官兵輔導條例第12條規定，在使退除役官兵取得擔任公職之資格，其須分發任用者，則依當時適用之考試法第15條規定，應與任用計畫相配合，由行政院國軍退除役官兵輔導委員會依其職掌辦

	理。故72年特種考試退除役軍人轉任公務人員考試規則第9條規定：本考試及格人員之分發，由行政院人事行政局會同輔導會，依考試及格人員分發辦法及有關輔導就業之規定辦理。其中考試及格人員分發辦法第2條對於公務人員特種考試及格人員即以「需要分發任用」者爲限。至其所謂有關輔導就業之規定，則包括國軍退除役官兵輔導條例施行細則第2條第2項及國軍退除役官兵就業安置辦法第3、4條等有關規定在內。依其規定，輔導會爲適應國軍待退員額之需求，配合安置能量，得視實際情形，訂定安置順序。是輔導會本此職權，洽請舉辦此次特種考試，原係因應事實上之特殊需要，有其依序安置退除役官兵就業之特定目的。其應考須知內所載乙等考試及格人員之分發，以軍官爲限，前經安置就業之現職人員不予重新分發之規定，係主管機關依有關輔導退除役官兵就業法令而爲，旨在使此次考試及格之退除役官兵，在原任用計畫範圍內者得以分發就業；其不在原任用計畫範圍內者亦取得擔任公職之任用資格，遇機得以任用或升遷，依首開說明，與憲法保障人民平等權及應考試服公職之權之規定尚無牴觸。
相關法令	憲法第7、18條（36.1.1） 國軍退除役官兵輔導條例第12條（69.12.5） 國軍退除役官兵輔導條例施行細則第2條第2項（106.1.13） 國軍退除役官兵就業安置辦法第3、4條（71.8.6） 公務人員考試及格人員分發辦法第2條（105.5.18） 72年特種考試退除役軍人轉任公務人員考試規則第9條、應考須知
評論或影響	此號釋憲案強調，憲法第7條之平等係指實質上之等，因應事實需要，依法酌爲適當之限制，難謂與平等原則有違背。該釋憲案在後來幾件特考之爭議中均被引用，例如許○○因103年公務人員特種考試一般警察人員三等考試警察法制人員類別考試應考資格中有年齡限制之規定，致使其無法報考，而提起訴願。考試院即引用該釋憲案之解釋，駁回訴願。

第319號　申請複查考試成績案

時間	民國82年6月4日
案情	蔡○輝參加78年專門職業及技術人員高等考試律師考試，於收受考選部寄發之成績單後，以其考試成績未達錄取標準，向考選部申請複查，經考選部函復原評成績與所發成績單相符，並附列各科目成績表。聲請人不服，向考試院提起訴願，請求影印各科試卷，但被駁回。提起再訴願後，亦遭決定駁回，遂提起行政訴訟，亦被駁回。聲請人認爲考試院訂行之「應考人申請複查考試成績處理辦法第8條」牴觸憲法第15、18、172條等之規定，聲請釋憲。
解釋爭點	申請複查考試成績處理辦法之限制規定違憲？

解釋文	考試機關依法舉行之考試,其閱卷委員係於試卷彌封時評定成績,在彌封開拆後,除依形式觀察,即可發見該項成績有顯然錯誤者外,不應循應考人之要求任意再行評閱,以維持考試之客觀與公平。考試院於75年11月12日修正發布之「應考人申請複查考試成績處理辦法」,其第8條規定「申請複查考試成績,不得要求重新評閱、提供參考答案、閱覽或複印試卷。亦不得要求告知閱卷委員之姓名或其他有關資料」,係為貫徹首開意旨所必要,亦與典試法第23條關於「辦理考試人員應嚴守秘密」之規定相符,與憲法尚無牴觸。惟考試成績之複查,既為兼顧應考人之權益,有關複查事項仍宜以法律定之。
釋憲要點	考試機關依法舉行之考試,設典試委員會以決定命題標準、評閱標準、審查標準、錄取標準以及應考人考試成績之審查等事項,並由監察院派監察委員監試,在監試委員監視下,進行試題之封存,試卷之彌封、點封,應考人考試成績之審查以及及格人員之榜示與公布。如發現有潛通關節、改換試卷或其他舞弊情事,均由監試人員報請監察院依法處理之,此觀典試法及監試法有關規定甚明。 前項考試,其閱卷委員係於試卷彌封時評定成績,在彌封開拆後,除依形式觀察,即可發見該項成績有顯然錯誤者外,如循應考人之要求,任意再行評閱,縱再行彌封,因既有前次閱卷委員之計分,並可能知悉應考人為何人,亦難以維持考試之客觀與公平。考試院於75年11月12日修正發布之「應考人申請複查考試成績處理辦法」,其第8條規定「申請複查考試成績,不得要求重新評閱、提供參考答案、閱覽或複印試卷。亦不得要求告知閱卷委員之姓名或其他有關資料」,係為維護考試之客觀與公平及尊重閱卷委員所為之學術評價所必要,亦與典試法憲法第23條關於「辦理考試人員應嚴守秘密」之規定相符,而如發見有試卷漏閱等顯然錯誤之情形,該辦法第7條又設有相當之補救規定,與憲法尚無牴觸。惟考試成績之複查,既為兼顧應考人之權益,有關複查事項仍宜以法律定之。
相關法令	憲法第15、18條(36.1.1) 典試法第23條(77.11.11) 監試法(39.10.26) 應考人申請複查考試成績處理辦法第7、8條(75.11.12)
評論或影響	此號釋憲案為大法官就國家考試作出之解釋,主要是針對程序部分進行解釋。解釋文開宗明義指出:「考試機關依法舉行之考試,其閱卷委員係於試卷彌封時評定成績,在彌封開拆後,除依形式觀察,即可發見該項成績有顯然錯誤者外,不應循應考人之要求任意再行評閱,以維持考試之客觀與公平。」由此可知大法官對於國家考試之程序,為了維持考試之客觀與公平並尊重閱卷委員之學術評價,除有特別情況,不得為重新評閱、提供參考答案等行為。其他機關或法院除在明顯違法之處外,應尊重閱卷委員之評價,學說亦多採此見解。[1]

1　〈國家考試之評分是否為判斷餘地?(上)〉,《公職王電子報》,第164期,2013年3月6日,https://www.public.com.tw/epaper/20130306/c2.htm。

第341號　基層特考規則之限制案

時間	民國83年3月11日
案情	藍○隆參加79年特種考試臺灣省基層公務人員考試臺東考區乙等教育行政人員考試，因成績未達該考區該類科錄取標準未獲錄取，分別向考試院、考選部及被告機關臺灣省政府陳請複查成績，並請求依據公務人員考試法第14條及公務人員考試法施行細則第16條之規定，比照宜蘭考區該類科之較低錄取標準補行錄取，但被臺灣省政府人處駁回。聲請人向考選部提起訴願，遭決定駁回，復向考試院提起再訴願，亦遭決定駁回，遂提起行政訴訟，亦被駁回。聲請人不服，聲請釋憲。
解釋爭點	基層特考規則之限制規定違憲？
解釋文	79年特種考試臺灣省基層公務人員考試規則係考試院依其法定職權訂定，該規則第3條規定，本項考試採分區報名、分區錄取及分區分發，並規定錄取人員必須在原報考區內服務滿一定期間，係因應基層機關人力需求及考量應考人員志願，所採之必要措施，與憲法第7條平等權之規定，尚無牴觸。
釋憲要點	考試院為國家最高考試機關，得依其法定職權訂定考試規則，如未逾越其職權範圍，或侵害人民應考試之權利，即無牴觸憲法之可言，業經釋字第155號解釋釋示在案。又中華民國人民在法律上一律平等為憲法第7條所明定，人民依同法第18條應考試服公職之權，在法律上自亦應一律平等。惟此所謂平等，係指實質上之平等而言，其為因應事實上之需要，及舉辦考試之目的，就有關事項，依法酌為適當之限制，要難謂與上述平等原則有何違背，亦經釋字第205號解釋闡釋甚明。79年特種考試臺灣省基層公務人員考試規則係考試院依其法定職權訂定，該規則第3條規定，本項考試採分區報名、分區錄取及分區分發，並限定錄取人員必須在原報考區內服務滿一定期間，係因應基層機關人力需求及考量應考人員志願，所採之必要措施，其與考試主管機關，於同一時間在各縣市報考區內，分別為設置於各該區內省級以下之行政機關及公營事業機構進用人員舉行特種考試之情形相當。該項考試典試委員會基於職權，參酌各縣市提報之缺額及應考人員之考試成績，分別決定各考區各類科之錄取標準，致同一類科各考區錄取標準有所不同，乃屬當然，並為應考人員所預知，與憲法第7條平等權之規定，尚無牴觸。
相關法令	憲法第7、18條（36.1.1） 司法院釋字第155、205號解釋 79年特種考試臺灣省基層公務人員考試規則第3條
評論或影響	此號釋憲案首先表示：「臺灣省基層公務人員考試規則係考試院依其法定職權訂定，該規則第3條規定，本項考試採分區報名、分區錄取及分區分發」之規定，並不違憲。另外，其中有關「限定錄取人員必須在原報考區內服務滿一定期間」之規定，大法官認為「係因應基層機關人力需求及考量應考人員志願，所採之必要措施」，亦不違憲。亦即，大法官認為特種考試之某些特別規定，並不影響憲法中有

| | 關保護人民平等權與應考試服公職之權利。該釋憲案之解釋曾被法院在涉及考試爭議之案件中引用，例如最高行政法院97年度判字第360號之判決即引用「限定錄取人員必須在原報考區內服務滿一定期間」之規定，作為判決依據之一。 |

第547號　中醫就回國執業者補行筆試案

時間	民國91年6月28日
案情	李○輝原籍香港，並在香港執行中醫業務長達5年以上，前於75年間來臺，即依醫師法第3條及中醫師檢覈辦法第2、8條之規定，經檢覈通過，取得考試院頒發之「考試院醫師考試及格證書」與行政院衛生署頒發之「中醫師證書」。聲請人依醫師法第8條於85年4月間向臺北市中山區衛生所申請核發執業執照，惟該所函謂：「依醫師法規定，持『僑中』字中醫師證書，未依中醫師檢覈辦法第10條規定補行筆試及格者，不得在國內執業，應領有『台中』字中醫師證書者，始得為之。」駁回申請。聲請人提起訴願，雖經臺北市政府以原處分違反信賴保護原則為由，而撤銷原處分之決定，但臺北市政府衛生局重為處分時，仍駁回申請。聲請人復提起訴願，遭臺北市政府以依行政院衛生署之釋示，中醫師檢覈辦法自51年發布伊始，即於第8條第2項規定：「華僑聲請中醫師檢覈依前項規定應予面試者，回國執業時應行補試。」為由，駁回訴願。聲請人乃向行政院衛生署提起再訴願，該署仍以聲請人依51年訂定之中醫師檢覈辦法第8條及再訴願機關80年7月23日衛署醫字第860915號函說明三之釋示為據，認定聲請人未經筆試及格，不得請領開業執照，駁回再訴願。聲請人乃提起行政訴訟，仍被駁回。聲請人認為行政法院87年度判字第2807號確定判決所適用之中醫師檢覈辦法第10條，侵害聲請人受憲法保障之工作權，違反法律保留及法律禁止溯及既往之基本原則，牴觸憲法第15條及第23條之規定，聲請釋憲。
解釋爭點	中醫檢覈辦法就回國執業者補行筆試之規定違憲？
解釋文	憲法第86條第2款規定，專門職業及技術人員執業資格，應經考試院依法考選銓定之。醫師從事醫療行為，不僅涉及病患個人之權益，更影響國民健康之公共利益，自須具備專門之醫學知識與技能，醫師既屬專門職業人員，其執業資格即應按首開規定取得。32年9月22日公布之醫師法第1條明定：「中華民國人民經醫師考試及格者，得充醫師」（81年7月29日修正為：「中華民國人民經醫師考試及格並依本法領有醫師證書者，得充醫師」）。第醫師應如何考試，涉及醫學上之專門知識，醫師法已就應考資格等重要事項予以規定，其屬細節性與技術性事項，自得授權考試機關及業務主管機關發布命令為之補充。關於中醫師考試，醫師法對其應考資格已定有明文，至於中醫師檢覈之科目、方法、程序等事項，則授權考試院會同行政院依其專業考量及斟酌中醫之傳統醫學特性，訂定中醫師檢覈辦法以資規範，符合醫師法與專門職業及技術人員考試法之意旨，與授權明確性原則無違。

考試院會同行政院於71年8月31日修正發布之中醫師檢覈辦法第8條第1項規定：「中醫師檢覈除審查證件外，得舉行面試或實地考試。但以第2條第3款之資格應檢覈者，一律予以面試」，同條第2項又規定：「華僑聲請中醫師檢覈依前項規定應予面試者，回國執業時應行補試」。嗣因配合75年1月24日專門職業及技術人員考試法之公布，考試院乃重新訂定，於77年8月22日會同行政院發布中醫師檢覈辦法，其第6條規定申請中醫師檢覈者，予以筆試，並於第10條規定：「已持有『僑』字中醫師考試及格證書者，回國執業時，仍應依照第六條之規定補行筆試」。此規定依法律整體規定之關聯意義爲綜合判斷，僅屬專門職業及技術人員考試法暨醫師法所授權訂定之中醫師檢覈辦法中關於考試技術之變更，並不影響華僑依中醫師檢覈辦法所已取得「僑」字中醫師及格證書及「僑中」字中醫師證書之效力，更無逾越前開法律授權之範圍或增加母法所無之限制，與憲法保障人民權利之意旨並無違背。

次按憲法上所謂平等原則，係指實質上之平等而言，若爲因應事實上之需要及舉辦考試之目的，就有關事項，依法自得酌爲適當之限制。華僑申請中醫師檢覈，其未回國參加面試者，於審查證件合格後，即發給「僑」字中醫師考試及格證書及「僑中」字中醫師證書，此種證書之發給性質上爲具體行政行爲，惟其適用地之效力受到限制。其既未依中醫師檢覈辦法回國參加面試或筆試，即不得主張取得與參加面試或筆試及格者所得享有在國內執行中醫師業務之權利，否則反而造成得以規避面試或筆試而取得回國執行中醫師業務之資格，導致實質上之不平等。是上開中醫師檢覈辦法將中醫師檢覈分成兩種類別而異其規定，並未違背憲法平等原則及歷來解釋之旨意。又「面試」包括一、筆試，二、筆試及口試，是考試之方法雖有面試、筆試、口試等之區別，但無非均爲拔擢人才、銓定資格之方式，苟能在執行上力求客觀公平，並不影響當事人之權益或法律上地位，其領有「僑中」字中醫師證書者，本未取得在國內執業之資格，尚無值得保護之信賴利益可言。則前開辦法重新訂定發布後，即依中央法規標準法第13條規定，自發布日起算至第3日起發生效力而無過渡期間之規定，並無違背信賴保護原則。至91年1月16日修正之醫師法第3條第4項：「已領有僑中字中醫師證書者，應於九十四年十二月三十一日前經中醫師檢覈筆試及格，取得台中字中醫師證書，始得回國執業」，亦係爲配合88年12月29日修正公布之專門職業及技術人員考試法已廢止檢覈制度所爲之過渡規定，對其依法所已取得之權利，並無影響，與憲法保障人民權利之意旨亦無違背，併此指明。

| 釋憲要點 | 憲法第82條第2款規定，專門職業及技術人員執業資格，應經考試院依法考選銓定之。醫師之醫療行爲，不僅涉及病患之權益，更影響國民健康之公共利益，自須具備專門醫學知識與技能，其執業資格即應按規定取得。醫師考試涉及專門知識，醫師法已規定應考資格等事項，其細節與技術事項，自得授權考試機關及主管機關發布命令補充。關於中醫師考試，醫師法對應考資格已定有明文，檢覈之科目、方法、程序等事項，則授權考試院會同行政院斟酌中醫之傳統醫學特性，訂定中醫師檢覈辦法，符合醫師法與專門職業及技術人員考試法之意旨，與授權明確性原則無違。 |

	又憲法上所謂平等原則，係指實質上之平等而言，若為因應事實之需要及舉辦考試之目的，就有關事項，依法自得酌為適當之限制。華僑申請中醫師檢覈，未回國參加面試者，於審查證件合格後，即發給「僑」字中醫師考試及格證書及「僑中」字中醫師證書，惟其適用地之效力受到限制。未依中醫師檢覈辦法回國參加面試或筆試，即不得主張取得在國內執行中醫師業務之權利，否則反而造成得以規避面試或筆試而取得回國執行中醫師業務之資格，導致實質上之不平等。
相關法令	憲法第7、86條（36.1.1） 司法院釋字第485號 中央法規標準法第13條（59.8.31） 醫師法第1條（81.7.29） 醫師法第3條（96.1.16） 專門職業及技術人員考試法第1、5條（107.11.21） 專門職業及技術人員考試法施行細則第2條（90.7.23） 中醫師檢覈辦法第2、6、8、10條（95.10.23） 中醫師檢覈面試辦法第5條（34.5.22） 專門職業及技術人員檢覈面試及實地考試辦法第4條第1、2項（46.12.27） 專門職業及技術人員檢覈筆試口試及實地考試辦法（75.7.1）
評論或影響	此號釋憲案將醫師列為專門職業人員，故表示中醫師檢覈辦法就回國執業者補行筆試之規定，符合醫師法與專門職業及技術人員考試法之意旨。因為醫師之醫療行為，不僅涉及病患之權益，更影響國民健康之公共利益，自須具備專門醫學知識與技能，其執業資格即應按規定取得。另外，該釋憲案強調，憲法第7條之平等權為實質上之平等，若為因應事實之需要，可就有關事項，依法酌為適當之限制，此亦為「限制少數人之權益，以維護多數人之權益」之原則。

第575號　戶警分立方案就機關調整案

時間	民國93年4月2日
案情	張○○原任屏東縣警察局萬巒鄉戶政事務所主任，81年7月1日戶警分立，機關改制為屏東縣萬巒鄉戶政事務所，原告隨業務移撥，依「戶警分立實施方案」規定，原告仍以警察官任用，並經銓敘部審定合格實授，依警察官等階核敘俸級，並備註：但以機關改隸之日起5年內（86年6月30日）為限。茲以上開期限屆至，原告並未回任警察機關，其現職依規定改依公務人員任用法等相關規定辦理送審，於88年1月12日經銓敘部審定合格實授，核敘薦任第8職等年功俸8級630俸點，並備註：如有超出最高年功俸部分，仍予保留。原告認為影響其權益，提起復審、再復審，遞遭決定駁回，遂提起行政訴訟，亦被駁回。張○○認為最高行政法院90年度判字第1581號判決引用行政院81年5月27日台81內字第18358號核定之「戶警分立實施方案」之職權命令、81年6月29日戶籍法修正公布後第7條及施行細則第3條、72年11

	月21日修正公布之警察人員管理條例第22條第2項有關俸級俸額之規定，以及最高行政法院於該判決理由中採納銓敘部所述行政法院84年判字第856號判決意旨，有牴觸憲法第7條平等權、第15條人民之工作權與財產權應受保障、第18條服公職之權、第23條法律保留原則、第171條第1項及第172條法律優越原則規定之疑義，聲請釋憲。
解釋爭點	戶警分立方案就機關調整之過渡條款違憲？
解釋文	憲法第18條規定人民有服公職之權利，旨在保障人民有依法令從事於公務，暨由此衍生享有之身分保障、俸給與退休金等權利。機關因改組、解散或改隸致對公務人員之憲法所保障服公職之權利產生重大不利影響，應設適度過渡條款或其他緩和措施，以資兼顧。 62年7月17日修正公布之戶籍法第7條第2項規定：「動員戡亂時期，戶政事務所得經行政院核准，隸屬直轄市、縣警察機關；其辦法由行政院定之。」為因應動員戡亂時期之終止，81年6月29日修正公布之戶籍法第7條將上開規定刪除，並修正同條第1項及該法施行細則第3條，回復戶警分立制度，乃配合國家憲政秩序回歸正常體制所為機關組織之調整。戶政單位回歸民政系統後，戶政人員之任用，自應依公務人員任用法、各戶政單位員額編制表及相關人事法令規定為之。原辦理戶政業務之警察人員，其不具一般公務人員資格者，即不得留任，顯已對該等人員服公職權利產生重大不利影響。為謀緩和，內政部於81年6月10日以台（81）內戶字第8103536號函發布、同年7月1日實施之「戶警分立實施方案」，使原辦理戶政業務之警政人員或可於5年內留任原職或回任警職；或可不受考試資格限制而換敘轉任為一般公務人員，已充分考量當事人之意願、權益及重新調整其工作環境所必要之期限，應認國家已選擇對相關公務員之權利限制最少、亦不至於耗費過度行政成本之方式以實現戶警分立。當事人就職缺之期待，縱不能盡如其意，相對於回復戶警分立制度之重要性與必要性，其所受之不利影響，或屬輕微，或為尊重當事人個人意願之結果，並未逾越期待可能性之範圍，與法治國家比例原則之要求，尚屬相符。 前開實施方案相關規定，涉及人民權利而未以法律定之，固有未洽，然因其內容非限制人民之自由權利，尚難謂與憲法第23條規定之法律保留原則有違。惟過渡條款若有排除或限制法律適用之效力者，仍應以法律定之，方符法治國家權力分立原則，併此指明。 72年11月21日修正公布之警察人員管理條例第22條第2項附表附註，就警察人員轉任非警察官職務按其原敘俸級，換敘轉任職務之相當俸級至最高年功俸為止，超出部分仍予保留，係因不同制度人間原適用不同人事法令而須重新審定俸級之特別規定，乃維護公務人員人事制度健全與整體平衡所為之必要限制，與憲法保障平等權之意旨亦無牴觸。

釋憲要點	62年7月17日修正公布之戶籍法第7條第2項規定：「動員戡亂時期，戶政事務所得經行政院核准，隸屬直轄市、縣警察機關；其辦法由行政院定之。」遂使警察人員原依戶警合一實施方案、戡亂時期臺灣地區戶政改進辦法等規定，可辦理戶政業務之戶警合一制度而有法律依據。嗣為因應動員戡亂時期之終止，81年6月29日修正公布之戶籍法第7條將原第2項刪除，並修正同條第1項及該法施行細則第3條，回復戶警分立制度，乃配合國家憲政秩序回歸正常體制所為機關組織之調整。 戶政單位回歸民政系統後，戶政人員之任用，自應依公務人員任用法、各戶政單位員額編制表及相關人事法令規定為之。故原於戶政事務所辦理戶政業務之警察人員，其不具一般公務人員資格者，因其任用資格與人事體制規定不符，若無其他法令依據，即不得留任；產生此種後果，固係因機關組織回歸民政系統以及既有之人事制度使然，但顯已對該等人員服公職權利產生重大不利之影響。國家自有義務對相關人為相應之安置，例如制定過渡條款或其他緩和措施，以適度降低制度變更對其權益所造成之衝擊。 主管機關於憲政轉型期為因應立法院於修正戶籍法時，未制定過渡條款或其他緩和措施之不得已之舉，因其內容並非限制人民之自由權利，尚難謂與憲法第23條規定之法律保留原則有違。茲動員戡亂時期既經終止，憲政體制已回復常態，前開情事不復存在，過渡條款若有排除或限制法律適用之效力，且非行政機關於組織或人事固有權限範圍內之事項者，仍應一併以法律定之或以法律授權相關機關以為適當規範，方符法治國家權力分立原則，併此指明。
相關法令	憲法第7、18、23條（36.1.1） 戶籍法第7條（62.7.17）（81.6.29） 戶籍法施行細則第3條（81.7.31） 警察人員管理條例第22條（72.11.21） 戶警分立實施方案第4點（2）（81.6.10） 戶警分立移撥民（戶）政單位具警察官任用資格人員志願回任警察機關職務作業要點（81.6.24）
評論或影響	此號釋憲案屬於公務人員權利保障之釋憲案之一，大法官首先開宗明義揭示：「憲法第18條規定人民有服公職之權利，旨在保障人民有依法令從事於公務，暨由此衍生享有之身分保障、俸給與退休金等權利。」肯定公務人員繼續保有身分是受到服公職基本權保障。該釋憲案主要在處理機關因改組、解散或改隸，致對公務人員之憲法所保障權利產生不利影響之問題，尤其是身分保障、俸給與退休金等權利。此為公務機關常會遇到的問題。該釋憲案強調：「機關因改組、解散或改隸致對公務人員之憲法所保障服公職之權利產生重大不利影響，應設適度過渡條款或其他緩和措施，以資兼顧。」

第626號　警大招生案

時間	民國96年6月8日
案情	鄭○中參加中央警察大學辦理之91學年度研究所碩士班入學考試，經初試（筆試）錄取後，於91年8月5日參加複試（體檢及口試），但被檢查為兩眼綠色盲，而不予錄取。上訴人提起訴願遭駁回後，遂提起行政訴訟，但亦被駁回。上訴人認為最高行政法院於94年之判決所適用內政部91年3月12日內授警字第910002823號函核定、教育部91年3月26日台（91）高（一）字第591039362號函同意備查之警大91學年度研究所碩士班招生入學簡章第7點第2款及第8點第2款關於特定之體格檢查設限規定，牴觸憲法第7、22、23條，聲請釋憲。
解釋爭點	中央警大碩士班招生簡章拒色盲者入學之規定違憲？
解釋文	憲法第7條規定，人民在法律上一律平等；第159條復規定：「國民受教育之機會，一律平等。」旨在確保人民享有接受各階段教育之公平機會。中央警察大學91學年度研究所碩士班入學考試招生簡章第7點第2款及第8點第2款，以有無色盲決定能否取得入學資格之規定，係為培養理論與實務兼備之警察專門人才，並求教育資源之有效運用，藉以提升警政之素質，促進法治國家之發展，其欲達成之目的洵屬重要公共利益；因警察工作之範圍廣泛、內容繁雜，職務常須輪調，隨時可能發生判斷顏色之需要，色盲者因此確有不適合擔任警察之正當理由，是上開招生簡章之規定與其目的間尚非無實質關聯，與憲法第7、159條規定並無牴觸。
釋憲要點	大學對於入學資格既享有自治權，自得以其自治規章，於合理及必要之範圍內，訂定相關入學資格條件，不生違反憲法第23條法律保留原則之問題。警大係內政部為達成研究高深警察學術、培養警察專門人才之雙重任務而設立之大學（內政部組織法第8條及中央警察大學組織條例第2條參照），隸屬內政部，負責警察之養成教育，並與國家警政水準之提升與社會治安之維持，息息相關。其雖因組織及任務上之特殊性，而與一般大學未盡相同，然「研究高深警察學術」既屬其設校宗旨，就涉及警察學術之教學、研究與學習之事項，包括入學資格條件，警大即仍得享有一定程度之自治權。是警大就入學資格條件事項，訂定系爭具大學自治規章性質之「中央警察大學91學年度研究所碩士班入學考試招生簡章」，明定以體格檢查及格為錄取條件，既未逾越自治範圍，即難指摘與法律保留原則有違。惟警大自治權之行使，應受其功能本質之限制，例如不得設立與警政無關之系別，且為確保其達成國家賦予之政策功能，而應接受比一般大學更多之國家監督，自不待言。是以入學資格為例，即使法律授權內政部得依其警察政策之特殊需求，為警大研究所碩士班之招生訂定一定資格標準，警大因而僅能循此資格標準訂定招生簡章，選取學生，或進一步要求警大擬定之招生簡章應事先層報內政部核定，雖均使警大之招生自主權大幅限縮，亦非為憲法所不許。

	警大因兼負培養警察專門人才與研究高深警察學術之雙重任務，期其學生畢業後均能投入警界，為國家社會治安投注心力，並在警察工作中運用所學，將理論與實務結合；若學生入學接受警察教育，卻未能勝任警察、治安等實務工作，將與警大設校宗旨不符。為求上開設校宗旨之達成及教育資源之有效運用，乃以無色盲為入學條件之一，預先排除不適合擔任警察之人。是項目的之達成，有助於警政素質之提升，並使社會治安、人權保障、警察形象及執法威信得以維持或改善，進而促進法治國家之發展，自屬重要公共利益。因警察工作之範圍廣泛、內容繁雜，職務常須輪調，隨時可能發生判斷顏色之需要，色盲者因此確有不適合擔任警察之正當理由。是系爭招生簡章規定排除色盲者之入學資格，集中有限教育資源於培育適合擔任警察之學生，自難謂與其所欲達成之目的間欠缺實質關聯。雖在現行制度下，警大畢業之一般生仍須另行參加警察特考，經考試及格後始取得警察任用資格而得擔任警察；且其於在校期間不享公費，亦不負有畢業後從事警察工作之義務，以致警大並不保障亦不強制所有一般生畢業後從事警察工作。然此仍不妨礙警大在其所得決策之範圍內，儘可能追求符合設校宗旨及有效運用教育資源之目的，況所採排除色盲者入學之手段，亦確有助於前開目的之有效達成。是系爭招生簡章之規定與該目的間之實質關聯性，並不因此而受影響，與憲法第7條及第159條規定並無牴觸。
相關法令	憲法第7、11、21、22、23、159條（36.1.1） 司法院釋字第380、382、450、563號解釋 司法院大法官審理案件法第5條第1項第2款（82.2.3） 內政部組織法第8條（94.11.30） 中央警察大學組織條例第2條（84.12.20） 中央警察大學91學年度研究所碩士班入學考試招生簡章第7、8點
評論或影響	此號釋憲案涉及三個領域之問題： 1.大學自治問題：大學自治為憲法第11條講學自由之保障範圍，大學對於教學、研究與學習之事項，享有自治權，其自治事項範圍除內部組織、課程設計、研究內容、學力評鑑、考試規則及畢業條件等外（釋字第380、450及563號解釋參照），亦包括入學資格在內，俾大學得藉以篩選學生，維繫學校品質，提升競爭力，並發展特色，實現教育理念。警大就入學資格條件，訂定具大學自治規章性質之考試招生簡章，明定以體格檢查及格為錄取條件，並未逾越自治範圍，亦未違反法律保留原則。 2.受教育權利問題：受國民教育以外教育之權利，固為憲法第22條所保障（釋字第382號解釋參照），惟鑑於教育資源有限，所保障者係以學生在校接受教育之權利不受國家恣意限制或剝奪為主要內容，並不包括賦予人民請求給予入學許可、提供特定教育給付之權利。故國民教育學校以外之各級各類學校訂定特定之入學資格，排除資格不符之考生入學就讀，例如排除色盲之考生進入警大就讀，尚不得謂已侵害考生受憲法保障之受教育權。

| | 3.公共利益問題：系爭招生簡章之規定是否違反平等權之保障，應視其所欲達成之目的是否屬重要公共利益，且所採取分類標準及差別待遇之手段與目的之達成是否具有實質關聯而定。以無色盲為入學條件之一，預先排除不適合擔任警察之人，有助於警政素質之提升，並使社會治安、人權保障、警察形象及執法威信得以維持改善，進而促進法治國家之發展，自屬重要公共利益。 |

第750號　以外國學歷應牙醫師考試資格案

時間	民國106年7月7日
案情	劉○傑畢業於紐約大學牙醫系學，99年報考牙醫師考試。考選部初審認為原告未依規定繳交國內醫療機構出具之實習期滿成績及格證明，要求補繳「在臺實習1年證明書」。但原告並未繳交，考選部提報審議委員會，會議結議其可考第一試，第一試若及格，應依照醫師法施行細則，在醫師指導下完成臨床實作，取得醫療機構之實習期滿成績及格證明後，才能考第二試。原告不服，提起訴願未果後，提起行政訴訟，但被駁回。原告認為最高法院判決所適用之醫師法施行細則第1條之1至之5；專門職業及技術人員高等考試醫師、牙醫師考試分試考試規則；專門職業及技術人員高等暨普通考試醫師人員考試規則；國外醫學生及牙醫學畢業生臨床實作訓練選配分發作業要點，侵害憲法保障之考試權，聲請釋憲。[2]
解釋爭點	以外國學歷應牙醫師考試者，須在主管機關認可之醫療機構完成臨床實作訓練之規定，是否違憲？
解釋文	行政院衛生署（改制後為衛生福利部）98年9月16日修正發布之醫師法施行細則第1條之1，及考試院98年10月14日修正發布之專門職業及技術人員高等考試醫師牙醫師考試分試考試規則「附表一：專門職業及技術人員高等考試醫師牙醫師考試分試考試應考資格表」牙醫師類科第1款，關於國外牙醫學畢業生參加牙醫師考試之應考資格部分之規定，尚未牴觸憲法第23條法律保留原則、比例原則，與憲法第15條工作權及第18條應考試權之保障意旨無違，亦不違反憲法第7條平等權之保障。
釋憲要點	憲法第15條規定人民之工作權應予保障，故人民有從事工作及選擇職業之自由（釋字第584、612、634、637、649、749號解釋參照）。惟憲法第86條第2款規定，專門職業人員執業資格，應經考試院依法考選之。是人民選擇從事專門職業之自由，根據憲法規定，即受限制。又憲法第18條規定人民有應考試權，除保障人民參加考試取得公務人員任用資格之權利外，亦包含人民參加考試取得專門職業及技術人員執業資格之權利。對於參加考試資格或考試方法之規定，性質上如屬應考試權及

2　〈釋字750號的行政訴訟〉，《一起讀判決》，2017年7月7日，https://casebf.com/2017/07/07/750trial/。

工作權之限制，自應符合憲法第23條法律保留原則及比例原則等憲法原則（釋字第682號解釋參照）。

一、系爭規定一及二無違憲法第23條法律保留原則

涉及人民工作權或應考試權之限制者，應由法律加以規定，如以法律授權主管機關發布命令爲補充規定時，其授權應符合具體明確之原則；若僅屬於執行法律之細節性、技術性次要事項，則得由主管機關發布命令爲必要之規範，雖因而對人民產生不便或輕微影響，尚非憲法所不許（釋字第443號解釋參照）。查醫師（含牙醫師，下同）屬專門職業人員，其執業應依專門職業及技術人員考試法規定，以考試定其資格。醫師法第1條規定：「中華民國人民經醫師考試及格並依本法領有醫師證書者，得充醫師。」第4條規定：「公立或立案之私立大學、獨立學院或符合教育部採認規定之國外大學、獨立學院牙醫學系、科畢業，並經實習期滿成績及格，領有畢業證書者，得應牙醫師考試。」已就應考資格等重要事項予以規定；則其他屬於執行法律之細節性與技術性次要事項，主管機關自得發布命令爲必要之規範。

二、系爭規定一及二關於實習期滿成績及格之規定與憲法第23條比例原則無違

就專門職業人員考試而言，考試院有關考試方法及資格之規定，涉及考試之專業判斷，應予適度之尊重，且「實習期滿成績及格」爲應醫師考試資格之要件，其認定標準攸關醫師之專業能力及醫療品質，理應尊重中央衛生主管機關之決定，以符憲法五權分治彼此相維之精神（釋字第682號解釋參照）。系爭規定一及二之目的如屬正當，且其所採取之手段與目的之達成間具合理關聯，即與憲法第23條比例原則無違。

三、系爭規定一及二有關國外牙醫學畢業生應考試之規定，與憲法第7條平等權保障意旨無違

憲法第7條保障之平等權，並不當然禁止任何差別待遇，立法與相關機關基於憲法之價值體系及立法目的，自得斟酌規範事物性質之差異而爲合理差別待遇。法規範是否符合平等原則之要求，應視該法規範所以爲差別待遇之目的是否合憲，及其所採取之分類與規範目的之達成間，是否存有一定程度之關聯性而定（釋字第682、694、701、719、722、727、745號解釋參照）。

國外牙醫學畢業生未必受有足夠臨床實作訓練，且縱使受有臨床實作訓練，但於國外使用之語言、醫療文化及接觸之疾病型態，與國內情形並不相同，故仍欠缺前揭臨床實作經驗。系爭規定一及二規定，國外牙醫學畢業生須於主管機關認可之醫療機構完成一定之臨床實作訓練，可彌補臨床實作經驗之不足，皆有助於上開目的之達成，且無顯不合理之處。是此等差別待遇與其目的之達成間具有合理關聯，尚無違背憲法第7條平等權保障之意旨。

相關法令	憲法第7、15、18、23、86條（36.1.1） 司法院釋字第443、584、612、634、637、649、682、694、701、719、722、727、745、749號解釋 醫師法第1、2、3、4、42條（105.11.30） 醫師法施行細則第1-1、1-2、1-3、1-4條（98.9.16）

	專門職業及技術人員高等考試醫師牙醫師考試分試考試規則附表一（98.10.14） 專門職業及技術人員考試法第5、9、10、11、12、13、14條（88.12.29）
評論或 影響	根據《一起讀判決》網站表示，此號釋憲案認為，系爭規定屬於執行法律之細節性、技術性次要事項，未超過法律授權之範圍或增加母法所無之限制。要求實習期滿成績及格，是為確保醫師之專業能力及醫療品質，維護病患權益為考量之措施，目的正當。臨床實作訓練之醫療機構、臨床實作之科別及週數或時數之要求，以及考評成績之處理等規範，亦無不合理之處。故未違反憲法第23條之比例原則，而侵害人民受憲法第15條保障之工作權及第18條保障之應考試權。大法官指出，國內牙醫系畢業生在畢業前，都要先經過實習，而國外牙醫系畢業生則未必受有足夠之臨床實作訓練，縱使有實習經驗臨床，但於國外語言、文化及接觸之疾病型態，與國內並不相同，故要求在主管機關認可之醫療機構完成一定的臨床實作訓練，可彌補臨床實作經驗之不足。[3]

第760號　警察三等特考職務任用資格差別待遇案

時間	民國107年1月26日
案情	林○昌等人於99年以前通過公務人員特種考試警察人員考試三等考試，然根據警察人員人事條例第11條第2項規定，「警察官之任用，除具備前項各款資格之一外，職務等階最高列警正三階以上，應經警察大學或警官學校畢業或訓練合格；職務等階最高列警正四階以下，應經警察大學、警官學校、警察專科學校或警察學校畢業或訓練合格。」渠等因未經中央警察大學（原稱中央警官學校）受訓合格，致不符巡官職務之任用資格，而必須從警員開始任用，與同批考試錄取人員中已具警大學歷者一律派任巡官相較，形成派任職務及陞遷之不平等，先後提起訴願及行政訴訟均被駁回，故聲請釋憲。
解釋 爭點	警察人員人事條例第11條第2項之規定，對警察三等特考及格之一般生，是否形成職務任用資格之不利差別待遇？
解釋文	警察人員人事條例第11條第2項未明確規定考試訓練機構，致實務上內政部警政署得將公務人員特種考試警察人員考試三等考試筆試錄取之未具警察教育體系學歷之人員，一律安排至臺灣警察專科學校受考試錄取人員訓練，以完足該考試程序，使100年之前上開考試及格之未具警察教育體系學歷人員無從取得職務等階最高列警正三階以上職務任用資格，致其等應考試服公職權遭受系統性之不利差別待遇，就此範圍內，與憲法第7條保障平等權之意旨不符。 行政院應會同考試院，於本解釋公布之日起6個月內，基於本解釋意旨，採取適當措施，除去聲請人所遭受之不利差別待遇。

3　同前註。

釋憲要點	憲法第18條規定人民有應考試服公職之權，旨在保障人民有依法令經由公開競爭之考試程序，取得擔任公職之資格，進而參與國家治理之權利。應考試服公職之權為廣義之參政權，人民應有以平等條件參與公共職務之權利與機會。為實踐此一憲法意旨，國家須設有客觀公平之考試制度，並確保整體考試結果之公正，其保障範圍包含公平參與競試與受訓練完足考試程序以取得任官資格、職務任用資格、依法令晉敘陞遷，以及由此衍生之身分保障、俸給與退休金等權利（釋字第429、575、605、611、682、715號解釋參照）。警察人員為依法定程序考試訓練、任官授階，並依警察法等相關法令執行警察任務之人員，自屬憲法第18條所稱之公職。警察人員之人事制度雖採官、職分立制，官受保障，職得調任（警察人員人事條例第4條參照），然人民參加同一警察人員考試筆試錄取並經訓練期滿成績及格者，其所取得之任官資格及職務任用資格，仍應符合憲法第7條保障平等權之意旨。 系爭規定未明確規定考試訓練機構，致實務上警政署得將警察三等特考筆試錄取之一般生，一律安排至警專受考試錄取人員訓練，以完足該考試程序（警察人員人事條例施行細則第4條第2項第2款參照），使100年之前上開考試及格之一般生無從取得職務等階最高列警正三階以上職務任用資格，致其等應考試服公職權遭受系統性之不利差別待遇，就此範圍內，與憲法第7條保障平等權之意旨不符。行政院應會同考試院，於本解釋公布之日起6個月內，基於本解釋意旨，採取適當措施，除去聲請人一及二所遭受之不利差別待遇。例如安排聲請人一及二至警大完成必要之訓練，並於訓練及格後，取得任用為警正四階所有職務之資格。
相關法令	憲法第7、18條（36.1.1） 司法院釋字第429、575、605、611、682、694、701、715號解釋 警察人員人事條例第4、11、12條（107.6.6） 警察人員人事條例施行細則第4條第2項第2款（96.12.10） 警察官職務等階表（103.8.29）
評論或影響	此號釋憲案認為，系爭規定並未明確規定考試訓練機構，造成聲請人之應考試服公職權，遭系統性之不利差別待遇，違反平等權，故要求行政院跟考試院應該於6個月內，採取適當措施，去除聲請人所遭受之不利差別待遇。內政部為因應該釋憲案之解釋，於107年4月26日召開會議，時任部長之葉俊榮表示，為保障99年以前三等警察特考人員權益，規劃於警察大學警佐班增開第4類班期，受訓4個月，擇優陞任；另積極爭取調高基層警消年功俸額至525，以俸級陞遷代替職務陞遷，盼給予更實質之保障。[4]

4　〈保障基層警消人員權益 內政部積極處理司法院釋字第760號解釋案〉，《中華民國內政部》，2018年4月26日，https://www.moi.gov.tw/News_Content.aspx?n=2&s=11744。

憲法第**19**條

有關租稅之釋憲案

　　憲法第19條規定，人民有依法律納稅之義務，係指國家課予人民以繳納稅捐之義務或給予人民減免稅捐之優惠時，應就租稅主體、租稅客體、稅基、稅率、納稅方法、納稅期間等租稅構成要件及租稅稽徵程序，以法律定之。是有關稅捐稽徵之程序，除有法律明確授權外，不得以命令爲不同規定，或逾越法律，增加人民之租稅程序上負擔，否則即有違租稅法律主義。[1]「租稅法定主義」（又稱「租稅法律主義」）在大法官會議解釋多次被提及，其法源依據是前述之憲法第19條規定：指人民僅依法律所定之納稅主體、稅目、稅率、納稅方法及租稅減免等項目而負繳納義務或享受減免繳納之優惠，舉凡應該用法律明定之租稅項目，原則上就不得比照、比附援引或類推適用其他法令之規定；或者另以命令作不同之規定，或甚至於增列法律所沒有之限制。[2]本文蒐整11件關於平等權較具代表性之大法官釋憲案，以供參考。

第317號　扣繳義務人違反義務處罰鍰案

時間	民國82年5月21日
案情	吳○雄於79年初依所得稅法第87條爲納稅義務人吳○○屏等薪資及房東申○爲所得租金，向臺北市國稅局城中稽徵所申報扣繳時，該所人員指示應合併彙報，惟因申○爲出國歷久未歸，致無法獲知其國民身分證統一編號、租賃房屋稅籍號碼，爲恐影響薪資給付部分之申報，再向該稽徵機關人員請求准免填報上列未明事項，或准予分別申報，仍未蒙受理，且就稽徵機關所印發之申報書及租賃所得扣繳憑單上載明之非所得稅法施行細則第85條之1規定應填事項之「租賃房屋稅籍號碼」，堅持非填不可，致聲請人遲至申報截止日後才爲申報，經城中稽徵所就租金及薪資分別起訴，臺灣高等法院就薪資部分於79年4月29日裁定適用所得稅法第111條第2項中段及所得稅法第85條之1駁回聲請人之抗告，至此，就薪資部分聲請人被處新臺幣7,500元確定。聲請人認爲臺北地方法院及臺灣高等法院裁定適用之所得稅法第111條第2項中段、所得稅法施行細則第85條之1及臺北市國稅局各類所得資料申報書、扣繳（免扣繳）憑單有牴觸憲法第22、23條之疑義，聲請釋憲。
解釋爭點	所得稅法就扣繳義務人違反義務處罰鍰之規定違憲？

1　葛克昌，《所得稅與憲法》（臺北：翰蘆出版社，2009年），頁25-27。
2　林進富，《租稅法新論》（臺北：三民書局，2002年），頁63。

解釋文	76年12月30日修正公布之所得稅法第111條第2項，關於私人團體或事業，違反第86條第3項之規定，未依限填報或未據實申報者，處該團體或事業500元罰鍰之規定，係對稅款扣繳義務人違反法律上作為義務所為之制裁，以確實掌握課稅資料，為增進公共利益所必要，與憲法並無牴觸。
釋憲要點	依所得稅法規定，應自付與納稅義務人之給付中扣繳所得稅款之人，為扣繳義務人。扣繳義務人應就納稅義務人之所得，於給付時依規定之扣繳率或扣繳辦法扣取稅款，在法定之期限內，向國庫繳清，並開具扣繳憑單彙報該管稽徵機關，其未達起扣點者，並應依限將受領人之姓名及相關資料向該管稽徵機關申報，76年12月30日修正公布之所得稅法第7條第5項、第88、第89條第3項、第92條規定甚明。同法第111條第2項，關於私人團體或事業，違反第89條第3項之規定，未依限填報或未據實申報者，處該團體或事業500罰鍰之規定，係對扣繳義務人未盡其法律上應盡之義務時所為之制裁。此項扣繳或申報義務，乃法律規定之作為義務，其目的在使國家得以確實掌握課稅資料，為增進公共利益所必要，與憲法並無牴觸。
相關法令	憲法第15、19、23條（36.1.1） 所得稅法第7、88、89、92、111條（76.12.30）
評論或影響	根據黃智謙律師表示，此號釋憲案認為扣繳義務人之所以負有此項申報義務，係由於每位納稅義務人向國家申報稅捐，將耗費更多成本及資源，而由扣繳義務人扣繳，如私人企業對其員工之所得稅申報先行扣繳，將節省稽徵成本，使國家之課稅權能夠完整實現。在節省稽徵成本之面向上，係節省國家實現課稅權所需耗費之資源，為公共利益之消極不減損；在實現課稅權之結果上，係更有效率地充裕國家財政，為公共利益之積極增進，故可謂稽徵經濟原則乃公共利益之具體實踐之一。[3]

第318號　所得稅法合併申報課稅案

時間	民國82年5月21日
案情	李○圓申報76年度綜合所得稅時，列報已成年但仍為學生之次女程○善扶養寬減額。其因有薪資所得，故逕自結算申報；另李○圓配偶程○自行結算申報，列報已成年但仍為學生長子程○眞扶養寬減額。其因有利息所得，故逕自結算申報。但財政部臺北市國稅局將程○、程○眞、程○善已申報之所得，併為李○圓之所得，並令補繳稅款。李○圓主張程○眞與程○善均為學生，且渠等之全年所得均不足養活自己，乃民法第1117條第1項不能維持生活而無謀生能力受扶養之條件，並有憲法第15條生存權之保障，臺北市國稅局違憲剔除扶養寬減額，故提起復查、訴願、再訴願及行政訴訟均被駁回。李○圓等4人為所得稅法第15條強制合併申報，有否侵奪人民受憲法保障之權利，聲請釋憲。

3　黃智謙，〈淺談稽徵經濟原則〉，《財稅脈動》，2017年12月11日，https://www.taiwantaxresearch.com/article_detail/56.htm。

解釋爭點	所得稅法合併申報課稅規定違憲？
解釋文	52年1月29日修正公布之所得稅法第15條、第17條第1項，關於納稅義務人應與其有所得之配偶及其他受扶養親屬合併申報課徵綜合所得稅之規定，就申報之程序而言，與憲法尚無牴觸。惟合併課稅時，如納稅義務人與有所得之配偶及其他受扶養親屬合併計算稅額，較之單獨計算稅額，增加其稅負者，即與租稅公平原則有所不符。首開規定雖已於78年12月30日作成部分修正，主管機關仍宜隨時斟酌相關法律及社會經濟情況，檢討改進。
釋憲要點	52年1月29日修正公布之所得稅法第15條、第17條第1項關於綜合所得稅之納稅義務人應與其有所得之配偶及其他受扶養之親屬合併申報課稅之規定，乃以減少申報及稽徵件數，節省徵納雙方勞費為目的。就合併申報之程序而言，為增進公共利益所必要，與憲法尚無牴觸。惟合併課稅時，如納稅義務人與有所得之配偶及其他受扶養親屬合併計算稅額，較之單獨計算稅額，增加其稅負者，即與租稅公平原則有所不符。首開規定雖已於78年12月30日作成部分修正，主管機關仍宜隨時斟酌相關法律及社會經濟情況，就其免稅額及扣除額等規定，通盤檢討改進。
相關法令	憲法第19、23條（36.1.1） 所得稅法第15、17條（52.1.29）
評論或影響	除此號釋憲案外，大法官還於101年作成釋字第696號解釋，針對所得稅法第15條第1項，強制夫妻應合併申報所得稅的規定，認為此規定目的係為減少稅捐申報與稽徵件數，節省徵納雙方費用，故未違憲。臺大法學院柯格鐘教授表示，強制夫妻應合併申報所得稅者，涉及強制納稅義務人應向稅捐稽徵機關申報個人所得之稅捐資訊，與強制配偶應先向納稅義務人揭露有關個人所得的稅捐資訊，再由納稅義務人一併向稅捐稽徵機關申報等層面的問題。前者強制納稅義務人應向稅捐稽徵機關提出所得稅捐資訊之協力義務，依據比例原則加以檢驗應屬合憲。但後者強制配偶應先向納稅義務人揭露個人所得之稅捐資訊，才繼續向稅捐稽徵機關進行申報者，違反比例原則、平等原則及禁止婚姻歧視的客觀價值決定，侵害到配偶依憲法第22條規定所保障之稅捐資訊自決權，不具有正當性，從而應認為不符憲法規範意旨。另實務上不應以分居為要件才准許納稅義務人與配偶可分開申報，應改以原則上准許分開申報，只有經納稅義務人與配偶雙方均同意者，可以選擇合併申報。換言之，任何一方經由他方同意才選擇合併申報，只要一方不同意者，即不應強制夫妻合併申報所得稅。[4]

---

4 柯格鐘，〈論強制夫妻合併申報所得稅的合憲性〉，《國立臺灣大學法學論叢》，第47卷第3期，2018年9月，頁128。

第343號　私設道路土地不得抵繳稅款案

時間	民國83年4月22日
案情	彭○等11人於76年3月31日共同繼承曾○寅之遺產，經財政部臺北市國稅局核定應納遺產稅額新臺幣2,206,468元及補徵曾○寅死亡前3年內贈與稅額231,493及842,250元。彭○等人分別於78年間申請以曾○寅遺產中坐落臺北縣板橋市光仁段8筆土地，抵繳遺產稅款及贈與稅款。經臺北市國稅局三度函復，該8筆既成巷道經查並非都市計畫道路預定地，不符遺產及贈與稅法施行細則第44條規定及財政部71年10月4日台財稅字第37277號函釋。原告等不服，提起訴願、再訴願、行政訴訟，均被駁回。彭○等人為行政院80年判字第311號判決及80年判字第907號再審判決所適用財政部71年10月4日台財稅字第37277號函釋之行政命令，牴觸憲法第19條規定租稅法律主義，以及第23條規定法律保留原則，並違反遺產及贈與稅法第30條第2項之法律規定，損害人民權利至鉅，聲請釋憲。
解釋爭點	財政部就私設道路土地不得抵繳稅款之函釋違憲？
解釋文	依遺產及贈與稅法第30條第2項規定，遺產稅本應以現金繳納，必須現金繳納確有困難時，始得以實物抵繳。是以申請以實物抵繳，是否符合上開要件及其實物是否適於抵繳，自應由稅捐稽徵機關予以調查核定。同法施行細則第43條規定，抵繳之實物以易於變價或保管，且未經設定他項權利者為限。財政部71年10月4日（71）台財稅字第37277號函謂已成道路使用之土地，非經都市計畫劃為道路預定地，而由私人設置者，不得用以抵繳遺產稅，係因其變價不易，符合上開法律規定之意旨，均為貫徹稅法之執行，並培養誠實納稅之風氣所必要，與憲法尚無牴觸。
釋憲要點	遺產及贈與稅法第30條第2項「遺產稅或贈與稅應納稅額在三十萬元以上，納稅義務人確有困難，不能一次繳納現金時，得於前項規定納稅期限內，向該管稽徵機關申請核准，分二至六期繳納，每期間隔以不超過二個月為限，並得以實物一次抵繳」之規定，明示遺產稅本應以現金繳納，必須現金繳納確有困難，始得以實物抵繳。是以實物抵繳，既有現金繳納確有困難之前提要件，稅捐稽徵機關就此前提要件是否具備，及其實物是否適於抵繳，自應予以調查核定，而非謂納稅義務人不論在何種情形下，均得指定任何實物以供抵繳。而以實物抵繳之目的，原在可期待其變為現金，使其結果與以現金繳納同。同法施行細則第43條因之設有「納稅義務人依本法第三十條第二項規定申請抵繳稅款之實物，以易於變價或保管，且未經設定他項權利者為限」之規定，意指在可供扣押之實物中，有易於變價與不易於變價之分時，應以易於變價者而為抵繳。其中所謂「易於變價」，雖與「保管」同列，然非擇一即可，而排除稅捐稽徵機關之認定權限。倘其實物雖非不易於保管，但無從變價以供抵繳遺產稅之用者，如許抵繳，則國家反增無意義之保管負擔，即與母法意旨相違。財政部71年10月4日（71）台財稅字第37277號函釋說明「本部（71）台財稅字第31610號函釋『納稅義務人申請以遺產中之道路預定地或既成道路土地抵繳遺產稅款者，無論該土地是否已經當地縣市政府列入徵收補償計畫，均准予抵

	繳』，其所稱既成道路土地，係指依都市計畫劃為道路預定地，且事實上已形成道路使用之土地而言，至非經都市計畫劃為道路預定地，而由私人設置之道路土地，不得比照辦理」，亦係基於同一意旨。其就非經都市計畫劃為道路預定地，而由私人設置之道路土地，所以認為不得比照辦理，乃因該項土地既非都市計畫中之道路預定地，主管機關並無徵價之義務，即屬不易出售變價之物。自無許其抵繳遺產稅之理。上開規定及財政部函釋，均為貫徹上開稅法之執行，並培養誠實納稅之風氣所必要，與憲法尚無牴觸。至納稅義務人之實物除禁止扣押者外，如全部均為不易於變價者，則已無易於變價與不易於變價之分，此時得否以實物抵繳，係於調查核定時，另一應考量之問題，合併指明。
相關法令	憲法第19、23條（36.1.1） 遺產及贈與稅法第30條第2項（82.7.30） 遺產及贈與稅法施行細則第43條（70.11.20） 財政部（71）台財稅字第37277號函
評論或影響	此號釋憲案說明，遺產稅或贈與稅本應以現金繳納，必須現金繳納確有困難，始得以實物抵繳。遺產及贈與稅法第30條第2項（現行法第4項）准以實物抵繳之目的，在彌補現金繳納之不足，因此，申請實物抵繳，應以現金不足繳稅部分為範圍，被繼承人遺留之財產，如包含現金、銀行存款及其他實物，而納稅義務人又無法提出其他事證，證明其確無法以該等現金、銀行存款繳納時，應就現金及銀行存款不足繳稅部分，准予實物抵繳。[5]但該釋憲案認為，財政部71年10月4日台財稅字第37277號函釋所謂「已成道路使用」之土地，非經都市計畫劃為道路預定地，而由私人設置者，不得用以抵繳遺產稅，與憲法尚無牴觸。乃因該項土地既非都市計畫中之道路預定地，主管機關並無徵收之義務，即屬不易出售變價之物，自無許其抵繳遺產稅之理。

第415號　扶養親屬認定案

時間	民國85年11月8日
案情	郭○室申報81年度綜合所得稅，關於扶養親屬免稅額部分，財政部臺灣省中區國稅局認為郭○室列報之孫女郭○方未與其同一戶籍，乃予剔除免稅額新臺幣6萬元。郭○室不服，循序提起行政訴訟，但被駁回。郭○室認為財政部臺灣省中區國稅局引用所得稅法施行細則第21條之2「同一戶籍」之規定違反憲法，聲請釋憲。
解釋爭點	所得稅法細則「扶養親屬」之認定規定違憲？

5　〈申請實物抵繳應以現金不足繳稅部分為範圍〉，《中華民國財政部》，2000年7月15日，https://law-out.mof.gov.tw/LawContent.aspx?id=GL007079。

解釋文	所得稅法有關個人綜合所得稅「免稅額」之規定，其目的在以稅捐之優惠使納稅義務人對特定親屬或家屬盡其法定扶養義務。同法第17條第1項第1款第4目規定：「納稅義務人其他親屬或家屬，合於民法第一千一百十四條第四款及第一千一百二十三條第三項之規定，未滿二十歲或滿六十歲以上無謀生能力，確係受納稅義務人扶養者」，得於申報所得稅時按受扶養之人數減除免稅額，固須以納稅義務人與受扶養人同居一家爲要件，惟家者，以永久共同生活之目的而同居爲要件，納稅義務人與受扶養人是否爲家長家屬，應取決於其有無共同生活之客觀事實，而不應以是否登記同一戶籍爲唯一認定標準。所得稅法施行細則第21條之2規定：「本法第十七條第一項第一款第四目關於減除扶養親屬免稅額之規定，其爲納稅義務人之其他親屬或家屬者，應以與納稅義務人或其配偶同一戶籍，且確係受納稅義務人扶養者爲限」，其應以與納稅義務人或其配偶「同一戶籍」爲要件，限縮母法之適用，有違憲法第19條租稅法律主義，其與上開解釋意旨不符部分應不予援用。
釋憲要點	憲法第19條規定人民有依法律納稅之義務，係指稅捐主體、稅捐客體、稅基及稅率等稅捐構成要件，均應以法律明定之。主管機關基於法律概括授權而訂定之施行細則，僅得就實施母法有關之事項予以規範，對納稅義務及其要件不得另爲增減或創設。所得稅法有關個人綜合所得稅「免稅額」之規定，其目的在使納稅義務人對特定親屬或家屬善盡其法定扶養義務，此亦爲盡此扶養義務之納稅義務人應享之優惠，若施行細則得任意增減「免稅額」之要件，即與租稅法律主義之意旨不符。 所得稅法第17條第1項第1款第4目規定：「納稅義務人其他親屬或家屬，合於民法第一千一百十四條第四款及第一千一百二十三條第三項之規定，未滿二十歲或滿六十歲以上無謀生能力，確係受納稅義務人扶養者」，得於申報所得稅時按受扶養之人數減除免稅額，明示此項免稅額之享有，無論受扶養者爲其他親屬或家屬，除確係受納稅義務人扶養外，尚須符合民法第1114條第4款及第1123條第3項之規定，即以具備家長家屬關係爲要件。所謂家，民法上係採實質要件主義，以永久共同生活爲目的而同居一家爲其認定標準，非必以登記同一戶籍者爲限。戶籍法第4條雖規定，凡在一家共同生活者爲一戶，惟以永久共同生活爲目的之家長家屬，有時未必登記爲一戶，如警察人員，其戶籍必須設於服務地區（財政部69年4月2日台財稅第32631號函），即其一例。所得稅法施行細則第21條之2規定：「本法第十七條第一項第一款第四目關於減除扶養親屬免稅額之規定，其爲納稅義務人之其他親屬或家屬者，應以與納稅義務人或其配偶同一戶籍，且確係受納稅義務人扶養者爲限」，其「應以與納稅義務人或其配偶同一戶籍」爲唯一之認定標準，使納稅義務人不得舉證證明受扶養人確爲與其共同生活之家屬，限縮母法之適用，有違首開憲法第19條租稅法律主義之意旨，此不符部分應不予援用。
相關法令	憲法第19條（36.1.1） 所得稅法第17條第1項第1款第4目（84.1.27） 所得稅法施行細則第21-2條（82.9.1） 民法第1114條第4款、第1123條第3項（85.9.25）

	戶籍法第4條（81.6.29） 財政部（69）台財稅字第32631號函
評論或 影響	此號釋憲案一開始即表示，所得稅法有關個人綜合所得稅「免稅額」之規定，其目的在以稅捐之優惠使納稅義務人對特定親屬或家屬盡其法定扶養義務。大法官認為，此屬立法者給予納稅義務人之稅捐優惠，用以鼓勵其對特定親屬或家屬盡法定扶養義務。該釋憲案促使廢止所得稅法施行細則第21條之2規定，進一步保障人民之權益。

第426號　空污費案

時間	民國86年5月9日
案情	立法院立法委員洪秀柱、柯建銘、周荃等67人，為立法院於審查「空氣污染防制基金」預算時，對「空氣污染防制費收費辦法」，是否牴觸空氣污染防制法第10條授權法源規定，適用時滋生疑義，聲請釋憲。
解釋 爭點	空污防制收費辦法之法源及徵收項目違憲？
解釋文	空氣污染防制費收費辦法係主管機關根據空氣污染防制法第10條授權訂定，依此徵收之空氣污染防制費，性質上屬於特別公課，與稅捐有別。惟特別公課亦係對義務人課予繳納金錢之負擔，其徵收目的、對象、用途自應以法律定之，如由法律授權以命令訂定者，其授權符合具體明確之標準，亦為憲法之所許。上開法令之授權規定，就空氣污染防制法整體所表明之關聯性意義判斷，尚難謂有欠具體明確。又已開徵部分之費率類別，既由主管機關依預算法之規定，設置單位預算「空氣污染防制基金」加以列明，編入中央政府年度總預算，經立法院審議通過後實施，與憲法尚無違背。有關機關對費率類別、支出項目等，如何為因地制宜之考量，仍須檢討改進，逐以法律為必要之規範。至主管機關徵收費用之後，應妥為管理運用，俾符合立法所欲實現之環境保護政策目標，不得悖離徵收之目的，乃屬當然。 空氣污染防制法所防制者為排放空氣污染物之各類污染源，包括裝置於公私場所之固定污染源及機動車輛排放污染物所形成之移動污染源，此觀該法第8條、憲法第23至27條等相關條文甚明。上開收費辦法第4條規定按移動污染源之排放量所使用油（燃）料之數量徵收費用，與法律授權意旨無違，於憲法亦無牴觸。惟主管機關自84年7月1日起僅就油（燃）料徵收，而未及固定污染源所排放之其他污染物，顯已違背公課公平負擔之原則，有關機關應迅予檢討改進，併此指明。
釋憲 要點	憲法增修條文第9條第2項規定：「經濟及科學技術發展，應與環境及生態保護兼籌並顧」，係課國家以維護生活環境及自然生態之義務，防制空氣污染為上述義務中重要項目之一。空氣污染防制法之制定符合上開憲法意旨。依該法徵收之空氣污染防制費係本於污染者付費之原則，對具有造成空氣污染共同特性之污染源，徵收一

定之費用，俾經由此種付費制度，達成行爲制約之功能，減少空氣中污染之程度；並以徵收所得之金錢，在環保主管機關之下成立空氣污染防制基金，專供改善空氣品質、維護國民健康之用途。此項防制費既係國家爲一定政策目標之需要，對於有特定關係之國民所課徵之公法上負擔，並限定其課徵所得之用途，在學理上稱爲特別公課，乃現代工業先進國家常用之工具。特別公課與稅捐不同，稅捐係以支應國家普通或特別施政支出爲目的，以一般國民爲對象，課稅構成要件須由法律明確規定，凡合乎要件者，一律由稅捐稽徵機關徵收，並以之歸入公庫，其支出則按通常預算程序辦理；特別公課之性質雖與稅捐有異，惟特別公課既係對義務人課予繳納金錢之負擔，故其徵收目的、對象、用途應由法律予以規定，其由法律授權命令訂定者，如授權符合具體明確之標準，亦爲憲法之所許。所謂授權須具體明確應就該授權法律整體所表現之關聯意義爲判斷，而非拘泥於特定法令之文字（參照釋字第394號解釋理由書）。空氣污染防制法第10條第1項：「各級主管機關應依污染源排放空氣污染物之種類及排放量，徵收空氣污染防制費用」，第2項：「前項污染源之類別及收費辦法，由中央主管機關會商有關機關定之」，依此條文之規定，再參酌上開法律全部內容，其徵收目的、對象、場所及用途等項，尚難謂有欠具體明確。行政院環境保護署據此於84年3月23日發布空氣污染防制費收費辦法，就相關事項爲補充規定。而已開徵部分之費率類別連同歲入歲出科目金額，既由主管機關依預算法之規定，設置單位預算「空氣污染防制基金」加以列明，編入中央政府年度總預算，經立法院通過後實施，徵收之法源及主要項目均有法律與預算爲依據，與憲法尚無違背。但預算案有其特殊性，與法律案性質不同，立法機關對預算案與法律案審議之重點亦有差異（參照釋字第391號解釋理由書），空氣污染防制費之徵收尚涉及地方政府之權限，基金支出尤與地方環保工作攸關，預算案受形式及內容之限制，規定難期周全，有關機關對費率類別、支出項目等，如何爲因地制宜之考量，仍須檢討改進，逐以法律爲必要之規範。至主管機關徵收費用之後，自應妥爲管理運用，俾符合立法所欲實現之環境保護政策目標，不得悖離徵收特別公課之目的，乃屬當然。

空氣污染防制法所防制者爲排放空氣污染物之各類污染源，包括裝置於公私場所之固定污染源及機動車輛排放污染物所形成之移動污染源，此觀該法第8條、憲法第23至27條等相關條文甚明。該法第10條並未將空氣污染之移動污染排除在外，則徵收污染防制費應包括汽車機車等移動污染源在內，應無疑義。空氣污染防制費收費辦法第4條規定，按移動污染源之排放量所使用油（燃）料之數量徵收費用，因污染排放量與油（燃）料用量密切相關，尚屬合理，且基於執行法律應兼顧技術及成本之考量。與上開空氣污染防制法之授權意旨並無牴觸。惟有關機關仍應儘速建立移動污染源定期檢驗系統及更具經濟誘因之收費方式，又主管機關自84年7月1日起即就油（燃）料徵收，而未及固定污染源所排放之其他污染物，有違背此項公課應按污染源公平負擔之原則，並在公眾認知上易造成假行爲制約之名，爲財政收入徵收公課之誤解，有關機關應迅即採取適當措施以謀改進，特此指明。

相關 法令	憲法第19條（36.1.1） 憲法增修條文第9條（83.8.1） 司法院釋字第391、394號解釋 空氣污染防制法第8、10、23、24、25、26、27條（81.2.1） 空氣污染防制費收費辦法第4條（86.1.22）
評論或 影響	此號釋憲案首度明文揭示，「特別公課」在我國法體制之存在地位，並將空污費定性為「特別公課」，關於「徵收目的」、「對象」、「用途」，認為應該以法律定之，但也可以具體授權給行政機關制定。與租稅之「納稅主體」、「稅目」、「稅率」、「納稅方法」及「納稅期間」都要由法律或法律明確授權之命令來決定，兩者並不完全一樣，租稅嚴格甚多。[6]

第616號　所得稅法滯報金案

時間	民國95年9月15日
案情	新竹第一信用合作社代表人劉○雄辦理88年度營利事業所得稅結算申報及87年度未分配盈餘申報時，申請延期申報，經國稅局核准延期至89年5月31日辦理，聲請人雖於當年4月1日及5月31日繳納稅款，惟遲至同年6月1日始完成申報，國稅局乃依78年12月30日修正公布之所得稅法第108條第1項及86年12月30日增訂公布之同法第108條之1第1項，對聲請人課徵營利事業所得稅部分，按核定之應納稅額，加徵10%滯報金200多萬元；保留未分配盈餘部分，按核定未分配盈餘數額另徵之稅額，加徵10%滯報金160多萬元。聲請人不服，提起訴願、行政訴訟，遞遭駁回，聲請人認確定終局之最高行政法院94年度判字第01140號判決，所適用之前開所得稅法第108條第1項、第108條之1第1項，有牴觸憲法第15條及第19條之疑義，聲請解釋。
解釋 爭點	78年修正之所得稅法第108條第1項、88年增訂之第108條之1第1項違憲？
解釋文	78年12月30日修正公布之所得稅法第108條第1項規定：「納稅義務人違反第七十一條及第七十二條規定，未依限辦理結算申報，但已依第七十九條第一項規定補辦結算申報，經稽徵機關據以調查核定其所得額及應納稅額者，應按核定應納稅額另徵百分之十滯報金。滯報金之金額，不得少於一千五百元。」86年12月30日增訂公布之同法第108條之1第1項規定：「營利事業違反第一百零二條之二規定，未依限辦理未分配盈餘申報，但已依第一百零二條之三第二項規定補辦申報，經稽徵機關據以調查核定其未分配盈餘及應加徵之稅額者，應按核定應加徵之稅額另徵百分之十滯報金。滯報金之金額，不得少於一千五百元。」乃對納稅義務人未於法定期限

6　〈瓶蓋內墊的風暴：特別公課釋憲案〉，《一起讀判決》，2020年1月5日，https://casebf.com/2020/01/05/sonderabgaben/。

	內履行申報義務之制裁，其違規情節有區分輕重程度之可能與必要者，自應根據違反義務本身情節之輕重程度為之。上開規定在納稅義務人已繳納其應納稅款之情形下，行為罰仍依應納稅額固定之比例加徵滯報金，又無合理最高額之限制，顯已逾越處罰之必要程度而違反憲法第23條之比例原則，與憲法第15條保障人民財產權之意旨有違，應自本解釋公布之日起，至遲於屆滿1年時，失其效力。
釋憲要點	違反稅法之處罰，有因納稅義務人逃漏稅捐而予處罰之漏稅罰，有因納稅義務人違反稅法上之作為或不作為義務而予處罰之行為罰，業經釋字第356號解釋闡明在案。78年12月30日修正公布之所得稅法第108條第1項規定：「納稅義務人違反第七十一條及第七十二條規定，未依限辦理結算申報，但已依第七十九條第一項規定補辦結算申報，經稽徵機關據以調查核定其所得額及應納稅額者，應按核定應納稅額另徵百分之十滯報金。滯報金之金額，不得少於一千五百元。」86年12月30日增訂公布之同法第108條之1第1項規定：「營利事業違反第一百零二條之二規定，未依限辦理未分配盈餘申報，但已依第一百零二條之三第二項規定補辦申報，經稽徵機關據以調查核定其未分配盈餘及應加徵之稅額者，應按核定應加徵之稅額另徵百分之十滯報金。滯報金之金額，不得少於一千五百元。」乃對納稅義務人未於法定期限申報所得稅及營利事業未分配盈餘之制裁規定，旨在促使納稅義務人履行其依法申報之義務，俾能確實掌握稅源資料，建立合理之查核制度。加徵滯報金係對納稅義務人違反作為義務所為之制裁，乃罰鍰之一種，係對人民財產權之限制，具行為罰性質，其違規情節有區分輕重程度之可能與必要者，自應根據違反義務本身情節之輕重程度為之。上開所得稅法第108條第1項及第108條之1第1項之規定，在納稅義務人已繳納其應納稅款之情形下，行為罰仍依應納稅額固定之比例加徵滯報金，又無合理最高額之限制，顯已逾越處罰之必要程度而違反憲法第23條之比例原則，與憲法第15條保障人民財產權之意旨有違，應自本解釋公布之日起，至遲於屆滿1年時，失其效力。
相關法令	憲法第16、23條（36.1.1） 司法院釋字第356號解釋 所得稅法第108條第1項（78.12.30） 所得稅法第108-1條第1項（68.12.30）
評論或影響	此號釋憲案之所以宣告所得稅法第108條第1項、第108條之1第1項之規定違憲，並自本解釋公布之日起，至遲於屆滿1年時，失其效力。主要是該等規定違反憲法第23條之比例原則，且與憲法第15條保障人民財產權之意旨有違。大法官認為納稅義務人未依限辦理結算申報，但已依所得稅法第79條第1項規定補辦結算申報，其違規情節有區分輕重程度之可能與必要者，自應根據違反義務本身情節之輕重程度加徵滯報金。上開所得稅法之規定，在納稅義務人已繳納其應納稅款之情形下，行為罰仍依應納稅額固定之比例加徵滯報金，又無合理最高額之限制，顯已逾越處罰之必要程度。

第635號　補徵土地增值稅案

時間	民國96年11月30日
案情	訴外人○○電線電纜股份有限公司（下稱○電公司）依88年11月30日臺灣高等法院88年度重上字第279號民事確定判決，將坐落新莊市○○段808、852地號土地所有權移轉登記予○電公司所指定之陳許○明名下，陳許○明於89年1月7日依土地稅法第49條規定，申報土地移轉並申請依土地稅法第39條之2規定免徵土地增值稅。經臺北縣政府稅捐稽徵處向財政部請示，仍應依土地稅法第18條規定於土地所有權移轉時課徵土地增值稅。陳許○明循序提起行政訴訟，經臺北高等行政法院判決（下稱原審法院前判決）將「訴願決定及原處分均撤銷」。臺北縣政府稅捐稽徵處提起上訴，復經最高行政法院判決將上揭原審法院前判決廢棄發回，嗣原審法院更為審理結果，判決將陳許○明之訴駁回。陳許○明不服，提起上訴，但被駁回。陳許○明認為判決所適用之土地稅法第39條之2第1項規定以及財政部82年10月7日台財稅字第821498791號函，牴觸憲法第7條平等原則、第19條租稅法律主義及第23條處罰法定主義，並違反釋字第180號解釋意旨，聲請釋憲。
解釋爭點	非自行耕作者以農民名義購農業用地應補徵土地增值稅之財政部函釋違憲？
解釋文	78年10月30日修正公布之土地稅法第39條之2第1項規定所為租稅之差別對待，符合憲法平等原則之要求。又財政部82年10月7日台財稅字第821498791號函，係主管機關依其法定職權就上開規定所為之闡釋，符合立法意旨及國家農業與租稅政策，並未逾越對人民正當合理之稅課範圍，與法律明確性原則及憲法第7、19條之規定，均無牴觸，亦未侵害人民受憲法第15條保障之財產權。
釋憲要點	憲法第19條規定，人民有依法律納稅之義務，係指國家課人民以繳納稅捐之義務或給予人民減免稅捐之優惠時，應就租稅主體、租稅客體、稅基、稅率等租稅構成要件，以法律定之，惟法律之規定不能鉅細靡遺，有關課稅之技術性及細節性事項，尚非不得以行政命令為必要之釋示。故主管機關於職權範圍內適用之法律條文發生疑義者，本於法定職權就相關規定予以闡釋，如係秉持相關憲法原則，無違於一般法律解釋方法，且符合各該法律之立法目的、租稅之經濟意義，即與租稅法律主義、租稅公平原則無違（釋字第420、460、496、519、597、607、622、625號解釋參照）。又納稅義務人固應按其實質稅負能力，負擔應負之稅捐，惟為增進公共利益，以法律或其明確授權之命令，設例外或特別規定，給予特定範圍納稅義務人減輕或免除租稅之優惠措施，而為有正當理由之差別待遇者，向非憲法第7條規定所不許（釋字第565號解釋參照）。 憲法第143條第3項規定：「土地價值非因施以勞力資本而增加者，應由國家徵收土地增值稅，歸人民共享之。」故土地稅法第28條前段規定：「已規定地價之土地，於土地所有權移轉時，應按其土地漲價總數額徵收土地增值稅。」惟國家對於土地之分配與整理，應以扶植自耕農及自行使用土地人為原則，憲法第143條第4項定有明文，是72年8月1日修正公布之農業發展條例第27條規定：「農業用地在依法作農

業使用期間，移轉與自行耕作之農民繼續耕作者，免徵土地增值稅。」為資配合，78年10月30日修正公布之土地稅法第39條之2第1項爰明定：「農業用地在依法作農業使用時，移轉與自行耕作之農民繼續耕作者，免徵土地增值稅。」可知此係就自行耕作之農民取得農業用地者，予以免徵土地增值稅之獎勵。此乃立法者為確保農業之永續發展，促進農地合理利用與調整農業產業結構所為之租稅優惠措施，其租稅優惠之目的甚為明確，亦有助於實現憲法第143條第4項規定之意旨。立法者就自行耕作之農民取得農業用地，與非自行耕作者取得農業用地間，為租稅之差別對待，具有正當理由，與目的之達成並有合理關聯，符合憲法平等原則之要求。

農業用地在依法作農業使用時，移轉於非自行耕作之人，而以自行耕作之農民名義為所有權移轉登記者，不符土地稅法第39條之2第1項之上開立法意旨，自應依憲法第143條第3項及土地稅法第28條前段規定，於土地所有權移轉時，按其土地漲價總數額徵收土地增值稅。財政部82年10月7日台財稅字第821498791號函略謂：「取得免徵土地增值稅之農業用地，如經查明係第三者利用農民名義購買，應按該宗土地原免徵之土地增值稅額補稅。」乃主管機關本於法定職權，就土地稅法第39條之2第1項規定所為具體明確之解釋性行政規則，該函釋認依上開規定得免徵土地增值稅者，係以農業用地所有權移轉於自行耕作之農民為限，符合前述農業發展條例第27條、土地稅法第39條之2第1項之立法意旨及國家之農業與租稅政策，並未逾越對人民正當合理之稅課範圍，與法律明確性原則及憲法第7條、第19條之規定，均無牴觸，亦未侵害人民受憲法第15條保障之財產權。

相關法令	憲法第7、15、19、143條（36.1.1） 司法院釋字第420、460、496、519、565、597、607、622、625號解釋 農業發展條例第27條（72.8.1） 土地稅法第28、39-2條（78.10.30） 財政部82年10月7日台財稅字第821498791號函
評論或影響	此號釋憲案認為，土地稅法第39條之2第1項規定所為租稅之差別對待，以及財政部82年10月7日台財稅字第821498791號函並未違憲，主要理由為：1.立法者就徵收土地增值稅，區別自耕農與非自耕農取得農業用地而為不同規定，未違反平等原則；2.為扶植自耕農及自行使用土地之人，法律規定自耕農間移轉農業用地免徵土地增值稅，為租稅優惠措施；3.非自耕農以自耕農名義購買農業用地應補繳土地增值稅，未違背納稅義務人應按其實質稅負能力負擔稅捐之精神；4.財政部所為應補徵土地增值稅之函釋，係依其法定職權就土地稅法相關規定所為之闡釋。

第673號　扣繳義務人及違背扣繳義務處罰案

時間	民國99年3月26日
案情	1. 林○裕為奧○科技股份有限公司負責人，90年間購買外國電腦線上軟體，未依規定扣取稅款，且未依限補繳稅款、補報扣繳憑單，被按稅額處以3倍罰鍰。案經提起行政爭訟均遭駁回，認最高行政法院98年度判字第275號判決所適用之第89條第1項第2款前段（88.2.9修正公布），以事業負責人為扣繳義務人規定；第114條第1款後段（90.1.3修正公布），未補繳稅、未補報憑單，按應扣未扣稅額處3倍罰鍰規定違憲，聲請解釋。 2. 鄒○明為眾○實業股份有限公司負責人，於90年間與外國公司簽訂契約，出租境外儲油槽，未按租金及管理費之給付額扣繳20%稅款，臺北市國稅局乃責令聲請人補繳應扣未扣稅款及補報扣繳憑單，聲請人於期限內補繳稅款，惟仍未依限按實補報扣繳憑單，被按稅額處以3倍罰鍰。案經提起行政爭訟均遭駁回，認最高行政法院98年判字第685號判決所適用之所得稅法第114條第1款後段（90.1.3修正公布），不按實補報扣繳憑單者，按應扣未扣或短扣之稅額處3倍罰鍰規定違憲，聲請解釋。 3. 薛○承為詳○科技股份有限公司負責人，亦即所得稅規定之扣繳義務人，財政部高雄市國稅局以該公司於93年度、94年度、95年度給付納稅義務人薪資所得，未依規定辦理扣繳稅款，經通知限期補繳應扣未扣稅款及補報扣繳憑單，惟未依限補繳及補報，遂分別發單補徵應扣未扣稅款，並按應扣繳稅額裁處3倍罰鍰。案經提起行政爭訟均遭駁回，認為97年裁字第3163、3164、3165號裁定，所適用之所得稅法第89條第1項第2款（88.2.9修正公布、95.5.30修正公布），以事業負責人為扣繳義務人，以及第114條第1款前、後段規定（90.1.3修正公布），有違憲疑義，聲請解釋。 4. 樊○儂為財團法人新○文教基金會負責人兼主辦會計，亦即所得稅法規定之扣繳義務人，未依法扣取稅款並申報扣繳憑單，經臺北市國稅局限期責令補繳85年度演出報酬之應扣未扣稅款457萬2,076元及補申報扣繳憑單、86年度演出薪資、租賃所得、演出報酬之應扣未扣稅款606萬5,263元，惟聲請人未依限補繳及補報，臺北市財稅局乃按應扣未扣稅額處3倍罰鍰。案經提起行政爭訟均遭駁回，認最高行政法院95年度判字第1817號、第1752號判決，所適用之所得稅法第89條第1項第2款規定（78.12.30修正公布），以機關、團體之主辦會計人員為扣繳義務人，以及第114條第1款前、後段規定（78.12.30修正公布），有違憲疑義，聲請解釋。[7]
解釋 爭點	所得稅法就扣繳義務人及違背扣繳義務之處罰等規定違憲？

7　高鄉仁，〈釋字第673號〉，《痞客邦》，2021年5月9日，https://reurl.cc/AdljxQ。

解釋文	78年12月30日修正公布之所得稅法第89條第1項第2款前段，有關以機關、團體之主辦會計人員爲扣繳義務人部分，及88年2月9日修正公布與95年5月30日修正公布之同條款前段，關於以事業負責人爲扣繳義務人部分，與憲法第23條比例原則尚無牴觸。 78年12月30日修正公布及90年1月3日修正公布之所得稅法第114條第1款，有關限期責令扣繳義務人補繳應扣未扣或短扣之稅款及補報扣繳憑單，暨就已於限期內補繳應扣未扣或短扣之稅款及補報扣繳憑單，按應扣未扣或短扣之稅額處1倍之罰鍰部分；就未於限期內補繳應扣未扣或短扣之稅款，按應扣未扣或短扣之稅額處3倍之罰鍰部分，尚未牴觸憲法第23條比例原則，與憲法第15條保障人民財產權之意旨無違。 上開所得稅法第114條第1款後段，有關扣繳義務人不依實補報扣繳憑單者，應按應扣未扣或短扣之稅額處3倍之罰鍰部分，未賦予稅捐稽徵機關得參酌具體違章狀況，按情節輕重裁量罰鍰之數額，其處罰顯已逾越必要程度，就此範圍內，不符憲法第23條之比例原則，與憲法第15條保障人民財產權之意旨有違，應自本解釋公布之日起停止適用。有關機關對未於限期內按實補報扣繳憑單，而處罰尚未確定之案件，應斟酌個案情節輕重，並參酌稅捐稽徵法第48條之3規定，另爲符合比例原則之適當處置，併予指明。
釋憲 要點	納稅義務人自機關、團體或事業受有所得稅法第88條第1項第2款之所得，雖給付各該所得者爲機關、團體或事業，並非機關、團體之主辦會計人員或事業負責人。惟政府機關出納人員據以辦理扣繳事務等出納工作之會計憑證，須由主辦會計人員或其授權人簽名、蓋章，會計人員並負責機關內部各項收支之事前審核與事後複核（會計法第101條第1項、第95條規定參照），因此係由會計人員實質參與扣繳事務；而於團體之情形，可能由會計人員實際辦理團體之扣繳事務。另事業負責人則代表事業執行業務，實際負責事業經營成敗之責，有關財務之支出，包括所得稅法上之扣繳事項，自爲其監督之事務。是上開規定課予主辦會計人員及事業負責人扣繳義務，較能貫徹就源扣繳制度之立法目的，且對上開人員業務執行所增加之負擔亦屬合理，並非不可期待，與憲法第23條比例原則尚無牴觸。 扣繳爲稽徵機關掌握稅收、課稅資料及達成租稅公平重要手段，扣繳義務人如未扣繳或扣繳不實，或未按實申報扣繳憑單，不僅使稅源無法掌握，影響國家資金調度，亦造成所得人易於逃漏稅。尤以所得人爲非中華民國境內居住之個人或在中華民國境內無固定營業場所或營業代理人之國外營利事業，係以就源扣繳作爲主要課稅手段，倘扣繳義務人未依規定辦理扣繳稅款，可能導致逃漏稅之結果，損及國家稅收。78年12月30日修正公布及90年1月3日修正公布之所得稅法第114條第1款（90年1月3日僅就同條第2款而爲修正，第1款並未修正）規定：「扣繳義務人未依第八十八條規定扣繳稅款者，除限期責令補繳應扣未扣或短扣之稅款及補報扣繳憑單外，並按應扣未扣或短扣之稅額處一倍之罰鍰；其未於限期內補繳應扣未扣或短扣之稅款，或不依實補報扣繳憑單者，應按應扣未扣或短扣之稅額處三倍之罰鍰。」（下稱系爭所得稅法第114條第1款規定）（98年5月27日修正公布之本款規定，已

將前、後段處1倍、3倍之罰鍰，分別修正為1倍以下、3倍以下之罰鍰）於扣繳義務人未依所得稅法第88條規定扣繳稅款者，限期責令其補繳應扣未扣或短扣之稅款及補報扣繳憑單，並予以處罰，以督促為扣繳義務人之機關、團體主辦會計人員、事業負責人依規定辦理扣繳稅款事項，乃為確保扣繳制度之貫徹及公共利益所必要。違反行政法上之義務應如何制裁，本屬立法機關衡酌事件之特性、侵害法益之輕重程度以及所欲達到之管制效果，所為立法裁量之權限，苟未逾越比例原則，要不能遽指其為違憲（釋字第517號解釋參照）。上開責令補繳稅款及補報扣繳憑單暨處罰之規定中，基於確保國家稅收，而命扣繳義務人補繳應扣未扣或短扣之稅款，扣繳義務人於補繳上開稅款後，納稅義務人固可抵繳其年度應繳納之稅額，然扣繳義務人仍可向納稅義務人追償之（所得稅法第71條第1項前段、第94條但書規定參照），亦即補繳之稅款仍須由納稅義務人負返還扣繳義務人之責，是責令扣繳義務人補繳稅款及補報扣繳憑單部分，並未對扣繳義務人財產權造成過度之損害。而扣繳義務人已於限期內補繳應扣未扣或短扣之稅款及補報扣繳憑單者，因所造成國庫及租稅公平損害情節較輕，乃按應扣未扣或短扣之稅額處1倍之罰鍰，處罰尚未過重；其於通知補繳後仍拒未於限期內補繳應扣未扣或短扣之稅款者，因違反國家所課予扣繳稅捐之義務，尤其所得人如非中華民國境內居住之個人或在中華民國境內無固定營業場所或營業代理人之國外營利事業，扣繳義務人未補繳稅款，對國家稅收所造成損害之結果，與納稅義務人之漏稅實無二致，且又係於通知補繳後仍拒未補繳，違規情節自較已補繳稅款之情形為重，乃按上開稅額處3倍之罰鍰，其處罰尚非過當。準此，系爭所得稅法第114條第1款規定，限期責令扣繳義務人補繳應扣未扣或短扣之稅款及補報扣繳憑單部分，暨就已於限期內補繳應扣未扣或短扣之稅款及補報扣繳憑單，按應扣未扣或短扣之稅額處1倍之罰鍰部分；就未於限期內補繳應扣未扣或短扣之稅款，按應扣未扣或短扣之稅額處3倍之罰鍰部分，尚未牴觸憲法第23條之比例原則，與憲法保障人民財產權之意旨無違，亦無違背憲法第7條平等權、第19條租稅法律主義可言。

惟扣繳義務人之扣繳義務，包括扣繳稅款義務及申報扣繳憑單義務，二者之違反對國庫稅收及租稅公益之維護所造成之損害，程度上應有所差異。系爭所得稅法第114條第1款後段規定中，如扣繳義務人已於限期內補繳應扣未扣或短扣之稅款，僅不按實補報扣繳憑單者，雖影響稅捐稽徵機關對課稅資料之掌握及納稅義務人之結算申報，然因其已補繳稅款，較諸不補繳稅款對國家稅收所造成之不利影響為輕，乃系爭所得稅法第114條第1款後段規定，就此部分之處罰，與未於限期內補繳稅款之處罰等同視之，一律按應扣未扣或短扣之稅額處3倍之罰鍰，未賦予稅捐稽徵機關得參酌之具體違章狀況，按情節輕重裁量罰鍰之數額，其處罰顯已逾越必要程度，不符憲法第23條之比例原則，與憲法第15條保障人民財產權之意旨有違，應自本解釋公布之日起停止適用。有關機關對未於限期內按實補報扣繳憑單，而處罰尚未確定之案件，應斟酌個案情節輕重，並參酌稅捐稽徵法第48條之3規定，另為符合比例原則之適當處置，併予指明。

相關法令	憲法第7、15、19、23條（36.1.1） 司法院釋字第317、517號解釋 所得稅法第89條第1項第2款前段、第114條第1款（78.12.30） 所得稅法第89條第1項第2款前段（88.2.9） 所得稅法第89條第1項第2款前段（95.5.30） 所得稅法第114條第1款（90.1.3） 所得稅法第7、71、88、92、94條（106.6.14） 會計法第95、101條（100.5.18） 稅捐稽徵法第48-3條（106.6.14）
評論或影響	根據蘇詣倫律師表示，依此號釋憲案可將扣繳義務人之爭議分為五點： 1.以事業負責人為扣繳義務人規定是否違憲？ 2.以機關、團體之主辦會計人員為扣繳義務人之規定是否違憲？ 3.依限完成扣繳義務補報扣繳憑單，仍處以1倍罰鍰，違憲？ 4.未依限完成扣繳義務補報扣繳憑單，處以3倍罰鍰，違憲？ 5.扣繳義務人已於限期內補繳應扣未扣或短扣之稅款，僅不按實補報扣繳憑單者，一律按應扣未扣或短扣之稅額處3倍之罰鍰，違憲？ 對於1、2爭點，大法官認為其中以機關、團體之主辦會計人員及事業負責人為扣繳義務人，旨在使就源扣繳事項得以有效執行，目的洵屬正當，且因須由主辦會計人員或其授權人簽名、蓋章，會計人員並負責機關內部各項收支之事前審核與事後複核，因此係由會計人員實質參與扣繳事務，又於團體之情形，可能由會計人員實際辦理團體之扣繳事務。另事業負責人則代表事業執行業務，實際負該事業經營成敗之責，有關財務之支出，包括所得稅法上之扣繳事項，自為其監督之事務。是上開規定課予主辦會計人員及事業負責人扣繳義務，較能貫徹就源扣繳制度之立法目的，且對上開人員業務執行所增加之負擔亦屬合理，與憲法第23條比例原則尚無牴觸。 就3、4兩爭點，大法官亦認為，扣繳義務人未依規定辦理扣繳稅款，可能導致逃漏稅之結果，損及國家稅收；且扣繳義務人於補繳上開稅款後，納稅義務人固可抵繳其年度應繳納之稅額，然扣繳義務人仍可向納稅義務人追償之，無違反比例原則，仍然合憲。 僅第5點，大法官認為繳義務人之扣繳義務，包括扣繳稅款義務及申報扣繳憑單義務，二者之違反對國庫稅收及租稅公益之維護所造成之損害，程度上應有所差異。如果已經完成扣繳稅款義務，僅申報扣繳憑單義務未完成，仍以高額罰款，有違比例原則而違憲。

第746號　逾期繳納稅捐加徵滯納金及滯納利息案

時間	民國106年2月24日
案情	江林○桑等6位繼承人對於稅捐機關課徵遺產稅、贈與稅之處分不服，申請復查之後，稅捐機關限期2個月繳納2,416萬應納稅款，因為逾期繳納，而被加徵181萬元滯納金與滯納利息3萬6,000元。渠等在繳清後，向中區國稅局申請退「滯納金」與「滯納利息」遭拒，提起行政訴訟敗訴確定。聲請人認為終局判決所適用之規定有違反憲法第7、15、19、23條之疑義，聲請釋憲。
解釋爭點	1.稅捐稽徵法第20條及遺產及贈與稅法第51條第1項規定，逾期繳納稅捐應加徵滯納金，是否違憲？ 2.財政部80年4月8日台財稅第790445422號函及81年10月9日台財稅字第811680291號函，認為納稅義務人就復查決定補徵之應納稅額依法提起訴願，逾繳納期限始繳納應納稅額半數時，應就該半數加徵滯納金是否違憲？ 3.遺產及贈與稅法第51條第2項規定，就應納稅款及滯納金，自滯納期限翌日起加徵滯納利息，是否違憲？
解釋文	稅捐稽徵法第20條規定：「依稅法規定逾期繳納稅捐應加徵滯納金者，每逾二日按滯納數額加徵百分之一滯納金；逾三十日仍未繳納者……。」及遺產及贈與稅法第51條第1項規定：「納稅義務人，對於核定之遺產稅或贈與稅應納稅額，逾第三十條規定期限繳納者，每逾二日加徵應納稅額百分之一滯納金；逾期三十日仍未繳納者……。」係督促人民於法定期限內履行繳納稅捐義務之手段，尚難認違反憲法第23條之比例原則而侵害人民受憲法第15條保障之財產權。 財政部80年4月8日台財稅第790445422號函及81年10月9日台財稅第811680291號函，就復查決定補徵之應納稅額逾繳納期限始繳納半數者應加徵滯納金部分所為釋示，符合稅捐稽徵法第20條、第39條第1項、第2項第1款及遺產及贈與稅法第51條第1項規定之立法意旨，與憲法第19條之租稅法律主義尚無牴觸。 遺產及贈與稅法第51條第2項規定：「前項應納稅款及滯納金，應自滯納期限屆滿之次日起，至納稅義務人繳納之日止，依郵政儲金匯業局一年期定期存款利率，按日加計利息，一併徵收。」就應納稅款部分加徵利息，與憲法財產權之保障尚無牴觸；惟就滯納金部分加徵利息，欠缺合理性，不符憲法比例原則，與憲法保障人民財產權之意旨有違，應自本解釋公布之日起失其效力。
釋憲要點	一、系爭規定一及二關於逾期未繳納稅捐應加徵滯納金之規定，尚難認違反比例原則 人民之財產權應予保障，憲法第15條定有明文。國家課人民以繳納稅捐之義務，為使其於法定納稅期限內履行，並於逾期時督促其儘速履行，以及填補國家財政稅收因逾期所受損害，以法律規定增加納稅義務人財產上負擔之方式為之，既於繳納稅捐之義務外，限制人民之財產權，自仍應符合憲法第23條之比例原則。租稅規定涉及國家財政收入之整體規畫及預估，較適合由代表民意之立法機關及擁有財政專業能力之相關行政機關決定（釋字第745號解釋參照）。是其決定如有正當目的，且手段與目的之達成間具有合理關聯，即與憲法比例原則無違。

稅捐收入係為滿足公共財政，實現公共任務所需之用。憲法第19條規定人民有依法律納稅之義務，人民是否於法定期限內依法繳納稅捐，攸關國家財政稅收能否如期實現，進而影響國家施政措施之完善與否，社會秩序非僅據以維護，公共利益且賴以增進，所關極為重大（釋字第588號解釋參照），課徵期限實有貫徹執行之必要。系爭規定一及二規定，逾期繳納核定之遺產稅或贈與稅應納稅額者，每逾2日加徵應納稅額1%滯納金，最高30日，計15%（財政部82年1月5日台財稅第811688010號函參照）。滯納金係為督促人民如期繳納稅捐，並填補國家財政稅收因人民逾期納稅所造成之公益損害，與怠金相類，兼具遲延利息之性質，與滯報金為行為罰之性質（釋字第616號解釋參照）不同，目的尚屬正當，與憲法並無牴觸。

人民如有納稅能力，加徵滯納金使其公法上金錢給付義務增加，因而產生經濟上與心理上之負擔，為避免之，須於法定期限內納稅，或須於逾期後儘速繳納，是加徵滯納金有助於上開目的之達成。且納稅義務人倘已不能於法定期限內繳清稅捐，例如因天災、事變、不可抗力之事由或為經濟弱勢者，或遺產稅或贈與稅應納稅額在新臺幣30萬元以上，納稅義務人一次繳納現金確有困難，依現行法制，仍得申請延期或分期繳納（稅捐稽徵法第26條、納稅義務人申請延期或分期繳納稅捐辦法及遺產及贈與稅法第30條第2項規定參照），或申請實物抵繳（遺產及贈與稅法第30條第4項規定參照），而免於加徵滯納金。足見系爭規定一及二規定加徵之滯納金尚非顯然過苛，與目的之達成間具有合理關聯，尚難認違反憲法第23條之比例原則而侵害人民受憲法第15條保障之財產權（釋字第472號解釋參照）。

惟有關機關就滯納金之加徵方式，仍應隨時視稽徵成本、逾期繳納情形、物價及國民經濟水準，每2日加徵1%，是否間隔日數過短、比率過高，致個案適用結果可能過苛，上開調整機制外，是否應於法律明文規定，滯納金得由稽徵機關依法視個案情形予以減免（契稅條例第30條及關稅法第79條第2項第2款至第4款規定參照）等，檢討修正，併此指明。

二、系爭函一及二就復查決定應納稅額半數加徵滯納金部分，並未違反租稅法律主義

憲法第19條規定，人民有依法律納稅之義務，係指國家課人民以繳納稅捐之義務或給予人民減免稅捐之優惠時，應就租稅主體、租稅客體、租稅客體對租稅主體之歸屬、稅基、稅率、納稅方法及納稅期間等租稅構成要件，以法律定之。惟主管機關於職權範圍內適用之法律條文，本於法定職權就相關規定予以闡釋，如係秉持憲法原則及相關之立法意旨，遵守一般法律解釋方法為之，即與租稅法律主義無違（釋字第660、69、745號解釋參照）。

系爭函一及二釋示，納稅義務人對稽徵機關復查決定補徵之應納稅額，逾繳納期限始繳納半數，如其係依法提起訴願者，應就該補徵稅額之半數依法加徵滯納金。按系爭規定一及二所規定之逾限繳納稅捐，並未限定於逾法定或原核定應納稅額之繳納期限，解釋上亦包括逾復查決定補徵應納稅額之補繳期限。又依稅捐稽徵法第39條第1項及第2項第1款規定，納稅義務人如合法申請復查，或對復查決定補徵之應納稅額於補繳期限內繳納半數並依法提起訴願，暫緩移送強制執行，係我國對行政

	處分之執行不因提起行政爭訟而停止（訴願法第93條第1項及行政訴訟法第116條第1項規定參照）之例外規定。因此，稽徵機關就合法申請復查者，暫緩移送強制執行，無督促履行之必要，納稅義務人就復查決定如未提起訴願致案件確定，其逾復查決定另定之補繳期限而仍未繳納者，有督促履行之必要，應依法加徵滯納金。納稅義務人就復查決定如依法提起訴願，且如期繳納該應納稅額半數者，暫緩移送強制執行，無督促履行之必要；如逾期始繳納該應納稅額半數者，即不暫緩移送強制執行，故應就該半數依法加徵滯納金。系爭函一及二乃關於復查決定補徵之應納稅額逾繳納期限始繳納半數者應加徵滯納金部分所為函釋，並未涉及租稅主體、租稅客體、租稅客體對租稅主體之歸屬、稅基、稅率等租稅構成要件，且符合系爭規定一及二、稅捐稽徵法第39條第1、2項第1款規定之立法意旨，與憲法第19條之租稅法律主義尚無牴觸。 三、系爭規定三就應納稅款加徵利息部分，與憲法保障財產權之意旨尚無牴觸；就滯納金加徵利息部分，違反比例原則 系爭規定三規定，應納稅款及滯納金，應自滯納金之滯納期限屆滿之次日起，至納稅義務人繳納之日止，依郵政儲金匯業局一年期定期存款利率，按日加計利息，性質屬填補給付遲延之法定損害賠償（民法第233條第1項規定參照）。就復查決定之應納稅額，如納稅義務人依法提起訴願，且繳納應納稅額半數者，依稅捐稽徵法第39條第2項第1款規定，暫緩移送強制執行，如未繳納，就該應納稅額半數獲有消極利益，系爭規定三就此部分規定應加計利息，一併徵收，與憲法保障人民財產權之意旨尚無牴觸（釋字第311號解釋參照）。至於系爭規定三就滯納金加徵利息部分，滯納金既係為督促人民如期繳納稅捐而設，依其性質並無加徵利息之餘地；且滯納金兼具遲延利息之性質，如再加徵利息，係對應納稅額遲延損害之重複計算，欠缺合理性，不符憲法比例原則，與憲法保障人民財產權之意旨有違，應自本解釋公布之日起失其效力。
相關法令	憲法第15、19、23條（36.1.1） 司法院釋字第311、472、588、616、660、693、745號解釋 稅捐稽徵法第20、26、39條（106.6.14） 契稅條例第30條（99.5.5） 關稅法第79條第2項第2～4款（106.1.18） 訴願法第93條第1項（101.6.27） 行政訴訟法第116條第1項（103.6.18） 民法第233條第1項（104.6.10） 遺產及贈與稅法第30條第2、4項、第51條（106.6.14）
評論或影響	根據《一起讀判決》網站表示，本案繼承人之所以要繳滯納金、滯納利息，是三個法律與兩個函釋共同造成。其中，稅捐稽徵法第20條與遺產及贈與稅法第51條第1項兩條文規定逾期稅捐需繳納「滯納金」，大法官認為合度。因為滯納金係督促人民如期繳納稅捐，並填補國家財政稅收。因人民逾期納稅所造成之公益損害，與怠金相類，兼具遲延利息之性質，與滯報金為行為罰之性質（第616號解釋）不

	同。另外，財政部80年與81年兩號函釋講逾期後才繳一半應納稅額，即便有提起訴願救濟，仍需就剩下未繳半數應納稅額，加徵滯納金為合憲。而遺產及贈與稅法第51條第2項規定，滯納金加上利息為違憲。亦即，有遲延利息性質之滯納金，不可以再加計利息。因為重複計算，欠缺合理，不符合比例原則。[8]

第779號　非都市土地之交通用地土地增值稅徵免案

時間	民國108年7月5日
案情	蘇○宏為102年5月16日與訴外人訂立買賣契約，出售其所有坐落臺南市善化區之土地，並於102年5月17日向臺南市政府稅務局以網路申報土地移轉現值；而系爭土地為特定農業區交通用地，雖經聲請人向臺南市善化區公所申請農業用地作農業使用證明，惟該公所以系爭土地南側約50平方公尺種植白甘蔗，北側約422平方公尺供作南122線道路使用，非屬農業用地作農業使用為由，未發給聲請人系爭土地之「農業用地作農業使用證明」，致聲請人不能依土地稅法第39條之2第1項規定申請不課徵土地增值稅。臺南市政府稅務局以系爭土地部分面積雖現供作道路使用，惟其屬非都市土地之交通用地，並非依都市計畫法指定之公共設施保留地，不符土地稅法第39條第2項有關免徵土地增值稅之要件，乃按一般用地稅率核定土地增值稅計新臺幣200,727元，聲請人不服，循序申請復查、訴願均遭駁回。嗣聲請人提起行政訴訟，經臺灣臺南地方法院102年度簡字第79號行政訴訟判決駁回，復提起上訴，經高雄高等行政法院103年度簡上字第23號判決確定聲請釋憲。
解釋爭點	1. 土地稅法第39條第2項關於免徵土地增值稅之規定，以及財政部90年11月13日台財稅字第0900457200號函關於非都市土地地目為道之交通用地，無上開免稅規定之適用部分，是否違反憲法第7條保障平等權之規定？ 2. 行政院農業委員會90年2月2日（90）農企字第900102896號函關於公路法之公路非屬農業用地範圍，無農業發展條例第37條第1項不課徵土地增值稅之適用部分，是否牴觸憲法第19條租稅法律主義及第23條法律保留原則？
解釋文	土地稅法第39條第2項關於免徵土地增值稅之規定，僅就依都市計畫法指定之公共設施保留地，免徵其土地增值稅；至非都市土地經編定為交通用地，且依法核定為公共設施用地者，則不予免徵土地增值稅，於此範圍內，與憲法第7條保障平等權之意旨不符。相關機關應自本解釋公布之日起2年內，依本解釋意旨，檢討修正土地稅法相關規定。 財政部90年11月13日台財稅字第0900457200號函關於非都市土地地目為道之交通用地，無土地稅法第39條第2項免徵土地增值稅規定之適用部分，應自本解釋公布之日起不再援用。

8　〈釋字746號—遲延利息可以再加計利息嗎？〉，《一起讀判決》，2017年2月25日，https://casebf.com/2017/02/25/746/。

	行政院農業委員會90年2月2日（90）農企字第900102896號函關於公路法之公路非屬農業用地範圍，無農業發展條例第37條第1項不課徵土地增值稅之適用部分，與憲法第19條租稅法律主義及第23條法律保留原則尚無牴觸。
釋憲要點	憲法第19條規定，人民有依法律納稅之義務，係指國家課人民以繳納稅捐之義務或給予人民減免稅捐之優惠時，應就租稅主體、租稅客體、租稅客體對租稅主體之歸屬、稅基、稅率、納稅方法及納稅期間等租稅構成要件，以法律明文規定。主管機關於職權範圍內適用各該租稅法律規定，本於法定職權予以闡釋，如係秉持憲法原則及相關之立法意旨，遵守一般法律解釋方法為之，即與租稅法律主義無違（釋字第607、635、674、685、693號解釋參照）。 土地稅法第39條之2第1項規定：「作農業使用之農業用地，移轉與自然人時，得申請不課徵土地增值稅。」農業發展條例第37條第1項規定：「作農業使用之農業用地移轉與自然人時，得申請不課徵土地增值稅。」二者內容相同。查農業發展條例上開農業用地不課徵土地增值稅規定之立法目的，在於增進農民福利，便利農民取得農地，落實農地農用政策（立法院公報第88卷第59期，第261、266頁參照）。至土地稅法關於農業用地不課徵土地增值稅之上開規定，則為農業發展條例之配套規定，旨在配合國家之農業發展政策（立法院公報第89卷第3期，第125、126頁及第88卷第59期，第266頁參照），是就土地稅法第39條之2第1項之解釋與適用，自應與農業發展條例第37條第1項一致。
相關法令	憲法第7、19、23、143條（36.1.1） 司法院釋字第286、607、635、674、682、685、687、693、694、701、745、760號解釋 司法院大法官審理案件法第5條第1項第2款（82.2.3） 財政部90年11月13日台財稅字第0900457200號函 行政院農業委員會90年2月2日（90）農企字第900102896號 土地稅法第10、28、39-2條（104.7.1） 土地稅法施行細則第57條（103.1.13） 農業發展條例第3、37、38條（105.11.30） 農業發展條例施行細則第2條（94.6.10） 非都市土地使用管制規則第6條（109.3.30） 區域計畫法施行細則第12、13條（102.10.23） 土地徵收條例第30條第1項（101.1.4）
評論或影響	此號釋憲案認為，土地稅法第39條第2項之規定，一部分違憲、一部分合憲。根據《一起讀判決》網站評論稱，在違憲部分，憲法第143條第3項規定：「土地價值非因施以勞力資本而增加者，應由國家徵收土地增值稅，歸人民共享之。」就是所謂漲價歸公。漲價歸公具體實現為土地稅法第28條：「已規定地價之土地，於土地所有權移轉時，應按其土地漲價總數額徵收土地增值稅。」但在某些例外情況下，如土地法第39條第1項規定被徵收之土地，或是第2項規定之「依都市計畫法指定之公

共設施保留地尚未被徵收前之移轉」，都「免徵」土地增值稅。這兩種情況是考慮特殊情形，包括：過去國家徵收土地之價格通常比市價低，以及被都市計畫法指定為「公共設施保留地」，如預定道路用地，買家可以預期將來可能被徵收，導致價值降低。因此，土地稅法設定免徵土地增值稅之優惠。但土地稅法第39條第2項規定，公共設施保留地免徵土地增值稅之前提在於「依都市計畫法指定」之公共設施保留地。如果不是「依都市計畫法指定」之情形呢？如果是特定農業區這種非都市土地之交通用地，可否比照免徵？從條文文義並無法得出非都市土地也可享有免徵優惠。另外，根據財政部90年11月13日台財稅字第0900457200號函指出，非都市土地地目為道之交通用地並沒有土地稅法第39條第2項免徵規定之適用。結果造成：「依都市計畫法指定」之公共設施保留地尚未被徵收前之移轉可免徵土地增值稅；但同屬於公共設施保留地之「非都市土地」，要徵收土地增值稅之差別待遇。故該解釋宣告違憲部分之釋憲標的，就是土地稅法第39條第2項以及財政部函。土地稅法第39條第2項以及財政部函都會造成一個結果：同樣道路用地，因為屬於都市計畫指定，或是非都市用地，一個可能免徵、一個要課徵土地增值稅，產生差別待遇，該解釋認為此情形違反平等權，其中土地稅法第39條第2項要在2年內檢討修正，財政部之函則不予援用。[9]

第798號　社會福利機構免徵使用牌照稅案

時間	民國109年12月31日
案情	財團法人天主教會臺中教區附設彰化縣私立聖家啟智中心及聖智啟智中心係經彰化縣政府立案之身心障礙福利機構，該教會臺中教區附設臺灣省私立慈愛教養院係先後經臺灣省政府社會處、內政部及衛生福利部立案之身心障礙福利機構，三者均屬社會福利機構，且為已辦理稅籍登記之非營利機構。聖家啟智中心所有自用小客貨車2輛，慈愛教養院所有自用小客貨車2輛、自用小客車1輛，聖智啟智中心所有自用小客車2輛（共計7輛），均依使用牌照稅法第7條第1項第9款規定，向彰化縣地方稅務局申請免徵使用牌照稅，並先後於96年至103年間經核准在案。嗣彰化縣地方稅務局查得聲請人聖家、聖智啟智中心及同屬財團法人天主教會臺中教區附設於彰化縣內之聖母聖心啟智中心，前已先分別於92年及95年間經彰化縣地方稅務局核准其他3輛車輛免稅，故認該7輛車輛不得免徵使用牌照稅，爰依稅捐稽徵法第21條規定，撤銷免徵使用牌照稅，並分別補徵。聲請人不服，先後提起復查及訴願，再共同提起行政訴訟，經彰化地方法院105年判決撤銷訴願決定及原處分；惟彰化縣地方稅務局不服，提起上訴，經臺中高等行政法院判決廢棄原判決。聲請人認確定

9　〈779號解釋之一：都市土地之交通用地才可以免稅？〉，《一起讀判決》，2019年7月8日，https://casebf.com/2019/07/08/j779_1/。

	終局判決所適用之財政部92年2月12日台財稅字第0920450239號令及105年8月31日台財稅字第10504576330號函（依據財政部107年12月10日台財稅字第10704670390號令，自108年1月1日起，不再援引適用），增加使用牌照稅法第7條第1項第9款規定所無之限制，牴觸憲法第7條平等原則、第15條財產權之保障及第19條租稅法律主義等規定，聲請釋憲。
解釋爭點	財政部92年2月12日台財稅字第0920450239號令及105年8月31日台財稅字第10504576330號函，就90年1月17日修正公布之使用牌照稅法第7條第1項第9款關於交通工具免徵使用牌照稅之規定，明示應以同一法人於同一行政區域（同一直轄市或縣（市））內之總分支機構合計3輛為限，是否違反憲法第19條租稅法律主義？
解釋文	財政部92年2月12日台財稅字第920450239號令及105年8月31日台財稅字第10504576330號函，就90年1月17日修正公布之使用牌照稅法第7條第1項第9款關於交通工具免徵使用牌照稅之規定，所稱「每一團體和機構以3輛為限」，明示應以同一法人於同一行政區域（同一直轄市或縣（市））內之總分支機構合計3輛為限，其縮減人民依法律享有免徵使用牌照稅之優惠，增加法律所無之限制，於此範圍內，均違反憲法第19條租稅法律主義，應不予援用。
釋憲要點	主管機關本於法定職權就相關法律所為之闡釋，自應秉持憲法原則及相關法律之立法意旨，遵守一般法律解釋方法而為之；如逾越法律解釋之範圍，而增加法律所無之租稅義務或縮減法律所賦予之租稅優惠，則非憲法第19條規定之租稅法律主義所許（本院釋字第674號、第692號、第703號及第706號解釋參照）。 系爭令主旨二稱：「另該條款所稱『每一團體和機構以3輛為限』，為落實社會福利政策之立法意旨並顧及租稅公平，准以同一行政區域（同一直轄市或縣（市））內之總分支機構合計共3輛為限。」及系爭函說明四稱：「……財團法人及其附屬機構免稅車輛數限額，應依本部92年2月12日台財稅字第0920450239號令規定以同一行政區域（同一直轄市或縣（市））內之總分支機構合計3輛為限。」限定同一行政區域內之法人及其附設之機構，應合併計算其免徵使用牌照稅之交通工具數量限額，使同一法人於同一行政區域內附設而各自立案之社會福利機構，其交通工具即使符合「專供已立案之社會福利團體和機構使用，並經各地社政機關證明」之免稅要件，亦不能各自依使用牌照稅法第7條第1項第9款規定，於3輛額內免徵使用牌照稅，形同以該法人而非每一團體和機構為免稅主體，且限縮免稅客體之範圍，顯與上開規定之免稅要件不符，並與立法意旨有違。是系爭令及系爭函縮減人民依法律享有免徵使用牌照稅之優惠，增加法律所無之限制，於此範圍內，均違反憲法第19條租稅法律主義，應不予援用。
相關法令	憲法第19條（36.1.1） 憲法訴訟法第5條（110.12.8） 私立老人福利機構設立許可及管理辦法第21、22條（104.9.15） 私立身心障礙福利機構設立許可及管理辦法第22、23條（104.11.24） 稅捐稽徵法第21條（110.12.17） 加值型及非加值型營業稅法第6、28條（106.6.14）

	使用牌照稅法第7條（106.12.6）
	私立兒童及少年福利機構設立許可及管理辦法第17、18條（106.11.27）
	加值型及非加值型營業稅法第6條第2款、第28條（106.6.14）
	財政部92年2月12日台財稅字第0920450239號令、105年8月31日台財稅字第10504576330號函、91年6月20日台內社字第0910068689號函復
評論或影響	根據《一起讀判決》網站分析大法官宣告財政部函釋違反憲法第19條租稅法定主義之理由如下： 1.租稅法律主義：租稅法律主義規定在憲法第19條：「人民有依法律納稅之義務。」當國家課人民以繳納稅捐之義務或給予人民減免稅捐之優惠時，應就租稅主體、租稅客體、租稅客體對租稅主體之歸屬、稅基、稅率、納稅方法及納稅期間等租稅構成要件，以法律明文規定。 2.免稅的立法理由：使用牌照稅法第7條第1項第9款之立法意旨，是因為社會福利團體跟機構維持不易，所以讓他們免徵牌照稅，以降低經營負擔。 3.免稅的主體跟客體：條文規定之免稅主體是「已立案之社會福利團體或機構」、免稅客體是「經社政主管機關證明專供該社會福利團體與機構使用之交通工具」。而且，每一社會福利團體與機構最多可以享有3輛免稅優惠。理由書指出：至於各該團體與機構是否附屬於同一法人，以及是否設於同一行政區域，與免稅交通工具數量限額之計算無關。 4.免稅之主體是「社會福利團體與機構」，而非法人：理由書指出所謂「社會福利團體與機構」，應該包括依照各類福利法規及社會救助法規定，經主管機關許可設立，每團體與機構都有獨立之財務與會計，並且辦理稅籍登記，雖然不是法人，也可以作為納稅主體。每個團體與機構，既然可以作為稅捐的納稅主體，也就可以作為依法享有稅捐優惠減免之免稅主體。 5.財政部函釋增加法律所沒有的限制：財政部之函釋限定同一行政區域內之法人及其附設之機構，應合併計算其免徵使用牌照稅之交通工具數量限額，形同以「法人」（財團法人天主教會臺中教區），而不是「每一團體與機構」作為免稅主體，也限縮免稅客體的範圍，與法律規定之免稅要件不符合，違反立法意旨，增加法律所沒有之限制，違反憲法第19條之租稅法律主義。[10] 此號釋憲案促使財政部發布函令，修正92年令刪除第2點「同一行政區域（同一直轄市或縣（市））內之總分支機構合計共3輛為限」之規定，另停止該部105年函之適用，均自109年12月31日該解釋公布日生效。該部進一步說明，為維護納稅義務人權益，經稽徵機關依該部92年令及105年函規定否准之申請案件，於司法院釋字第798號解釋公布時，倘尚未確定者，准自原申請之日起免徵；已確定者，稽徵機關將輔導納稅義務人提出申請，經核符規定者，自申請之日起免徵使用牌照稅。[11]

10 〈798號解釋：社會福利機構免徵使用牌照稅案〉，《一起讀判決》，2021年1月1日，https://casebf.com/2021/01/01/j798/。
11 〈財政部依司法院釋字第798號解釋，刪除社會福利團體和機構使用之交通工具免徵使用牌照稅，以同一法人於同一直轄市或縣（市）內之總分支機構合併計算限額之規定〉，《中華民國財政部賦稅署》，2021年1月27日，https://www.dot.gov.tw/singlehtml/ch26?cntId=9ba6550db6e7423d99dbe3d3ef76c764。

憲法第20條
有關服兵役之釋憲案

　　依據憲法第20條規定：「人民有依法律服兵役之義務。」但在過去全國役男需服兵役之年代，曾引發許多憲法上之爭議。後來政府從98年開始積極推動募兵制度，並因為陸軍義務役下士洪仲丘枉死案，立法院於102年8月6日三讀通過《軍事審判法》部分修正條文，將現役軍人非戰時犯罪回歸一般司法機關追訴、審理後，有關服兵役之爭議減少。但在總統蔡英文於2022年12月27日宣布，從2024年起將義務役從4個月延長至1年，未來必將再度孳生有關服兵役之問題。本文蒐整5件關於服兵役較具代表性之大法官釋憲案，以供參考。

第443號　限制役男出境案

時間	民國86年12月26日
案情	彭○豪於82年4月間向內政部警政署入出境管理局提起出境申請，遭該局以其具役男身分，依據役男出境處理辦法第8條「役男禁止出境條款」之規定，否決出境申請。聲請人遂以該行政命令違憲、違法為由，提起行政訴訟，經長達1年8個月之訴訟，仍遭行政法院以該命令合法為由，駁回請求。聲請人認為行政院判決所適用之「役男出境處理辦法」第8條違反中央法規標準法第5、6條，並違反憲法第10、172條所賦予之遷徙自由，聲請釋憲。
解釋爭點	以役男出境處理辦法限制役男出境違憲？
解釋文	憲法第10條規定人民有居住及遷徙之自由，旨在保障人民有任意移居或旅行各地之權利。若欲對人民之自由權利加以限制，必須符合憲法第23條所定必要之程度，並以法律定之或經立法機關明確授權由行政機關以命令訂定。限制役男出境係對人民居住遷徙自由之重大限制，兵役法及兵役法施行法均未設規定，亦未明確授權以命令定之。行政院發布之徵兵規則，委由內政部訂定役男出境處理辦法，欠缺法律授權之依據，該辦法第8條規定限制事由，與前開憲法意旨不符，應自本解釋公布日起至遲於屆滿6個月時，失其效力。
釋憲要點	憲法所定人民之自由及權利範圍甚廣，凡不妨害社會秩序公共利益者，均受保障。惟並非一切自由及權利均無分軒輊受憲法毫無差別之保障：關於人民身體之自由，憲法第8條規定即較為詳盡，其中內容屬於憲法保留之事項者，縱令立法機關，亦不得制定法律加以限制（參照釋字第392號解釋理由書），而憲法第7條、第9至18條、第21、22條之各種自由及權利，則於符合憲法第23條之條件下，得以法律限制之。至何種事項應以法律直接規範或得委由命令予以規定，與所謂規範密度有關，應視規範對象、內容或法益本身及其所受限制之輕重而容許合理之差異：諸如剝奪人民生命或限制人民身體自由者，必須遵守罪刑法定主義，以制定法律之方式為之；涉及人民其他自由權利之限制者，亦應由法律加以規定，如以法律授權主管機

	關發布命令爲補充規定時，其授權應符合具體明確之原則；若僅屬與執行法律之細節性、技術性次要事項，則得由主管機關發布命令爲必要之規範，雖因而對人民產生不便或輕微影響，尚非憲法所不許。又關於給付行政措施，其受法律規範之密度，自較限制人民權益者寬鬆，倘涉及公共利益之重大事項者，應有法律或法律授權之命令爲依據之必要，乃屬當然。 憲法第10條規定人民有居住及遷徙之自由，係指人民有選擇其居住處所，營私人生活不受干預之自由，且有得依個人意願自由遷徙或旅居各地之權利。對此人民自由權利之限制，憲法第23條規定應以法律定之且不得逾越必要之程度。又憲法第20條規定，人民有依法律服兵役之義務，係指有關人民服兵役之重要事項均應以法律或法律明確授權之命令予以規定。查兵役法及兵役法施行法並無任何限制役男出境之條款，且兵役法施行法第45條僅授權行政院訂定徵兵規則，對性質上屬於限制人民遷徙自由之役男出境限制事項，並未設有任何具體明確授權行政機關訂定之明文，更無行政院得委由內政部訂定辦法之規定，是上開徵兵規則第18條授權內政部所定之「役男出境處理辦法」第八條限制役男出境之規定，雖基於防範役男藉故出境，逃避其應盡之服兵役義務，惟已構成對人民自由權利之重大限制，與前開憲法意旨不符，應自本解釋公布日起至遲於屆滿6個月時，失其效力。
相關法令	憲法第7～23條（36.1.1） 司法院釋字第392號解釋 兵役法施行法第45條（65.6.21） 徵兵規則第18條（85.6.26） 役男出境處理辦法第8條（80.2.4）
評論或影響	根據《一起讀判決》網站表示，此號釋憲案認爲，限制役男出境之規定違憲，因爲出境涉及憲法第10條保障之居住及遷徙自由，人民可任意移居或旅行各地。依照憲法第23條規定：以上各條列舉之自由權利，除爲防止妨礙他人自由、避免緊急危難、維持社會秩序，或增進公共利益所必要者外，不得以法律限制之。亦即，若國家要對人民之自由權利加以限制，須在必要程度，而且亦應該以法律或立法機關明確授權行政機關制定之命令才可以。限制人民自由權利之事項，應該保留給法律決定，此即法律保留原則。而役男出境處理辦法根本未獲立法院授權，不符合憲法要求。該釋憲案促使立法委員於87年6月17日修正公布兵役法施行法，增加第78條之1，檢討原本役男出境之規定，重新以法律方式呈現，亦放寬役男出境之規定。[1]

1　〈釋字443號解釋：役男的出國自由〉，《一起讀判決》，2018年6月18日，https://casebf.com/2018/06/18/j443/。

第459號　限制役男對體位判定提起訴願案

時間	民國87年6月26日
案情	劉○五曾因自高處跌下，右手肘脫臼，致手臂彎曲。83年間至三軍總醫院檢查結果「右側肱骨上骨髁陳舊性骨折，癒合不良」。但臺北市政府兵役處仍判定聲請人為乙等體位，需服兵役。經提起訴願、再訴願及行政訴訟，均被駁回。聲請人認為行政法院84年裁定所適用兵役法施行法第69條及司法院院字第185號解釋有牴觸憲法疑義，聲請釋憲。
解釋爭點	限制役男對體位判定提起訴願之司法院解釋違憲？
解釋文	兵役體位之判定，係徵兵機關就役男應否服兵役及應服何種兵役所為之決定而對外直接發生法律效果之單方行政行為，此種決定行為，對役男在憲法上之權益有重大影響，應為訴願法及行政訴訟法上之行政處分。受判定之役男，如認其判定有違法或不當情事，自得依法提起訴願及行政訴訟。司法院院字第1850號解釋，與上開意旨不符，應不再援用，以符憲法保障人民訴訟權之意旨。至於兵役法施行法第69條係規定免役、禁役、緩徵、緩召應先經主管機關之核定及複核，並未限制人民爭訟之權利，與憲法並無牴觸；其對複核結果不服者，仍得依法提起訴願及行政訴訟。
釋憲要點	經徵兵檢查之男子，應區分體位為甲、乙、丙、丁、戊五等，甲、乙等體位為適於服現役者，應服常備兵現役及補充兵現役，其超額者服甲種國民兵役，再超額者服乙種國民兵役，丙等體位服乙種國民兵役，丁等體位為不合格者免役，戊等為難以判定者，應補行體格檢查至能判定時為止，為兵役法第34條所明定。因此，兵役體位判定，係徵兵機關就役男應否服兵役及應服何種兵役所為之決定而對外直接發生法律效果之單方行政行為，此種判定役男為何種體位之決定行為，不問其所用名稱為何，對役男在憲法上之權益有重大影響，應為訴願法及行政訴訟法上之行政處分。從而，受判定之役男，如認其判定有違法或不當情事，自得依法提起訴願及行政訴訟。 司法院院字第1850號解釋認：「被徵服兵役之壯丁或其家屬，對於辦理徵兵事務之縣長，以徵兵官之資格，所為關於緩役或免役之裁決有不服者，在修正陸軍徵募事務暫行規則第33條至第35條，既有申訴之特別規定，則其救濟方法，自應依該規定，向其直接上級徵兵官為之，不得提起普通訴願」，與上開意旨不符，應不再援用，以符憲法保障人民訴訟權之意旨。至於兵役法施行法第69條係規定免役、禁役、緩徵、緩召應先經主管機關之核定及複核，並未限制人民爭訟之權利，與憲法並無牴觸；其對複核結果不服者，仍得依法提起訴願及行政訴訟。
相關法令	憲法第16條（36.1.1） 司法院院字第1850號解釋 司法院釋字第423號解釋 兵役法第34條（63.7.12） 兵役法施行法第69條（87.6.17）

評論或影響	此號釋憲案推翻司法院院字第1850號解釋,並認為兵役體位之判定,乃對外直接發生法律效果之單方行政行為,役男如不服徵兵機關兵役體位之判定,可對之提起訴願或行政訴訟。此解釋對於我國法律中「特別權力關係」之限制,為一項重要之突破。

第490號　兵役法服兵役義務及免除禁役規定案

時間	民國88年10月1日
案情	吳○賢為宗教團體「耶和華見證人」之基督徒,其以基於信仰與良知理由不從事參與任何有關戰爭與殺人之事務,而屢屢拒絕入伍服役,因而三度遭判刑入監服刑。在第四度被徵召時,仍以上述理由再度未應召回役。聲請人以過去各判決所適用法律,包括兵役法第1條及兵役法施行法第59條第2項,明顯違反侵害憲法第13條保障之信仰宗教自由、第22條保障之基本人權與第7條之平等原則,牴觸憲法,申請釋憲。
解釋爭點	兵役法服兵役義務及免除禁役規定違憲?
解釋文	人民有依法律服兵役之義務,為憲法第20條所明定。惟人民如何履行兵役義務,憲法本身並無明文規定,有關人民服兵役之重要事項,應由立法者斟酌國家安全、社會發展之需要,以法律定之。憲法第13條規定:「人民有信仰宗教之自由。」係指人民有信仰與不信仰任何宗教之自由,以及參與或不參與宗教活動之自由;國家不得對特定之宗教加以獎勵或禁制,或對人民特定信仰畀予優待或不利益。立法者鑑於男女生理上之差異及因此種差異所生之社會生活功能角色之不同,於兵役法第1條規定:中華民國男子依法皆有服兵役之義務,係為實踐國家目的及憲法上人民之基本義務而為之規定,原屬立法政策之考量,非為助長、促進或限制宗教而設,且無助長、促進或限制宗教之效果。復次,服兵役之義務,並無違反人性尊嚴亦未動搖憲法價值體系之基礎,且為大多數國家之法律所明定,更為保護人民,防衛國家之安全所必需,與憲法第7條平等原則及第13條宗教信仰自由之保障,並無牴觸。又兵役法施行法第59條第2項規定:同條第1項判處徒刑人員,經依法赦免、減刑、緩刑、假釋後,其禁役者,如實際執行徒刑時間未滿4年時,免除禁役。故免除禁役者,倘仍在適役年齡,其服兵役之義務,並不因此而免除,兵役法施行法第59條第2項因而規定,由各該管轄司法機關通知其所屬縣(市)政府處理。若另有違反兵役法之規定而符合處罰之要件者,仍應依妨害兵役治罪條例之規定處斷,並不構成一行為重複處罰問題,亦與憲法第13條宗教信仰自由之保障及憲法第23條比例原則之規定,不相牴觸。
釋憲要點	現代法治國家,宗教信仰之自由,乃人民之基本權利,應受憲法之保障。所謂宗教信仰之自由,係指人民有信仰與不信仰任何宗教之自由,以及參與或不參與宗教活動之自由;國家不得對特定之宗教加以獎勵或禁制,或對人民特定信仰畀予優待或

不利益，其保障範圍包含內在信仰之自由、宗教行為之自由與宗教結社之自由。內在信仰之自由，涉及思想、言論、信念及精神之層次，應受絕對之保障；其由之而派生之宗教行為之自由與宗教結社之自由，則可能涉及他人之自由與權利，甚至可能影響公共秩序、善良風俗、社會道德與社會責任，因此，僅能受相對之保障。宗教信仰之自由與其他之基本權利，雖同受憲法之保障，亦同受憲法之規範，除內在信仰之自由應受絕對保障，不得加以侵犯或剝奪外，宗教行為之自由與宗教結社之自由，在必要之最小限度內，仍應受國家相關法律之約束，非可以宗教信仰為由而否定國家及法律之存在。因此，宗教之信仰者，既亦係國家之人民，其所應負對國家之基本義務與責任，並不得僅因宗教信仰之關係而免除。保護人民生命和財產等基本權利乃國家重要之功能與目的，而此功能與目的之達成，有賴於人民對國家盡其應盡之基本義務，始克實現。

為防衛國家之安全，在實施徵兵制之國家，恆規定人民有服兵役之義務，我國憲法第20條規定：人民有依法律服兵役之義務，即係屬於此一類型之立法。惟人民如何履行兵役義務，憲法本身並無明文規定，有關人民服兵役之重要事項，應由立法者斟酌國家安全、社會發展之需要，以法律定之。立法者鑑於男女生理上之差異及因此種差異所生之社會生活功能角色之不同，於兵役法第1條、第3條第1項、第4條、第5條上開條文，係為實踐國家目的及憲法上人民之基本義務而為之規定，原屬立法政策之考量，非為助長、促進或限制宗教而設，且無助長、促進或限制宗教之效果。復次，男子服兵役之義務，並無違反人性尊嚴亦未動搖憲法價值體系之基礎，且為大多數國家之法律所明定，更為保護人民，防衛國家之安全所必需，與憲法第7條平等原則及第13條宗教信仰自由之保障，並無牴觸。

兵役法施行法第59條第2項、兵役法施行法第59條第2項因而規定，由各該管轄司法機關通知其所屬縣（市）政府處理。若另有違反兵役法之規定而符合處罰之要件者，仍應依妨害兵役治罪條例之規定處斷，並不構成一行為重複處罰問題，亦與憲法第13條宗教信仰自由之保障及第23條比例原則之規定，不相牴觸。又犯罪判處徒刑在執行中者，停服現役，稱為停役。停役原因消滅時，回復現役，稱為回役。兵役法第20條第1項第2款後段及同條第2項定有明文。至於回役之程序如何，兵役法第25條第1項第1款、第2款衹分別規定常備軍官、常備士官、常備兵、補充兵在現役期間停役者，為後備軍人，應受後備管理而已，初無關於回役之技術性之程序規定。惟回役核其實質，仍不失為後備軍人平時為現役補缺之性質，依兵役法第38條第1項第2款規定，自得對之臨時召集。行政院訂定發布之召集規則第19條第1項第4款乃規定，停役原因消滅，回復現役，得對之臨時召集，並未逾越兵役法第38條第1項第2款規定之範圍，亦未增加人民之負擔，核與憲法法律保留之原則，並無不符。本於同一理由，同規則第19條第1項第5款，補服義務役期之臨時召集之規定，亦與憲法保障人民權利之意旨無違，併此指明。

相關法令	憲法第7、13、20、23條（36.1.1） 兵役法第1、3、4、5、20、25、38條（63.7.12） 兵役法施行法第59條第2款（87.6.17） 陸海空軍刑法第64條第3款（88.4.21）

	妨害兵役治罪條例第4條第5款（81.4.6） 召集規則第19條（87.2.18）
評論或 影響	前大法官陳新民表示，在歐洲各國幾乎每個國家都面臨類似之爭議，我國終於由釋憲機關對此屬於「世界性」之案件作出合憲決定。本案最重要者為涉及強迫服兵役是否侵犯到役男之宗教自由權。人民之宗教自由基本上與其他人權一樣，須受到應有之限制，故與大部分之人權一樣，都是受到憲法相對保障，而非絕對保障。宗教自由在憲法之位階，不能逾越其他相同之人民基本權利與義務之條款，例如憲法之平等權規定特別指出不能對宗教信仰有特別利益與不利益之差別待遇，人民不能以宗教信仰而違反平等原則以及拒絕履行法律之義務。因此在實施義務兵役之國家，得立法規定所有役男應有服兵役之義務，對非法拒絕服役者得課以刑罰，此並未違憲。 另外，法律對於強制人民履行服兵役之憲法義務，採行類似廣義行政罰之處罰方式，即包括違反行政義務之秩序罰及迫使其履行之執行罰二種。在前者方面，依妨害兵役治罪條例第4條之規定，接受徵兵令而不適時入伍者，得處6月以上5年以下有期徒刑；而產生問題最多者為後者，類似行政刑罰之部分，依兵役法第5條規定：凡曾判處7年以上有期徒刑者，禁服兵役，稱為禁役。此「7年」門檻，卻另有施行上之限制，依同位階的兵役法施行法第59條第2項規定，若實際執行徒刑未滿4年時，儘管曾判處7年以上有期徒刑，仍不得禁役而須回役。而在實務上，此「實際執行徒刑4年」之解釋，更是採狹義之「一次服滿4年」之謂。易言之，役男幾次入獄，但累計服刑期間超過4年，依國防部46年9月10日準諮字第132號令解釋，仍不予以禁役。本案聲請人與同教派之信徒所指摘，主要為後者之回役違憲性問題。以立法者採取此兩種法律罰責可知，立法者對於逃避兵役不論是否基於宗教信仰而拒服兵役或其他因素給予處罰外，仍不以此為滿足，以致於採行僅5年之低額刑度，而不及於禁役7年之門檻，對於用法律來迫使拒役者，才有兵役法施行法服刑4年之門檻規定。[2]

第517號　召集令無法送達者處刑罰案

時間	民國89年11月10日
案情	臺灣花蓮地方法院法官朱光仁為受理85年度易字第968號，被告徐○明被訴觸犯妨害兵役治罪條例第11條第1項第3款、第3項「後備軍人居住處所遷移，無故不依規定申報，致使召集令無法送達，處一年以下有期徒刑、拘役或三百元以下罰金」之罪嫌，認為該條文有牴觸憲法第10條人民有居住及遷徙之自由及第23條比例原則等規定之疑義，依司法院釋字第371號解釋，以該法律是否違憲為本案審判之先決問題，聲請釋憲。

2　陳新民，〈宗教良心自由與服役正義〉，《國家政策研究基金會》，2007年1月19日，https://www.npf.org.tw/2/288。

解釋爭點	兵役條例就遷居致召集令無法送達者處刑罰規定違憲？
解釋文	人民有依法律服兵役之義務，為憲法第20條所明定。惟兵役制度及其相關之兵員召集、徵集如何實施，憲法並無明文規定，有關人民服兵役、應召集之事項及其違背義務之制裁手段，應由立法機關衡酌國家安全、社會發展之需要，以法律定之。妨害兵役治罪條例第11條第1項第3款規定後備軍人居住處所遷移，無故不依規定申報者，即處以刑事罰，係為確保國防兵員召集之有效實現、維護後備軍人召集制度所必要。其僅課予後備軍人申報義務，並未限制其居住遷徙之自由，與憲法第10條之規定尚無違背。同條例第11條第3項規定後備軍人犯第1項之罪，致使召集令無法送達者，按召集種類於國防安全之重要程度分別依同條例第6、7條規定之刑度處罰，乃係因後備軍人違反申報義務已產生妨害召集之結果，嚴重影響國家安全，其以意圖避免召集論罪，仍屬立法機關自由形成之權限，與憲法第23條之規定亦無牴觸。至妨害兵役治罪條例第11條第3項雖規定致使召集令無法送達者，以意圖避免召集論，但仍不排除責任要件之適用，乃屬當然。
釋憲要點	人民有依法律服兵役之義務，為憲法第20條所明定。惟兵役制度及其相關之兵員召集、徵集如何實施，憲法並無明文規定。而現代國家之兵役制度乃與國防需求直接關連，國防健全，能抵禦外來之侵犯，人民之生命、身體、自由、財產等基本權利方得確保，憲法第137條第1項即規定：「中華民國之國防，以保衛國家安全，維護世界和平為目的。」因此，有關人民服兵役、應召集之事項及其違背義務之制裁手段，應由立法機關衡酌國家安全、社會發展之需要，以法律定之。 按違反行政法上義務之制裁究採行政罰抑刑事罰，本屬立法機關衡酌事件之特性、侵害法益之輕重程度以及所欲達到之管制效果，所為立法裁量之權限，苟未逾越比例原則，要不能遽指其為違憲。 憲法第10條規定人民有居住遷徙之自由，旨在保障人民有自由設定住居所、遷徙、旅行，包括出境或入境之權利，業經釋字454號解釋闡明在案。妨害兵役治罪條例第11條第1項第3款僅就居住處所遷移，課予後備軍人依規定向相關機關為申報之義務，俾日後召集令得有效送達，並未限制其居住遷徙自由權利之行使，與憲法第10條之規定亦無牴觸。
相關法令	憲法第10、20、23、137條（36.1.1） 司法院釋字第454號解釋 妨害兵役治罪條例第6、7、11條（81.4.6） 入出國及移民法第54、59條（88.5.21）
評論或影響	此號釋憲案雖然認為，妨害兵役治罪條例第11條第1項第3款僅就居住處所遷移，課予後備軍人依規定向相關機關為申報之義務，俾日後召集令得有效送達，並未限制其居住遷徙自由權利之行使，與憲法第10條之規定並無牴觸。但是，該釋憲案亦促使立法院於91年修正該條例，將妨害兵役治罪條例第11條第3項予以修正，增列「意圖避免召集處理」才會構成犯罪之要件。

第529號　金馬區徵兵對象案

時間	民國90年7月13日
案情	李○強係金門縣縣民，於80年時年滿16歲，依41年10月1日頒布之金馬地區動員時期民防辦法之規定，編入民防自衛隊服勤並接受軍事訓練。另依金馬地區役齡男子檢定為已訓乙種國民兵實施辦法，聲請人得於82年滿18歲時，申請檢定為已訓之乙種國民兵，得免服常備兵役。惟該實施辦法於81年11月7日金馬地區戰地政務終止時同時廢止，致使聲請人仍須服常備兵役。聲請人向金門縣政府、國防部、內政部提起訴願、再訴願及行政訴訟，均被駁回。聲請人以行政法院判決所適用之國防部81年11月5日（81）仰依字第7512號、內政部（81）內役字第8183830號函，及行政院85年8月23日台（85）內字第2878號函牴觸憲法疑義，聲請釋憲。
解釋爭點	國防部、內政部以64年次男為金馬區徵兵對象之函釋違憲？
解釋文	金馬地區役齡男子檢定為已訓乙種國民兵實施辦法，於81年11月7日因戰地政務終止而廢止時，該地區役齡男子如已符合該辦法第2條第1項第2款及同條第2項之要件者，既得檢定為已訓乙種國民兵，按諸信賴保護原則（釋字第525號解釋參照），對於尚未及申請檢定之人，自不因其是否年滿18歲而影響其權益。主管機關廢止該辦法時，應採取合理之補救措施，或訂定過渡期間之條款，俾免影響其依法規所取得之實體法上地位。國防部81年11月5日（81）仰依字第7512號函、內政部台（81）內役字第8181830號函及行政院85年8月23日台（85）內字第28784號釋，不問是否符合檢定為已訓乙種國民兵要件，而概以64年次男子為金馬地區開始徵兵之對象部分，應不予適用。
釋憲要點	行政法規公布施行後，制定或發布法規之機關依法定程序予以修改或廢止時，應兼顧規範對象信賴利益之保護。其因公益之必要廢止法規或修改內容，致人民客觀上具體表現其因信賴而生之實體法上利益受損害，應採取合理之補救措施，或訂定過渡期間之條款，俾減輕損害，方符憲法保障人民權利之意旨，業經釋字第525號解釋在案。人民因信賴於法規廢止或修改前依強制規定而取得之實體法上地位有受不利之影響時，自亦應同受保護。 至本件據以聲請之案件，是否符合金馬地區役齡男子檢定為已訓乙種國民兵實施辦法第2條第1項第2款及同條第2項規定，實際接受各該地區軍事訓練或民防基本訓練（自衛隊訓練）並服勤務之要件，有關機關仍應斟酌全部相關資料及調查證據之結果，予以判斷，並依本解釋意旨，而為適當之處理，併此指明。
相關法令	司法院釋字第525號解釋 兵役法施行法第24條（89.2.2） 金馬地區役齡男子檢定為已訓乙種國民兵實施辦法第2條（79.12.26） 行政院台（85）內字第28784號函 國防部（81）仰依字第7512號函 內政部台（81）內役字第8183830號函

評論或影響	此號釋憲案承襲釋字第525號解釋，為將是否值得保護之範圍放寬，認為只要客觀時間經過即可達成亦屬保護之範圍：「金馬地區役齡男子如已符合廢止前該辦法第2條第1項第2款及同條第2項之要件者，原得於其他要件具備時依法請求檢定為已訓乙種國民兵，惟上開辦法經主管機關予以廢止時，對於尚未及申請檢定之人，其法律地位因而喪失，故基於此項法律地位之信賴即應予以保護。」[3]該釋憲案強調法律之信賴保護原則，亦即行政主管機關在法規變更時，應考慮信賴保護原則，制定過渡條款，以保障人民之權益。

3　〈論大法官解釋中之信賴保護原則〉，《公職王司法電子報》，第35期，2015年12月23日，https://www.public.com.tw/epaper/20151223/c.htm。

憲法第**21**條
有關教育之釋憲案

　　教育乃國家之百年大計，諺語有云：「十年樹木，百年樹人。」我國一向重視教育，並將相關事項規定於憲法中。憲法中有關教育之規定為第11條：「人民有言論、講學、著作及出版之自由。」與第21條：「人民有受國民教育之權利與義務。」在我國的教育史中，曾發生幾起有關教育之憲法爭議。本文蒐整11件關於教育較具代表性之大法官釋憲案，包括2件有關學校、5件有關教職員、4件有關學生等議題之釋憲案，以供參考。

有關學校之釋憲案

第380號　大學法細則就共同必修科目之研訂案

時間	民國84年5月26日
案情	立法委員翁金珠等54人審查教育部函送立法院核備之大學法施行細則時，認為教育部未得大學法授權，擅於第23條第1項規定：「大學各學系修讀學士學位學生應修學分，分各大學共同必修科目、各學系專業（門）必修科目與選修科目，各大學共同必修科目及各學系專業（門）必修科目不及格者不得畢業。」與第3項規定：「各大學共同必修科目，由教育部邀集各大學相關人員共同研訂之。」不但在形式上逾越母法授權範圍，在實質上更有違害憲法所保障之大學自治之虞，聲請釋憲。
解釋爭點	大學法細則就共同必修科目的研訂等規定違憲？
解釋文	憲法第11條關於講學自由之規定，係對學術自由之制度性保障；就大學教育而言，應包含研究自由、教學自由及學習自由等事項。大學法第1條第2項規定：「大學應受學術自由之保障，並在法律規定範圍內，享有自治權」，其自治權之範圍，應包含直接涉及研究與教學之學術重要事項。大學課程如何訂定，大學法未定有明文，然因直接與教學、學習自由相關，亦屬學術之重要事項，為大學自治之範圍。憲法第162條固規定：「全國公私立之教育文化機關，依法律受國家監督。」則國家對於大學自治之監督，應於法律規定範圍內為之，並須符合憲法第23條規定之法律保留原則。大學之必修課程，除法律有明文規定外，其訂定亦應符合上開大學自治之原則，大學法施行細則第22條第3項規定：「各大學共同必修科目，由教育部邀集各大學相關人員共同研訂之。」惟大學法並未授權教育部邀集各大學共同研訂共同必修科目，大學法施行細則所定內容即不得增加大學法所未規定之限制。又同條第1項後段「各大學共同必修科目不及格者不得畢業」之規定，涉及對畢業條件之限

	制，致使各大學共同必修科目的訂定實質上發生限制畢業之效果，而依大學法憲法第23條、第25條及學位授予法第2、3條規定，畢業之條件係屬大學自治權範疇。是大學法施行細則第22條第1項後段逾越大學法規定，同條第3項未經大學法授權，均與上開憲法意旨不符，應自本解釋公布之日起，至遲於屆滿1年時，失其效力。
釋憲要點	按學術自由與教育之發展具有密切關係，就其發展之過程而言，免於國家權力干預之學術自由，首先表現於研究之自由與教學之自由，其保障範圍並應延伸至其他重要學術活動，舉凡與探討學問，發現真理有關者，諸如研究動機之形成，計畫之提出，研究人員之組成，預算之籌措分配，研究成果之發表，非但應受保障並得分享社會資源之供應。研究以外屬於教學與學習範疇之事項，諸如課程設計、科目訂定、講授內容、學力評定、考試規則、學生選擇科系與課程之自由，以及學生自治等亦在保障之列。除此之外，大學內部組織、教師聘任及資格評量，亦為大學之自治權限，尤應杜絕外來之不當干涉。大學法第4、8、11、22條、憲法第23條、私立學校法第3條前段均定有大學應受國家監督之意旨，惟教育主管機關依法行使其行政監督權之際，應避免涉入前述受學術自由保障之事項。至於大學課程之自主，既與教學、學習自由相關，屬學術之重要事項，自為憲法上學術自由制度性保障之範圍。大學課程之訂定與安排，應由各大學依據大學自治與學術責任原則處理之。大學法憲法第23條對於大學修業年限之延長及縮短，規定為大學自治事項，有關辦法授權由各大學自行擬定，報請教育部核備後實施，故教育部對各大學之運作僅屬於適法性監督之地位。教育部監督權之行使，應符合學術自由之保障及大學自治之尊重，不得增加法律所未規定之限制，乃屬當然。大學之必修課程，除法律有明文規定外，其訂定亦應符合上開大學自治之原則，大學法施行細則第22條第3項規定：「各大學共同必修科目，由教育部邀集各大學相關人員共同研訂之。」惟大學法並未授權教育部邀集各大學相關人員共同研訂共同必修科目，大學法施行細則所定內容即不得增加大學法所未規定之限制。教育部依此所定各大學共同必修科目僅係提供各大學訂定相關科目的準則。同條第1項後段「各大學共同必修科目不及格者不得畢業」之規定，為對畢業條件所加之限制，各大學共同必修科目的訂定因而發生限制畢業之效果，而依大學法憲法第23、25條及學位授予法第2、3條規定，畢業之條件係屬大學自治權範疇。大學法施行細則第22條第1項後段自係逾越大學法規定，又同條第3項未經大學法授權，均與前揭憲法意旨不符，應自本解釋公布之日起，至遲於屆滿一年時，失其效力。於此期間，大學共同必修科目的設置，應本大學自治之精神由法律明文規定，或循大學課程自主之程序由各大學自行訂定，併此指明。
相關法令	憲法第11、23、162條（36.1.1） 大學法第1、4、8、11、22、23、25條（83.1.5） 大學法施行細則第22條第1項後段、第3項（83.8.26） 私立學校法第3條前段（80.12.30） 學位授予法第2、3條（83.4.27）

評論或 影響	此號解釋案首次使用「大學自治」一詞，並指出：「保障大學之學術自由，應承認大學自治之制度，對於研究、教學及學習等活動，擔保其不受不當之干涉，使大學享有『組織經營』之自治權能，個人享有學術自由」、「大學『內部組織』、教師聘任及資格評量，亦為大學之自治權限，尤應杜絕外來之不當干涉」。由此可知，大法官並未將大學自治侷限於「研究、教學及學習」範圍，而是擴及於與此等事務具有合理關聯性（或可能影響上開事務遂行）之範圍，其中即包括大學之「內部組織」（相同見解可參見大法官釋字第450、626號解釋）。[1]該解釋為首次大法官就大學自治範圍界定，對於我國之高等教育具有指標性之意義。[2]

第450號　大學法及其細則就軍訓室設置案

時間	民國87年3月27日
案情	立法委員謝長廷等54人指出，大學法於第1條第2項中規定：「大學應受學術自由之保障，並在法律規定範圍內，享有自治權。」但第11條第1項復規定，不論公私立大學，應一律設置包括軍訓室在內之9個單位。聲請人等對於該法第11條第1項是否已違反比例原則，牴觸憲法第23、11條之疑義，聲請釋憲。
解釋 爭點	大學法及其細則就軍訓室設置之規定違憲？
解釋文	大學自治屬於憲法第11條講學自由之保障範圍，舉凡教學、學習自由有關之重要事項，均屬大學自治之項目，又國家對大學之監督除應以法律明定外，其訂定亦應符合大學自治之原則，業經釋字第380號解釋釋示在案。大學於上開教學研究相關之範圍內，就其內部組織亦應享有相當程度之自主組織權。各大學如依其自主之決策認有提供學生修習軍訓或護理課程之必要者，自得設置與課程相關之單位，並依法聘任適當之教學人員。惟大學法第11條第1項第6款及同法施行細則第9條第3項明定大學應設置軍訓室並配置人員，負責軍訓及護理課程之規劃與教學，此一強制性規定，有違憲法保障大學自治之意旨，應自本解釋公布之日起，至遲於屆滿1年時失其效力。
釋憲 要點	國家為健全大學組織，有利大學教育宗旨之實現，固得以法律規定大學內部組織之主要架構，惟憲法第11條關於講學自由之規定，係對學術自由之制度性保障，大學自治亦屬該條之保障範圍。舉凡教學、學習自由、講授內容、學生選擇科系與課程自由等均屬大學自治之項目，業經釋字第380號解釋釋示在案。大學於上開教學研究相關之範疇內，就其內部組織亦應享有相當程度之自主組織權，如大學認無須開

1 劉昌坪，〈挺管或拔管　校長遴選與大學自治又有何干〉，《ETtoday新聞雲》，2018年5月4日，https://www.ettoday.net/news/20180504/1163187.htm。
2 半吊子學者，〈學術自由對大學自治制度之要求〉，《隨意窩》，2008年2月11日，http://t.cn/RBGdjXy。

	設某種課程，而法令仍強制規定應設置與該課程相關之規劃及教學單位，即與憲法保障學術自由及大學自治之意旨不符。倘各大學依其自主之決策，認有提供學生修習軍訓或護理課程之必要，自得設置與軍訓或護理課程相關之單位，並依法聘請適任之教學人員。惟大學法第11條第1項第6款及同法施行細則第9條第3項規定，大學應設置軍訓室並配置人員，負責軍訓及護理課程之規劃與教學，未能顧及大學之自主權限，有違憲法前述意旨。本件解釋涉及制度及組織之調整，有訂定過渡期間之必要，故上開大學法及同法施行細則之規定，應自本解釋公布之日起，至遲於屆滿一年時失其效力。大學法第11條第1項第1款至第4款所列教務處、學生事務處、總務處、圖書館為支援大學教學及研究所必要，第7至9款之秘書室、人事室、會計室為協助大學行政之輔助單位，該法定為大學應設之內部組織，與憲法保障大學自治之意旨尚無牴觸。至大學提供體育設施及活動以健全學生體格固有必要，然是否應開設體育課程而必須設置體育室，亦屬大學自治之範疇，同條第1項第5款之規定仍應由有關機關一併檢討改進，併此指明。
相關法令	憲法第11條（36.1.1） 司法院釋字第380號解釋 大學法第11條第1項（83.1.5） 大學法施行細則第9條第3項（86.10.15）
評論或影響	此號釋憲案表示，大學法明定大學強制設置軍訓室，有違憲法保障之大學自治意旨，故違憲。該解釋案給予大學更大之自治權，學界、學生團體、民間教育團體及當時之反對黨民進黨，紛紛要求教官退出校園。教育部於95年10月表示此事交由各大學院校自行決定，但除了玄奘大學、臺灣師範大學等少數學校廢除軍訓室外，多數大學未予以廢除。後來，立法院於102年作出決議，於8年內（亦即於110年）要讓教官全面退出校園。為配合教官退出校園政策，教育部已於108年起停止招考，現職教官則採「自然離退」方式保障工作權，目前大專及高中剩下約1,900名，估約在2030年全數離退。[3]

3　呂昱，〈教官退出校園不可逆：國防部抱怨兵源不足，為何不願接收軍訓教官歸建？〉，《關鍵評論》，2022年10月12日，https://www.thenewslens.com/article/174411。

有關教職員之釋憲案

第308號　公立學校聘任教師及兼行政職教師適用公務員服務法案

時間	民國81年11月13日
案情	司法院院解字第2986號解釋：「委任之公立中學教職員及縣立圖書館長，受有俸給者，均為公務員服務法上之公務員，其聘任之教職員則否。」茲國立大學專任之聘任教授是否為公務員服務法適用對象，教育部與銓敘部所持見解有異。因此，行政院對於公立學校聘任教員，是否為公務員服務法第24條之適用範圍，聲請釋憲。
解釋爭點	公立學校聘任教師及兼行政職教師適用公務員服務法？
解釋文	公立學校聘任之教師不屬於公務員服務法第24條所稱之公務員。惟兼任學校行政職務之教師，就其兼任之行政職務，則有公務員服務法之適用。院解字第2986號解釋，應予補充。至專任教師依教育人員任用條例第34條規定，除法令另有規定外，仍不得在外兼職。
釋憲要點	公立學校聘任之教師係基於聘約關係，擔任教學研究工作，與文武職公務員執行法令所定職務，服從長官監督之情形有所不同，故聘任之教師應不屬於公務員服務法第24條所稱之公務員。惟此類教師如兼任學校行政職務，就其兼任之行政職務，仍有公務員服務法之適用。院解字第2986號解釋：「委任之公立中小學校教職員及縣立圖書館長受有俸給者，均為公務員服務法上之公務員，其聘任之教職員則否。」其中關於聘任之教師部分，應予補充。至教師之行為仍受國家其他有關法令及聘約之拘束，並應有其倫理規範。專任教師依教育人員任用條例第34條規定，除法令另有規定外，不得在外兼課或兼職。
相關法令	司法院院解字第2986號解釋 公務員服務法第24條（36.7.11） 教育人員任用條例第34條（79.12.19）
評論或影響	根據學者司馬博文表示，教師過去被視為公務員，故待遇、福利等均比照公務員，被要求遵守特別之權利與義務。然根據此號釋憲案，並非所有教師都是公務員，此解釋產生以下影響： 1.「非兼行政之教師」不受公務員服務法約束。 公務員懲戒委員會（84）鑑字第7590號之案例：83年11月臺北市某國中2年級學生在4樓教室打掃時，因窗戶安全護欄鐵釘腐蝕鬆動，致墜樓亡。經「公務員懲戒委員會」議決，校長、主任、組長為公務員，被依公務員服務法予以記過或申誡處分。班導師因無兼任行政職務，並非「公務員」而未受懲戒。

	2.「非兼行政之教師」不適用貪污治罪條例。
	85年度訴字第83號之案例：某國立藝術學院音樂系講師，兼任臺北市某國民小學音樂班大提琴老師，被指詐領該國小鐘點費4萬多元，臺北地方法院檢察署以違反貪污治罪條例提起公訴。但是臺北地方法院認為，該名老師未兼行政職務，非屬公務員，宣判無罪。
	教師不再是公務員之重大意義為，教師從「行政命令」之制約中被解放出來。公務員服務法第1條：「公務員應遵守誓言，忠心努力，依法律命令所定，執行其職務。」、第2條「長官就其監督範圍以內所發命令，屬官有服從之義務。」其中所稱之命令，即一般所謂行政命令，如教育部、教育廳等機關非經法律授權而訂頒之各種辦法、要點、標準等。教師既不再是公務員，故不再適用該法。[4]

第405號　教育人員任用條例就並得在各學校間調任案

時間	民國85年6月7日
案情	考試院於83年7月1日修正公布之教育人員任用條例第21條第2項規定：「本條例施行前已遴用之學校編制內現任職員，其任用資格適用原有關法令規定，並得在各學校間調任。」與司法院大法官會議議決釋字第278號解釋文「……僅能繼續在原學校任職」，似有牴觸，聲請釋憲。
解釋爭點	教育人員任用條例就「並得在各學校間調任」之規定違憲？
解釋文	憲法第85條規定，公務人員之選拔，應實行公開競爭之考試制度，非經考試及格者不得任用，明示考試用人之原則。學校職員之任用資格，自應經學校行政人員考試或經高等、普通考試相當類科考試及格。79年12月19日修正公布之教育人員任用條例第21條所稱「適用各該原有關法令」，並不能使未經考試及格者取得與考試及格者相同之公務人員任用資格，故僅能繼續在原學校任職，亦經釋字第278號解釋在案。83年7月1日修正公布之教育人員任用條例第21條第2項中，關於「並得在各學校間調任」之規定，使未經考試及格者與取得公務人員任用資格者之法律地位幾近相同，與憲法第85、7條及前開解釋意旨不符，應自本解釋公布之日起失其效力。
釋憲要點	司法院解釋憲法，並有統一解釋法律及命令之權，憲法第78條定有明文。法律與憲法牴觸者無效，法律與憲法有無牴觸發生疑義時，由司法院解釋之，憲法第171條規定甚明。又憲法增修條文第4條規定，司法院設大法官若干人，大法官除掌理憲法第78條之規定外，並組成憲法法庭審理政黨違憲之解散事項，足見憲法賦予大法官維護規範位階及憲政秩序之重大職責。是司法院大法官依司法院大法官審理案件

4　司馬博文，〈法律視窗：教師是公務員嗎？〉，《全國教師會》，http://forum.nta.org.tw/v362/epaper/1/1-11.htm。

	法之規定，就憲法所為之解釋，不問其係闡明憲法之真義、解決適用憲法之爭議、抑或審查法律是否違憲，均有拘束全國各機關及人民之效力，業經本院釋字第185號解釋在案。立法院行使立法權時，雖有相當廣泛之自由形成空間，但不得逾越憲法規定及司法院所為之憲法解釋，自不待言。
相關法令	憲法第7、78、85、171條（36.1.1） 憲法增修條文第4條（83.8.1） 司法院釋字第185、278號解釋 教育人員任用條例第21條第2項（83.7.1）
評論或影響	根據學者王鼎棫表示，此號釋憲案明白表示，大法官之解釋對國家各機關（行政、立法及司法等，乃至地方自治團體）產生一種「準則性」之拘束。亦即大法官經過釋憲而作出之解釋文，其法律位階相當於憲法層級。司法院釋字第185號就說：「解釋，自有拘束全國各機關及人民之效力。」釋字第405號表示更為強烈：「立法院行使立法權時，雖有相當廣泛之自由形成空間，但不得逾越憲法規定及司法院所為之憲法解釋。」這些說明都表示，大法官解釋會像背後靈一樣，緊緊盯著立法者之作為，讓他不能隨便亂來。例如此號釋憲案就宣告，立法院於83年7月1日修正公布之教育人員任用條例第21條第2項中，關於「並得在各學校間調任」之規定無效。[5]

第462號　大學教師不服評審委員會所為升等評審可否爭訟案

時間	民國87年7月31日
案情	簡○機升等教授案經成功大學初審總成績達88分「極力推薦」之特優標準，複審總成績亦達82分「特別推薦」之優等標準。送請校外專家審查之代表著作，經3位專家審查結果全部獲得通過。惟成大教評會最後以「無記名」且「不具理由」之投票方式作成未通過升等之決議。另依成大教師升等辦法規定，教師升等須經成大教評會出席委員三分之二以上（含三分之二）同意始獲通過。本案出席委員計17人，三分之二則應計11.3人，究應按11人，抑應按12人計，因法無明文規定，乃生爭議。聲請人獲11人同意，認應通過升等，而成大則認進位為12人。聲請人向成大提出申訴，但遭駁回，嗣循行政救濟程序向原訴願決定機關提出訴願，遭以不得提起行政救濟駁回。聲請人續向行政院提起再訴願，仍遭以非得提起行政救濟駁回，聲請人續向行政法院提起行政訴訟，最後仍被以不得提起行政救濟而予裁定駁回。聲請人認為行政法院裁定所適用之行政法院51年判字第398號、57年判字第414號判例，有牴觸憲法第16條保障人民訴願及訴訟權利疑義，聲請釋憲。

5　王鼎棫，〈婚姻平權案宣判重點速評〉，《法律白話文運動》，2017年10月12日，https://plainlaw.me/posts/exponsamesexmarriage。

解釋爭點	限制公務員就懲戒提訴願之判例違憲？大學教師升等評審程序應如何？
解釋文	各大學校、院、系（所）教師評審委員會關於教師升等評審之權限，係屬法律在特定範圍內授予公權力之行使，其對教師升等通過與否之決定，與教育部學術審議委員會對教師升等資格所爲之最後審定，於教師之資格等身分上之權益有重大影響，均應爲訴願法及行政訴訟法上之行政處分。受評審之教師於依教師法或訴願法用盡行政救濟途徑後，仍有不服者，自得依法提起行政訴訟，以符憲法保障人民訴訟權之意旨。行政法院51年判字第398號判例，與上開解釋不符部分，應不再適用。 大學教師升等資格之審查，關係大學教師素質與大學教學、研究水準，並涉及人民工作權與職業資格之取得，除應有法律規定之依據外，主管機關所訂定之實施程序，尚須保證能對升等申請人專業學術能力及成就作成客觀可信、公平正確之評量，始符合憲法第23條之比例原則。且教師升等資格評審程序既爲維持學術研究與教學之品質所設，其決定之作成應基於客觀專業知識與學術成就之考量，此亦爲憲法保障學術自由眞諦之所在。故各大學校、院、系（所）教師評審委員會，本於專業評量之原則，應選任各該專業領域具有充分專業能力之學者專家先行審查，將其結果報請教師評審委員會評議。教師評審委員會除能提出具有專業學術依據之具體理由，動搖該專業審查之可信度與正確性，否則即應尊重其判斷。受理此類事件之行政救濟機關及行政法院自得據以審查其是否遵守相關之程序，或其判斷、評量有無違法或顯然不當之情事。現行有關各大學、獨立學院及專科學校教師資格及升等評審程序之規定，應本此解釋意旨通盤檢討修正。
釋憲要點	人民有訴願及訴訟之權，憲法第16條定有明文。此項權利，並不因其身分而受影響，此迭經釋字第243、266、298、323、382、430號等解釋在案，就人民因具有公務員或其他身分關係而涉訟之各類事件中，闡釋甚明。而行政機關行使公權力或依法設立之團體，直接依法律規定或經政府機關就特定事項依法授與公權力者，就該特定事項所作成之單方行爲，不問其用語、形式，皆屬行政處分，此亦經釋字第269、423、459號解釋在案。 按憲法第15條規定，人民之工作權應予保障，是以凡人民作爲謀生職業之正當工作，均應受國家之保障，對於職業自由之限制，應具有正當之理由，並不得逾越必要程度。大學教師升等資格之審查，關係大學教師素質與大學教學、研究水準，並涉及人民工作權與職業資格之取得，除應有法律規定之依據外，主管機關所訂定之實施程序，尚須保證對升等申請人專業學術能力及成就作成客觀可信、公平正確之評量，始符合憲法第23條之比例原則。教師升等資格評審程序既爲維持學術研究與教學之品質所設，其決定之作成應基於客觀專業知識與學術成就之考量，此亦爲憲法保障學術自由眞諦之所在。是以各大學校、院、系（所）及專科學校教師評審委員會，本於專業評量之原則，應選任各該專業領域具有充分專業能力之學者專家先行審查，將其結果報請教師評審委員會評議。教師評審委員會除能提出具有專業學術依據之具體理由，動搖該專業審查之可信度與正確性，否則即應尊重其判斷；評審過程中必要時應予申請人以書面或口頭辯明之機會；由非相關專業人員所組成之

	委員會除就名額、年資、教學成果等因素予以斟酌外，不應對申請人專業學術能力以多數決作成決定。受理此類事件之行政救濟機關及行政法院自得據以審查其是否遵守相關之程序，或其判斷、評量是否以錯誤之事實為基礎，是否有違一般事理之考量等違法或顯然不當之情事。
相關法令	憲法第15、16、23條（36.1.1） 司法院釋字第243、266、269、298、323、338、382、423、430、459號解釋 訴願法第1條（84.1.16） 大學法第18、20條（83.1.5） 專科學校法第8、24條（84.11.8） 教育人員任用條例第14、41條（86.3.19） 大學獨立學院及專科學校教師資格審查辦法第7、9條（80.7.22） 行政法院51年判字第398號判例、57年判字第414號判例
評論或影響	此號釋憲案是大專教師在教師資格審查中最高之依循法規，屬憲法層級。[6]臺大法學院教授蔡茂寅表示，該釋憲案之主要內含為：1.對專業學術能力及成就之評價，應委由同行專業審查；2.教評會除有正當理由外，否則應受專業意見拘束。大法官此見解在於尊重教師之專業，值得贊同。該解釋案後，教評會對於教師升等之評審權限，應受大幅限縮。[7]依據該釋憲案，大學教師升等結果為「行政處分」，可提起行政救濟及行政訴訟。

第707號　公立學校教職員敘薪辦法關於教師案

時間	民國101年12月28日
案情	林○龍為國小教師，於96年間取得碩士學位，經任職學校向縣政府申請改敘薪級。縣政府依公立學校教職員敘薪辦法第2條所附敘薪標準表，以碩士學位自新臺幣245元起敘，採計其教師年資10年（82至91年）提敘10級；復依敘薪標準表說明第5點第1項關於在職進修改按新學歷起敘時，不採計進修期間服務成績優良年資之規定，就聲請人自92至94年間帶職進修年資不予採計提敘，而核定其本薪為430元。聲請人認敘薪標準表說明第5點第1項不採計進修期間年資之規定，損害其改敘之權益，有違憲法平等權與服公職權保障，於行政爭訟遭駁回確定後，聲請釋憲。
解釋爭點	公立學校高中以下教師敘薪，未以待遇相關法律或其明確授權之法規命令定之，違憲？

6　〈維護大學教師人權尊嚴〉，《大學校園公民運動》，2013年9月9日，http://campuswithnoterror. blogspot.com/2013/09/462.html。

7　蔡茂寅，〈大專教師升等紛爭之救濟：大法官釋字第462號解釋評釋〉，《台灣本土法學雜誌》，第3期，1999年，頁118-119。

解釋文	教育部於93年12月22日修正發布之公立學校教職員敘薪辦法（含附表及其所附說明），關於公立高級中等以下學校教師部分之規定，與憲法上法律保留原則有違，應自本解釋公布之日起，至遲於屆滿3年時失其效力。
釋憲要點	基於憲法上法律保留原則，政府之行政措施雖未限制人民之自由權利，但如涉及公共利益或實現人民基本權利之保障等重大事項者，原則上仍應有法律或法律明確之授權為依據，主管機關始得據以訂定法規命令（釋字第443、614、658號解釋參照）。教育為國家社會發展之根基，教師肩負為國家造育人才之任務，其執行教育工作之良窳，攸關教育成敗至鉅，並間接影響人民之受教權。為使教師安心致力於教育工作，以提升教育品質，其生活自應予以保障。憲法第165條即規定，國家應保障教育工作者之生活，並依國民經濟之進展，隨時提高其待遇。教師待遇之高低，包括其敘薪核計，關係教師生活之保障，除屬憲法第15條財產權之保障外，亦屬涉及公共利益之重大事項。是有關教師之待遇事項，自應以法律或法律明確授權之命令予以規範，始為憲法所許。
相關法令	憲法第15、165條（36.1.1） 司法院釋字第289、443、614、658號解釋 教師法第19、20、39條（84.8.9） 教育基本法第8條第1項、第17條（88.6.23） 公立學校教職員敘薪辦法（93.12.22）
評論或影響	根據謝宗翰律師表示，此號釋憲案指出，教師待遇之高低，關係教師生活之保障，不僅涉及憲法第15條財產權之保障，同時亦屬公共利益之重大事項。大法官認為，公立學校教職員敘薪辦法因未以相關法律或其明確授權之法規命令作為規範，違反法律保留原則，因此教育部將該辦法予以廢止，並於104年6月10日另訂教師待遇條例。舊制改敘公式內，需扣除進修年資，因此進修時間越短晉級越多，但是新制改敘公式改為固定提敘制，因此無論進修年資長短，所改敘薪級均相同。新修訂之教師待遇條例將改敘公式簡單化，避免舊制時1年畢業之陋象，也鼓勵獲取學位速度較慢之教師達成目標，雖降低教師2年獲取碩士之改敘薪級，但全面性支持教師在職進修，新制度對於教師顯然是利大於弊。[8]

第736號　教師因學校措施受侵害之訴訟救濟案

時間	民國105年3月18日
案情	1.蔡○庭係桃園縣（現改制為桃園市）立草漯國民中學教師，因其未依教師請假規則請假，遭學校為「曠職登記」、「扣薪」及「留支原薪」之處置。聲請人對上

8　謝宗翰，〈不可不知～教師改敘變革〉，《新北市教育人員產業工會》，http://www.ntptu.org.tw/FileStorage/MemberNews/%E7%AC%AC74%E6%9C%9F%E6%9C%83%E8%A8%8A_chapter09.pdf。

	開三項處置不服，分別提起申訴、再申訴，遞遭駁回。嗣提起行政訴訟，經臺北高等行政法院99年度訴字第761號裁定認起訴不合法予以駁回；提起抗告，亦經最高行政法院100年度裁字第974號裁定認抗告無理由予以駁回。聲請人認確定終局裁定所適用之教師法第33條規定有違憲疑義，聲請釋憲。 2. 蔡○全係國立成功大學教授，因申請免予評量遭否准，遂向該校教師評審委員會申復，惟遭申復無理由之決議，故依法提起申訴、再申訴，仍遭駁回。聲請人提起行政訴訟，經高雄高等行政法院98年度訴字第603號判決以原告之訴無理由予以駁回；提起上訴，亦經最高行政法院100年度判字第1127號判決以上訴無理由予以駁回。聲請人認確定終局判決所適用之國立成功大學教師評量要點第2點第3項第3、6款有違憲疑義，聲請釋憲。
解釋 爭點	1. 教師法第33條規定，違憲？ 2. 教師認其權利或法律上利益因學校具體措施遭受侵害時，得否訴訟救濟？
解釋文	本於憲法第16條有權利即有救濟之意旨，教師認其權利或法律上利益因學校具體措施遭受侵害時，得依行政訴訟法或民事訴訟法等有關規定，向法院請求救濟。教師法第33條規定：「教師不願申訴或不服申訴、再申訴決定者，得按其性質依法提起訴訟或依訴願法或行政訴訟法或其他保障法律等有關規定，請求救濟。」僅係規定教師權利或法律上利益受侵害時之救濟途徑，並未限制公立學校教師提起行政訴訟之權利，與憲法第16條保障人民訴訟權之意旨尚無違背。
釋憲 要點	教師法第33條規定：「教師不願申訴或不服申訴、再申訴決定者，得按其性質依法提起訴訟或依訴願法或行政訴訟法或其他保障法律等有關規定，請求救濟。」僅係規定教師權利或法律上利益受侵害時之救濟途徑，並未限制公立學校教師提起行政訴訟之權利，與憲法第16條保障人民訴訟權之意旨尚無違背。教師因學校具體措施（諸如曠職登記、扣薪、年終成績考核留支原薪、教師評量等）認其權利或法律上利益受侵害時，自得如一般人民依行政訴訟法或民事訴訟法等有關規定，向法院請求救濟，始符合有權利即有救濟之憲法原則。至受理此類事件之法院，對於學校本於專業及對事實真象之熟知所為之判斷，應予以適度之尊重，自屬當然（釋字第382、684號解釋參照）。
相關 法令	憲法第16條（36.1.1） 教師法第29、31、33條（108.6.5） 國立成功大學教師評量要點第2點（97.12.31）
評論或 影響	社團法人新北市教師會理事長鄭建信表示，此號釋憲案指出，修正前教師法第33條僅係規定教師權利或法律上利益受侵害時之救濟途徑，並未限制公立學校教師提起行政訴訟之權利。該解釋理由書並指出，基於有權利即有救濟之憲法原則，人民權利或法律上利益遭受侵害時，必須給予向法院提起訴訟，請求依正當法律程序公平審判，以獲及時有效救濟之機會，不得僅因身分或職業之不同即予以限制。在該釋憲案前，法院實務之運作上，將「按其性質」解釋為得提起行政訴訟進行救濟者為：1.改變教師之身分關係，直接影響其服公職之權利者；或2.對教師之公法上財

| | 產請求權受到影響者；3.對於教師有重大影響之懲戒處分者，進而增加法律所沒有之限制，實際上限縮教師之訴訟權利。該釋憲案為解決法院實務上對教師救濟權利限縮之情形，直接例示「曠職登記、扣薪、年終成績考核留支原薪、教師評量等」得依法提起救濟。原教師法第33條本無限制教師提起行政訴訟之權利，過去係多於法院實務上比照公務人員之保障制度，而限制教師提起行政訴訟之範圍，該釋憲案讓教師有機會如一般人民有其應有之行政訴訟權利。[9] |

有關學生之釋憲案

第382號　限制學生對學校所為處分提起爭訟案

時間	民國84年6月23日
案情	王○賢就讀臺北商業專科學校夜間部企管科，於80年9月初收到學校通知，謂其於79年學年度第1學期期末考試時舞弊，經訓導會議決「勒令退學」處分。因聲請人參加該次期末考試時，並無違規情事，且試畢月餘聲請人之考試科目均經科老師批出分數，學校於此時才以查出聲請人之微積分、管理學、統計學試卷上，並無學校行政人員事先在卷上所作之「暗號」為由，認定聲請人該三科試卷係自行攜入，要求聲請人說明未果，即以「舞弊情節」嚴重，不予申辯之機會，在臨時訓導會議上議決「勒令聲請人退學」之處分。聲請人提起訴願、再訴願與行政訴訟，均被駁回。聲請人認為行政法院裁定所適用之行政法院41年判字第6號暨同院48年判字第11號判例有牴觸憲法疑義，聲請釋憲。
解釋爭點	限制學生對學校所為之處分提起爭訟之判例違憲？
解釋文	各級學校依有關學籍規則或懲處規定，對學生所為退學或類此之處分行為，足以改變其學生身分並損及其受教育之機會，自屬對人民憲法上受教育之權利有重大影響，此種處分行為應為訴願法及行政訴訟法上之行政處分。受處分之學生於用盡校內申訴途徑，未獲救濟者，自得依法提起訴願及行政訴訟。行政法院41年判字第6號判例，與上開意旨不符部分，應予援用，以符憲法保障人民受教育之權利及訴訟權之意旨。

9　鄭建信，〈新修教師法打臉釋字第 736 號解釋？〉，《社團法人新北市教師會》，第81期會訊，http://ntptu.org.tw/FileStorage/MemberNews/%E7%AC%AC81%E6%9C%9F%E6%9C%83%E8%A8%8A_chapter01.pdf。

釋憲要點	人民有受教育之權利，為憲法所保障。而憲法上權利遭受不法侵害者，自得行使憲法第16條訴願及訴訟之權，於最後請求司法機關救濟，不因其身分而受影響，迭經釋字第187、201、243、266、295、298、312、323、338號等解釋，就人民因具有公務員或其他身分關係而涉訟之各類事件中，闡釋甚明。 公立學校係各級政府依法令設置實施教育之機構，具有機關之地位，而私立學校係依私立學校法經主管教育行政機關許可設立並製發印信授權使用，在實施教育之範圍內，有錄取學生、確定學籍、獎懲學生、核發畢業或學位證書等權限，係屬由法律在特定範圍內授與行使公權力之教育機構，於處理上述事項時亦具有與機關相當之地位（參照釋字第269號解釋）。是各級公私立學校依有關學籍規則或懲處規定，對學生所為退學或類此之處分行為，足以改變其學生身分及損害其受教育之機會，此種處分行為應為訴願法及行政訴訟法上之行政處分，並已對人民憲法上受教育之權利有重大影響。人民因學生身分受學校之處分，得否提起行政爭訟，應就其處分內容分別論斷。如學生所受處分係為維持學校秩序、實現教育目的所必要，且未侵害其受教育之權利者（例如記過、申誡等處分），除循學校內部申訴途徑謀求救濟外，尚無許其提起行政爭訟之餘地。反之，如學生所受者為退學或類此之處分，則其受教育之權利既已受侵害，自應許其於用盡校內申訴途徑後，依法提起訴願及行政訴訟。行政法院41年判字第6號判例：「學校與官署不同，學生與學校之關係，亦與人民與官署之關係有別，學校師長對於違反校規之學生予以轉學處分，如有不當情形，亦祇能向該管監督機關請求糾正，不能按照訴願程序，提起訴願。」與上開意旨不符部分，應不予援用，以符憲法保障人民受教育之權利及訴訟權之意旨。又受理學生退學或類此處分爭訟事件之機關或法院，對於其中涉及學生之品行考核、學業評量或懲處方式之選擇，應尊重教師及學校本於專業及對事實真象之熟知所為之決定，僅於其判斷或裁量違法或顯然不當時，得予撤銷或變更，併此指明。
相關法令	憲法第16、21、22條（36.1.1） 司法院釋字第187、201、243、266、269、295、298、312、323、338號解釋 行政法院41年判字第6號判例
評論或影響	此號釋憲案分別從憲法教育權、訴願權與平等權之角度，表示「人民有受教育之權利，為憲法所保障。而憲法上權利遭受不法侵害者，得行使憲法第16條訴願及訴訟之權，於最後請求司法機關救濟，不因其身分而受影響。」該釋憲案宣告行政法院41年判字第6號判例失效不再援用，打破校園特別權力關係之桎梏，對教育界造成重大之影響。讓學校在對學生作出退學處分，會更加慎重。[10]

10 吳東牧，〈我要上學～被趕出校園之學生〉，《極憲故事》，2017年1月19日，https://is.gd/M8smGp。

第563號　碩士生因學科考兩次未過遭退學案

時間	民國92年7月25日
案情	夏○方原係政治大學民族學系碩士班3年級研究生，於85年11月7日參加「碩士候選人資格考試」，其中考試科目「中國民族誌研究」成績為67分（及格成績為70分），經86年3月26日複試該科目成績為66分，民族學系即依「國立政治大學民族學系碩士班碩士候選人資格考試要點」第4點報請教務處予以退學處分。聲請人向校方提出申訴以資救濟，校方召開學生申訴評議委員會，決議駁回申訴。聲請人向教育部提起訴願，惟教育部未為決定，遂向行政院提起再訴願，但被駁回，後提起行政訴訟，但又被駁回。聲請人認為行政法院判決所適用之政治大學研究生學位考試要點第2點及政治大學民族學系碩士班碩士候選人資格考試要點第4點，增加學位授予法第6條第1項所無之限制，侵害聲請人之受教育權，有違憲法第23條法律保留原則之疑義，聲請釋憲。
解釋爭點	大學就碩士生學科考兩次未過，以退學論之校規違憲？
解釋文	憲法第11條之講學自由賦予大學教學、研究與學習之自由，並於直接關涉教學、研究之學術事項，享有自治權。國家對於大學之監督，依憲法第162條規定，應以法律為之，惟仍應符合大學自治之原則。是立法機關不得任意以法律強制大學設置特定之單位，致侵害大學之內部組織自主權；行政機關亦不得以命令干預大學教學之內容及課程之訂定，而妨礙教學、研究之自由，立法及行政措施之規範密度，於大學自治範圍內，均應受適度之限制（參照本院釋字第380、450號解釋）。 碩士學位之頒授依83年4月27日修正公布之學位授予法第6條第1項規定，應於研究生「完成碩士學位應修課程，提出論文，經碩士學位考試委員會考試通過」後，始得為之，此乃國家本於對大學之監督所為學位授予之基本規定。大學自治既受憲法制度性保障，則大學為確保學位之授予具備一定之水準，自得於合理及必要之範圍內，訂定有關取得學位之資格條件。國立政治大學於85年6月14日訂定之國立政治大學研究生學位考試要點規定，各系所得自訂碩士班研究生於提出論文前先行通過資格考核（第2點第1項），該校民族學系並訂定該系碩士候選人資格考試要點，辦理碩士候選人學科考試，此項資格考試之訂定，未逾越大學自治之範疇，不生憲法第23條之適用問題。 大學學生退學之有關事項，83年1月5日修正公布之大學法未設明文。為維持學術品質，健全學生人格發展，大學有考核學生學業與品行之權責，其依規定程序訂定有關章則，使成績未符一定標準或品行有重大偏差之學生予以退學處分，亦屬大學自治之範疇；立法機關對有關全國性之大學教育事項，固得制定法律予以適度之規範，惟大學於合理範圍內仍享有自主權。國立政治大學暨同校民族學系前開要點規定，民族學系碩士候選人兩次未通過學科考試者以退學論處，係就該校之自治事項所為之規定，與前開憲法意旨並無違背。大學對學生所為退學之處分行為，關係學生權益甚鉅，有關章則之訂定及執行自應遵守正當程序，其內容並應合理妥適，乃屬當然。

釋憲要點	大學自治爲憲法第11條講學自由之保障範圍，大學對於教學、研究與學習之學術事項，諸如內部組織、課程設計、研究內容、學力評鑑、考試規則及畢業條件等，均享有自治權。國家依憲法第162條對大學所爲之監督，應以法律爲之，並應符合大學自治之原則，俾大學得免受不當之干預，進而發展特色，實現創發知識、作育英才之大學宗旨。是立法機關不得任意以法律強制大學設置特定之單位，致侵害大學之內部組織自主權，行政機關亦不得以命令干預大學教學之內容及課程之訂定，而妨礙教學、研究之自由，立法及行政措施之規範密度，於大學自治範圍內，均應受適度之限制，教育主管機關對大學之運作亦僅屬於適法性監督之地位（參照釋字第380、450號解釋）。 學生之學習權及受教育權，國家應予保障（教育基本法第8條第2項）。大學對學生所爲退學或類此之處分，足以改變其學生身分及受教育之權利，關係學生權益甚鉅（釋字第382號解釋參照）。大學依其章則對學生施以退學處分者，有關退學事由及相關內容之規定自應合理妥適，其訂定及執行並應踐履正當程序。大學法第17條第1項：「大學爲增進教育效果，應由經選舉產生之學生代表出席校務會議，並出席與其學業、生活及訂定獎懲有關規章之會議。」同條第2項：「大學應保障並輔導學生成立自治團體，處理學生在校學習、生活與權益有關事項；並建立學生申訴制度，以保障學生權益」，係有關章則訂定及學生申訴之規定，大學自應遵行，乃屬當然。
相關法令	憲法第11、23、158、162條（36.1.1） 司法院釋字第380、382、450號解釋 大學法第1、17、25條（83.1.5） 學位授予法第4條（72.5.6） 學位授予法第6條第1項（83.4.27） 教育基本法第2條第2項、第8條第2項（88.6.23） 國立政治大學研究生學位考試要點第2點第1項（85.6.14） 國立政治大學民族學系碩士班碩士候選人資格考試要點（85.9.19）
評論或影響	此號釋憲案表示，大學爲確保學位授予具有一定水準，可在大學自治之範圍內，自行訂定有關學位取得之資格條件。不須由大學法對此部分作統一規範。故政治大學可用「校規」來規定學位授予之標準，並未違反法律保留原則。[11]

---

11 劉大慶，〈學術自由的意義是什麼？保障的內容有哪些？跟大學自治有什麼關係呢？〉，《法律百科》，2022年11月8日，https://www.legis-pedia.com/article/769/download。

第684號　大學生受到非屬退學之處分得否提爭訟案

時間	民國100年1月17日
案情	1.陳○奇為某大學研究所碩一學生，97學年度上學期，跨院加選他學院EMBA學程所開設之「公司治理與企業發展」科目，學校認聲請人非該學院EMBA學生，否准其加選。聲請人迭經校內申訴、訴願不受理及行政訴訟以不合法為由駁回確定，聲請釋憲。 2.蔡○宇為同大學另系研究所碩四學生，93年3月16日向學校學生事務處課外活動指導組申請在該校公告欄及海報版張貼「挺扁海報」，時值公職人員競選期間，學校以違背國家法令為由否准所請。聲請人迭經校內申訴、訴願不受理及行政訴訟以不合法為由駁回確定，聲請釋憲。 3.龍○賓為某私立技術學院進修部觀光餐旅學群觀光事業科2年級學生，因91年度下學期期末必修科目考試日期，與92年觀日日語導遊筆試日期衝突，向授課教師申請提前考試獲准，然該必修科目經授課教師評定成績不及格，致無法於92年畢業。聲請人主張成績評分不公影響畢業，迭經校內申訴、行政訴訟以不合法為由駁回確定，聲請釋憲。
解釋爭點	大學所為非屬退學或類此之處分，主張權利受侵害之學生得否提起行政爭訟？
解釋文	大學為實現研究學術及培育人才之教育目的或維持學校秩序，對學生所為行政處分或其他公權力措施，如侵害學生受教育權或其他基本權利，即使非屬退學或類此之處分，本於憲法第16條有權利即有救濟之意旨，仍應許權利受侵害之學生提起行政爭訟，無特別限制之必要。在此範圍內，釋字第382號解釋應予變更。
釋憲要點	人民之訴願權及訴訟權為憲法第16條所保障。人民於其權利遭受公權力侵害時，得循法定程序提起行政爭訟，俾其權利獲得適當之救濟（釋字第418、667號解釋參照），而此項救濟權利，不得僅因身分之不同而予以剝奪。 釋字第382號解釋就人民因學生身分受學校之處分得否提起行政爭訟之問題，認為應就其處分內容分別論斷，凡依有關學籍規則或懲處規定，對學生所為退學或類此之處分行為，足以改變其學生身分及損害其受教育之機會時，因已對人民憲法上受教育之權利有重大影響，即應為訴願法及行政訴訟法上之行政處分，而得提起行政爭訟。至於學生所受處分係為維持學校秩序、實現教育目的所必要，且未侵害其受教育之權利者（例如記過、申誡等處分），則除循學校內部申訴途徑謀求救濟外，尚無許其提起行政爭訟之餘地。惟大學為實現研究學術及培育人才之教育目的或維持學校秩序，對學生所為行政處分或其他公權力措施，如侵害學生受教育權或其他基本權利，即使非屬退學或類此之處分，本於憲法第16條有權利即有救濟之意旨，仍應許權利受侵害之學生提起行政爭訟，無特別限制之必要。在此範圍內，釋字第382號解釋應予變更。

	大學教學、研究及學生之學習自由均受憲法之保障，在法律規定範圍內享有自治之權（釋字第563號解釋參照）。為避免學術自由受國家不當干預，不僅行政監督應受相當之限制（釋字第380號解釋參照），立法機關亦僅得在合理範圍內對大學事務加以規範（釋字第563、626號解釋參照），受理行政爭訟之機關審查大學學生提起行政爭訟事件，亦應本於維護大學自治之原則，對大學之專業判斷予以適度之尊重（釋字第462號解釋參照）。
相關法令	憲法第16條（36.1.1） 司法院釋字第380、382、418、462、563、626、653、667號解釋
評論或影響	根據黃旭田律師表示，此號釋憲案公布後，有人認為這是大法官們在建國百年對學生權利保障之最大禮物，但也有大學師長認為將影響學校對學生之管理。大法官認為，大學可以限制學生之受教育權利或其他基本權利，但應限於「實現學術研究及培育人才之教育目的」，抑或是為「維持學校秩序」，而不可任意限制學生權利。大法官提醒大學，大學生多已是成年人，其人權與一般人無異。因此在該釋憲案後，對於學生之「特別權力關係理論」幾乎被宣告送進歷史。教育部在該釋憲案公布後，於100年6月8日發布「大學及專科學校學生申訴案處理原則」，對於學生申訴案之處理有相當完整之指導，並宣導學校應將「申訴制度」當作學校有無妥適保障學生權利、有無不慎侵害學生權益之檢討機制。[12]

第784號　各級學校學生之行政爭訟權案

時間	民國108年10月25日
案情	1.張○○為臺中市長億高中學生，於105年11月間叼含香菸，受記小過1次之處分；又因無照騎乘機車，於同年12月間，受記大過1次之處分。聲請人一對原處分循序提起訴願、行政訴訟，法院均認原處分未對學生憲法上受教育之權利或其他基本權利造成重大影響，依釋字第382號解釋駁回其訴。聲請人一認系爭解釋有違憲疑義，聲請釋憲。 2.傅○君原為新竹市培英國中學生，於103年1月請病假1日而未參加定期評量，後參加補考。依101年8月14日修正發布之新竹市國民中學學生成績評量辦法第15條第2款規定：「學生定期評量時，因公、因病或因事經准假缺考者准予補考。補考成績依下列規定辦理：二、因事、因病假缺考者，其成績超過六十分者，其超過部分七折計算」，聲請人二接獲成績通知單後循序提起訴願、行政訴訟，法院依據系爭解釋，認定系爭成績評量並非行政處分，駁回其訴。聲請人二認系爭解釋及成績評量辦法第15條第2款有違憲疑義，聲請釋憲。

12 黃旭田，〈如何看待釋字第684號解釋〉，《法律百科》，2022年11月8日，https://www.legis-pedia.com/article/769/download。

解釋 爭點	釋字第382號解釋有關各級學校學生行政爭訟權之解釋，應否部分變更？
解釋文	本於憲法第16條保障人民訴訟權之意旨，各級學校學生認其權利因學校之教育或管理等公權力措施而遭受侵害時，即使非屬退學或類此之處分，亦得按相關措施之性質，依法提起相應之行政爭訟程序以爲救濟，無特別限制之必要。於此範圍內，釋字第382號解釋應予變更。
釋憲 要點	憲法第16條保障人民訴訟權，係指人民於其權利遭受侵害時，有請求法院救濟之權利。基於有權利即有救濟之憲法原則，人民權利遭受侵害時，必須給予向法院提起訴訟，請求依正當法律程序公平審判，以獲及時有效救濟之機會，不得僅因身分之不同，即予剝奪。 各級學校學生基於學生身分所享之學習權及受教育權，或基於一般人民地位所享之身體自主權、人格發展權、言論自由、宗教自由或財產權等憲法上權利或其他權利，如因學校之教育或管理等公權力措施而受不當或違法之侵害，應允許學生提起行政爭訟，以尋求救濟，不因其學生身分而有不同。 系爭解釋以人民受教育之權利爲憲法所保障，學生因學校之退學或類似之處分行爲，足以改變其學生身分並損及其受教育之機會，自屬對其受教育之權利有重大影響，於用盡校內申訴途徑後，得依法提起訴願及行政訴訟，不因其學生身分而受影響。惟如學生所受處分係爲維持學校秩序、實現教育目的所必要，且未侵害其受教育之權利者（例如記過、申誡等處分），則僅能循學校內部申訴途徑謀求救濟，不許其提起行政爭訟，係對具學生身分者提起行政爭訟權之特別限制。 系爭解釋所稱之處分行爲，係包括行政處分與其他公權力措施。惟學校對學生所爲之公權力措施，縱未侵害學生受教育之權利，亦有侵害前揭其他權利之可能。本於憲法第16條保障人民訴訟權之意旨，各級學校學生認其權利因學校之教育或管理等公權力措施而遭受侵害時，即使非屬退學或類此之處分，亦得按相關措施之性質，依法提起相應之行政爭訟程序以爲救濟，無特別限制之必要。於此範圍內，系爭解釋應予變更。 至學校基於教育目的或維持學校秩序，對學生所爲之教育或管理等公權力措施（例如學習評量、其他管理、獎懲措施等），是否侵害學生之權利，則仍須根據行政訴訟法或其他相關法律之規定，依個案具體判斷，尤應整體考量學校所採取措施之目的、性質及干預之程度，如屬顯然輕微之干預，即難謂構成權利之侵害。又即使構成權利之侵害，學生得據以提起行政爭訟請求救濟，教師及學校之教育或管理措施，仍有其專業判斷餘地，法院及其他行政爭訟機關應予以較高之尊重，自不待言。
相關 法令	司法院釋字第382號解釋

評論或 影響	根據「司法流言終結者」表示，本案法院認為，校方並未對學生憲法上受教育之權利或其他基本權利造成重大影響，依照第382號釋憲案，不可提起行政訴訟；第684號釋憲案也僅是開放大學生可提起行政訴訟，而此號釋憲案則給予中小學生有提起行政訴訟之權利。基於有權利即有救濟之憲法原則，人民權利遭受侵害時，必須給予向法院提起訴訟，請求依正當法律程序公平審判，以獲及時有效救濟之機會，不得僅因身分之不同，即予剝奪。該解釋再次就特別權力關係予以重擊，學校與教師未來在對學生作出相關處分或措施時，必須更加注意教育目的與使用手段是否相符。但該釋憲案理由書最末段亦提到：學校基於教育目的或維持學校秩序，對學生所為之教育或管理等公權力措施（例如學習評量、其他管理、獎懲措施等），是否侵害學生之權利，則仍須根據行政訴訟法或其他相關法律之規定，依個案具體判斷，尤應整體考量學校所採取措施之目的、性質及干預之程度，如屬顯然輕微之干預，即難謂構成權利之侵害。又即使構成權利之侵害，學生得據以提起行政爭訟請求救濟，教師及學校之教育或管理措施，仍有其專業判斷餘地，法院及其他行政爭訟機關應予以較高之尊重。亦即，法院仍高度尊重學校與教師之教育專業。[13]

---

13 司法流言終結者，〈「釋字784是在哈囉？」學生的訴訟權，不會讓教師不知道怎麼教〉，《鳴人堂》，2019年11月28日，https://opinion.udn.com/opinion/story/12322/4192947。

憲法第22條
有關其他權利之釋憲案

　　我國憲法第22條規定：「凡人民之其他自由及權利，不妨害社會秩序公共利益者，均受憲法之保障。」此規定在學說上稱為「憲法直接保障主義」，亦即憲法保障所有之自由權利，凡是符合此要件之自由權利即受我國憲法所保障，而非待法律所賦予，即使是法律亦不可任意侵害。該條所規定之其他自由及權利，亦可稱為「類似於基本權之權利」。[1]區別列舉自由權與非列舉自由權，其法律實益在於避免濫用憲法第22條，使得非列舉自由權之種類過多，而讓其他列舉自由權被忽略。

　　立法者之立法技術有其侷限性，立法者無法以立法之方式保障所有人民基本權利，為避免在憲法保障之列舉基本權之外造成人民基本權利保障之漏洞，以我國憲法第22條概括條款之規定，透過司法院大法官對於憲法之解釋使人民基本權利保障之體系能夠更加完善。此種透過司法院大法官對於憲法第22條之解釋使人民得到基本權利，學說上稱之為「剩餘基本權」、「概括基本權」或「非列舉基本權」。[2]本文蒐整12件關於其他權利較具代表性之大法官釋憲案，包括2件有關隱私權、3件有關婚姻權、4件有關契約自由、2件有關健康權、1件有關姓名權等議題之釋憲案，以供參考。

有關隱私權之釋憲案

第603號　申領身分證須按指紋案

時間	民國94年9月28日
案請	立法院於84年制訂通過之戶籍法第8條第2、3項規定：人民年滿14歲者，應請領國民身分證並捺指紋，未捺指紋者，不予發給。但該法通過後，行政院一直未執行，後來監察院予以糾正，行政院決定於94年7月1日換發國民身分證，並執行該法律。在換發國民身分證之前，民進黨團84位立法委員於6月6日表示，此規定恐有侵害憲法保障人民基本權利、憲法保留原則及法律保留原則之虞，且該法適用亦有違反授

1　〈第四章　憲法非列舉自由權之釋憲分析〉，《國立臺灣師範大學》，http://rportal.lib.ntnu.edu.tw:8080/server/api/core/bitstreams/2f936481-050e-4389-b696-035e56e9f920/content，頁86-87。
2　同前註。

	權明確性及法律文義解釋之情事。爲避免造成人民權益、憲法法益及公共利益不可回復之重大損害，該等立法委員除要求司法院採取釋字第585號解釋之釋憲本旨，逕行對戶籍法第8條爲急速處分並先行宣告本條文暫時停止適用，並對該法律之合法性，聲請釋憲。
解釋爭點	戶籍法第8條第2、3項捺指紋始核發身分證規定違憲？
解釋文	維護人性尊嚴與尊重人格自由發展，乃自由民主憲政秩序之核心價值。隱私權雖非憲法明文列舉之權利，惟基於人性尊嚴與個人主體性之維護及人格發展之完整，並爲保障個人生活私密領域免於他人侵擾及個人資料之自主控制，隱私權乃爲不可或缺之基本權利，而受憲法第22條所保障（釋字第585號解釋參照）。其中就個人自主控制個人資料之資訊隱私權而言，乃保障人民決定是否揭露其個人資料、及在何種範圍內、於何時、以何種方式、向何人揭露之決定權，並保障人民對其個人資料之使用有知悉與控制權及資料記載錯誤之更正權。惟憲法對資訊隱私權之保障並非絕對，國家得於符合憲法第23條規定意旨之範圍內，以法律明確規定對之予以適當之限制。 指紋乃重要之個人資訊，個人對其指紋資訊之自主控制，受資訊隱私權之保障。而國民身分證發給與否，則直接影響人民基本權利之行使。戶籍法第8條第2項規定：依前項請領國民身分證，應捺指紋並錄存。但未滿14歲請領者，不予捺指紋，俟年滿14歲時，應補捺指紋並錄存。第3項規定：請領國民身分證，不依前項規定捺指紋者，不予發給。對於未依規定捺指紋者，拒絕發給國民身分證，形同強制按捺並錄存指紋，以作爲核發國民身分證之要件，其目的爲何，戶籍法未設明文規定，於憲法保障人民資訊隱私權之意旨已有未合。縱用以達到國民身分證之防僞、防止冒領、冒用、辨識路倒病人、迷途失智者、無名屍體等目的而言，亦屬損益失衡、手段過當，不符比例原則之要求。戶籍法第8條第2項、第3項強制人民按捺指紋並予錄存否則不予發給國民身分證之規定，與憲法第22、23條規定之意旨不符，應自本解釋公布之日起不再適用。至依據戶籍法其他相關規定換發國民身分證之作業，仍得繼續進行，自不待言。 國家基於特定重大公益之目的而有大規模蒐集、錄存人民指紋、並有建立資料庫儲存之必要者，則應以法律明定其蒐集之目的，其蒐集應與重大公益目的之達成，具有密切之必要性與關聯性，並應明文禁止法定目的外之使用。主管機關尤應配合當代科技發展，運用足以確保資訊正確及安全之方式爲之，並對所蒐集之指紋檔案採取組織上與程序上必要之防護措施，以符憲法保障人民資訊隱私權之本旨。
釋憲要點	本件戶籍法第8條第2、3項係於86年5月21日修正公布時所增訂。行政院以系爭戶籍法第8條第2、3項有侵害人民基本權利之虞，於91年及94年兩次向立法院提出戶籍法第8條修正案，建議刪除該條第2、3項。立法院第6屆第1會期程序委員會決議，擬請院會將本案交內政及民族、財政兩委員會審查。立法院第6屆第1會期第9次會議（94年4月22日）決議照程序委員會意見辦理，交內政及民族、財政兩委員會審

査。惟第10次會議（94年5月3日），立法院國民黨黨團以戶籍法第8條修正案於第5屆委員會審查時，朝野立法委員一致決議不予修正在案，且未於朝野協商時達成共識，爲避免再生爭議及7月1日起實施身分證換發時程，浪費公帑危害治安等爲由，依立法院議事規則相關規定提請復議，經院會決議該復議案「另定期處理」。第14次會議（94年5月31日），國民黨黨團再次提出復議，仍作成「另定期處理」之決議。

維護人性尊嚴與尊重人格自由發展，乃自由民主憲政秩序之核心價值。隱私權雖非憲法明文列舉之權利，惟基於人性尊嚴與個人主體性之維護及人格發展之完整，並爲保障個人生活私密領域免於他人侵擾及個人資料之自主控制，隱私權乃爲不可或缺之基本權利，而受憲法第22條所保障（釋字第585號解釋參照），其中包含個人自主控制其個人資料之資訊隱私權，保障人民決定是否揭露其個人資料、及在何種範圍內、於何時、以何種方式、向何人揭露之決定權，並保障人民對其個人資料之使用有知悉與控制權及資料記載錯誤之更正權。

隱私權雖係基於維護人性尊嚴與尊重人格自由發展而形成，惟其限制並非當然侵犯人性尊嚴。憲法對個人資訊隱私權之保護亦非絕對，國家基於公益之必要，自得於不違反憲法第23條之範圍內，以法律明確規定強制取得所必要之個人資訊。至該法律是否符合憲法第23條之規定，則應就國家蒐集、利用、揭露個人資訊所能獲得之公益與對資訊隱私之主體所構成之侵害，通盤衡酌考量。並就所蒐集個人資訊之性質是否涉及私密敏感事項、或雖非私密敏感但易與其他資料結合爲詳細之個人檔案，於具體個案中，採取不同密度之審查。而爲確保個人主體性及人格發展之完整，保障人民之資訊隱私權，國家就其正當取得之個人資料，亦應確保其合於目的之正當使用及維護資訊安全，故國家蒐集資訊之目的，尤須明確以法律制定之。蓋惟有如此，方能使人民事先知悉其個人資料所以被蒐集之目的，及國家將如何使用所得資訊，並進而確認主管機關係以合乎法定蒐集目的之方式，正當使用人民之個人資訊。

| 相關法令 | 憲法第22、23條（36.1.1）
司法院釋字第575、585、599號解釋
司法院大法官審理案件法第5條第1項第3款（82.2.3）
勞工退休金條例施行細則第37條（94.1.19）
公職人員選舉罷免法第21條（94.6.22）
總統副總統選舉罷免法第14條（93.4.7）
試場規則第3條（93.5.12）
營業小客車駕駛人執業登記管理辦法第5條（92.4.1）
戶籍法第7條第1項前段、第8條第2、3項（94.6.15）
戶籍法施行細則第20條第3項前段（93.2.4）
公民投票法施行細則第10條（93.1.20）
護照條例施行細則第8條（91.2.27） |

評論或影響	根據《一起讀判決》網站表示，在行政院執行新身分證換發作業前，大法官於94年6月10日作成釋字第599號解釋，凍結戶籍法請領國民身分證應按捺指紋之規定，並於9月28日作成釋字第603號解釋宣告戶籍法第8條第2、3項之規定違憲，立即失效。這是一件進展快速之釋憲案，從聲請、暫時處分到解釋作成，只經過114日。該釋憲案強調隱私權之重要性，解釋文認為基於人性尊嚴與個人主體性之維護及人格發展之完整，並為保障個人生活私密領域免於他人侵擾及個人資料之自主控制，隱私權是不可獲缺之基本權利，應受憲法保障。指紋是重要之個人資訊，個人對其指紋資訊之自主控制，受資訊隱私權之保障，強制按捺指紋對資訊隱私權是一種侵害。但憲法對基本權之保障並非絕對，而是要看是否合乎比例原則、法律規定是否明確而定。故解釋文最後一段指出：「國家基於特定重大公益之目的而有大規模蒐集、錄存人民指紋、並有建立資料庫儲存之必要者，則應以法律明定其蒐集之目的，其蒐集應與重大公益目的之達成，具有密切之必要性與關聯性，並應明文禁止法定目的外之使用。主管機關尤應配合當代科技發展，運用足以確保資訊正確及安全之方式為之，並對所蒐集之指紋檔案採取組織上與程序上必要之防護措施，以符憲法保障人民資訊隱私權之本旨。」[3]

第689號　新聞採訪者跟追行為限制案

時間	民國100年7月29日
案情	神通集團少東苗○斌與知名模特兒孫○華於97年間傳出結婚消息，蘋果日報記者王○博為追蹤報導此消息，於7月間開始跟拍苗○斌。苗○斌不堪其擾，委託律師2次發函要求停止跟拍。但王○博於9月7日再次整日跟拍苗孫兩人時，苗○斌報警檢舉，由警方依違反社會秩序維護法第89條第2款「無正當理由，跟追他人，經勸阻不聽者」之規定，處罰鍰新臺幣1,500元。王○博不服警方裁罰，向地方法院聲明異議，遭駁回後，再向地方法院抗告，亦遭駁回。聲請人認為上開規定有違反憲法之疑義，聲請釋憲。[4]
解釋爭點	社會秩序維護法第89條第2款規定，使新聞採訪者之跟追行為受到限制，違憲？
解釋文	社會秩序維護法第89條第2款規定，旨在保護個人之行動自由、免於身心傷害之身體權、及於公共場域中得合理期待不受侵擾之自由與個人資料自主權，而處罰無正當理由，且經勸阻後仍繼續跟追之行為，與法律明確性原則尚無牴觸。新聞採訪者於有事實足認特定事件屬大眾所關切並具一定公益性之事務，而具有新聞價值，如須以跟追方式進行採訪，其跟追倘依社會通念認非不能容忍者，即具正當理由，而

3　〈身分證強制按指紋，為什麼違憲？〉，《一起讀判決》，2017年9月25日，https://casebf.com/2017/09/25/fingerprint/。

4　〈「隱私權」及「新聞自由」：司法院大法官會議釋字689號解釋〉，《博仲法律事務所》，shorturl.at/eAJQU。

	不在首開規定處罰之列。於此範圍內，首開規定縱有限制新聞採訪行為，其限制並未過當而符合比例原則，與憲法第11條保障新聞採訪自由及第15條保障人民工作權之意旨尚無牴觸。又系爭規定以警察機關為裁罰機關，亦難謂與正當法律程序原則有違。
釋憲要點	於人性尊嚴之理念，個人主體性及人格之自由發展，應受憲法保障（釋字第603號解釋參照）。為維護個人主體性及人格自由發展，除憲法已保障之各項自由外，於不妨害社會秩序公共利益之前提下，人民依其意志作為或不作為之一般行為自由，亦受憲法第22條所保障。人民隨時任意前往他方或停留一定處所之行動自由（釋字第535號解釋參照），自在一般行為自由保障範圍之內。惟此一行動自由之保障並非絕對，如為防止妨礙他人自由，維護社會秩序所必要，尚非不得以法律或法律明確授權之命令予以適當之限制。而為確保新聞媒體能提供具新聞價值之多元資訊，促進資訊充分流通，滿足人民知之權利，形成公共意見與達成公共監督，以維持民主多元社會正常發展，新聞自由乃不可或缺之機制，應受憲法第11條所保障。新聞採訪行為則為提供新聞報導內容所不可或缺之資訊蒐集、查證行為，自應為新聞自由所保障之範疇。又新聞自由所保障之新聞採訪自由並非僅保障隸屬於新聞機構之新聞記者之採訪行為，亦保障一般人為提供具新聞價值之資訊於眾，或為促進公共事務討論以監督政府，而從事之新聞採訪行為。惟新聞採訪自由亦非絕對，國家於不違反憲法第23條之範圍內，自得以法律或法律明確授權之命令予以適當之限制。 社會秩序維護法第89條第2款規定，無正當理由，跟追他人，經勸阻不聽者，處新臺幣3000元以下罰鍰或申誡（即系爭規定）。依系爭規定之文字及立法過程，可知其係參考違警罰法第77條第1款規定（32年9月3日國民政府公布，同年10月1日施行，80年6月29日廢止）而制定，旨在禁止跟追他人之後，或盯梢婦女等行為，以保護個人之行動自由。此外，系爭規定亦寓有保護個人身心安全、個人資料自主及於公共場域中不受侵擾之自由。 憲法上正當法律程序原則之內涵，除要求人民權利受侵害或限制時，應有使其獲得救濟之機會與制度，亦要求立法者依據所涉基本權之種類、限制之強度及範圍、所欲追求之公共利益、決定機關之功能合適性、有無替代程序或各項可能程序成本等因素綜合考量，制定相應之法定程序。按個人之身體、行動、私密領域或個人資料自主遭受侵擾，依其情形或得依據民法、電腦處理個人資料保護法（99年5月26日修正公布為個人資料保護法，尚未施行）等有關人格權保護及侵害身體、健康或隱私之侵權行為規定，向法院請求排除侵害或損害賠償之救濟（民法第18條、第195條、電腦處理個人資料保護法第28條規定參照），自不待言。 立法者復制定系爭規定以保護個人之身體、行動、私密領域或個人資料自主，其功能在使被跟追人得請求警察機關及時介入，制止或排除因跟追行為對個人所生之危害或侵擾，並由警察機關採取必要措施（例如身分查證及資料蒐集、記錄事實等解決紛爭所必要之調查）。依系爭規定，警察機關就無正當理由之跟追行為，經勸阻而不聽者得予以裁罰，立法者雖未採取直接由法官裁罰之方式，然受裁罰處分者如有不服，尚得依社會秩序維護法第55條規定，於5日內經原處分之警察機關向該管

	法院簡易庭聲明異議以為救濟，就此而言，系爭規定尚難謂與正當法律程序原則有違。
	惟就新聞採訪者之跟追行為而論，是否符合上述處罰條件，除前述跟追方式已有侵擾被跟追人之身體安全、行動自由之虞之情形外，就其跟追僅涉侵擾私密領域或個人資料自主之情形，應須就是否侵害被跟追人於公共場域中得合理期待不受侵擾之私人活動領域、跟追行為是否逾越依社會通念所認不能容忍之界限、所採訪之事件是否具一定之公益性等法律問題判斷，並應權衡新聞採訪自由與個人不受侵擾自由之具體內涵，始能決定。鑑於其所涉判斷與權衡之複雜性，並斟酌法院與警察機關職掌、專業、功能等之不同，為使國家機關發揮最有效之功能，並確保新聞採訪之自由及維護個人之私密領域及個人資料自主，是否宜由法院直接作裁罰之決定，相關機關應予檢討修法，或另定專法以為周全規定，併此敘明。
相關法令	憲法第11、15、22、23條（36.1.1） 司法院釋字第535、585、603號解釋 司法院大法官審理案件法第5條第1項第2款、第13條第1項（82.2.3） 社會秩序維護法第55條、第89條第2款（110.5.26） 民法第18、195條（104.6.10） 電腦處理個人資料保護法第28條（84.8.11）
評論或影響	此號釋憲案涉及「個人不受侵擾自由」與「新聞自由」兩個相對立之權利，該釋憲案先就「個人不受侵擾自由」指出，社維法之相關規定「旨在保護個人之行動自由、免於身心傷害之身體權、及於公共場域中得合理期待不受侵擾之自由與個人資料自主權，而處罰無正當理由，且經勸阻後仍繼續跟追之行為，與法律明確性原則尚無牴觸」，肯認個人之自由權、身體權、個人資料自主權等相關基本權利。並指出「新聞採訪者縱為採訪新聞而為跟追，如其跟追已達緊迫程度，而可能危及被跟追人身心安全之身體權或行動自由時，即非足以合理化之正當理由，系爭規定授權警察及時介入、制止，要不能謂與憲法第11條保障新聞採訪自由之意旨有違」。其次，該釋憲案就「新聞自由」之保障指出，「新聞採訪者於事實足認特定事件屬大眾所關切並具一定公益性之事務，而具有新聞價值，如須以跟追方式進行採訪，其跟追倘依社會通念認非不能容忍者，即具正當理由。」至於何種情況可認為具有正當理由，該釋憲案提出6種情況：1.犯罪或重大不當行為之揭發；2.公共衛生或設施安全的維護；3.政府施政的妥當性；4.公職人員執行職務與適任性；5.政治人物言行的可信任性；6.公眾人物影響社會風氣的言行。最後，釋憲文指出，鑑於「跟追行為是否侵害被跟追人於公共場域中得合理期待不受侵擾之私人活動領域？」「跟追行為是否逾越依社會通念所認不能容忍之界限？」「所採訪之事件是否具一定之公益性？」「新聞採訪自由與個人不受侵擾自由之具體內涵？」等所涉判斷與權衡之複雜性，是否宜由法院直接作裁罰之決定，建議相關機關應予檢討修法，或另定專法以為周全規定。[5]

5　同前註。

有關婚姻權之釋憲案

第554號　通姦處罰案

時間	民國91年12月27日
案情	臺灣高雄地方法院法官葉啓洲審理該院89年度易字第1090號與第4032號兩件妨害婚姻案件，其中一案爲先生外遇，另外一案則是太太外遇，女方都因此生子，經檢察官提起公訴。葉法官認爲刑法第239條對通姦行爲之處罰，直接限制人民之自由權與財產權，間接限制人民之性自主權，又非追求幸福婚姻之有效手段，無助於規範目的之實現，與憲法適當性原則、必要性原則有違，並侵犯憲法第22條之非列舉基本權，聲請釋憲。
解釋爭點	刑法第239條對通姦、相姦者處以罪刑，是否違憲？
解釋文	婚姻與家庭爲社會形成與發展之基礎，受憲法制度性保障（參照釋字第362、552號解釋）。婚姻制度植基於人格自由，具有維護人倫秩序、男女平等、養育子女等社會性功能，國家爲確保婚姻制度之存續與圓滿，自得制定相關規範，約束夫妻雙方互負忠誠義務。性行爲自由與個人之人格有不可分離之關係，固得自主決定是否及與何人發生性行爲，惟依憲法第22條規定，於不妨害社會秩序公共利益之前提下，始受保障。是性行爲之自由，自應受婚姻與家庭制度之制約。 婚姻關係存續中，配偶之一方與第三人間之性行爲應爲如何之限制，以及違反此項限制，應否以罪刑相加，各國國情不同，應由立法機關衡酌定之。刑法第239條對於通姦者、相姦者處1年以下有期徒刑之規定，固對人民之性行爲自由有所限制，惟此爲維護婚姻、家庭制度及社會生活秩序所必要。爲免此項限制過嚴，同法第245條第1項規定通姦罪爲告訴乃論，以及同條第2項經配偶縱容或宥恕者，不得告訴，對於通姦罪附加訴追條件，此乃立法者就婚姻、家庭制度之維護與性行爲自由間所爲價值判斷，並未逾越立法形成自由之空間，與憲法第23條比例原則之規定尚無違背。
釋憲要點	按婚姻係一夫一妻爲營永久共同生活，並使雙方人格得以實現與發展之生活共同體。因婚姻而生之此種永久結合關係，不僅使夫妻在精神上、物質上互相扶持依存，並延伸爲家庭與社會之基礎。至於婚姻關係存續中，配偶之一方與第三人間之性行爲應爲如何之限制，以及違反此項限制，應否以罪刑相加，因各國國情不同，立法機關得衡酌如何維護婚姻與家庭制度而制定之行爲規範，如選擇以刑罰加以處罰，倘立法目的具有正當性，刑罰手段有助於立法目的之達成，又無其他侵害較小亦能達成相同目的之手段可資運用，而刑罰對基本權利之限制與立法者所欲維護法益之重要性及行爲對法益危害之程度，亦處於合乎比例之關係者，即難謂與憲法第23條規定之比例原則有所不符。

	婚姻共同生活基礎之維持，原應出於夫妻雙方之情感及信賴等關係，刑法第239條規定：「有配偶而與人通姦者，處一年以下有期徒刑，其相姦者，亦同。」以刑罰手段限制有配偶之人與第三人間之性行為自由，乃不得已之手段。然刑法所具一般預防功能，於信守夫妻忠誠義務使之成為社會生活之基本規範，進而增強人民對婚姻尊重之法意識，及維護婚姻與家庭制度之倫理價值，仍有其一定功效。立法機關就當前對夫妻忠誠義務所為評價於無違社會一般人通念，而人民遵守此項義務規範亦非不可期待之情況下，自得以刑罰手段達到預防通姦、維繫婚姻之立法目的。矧刑法就通姦罪處1年以下有期徒刑，屬刑法第61條規定之輕罪；同法第245條第1項規定，通姦罪為告訴乃論，使受害配偶得兼顧夫妻情誼及隱私，避免通姦罪之告訴反而造成婚姻、家庭破裂；同條第2項並規定，經配偶縱容或宥恕者，不得告訴，對通姦罪追訴所增加訴訟要件之限制，已將通姦行為之處罰限於必要範圍，與憲法上開規定尚無牴觸。
相關法令	憲法第22、23條（36.1.1） 司法院釋字第362、552號解釋 刑法第239、245條（91.1.30）
評論或影響	根據《一起讀判決》網站表示，此號釋憲案是由憲法法庭所作成，非常罕見地沒有任何一份意見書，大法官認為通姦、相姦之刑罰規定合憲，理由包括： 1.婚姻與家庭為社會形成與發展之基礎，受憲法制度性保障：國家為確保婚姻制度之存續與圓滿，自然可以制定相關規範，約束夫妻雙方互負忠誠義務。 2.性行為自由與人格不可分離：但是憲法第22條規定在不妨害社會秩序公共利益之前提下，才受到保障，因此性行為自由應該受到婚姻跟家庭制度之制約。 3.至於應如何限制，以及當違反限制應如何處罰，是否以刑罰處理，各國國情不同，應該由立法院決定。 4.刑法第239條對於通姦、相姦處1年以下有期徒刑規定，雖然對人民之性行為自由有所限制，但此為維護婚姻、家庭制度及社會生活秩序必要。而且本罪是告訴乃論，立法者亦附加經配偶縱容或宥恕而不得告訴之規定，這是立法者之價值判斷，並未超過立法形成自由，亦無違反比例原則。[6] 雖然該釋憲案認為刑法第239條對通姦、相姦處以罪刑，並未違憲，但是在國際潮流與社會輿論影響之下，司法院大法官會議於109年5月29日作出第791號解釋文，宣告刑法第239條通姦罪違反性自主權及比例原則，刑事訴訟法第239條但書也違反平等原則，均違憲。立法院會於110年5月31日三讀通過刪除上開法律，終結85年來之通姦罪刑罰。

6　〈通姦罪的憲法解釋：554號〉，《一起讀判決》，2017年5月21日，https://casebf.com/2017/05/21/554/。

第748號 同婚案

時間	民國106年5月24日
案情	我國首位公開出櫃之男同志祁○威於102年向臺北市萬華區戶政事務所申請結婚登記被拒,經用盡救濟途徑後,認最高行政法院103年度判字第521號判決(確定終局判決)所適用之民法第972、973、980及982條規定,侵害憲法保障之人格權、人性尊嚴、組織家庭之自由權,有牴觸憲法第7、22、23條及增修條文第10條第6項規定之疑義,聲請釋憲。
解釋爭點	民法親屬編婚姻章,未使相同性別2人,得為經營共同生活之目的,成立具有親密性及排他性之永久結合關係,是否違反憲法第22條保障婚姻自由及第7條保障平等權之意旨?
解釋文	民法第四編親屬第二章婚姻規定,未使相同性別2人,得為經營共同生活之目的,成立具有親密性及排他性之永久結合關係,於此範圍內,與憲法第22條保障人民婚姻自由及第7條保障人民平等權之意旨有違。有關機關應於本解釋公布之日起2年內,依本解釋意旨完成相關法律之修正或制定。逾期未完成相關法律之修正或制定者,相同性別2人為成立上開永久結合關係,得依上開婚姻章規定,持2人以上證人簽名之書面,向戶政機關辦理結婚登記。
釋憲要點	按歷來提及「1夫1妻」、「1男1女」之相關解釋,就其原因事實觀之,均係於異性婚姻脈絡下所為之解釋。例如釋字第242、362、552號解釋係就民法重婚效力規定之例外情形,釋字第554號解釋係就通姦罪合憲性,釋字第647號解釋係就未成立法律上婚姻關係之異性伴侶未能享有配偶得享有之稅捐優惠,釋字第365號解釋則係就父權優先條款所為之解釋。迄未就相同性別2人得否結婚作成解釋。 憲法第7條規定:「中華民國人民,無分男女、宗教、種族、階級、黨派,在法律上一律平等。」本條明文揭示之5種禁止歧視事由,僅係例示,而非窮盡列舉。是如以其他事由,如身心障礙、性傾向等為分類標準,所為之差別待遇,亦屬本條平等權規範之範圍。 現行婚姻章僅規定1男1女之永久結合關係,而未使相同性別2人亦得成立相同之永久結合關係,係以性傾向為分類標準,而使同性性傾向者之婚姻自由受有相對不利之差別待遇。按憲法第22條保障之婚姻自由與人格自由、人性尊嚴密切相關,屬重要之基本權。且性傾向屬難以改變之個人特徵(immutable characteristics),其成因可能包括生理與心理因素、生活經驗及社會環境等。目前世界衛生組織、汎美衛生組織(即世界衛生組織美洲區辦事處)與國內外重要醫學組織均已認為同性性傾向本身並非疾病。在我國,同性性傾向者過去因未能見容於社會傳統及習俗,致長期受禁錮於暗櫃內,受有各種事實上或法律上之排斥或歧視;又同性性傾向者因人口結構因素,為社會上孤立隔絕之少數,並因受刻板印象之影響,久為政治上之弱勢,難期經由一般民主程序扭轉其法律上劣勢地位。是以性傾向作為分類標準所為之差別待遇,應適用較為嚴格之審查標準,以判斷其合憲性,除其目的須為追求重要公共利益外,其手段與目的之達成間並須具有實質關聯,始符合憲法第7條保障平等權之意旨。

	究國家立法規範異性婚姻之事實，而形成婚姻制度，其考量因素或有多端。如認婚姻係以保障繁衍後代之功能為考量，其著眼固非無據。然查婚姻章並未規定異性2人結婚須以具有生育能力為要件，亦未規定結婚後不能生育或未生育為婚姻無效、得撤銷或裁判離婚之事由，是繁衍後代非婚姻不可或缺之要素。相同性別2人間不能自然生育子女之事實，與不同性別2人間客觀上不能生育或主觀上不為生育之結果相同。故以不能繁衍後代為由，未使相同性別2人得以結婚，顯非合理之差別待遇。倘以婚姻係為維護基本倫理秩序，如結婚年齡、單一配偶、近親禁婚、忠貞義務及扶養義務等為考量，其計慮固屬正當。惟若容許相同性別2人得依婚姻章實質與形式要件規定，成立法律上婚姻關係，且要求其亦應遵守婚姻關係存續中及終止後之雙方權利義務規定，並不影響現行異性婚姻制度所建構之基本倫理秩序。是以維護基本倫理秩序為由，未使相同性別2人得以結婚，顯亦非合理之差別待遇。凡此均與憲法第7條保障平等權之意旨不符。
相關 法令	憲法第7、22、23條（36.1.1） 憲法增修條文第10條第6項（94.6.10） 司法院釋字第242、362、365、552、554、585、601、647號解釋 司法院大法官審理案件法第5條第1項第1、2款、第9條、第13條第1項（82.2.3） 民法第四編第二章（104.6.10） 戶籍法第2條（104.1.21） 內政部101年5月21日台內戶字第1010195153號函 法務部83年8月11日（83）法律決字第17359號函、101年1月2日法律字第10000043630號函、101年5月14日法律字第10103103830號函、102年5月31日法律字第10203506180號函
評論或 影響	此號釋憲案強調憲法第7條平等權及第22條自由權之原則，保障同性戀者婚姻之自由權，臺灣成為亞洲第一個保障同志婚姻權之國家，受到挺同團體支持，但受到國內反同團體及宗教界強烈批判。108年5月22日，備受矚目之同性婚姻專法司法院釋字第748號解釋施行法（簡稱「748施行法」）公布實施。在歷經多年倡議、保守勢力反撲以及全民公投後，同志家庭在婚姻方面之權利終獲保障。專法通過後，同志之結婚權雖然受到保障，但是在收養及國際婚姻問題仍受到許多限制。長期替同志伴侶爭取權益之李晏榕律師稱，透過婚姻取得居留權，是國際上常見之狀況；然而，若同志之伴侶非臺灣人，就無法取得居留權。因為內政部戶政司之法令解釋文中指出，非本國籍同志如果與本國同志結婚，前者必須在其母國也開放同志婚姻之條件下，才能如異性戀配偶一樣享有同樣權利。跨國同志不能透過婚姻取得居留，只能透過當學生或是在當地投資等方法，才能與其伴侶一起生活。戶政司之解釋不僅對跨國戀愛之同志伴侶是一大傷害，更突顯主管機關對同性戀者與異性戀者之不合理差別待遇。[7]

7　董昱，〈可以更好的《司法院釋字第748號解釋施行法》同志家庭的成家之路〉，《在野法潮》，http://bwc.businessweekly.com.tw/flash/law/202006/blog4.html。

第791號　通姦罪及撤回告訴之效力案

時間	民國109年5月29日
案情	承審通姦案件之臺灣苗栗地方法院苗栗簡易庭、雲林地方法院刑事庭、花蓮地方法院刑事庭、高雄地院、臺北地院、臺中地院、桃園地院等多位法官，以及涉犯通姦罪之林○宏、林○安、林○芸、詹○進、羅○燕、周○慰等人，認通姦罪適用之刑法第239條規定：「有配偶而與人通姦者，處一年以下有期徒刑。其相姦者亦同。」有牴觸憲法之疑義，聲請釋憲暨變更司法院釋字第554號解釋。
解釋爭點	1.刑法第239條規定是否符合憲法第22條保障性自主權之意旨？釋字第554號解釋應否變更？ 2.刑事訴訟法第239條但書規定是否符合憲法第7條保障平等權之意旨？
解釋文	刑法第239條規定：「有配偶而與人通姦者，處一年以下有期徒刑。其相姦者亦同。」對憲法第22條所保障性自主權之限制，與憲法第23條比例原則不符，應自本解釋公布之日起失其效力；於此範圍內，釋字第554號解釋應予變更。 刑事訴訟法第239條但書規定：「但刑法第二百三十九條之罪，對於配偶撤回告訴者，其效力不及於相姦人。」與憲法第7條保障平等權之意旨有違，且於此範圍內，釋字第554號解釋應予變更。
釋憲要點	一、系爭規定一部分 查婚姻係配偶雙方自主形成之永久結合關係，除使配偶間在精神上、感情上與物質上得以互相扶持依存外，並具有各種社會功能，乃家庭與社會形成、發展之基礎，婚姻自受憲法所保障（系爭解釋與釋字第748號解釋參照）。惟隨著社會自由化與多元化之發展，參諸當代民主國家婚姻法制之主要發展趨勢，婚姻關係中個人人格自主（包括性自主權）之重要性，已更加受到肯定與重視，而婚姻所承載之社會功能則趨於相對化。此由系爭規定一對婚姻關係中配偶性自主權之限制，多年來已成為重要社會議題可知。是憲法就此議題之定位與評價，自有與時俱進之必要。此外，憲法所保障之基本權種類與範圍，亦經釋字第585號及第603號解釋明確肯認為受憲法第22條保障之隱私權，即為適例。從而，系爭解釋所稱系爭規定一「為維護婚姻、家庭制度及社會生活秩序所必要……立法者就婚姻、家庭制度之維護與性行為自由間所為價值判斷，並未逾越立法形成自由之空間」乙節，已非無疑；尤其系爭規定一是否仍合乎憲法比例原則之要求，更有本於憲法相關基本權保障之新觀念再行審查之必要。 按婚姻制度具有維護人倫秩序、性別平等、養育子女等社會性功能，且因婚姻而生之永久結合關係，亦具有使配偶雙方在精神上、感情上與物質上互相扶持依存之功能。故國家為維護婚姻，非不得制定相關規範，以約束配偶雙方忠誠義務之履行。查系爭規定一以刑罰制裁通姦及相姦行為，究其目的，應在約束配偶雙方履行互負之婚姻忠誠義務，以維護婚姻制度及個別婚姻之存續，核其目的應屬正當。 首就系爭規定一維護婚姻忠誠義務之目的言，其主要內容應在於維護配偶間親密關係之排他性，不許有配偶者與第三人間發生性行為而破壞婚姻關係。基於刑罰之一

般犯罪預防功能，系爭規定一就通姦與相姦行為施以刑罰制裁，自有一定程度嚇阻該等行為之作用。又配偶雙方忠誠義務之履行固為婚姻關係中重要之環節，然婚姻忠誠義務尚不等同於婚姻關係本身。配偶一方違反婚姻忠誠義務，雖可能危害或破壞配偶間之親密關係，但尚不當然妨害婚姻關係之存續。因此，系爭規定一以刑罰規範制裁通姦與相姦行為，即便有助於嚇阻此等行為，然就維護婚姻制度或個別婚姻關係之目的而言，其手段之適合性較低。惟整體而言，系爭規定一尚非完全無助於其立法目的之達成。

惟基於刑罰之一般預防犯罪功能，國家固得就特定行為為違法評價，並採取刑罰手段予以制裁，以收遏阻之效。然基於刑法謙抑性原則，國家以刑罰制裁之違法行為，原則上應以侵害公益、具有反社會性之行為為限，而不應將情及個人感情且主要係私人間權利義務爭議之行為亦一概納入刑罰制裁範圍。婚姻制度固具有各種社會功能，而為憲法所肯認與維護，惟如前述，婚姻制度之社會功能已逐漸相對化，且憲法保障人民享有不受國家恣意干預之婚姻自由，包括個人自主決定「是否結婚」、「與何人結婚」、「兩願離婚」，以及與配偶共同形成與經營其婚姻關係（如配偶間親密關係、經濟關係、生活方式等）之權利，日益受到重視。又婚姻之成立以雙方感情為基礎，是否能維持和諧、圓滿，則有賴婚姻雙方之努力與承諾。婚姻中配偶一方違背其婚姻之承諾，而有通姦行為，固已損及婚姻關係中原應信守之忠誠義務，並有害對方之感情與對婚姻之期待，但尚不致明顯損及公益。故國家是否有必要以刑法處罰通姦行為，尚非無疑。

系爭規定一雖尚非完全無助於立法目的之達成，但其透過刑事處罰嚇阻通姦行為，得以實現之公益尚屬不大。反之，系爭規定一作為刑罰規範，不僅直接限制人民之性自主權，且其追訴審判程序亦必然干預人民之隱私。按個人之性自主權，與其人格自由及人性尊嚴密切相關。系爭規定一處罰通姦及相姦行為，直接干預個人性自主權核心範圍之程度，堪認嚴重。再者，通姦及相姦行為多發生於個人之私密空間內，不具公開性。其發現、追訴、審判過程必然侵擾個人生活私密領域及個人資料之自主控制，致國家公權力長驅直入人民極私密之領域，而嚴重干預個人之隱私（釋字第603號解釋參照）。是系爭規定一對行為人性自主權、隱私之干預程度及所致之不利益，整體而言，實屬重大。況國家以刑罰制裁手段處罰違反婚姻承諾之通姦配偶，雖不無「懲罰」違反婚姻忠誠義務配偶之作用，然因國家權力介入婚姻關係，反而可能會對婚姻關係產生負面影響。是系爭規定一之限制所致之損害顯然大於其目的所欲維護之利益，而有失均衡。

二、系爭規定二部分

憲法第7條保障人民之平等權，法規範所為差別待遇，是否符合平等保障之要求，應視該差別待遇之目的是否合憲，及其所採取之分類與規範目的之達成間，是否存有一定程度之關聯性而定（釋字第682號、第722號、第745號及第750號等解釋參照）。又法律為貫徹立法目的，而設刑事追訴審判之規定時，如就必要共犯撤回告訴之效力形成差別待遇者，因攸關刑罰制裁，則須與立法目的間具有實質關聯，始與平等權保障無違。

	系爭規定二明定：「但刑法第二百三十九條之罪，對於配偶撤回告訴者，其效力不及於相姦人。」所稱刑法第239條之罪，包括有配偶而與人通姦罪及相姦罪，性質上屬刑法必要共犯之犯罪，具犯罪成立之不可分關係。系爭規定二以撤回告訴之對象是否為告訴人之配偶為分類標準，對通姦人撤回告訴之效力不及於相姦人；反之，對相姦人撤回告訴之效力則及於通姦人，亦即仍適用刑事訴訟法第239條前段規定，因而形成在必要共犯間，僅相姦人受追訴處罰而通姦人不受追訴處罰之差別待遇。是該差別待遇是否符合平等權保障，應視其與立法目的間是否具實質關聯而定。 系爭規定二之立法考量，無非在於使為顧全夫妻情義之被害配偶，得以經由對通姦配偶撤回告訴之方式，促使其婚姻關係得以延續。惟對通姦配偶撤回告訴之效力是否及於相姦人，與具體婚姻關係是否延續，並無實質關聯。蓋被害配偶於決定是否對通姦配偶撤回告訴時，通常多已決定嗣後是否要延續其婚姻關係。後續之僅對相姦人追訴處罰，就被害配偶言，往往只具報復之效果，而與其婚姻關係之延續與否，欠缺實質關聯。況在相姦人被追訴審判過程中，法院為發現真實之必要，向以證人身分傳喚通姦人到庭作證，進行交互詰問，以便法院對相姦人判處罪刑，相關事實並將詳載於刑事判決書，公諸於世。此一追訴審判過程，可能加深配偶間婚姻關係之裂痕，對挽回配偶間婚姻關係亦未必有實質關聯。是系爭規定二對本應為必要共犯之通姦人與相姦人，因其身分之不同而生是否追訴處罰之差異，致相姦人可能須最終單獨擔負罪責，而通姦人則毋須同時擔負罪責，此等差別待遇與上述立法目的間欠缺實質關聯，自與憲法第7條保障平等權之意旨有違。
相關法令	憲法第7、22條（36.1.1） 憲法增修條文第10條第6項（94.6.10） 司法院釋字第554、585、603、682、722、745、748、750號解釋 刑法第239條（109.1.15） 刑事訴訟法第239條（109.1.15）
評論或影響	根據蕭叡涵律師表示，此號釋憲案由司法院長許宗力首度打破慣例，率所有大法官到憲法法庭，公開宣示釋憲結果，足見其爭議性及矚目程度。該釋憲案正式宣告，刑法第239條規定與憲法第23條比例原則不符，應立即失效。大法官強調，國家有消除性別歧視、促進兩性地位實質平等義務，通姦罪長年女性有罪多於男性，顯見法令失衡。但該釋憲案只是讓通姦在刑事上除罪化，通姦者仍須負民事責任。自此，幾經紛擾之通姦罪是否違憲，在法律上已臻底定，然而社會仍有許多反對聲浪。 反對者認為，釋憲結果會讓小三、小王之外遇文化越來越嚴重，且在婚姻中受到傷害之配偶將更弱勢，因為法律不站在元配這邊，恐讓元配求償無門，少了刑法資源婚姻破裂後要的補償也將更少，弱勢者將更弱勢。長期倡議廢除刑法通姦罪之婦女團體婦女新知基金會則表示，該釋憲案對於在婚姻關係中遭背叛希冀透過刑法通姦罪伸張正義之配偶來說是一大打擊，但推動廢除刑法通姦罪，並非贊同通姦，而是深知刑罰不是萬能，無法透過刑法之約束強制對方留在婚姻關係內。多數檢察官

	亦認為通姦罪難維繫婚姻，以刑法處罰並無實益，應予廢除。最高法院法官徐昌錦表示，通姦罪有除罪化必要，但許多婦女擔心除罪化將助長男性外遇，而女性手中再無任何籌碼保障自身權益，因此必須提出提高通姦及離婚損害賠償金額等配套措施，以保障弱勢配偶權益。法務部、立法委員等應立即落實對人民基本權利之保障，繼續推動各項有利於婚姻家庭平等之政策與相應配套措施。[8]

有關契約自由之釋憲案

第348號	公費醫學生案	
時間	民國83年5月20日	
案情	周○文於65年考入國立陽明醫學院醫學系，根據招生簡章明載：「國立陽明醫學院醫學系錄取學生享受公費6年，畢業後須接受分發公立衛生醫療機構至少服務6年。」但教育部於67年訂定「國立陽明醫學院醫學系公費學生待遇及畢業後分發服務實施要點」，其中第13點第2項規定：「公費生服務未期滿者……其專業證書，先由分發機關代為保管。」第14點規定：「公費畢業生於規定服務期間，不履行其服務之義務者，除依第13點規定辦理外，並應償還其在學期間所享受之公費。」聲請人於72年畢業，通過考試院考試，取得醫師資格。逐依醫師法第6、7條之規定，向衛生署請領醫師證書。衛生署卻依前述服務要點第13點之規定，將證書交予教育部，未交給聲請人。該署另發下醫師證書之影本，作為聲請人執業登記之用。至74年，聲請人因故不克繼續服務。教育部要求陽明醫學院向聲請人索取6年公費，聲請人如數還清，但仍不歸還醫師證書。教育部認為依前述服務要點第13、14點之規定，即使聲請人還清公費，乃須服期屆滿，否則將永遠扣留醫師證書。衛生署更於79年函令士林衛生所撤銷聲請人之執業執照。聲請人不服，經提起訴願、再訴願、行政訴訟，均被駁回。聲請人認為判決所適用法令，有違反憲法第172條之疑義，聲請釋憲。	
解釋爭點	教育部就陽明公費醫學生分發及證書保管等規定違憲？	

8　蕭叡涵，〈不被愛的才是第三者？從釋字第791號看通姦罪除罪化〉，《理慈國際科技法律事務所》，2020年9月1日，https://www.lexology.com/library/detail.aspx?g=8e10577e-8032-4ab0-ab8f-2faaac62abca。

解釋文	行政院67年1月27日台（67）教字第823號函核准，由教育部發布之「國立陽明醫學院醫學系公費學生待遇及畢業後分發服務實施要點」，係主管機關為解決公立衛生醫療機構醫師缺額補充之困難而訂定，並作為與自願接受公費醫學教育學生，訂立行政契約之準據。依該要點之規定，此類學生得享受公費醫學及醫師養成教育之各種利益，其第13點及第14點因而定有公費學生應負擔於畢業後接受分發公立衛生醫療機構服務之義務，及受服務未期滿前，其專業證書先由分發機關代為保管等相關限制，乃為達成行政目的所必要，亦未逾越合理之範圍，且已成為學校與公費學生間所訂契約之內容。公費學生之權益受有限制，乃因受契約拘束之結果，並非該要點本身規定之所致。前開要點之規定，與憲法尚無牴觸。
釋憲要點	行政機關基於其法定職權，為達成特定之行政上目的，於不違反法律規定之前提下，自得與人民約定提供某種給付，並使接受給付者負合理之負擔或其他公法上對待給付之義務，而成立行政契約關係。有關機關為解決公立醫療機構醫師缺額補充之困難，以公費醫學教育方式，培養人才，教育部遂報奉行政院於67年1月27日核准，以台（67）教字第823號函發布「國立陽明醫學院醫學系公費學生待遇及畢業後分發服務實施要點」，作為處理是項業務之依據。該要點第13點內規定「服務未期滿，不予核定有關機關頒發之各項證書或有關證明。其專業證書，先由分發機關代為保管」，於第14點規定「公費畢業生於規定服務期間，不履行其服務之義務者，除依第13點規定辦理外，並應償還其在學期間所享受之公費」，均為確保自願享受公費待遇之學生，於畢業後，照約按受分發公立衛生醫療機構完成服務，以解決上述困難，達成行政目的所必要，亦未逾越合理之範圍。此項規定並作為與自願接受公費醫學教育學生訂立行政契約之準據，且經學校與公費學生訂立契約（其方式如志願書、保證書之類）後，即成為契約之內容，雙方當事人自應本誠信原則履行契約上之義務。從而公費學生之權益受有限制，乃因受契約拘束之結果，並非該要點本身規定之所致。前開要點之規定，與憲法尚無牴觸。
相關法令	憲法第15條（36.1.1） 國立陽明醫學院醫學系公費生待遇及畢業後分發服務實施要點第13、14點（67.1.27）
評論或影響	此號釋憲案認為，教育部發布之「國立陽明醫學院醫學系公費學生待遇及畢業後分發服務實施要點」，規定公費醫學生畢業後必須要到公立醫療機構服務一定期間，在服務期滿前，畢業證書需先由分發機關代為保管，此乃是公費醫學生與主管機關簽定之契約。多數大法官認為，此等限制是為解決公立醫療機構醫師不足之問題，具有契約之約束力。行政機關在不違反法律之情況下，可用行政契約之方式限制人民自由與權利，行政契約之內容就無法律保留原則之問題。且契約本身是自願承諾，不構成侵害，故不違憲。「公費契約」乃是我國行政實務上典型之一種行政契約。自該釋憲案起，我國學說與實務多認為，由學生與主管機關或學校之間所締結，一方負有特定行為義務，他方提供經費之契約，性質上為行政程序法第137條

	之雙務行政契約。於此，若公費生因退學或其他原因而無法履行原基於公費契約所應履行之義務時，即構成行政契約之「債務不履行」。[9]

第576號　人身保險適用複保險案

時間	民國93年4月23日
案情	呂○○於84年、85年間分別向多家保險公司投保旅遊平安險及壽險，其於85年4月間前往中國廣州旅遊時，遭不明歹徒以銳器砍斷左手，左手腕雖經手術接回，惟左側腕關節及左手5指機能喪失，遂依保險契約向各保險公司請求保險給付，卻遭以投保時故意不告知重複投保情事，屬惡意複保險，保險契約無效而拒絕理賠。聲請人與保險公司迭經爭訟，終經最高法院於89年判決，肯認原審援引最高法院76年台上字第1166號判例，判決聲請人所締結之第一個人身保險契約有效外，其他人身保險契約已構成複保險而無效，洵無違誤。聲請人認最高法院判決所適用之保險法第36、37條規定有牴觸憲法第7、15、16條之疑義；又最高法院判決所表示之見解與最高法院其他判決所表示之法律見解有異，聲請釋憲。
解釋爭點	人身保險適用複保險通知規定之判例違憲？
解釋文	契約自由為個人自主發展與實現自我之重要機制，並為私法自治之基礎，除依契約之具體內容受憲法各相關基本權利規定保障外，亦屬憲法第22條所保障其他自由權利之一種。惟國家基於維護公益之必要，尚非不得以法律對之為合理之限制。 保險法第36條規定：「複保險，除另有約定外，要保人應將他保險人之名稱及保險金額通知各保險人。」第37條規定：「要保人故意不為前條之通知，或意圖不當得利而為複保險者，其契約無效。」係基於損害填補原則，為防止被保險人不當得利、獲致超過其財產上損害之保險給付，以維護保險市場交易秩序、降低交易成本與健全保險制度之發展，而對複保險行為所為之合理限制，符合憲法第23條之規定，與憲法保障人民契約自由之本旨，並無牴觸。 人身保險契約，並非為填補被保險人之財產上損害，亦不生類如財產保險之保險金額是否超過保險標的價值之問題，自不受保險法關於複保險相關規定之限制。最高法院76年台上字第1166號判例，將上開保險法有關複保險之規定適用於人身保險契約，對人民之契約自由，增加法律所無之限制，應不再援用。
釋憲要點	人民於其憲法上所保障之權利，遭受不法侵害，經依法定程序提起訴訟，對於確定終局裁判所適用之法律或命令發生有牴觸憲法之疑義，依司法院大法官審理案件法第5條第1項第2款規定聲請釋憲時，審查之對象，非僅以聲請書明指者為限，且包

9　于亮，〈兩不相欠〉，《保成學儒法政網》，http://www.public.tw/prog/allenj/Pcsr2013/JournalDetail/4/609。

	含該確定終局裁判援引爲裁判基礎之法令，並與聲請人聲請釋憲之法令具有重要關聯者在內。最高法院76年台上字第1166號判例，經同院89年度台上字第2490號判決適用保險法第36、37條時一併援引爲裁判基礎，其是否符合保險法上開規定之意旨，而發生牴觸憲法之疑義，亦應一併審理，合先敘明。 契約自由爲個人自主發展與實現自我之重要機制，並爲私法自治之基礎。契約自由，依其具體內容分別受憲法各相關基本權利規定保障，例如涉及財產處分之契約內容，應爲憲法第15條所保障，又涉及人民組織結社之契約內容，則爲憲法第14條所保障；除此之外，契約自由亦屬憲法第22條所保障其他自由權利之一種。惟國家基於維護公益之必要，尚非不得以法律對之爲合理之限制。保險法第36條規定：「複保險，除另有約定外，要保人應將他保險人之名稱及保險金額通知各保險人。」同法第37條規定：「要保人故意不爲前條之通知，或意圖不當得利而爲複保險者，其契約無效。」係基於損害填補原則，防止被保險人獲取超過損害程度之不當利益，以維護保險市場交易秩序、降低交易成本、健全保險制度之發展並兼顧投保大眾權益，而對複保險行爲所爲之合理限制，符合憲法第23條之規定，與憲法保障人民契約自由之本旨，並無牴觸。
相關 法令	憲法第14、15、22、23條（36.1.1） 司法院大法官審理案件法第5條第1項第2款、第7條第1項第2款及第3項（82.2.3） 保險法第36、37條（93.2.4） 最高法院76年台上字第1166號判例
評論或 影響	根據壽險公司法務室資深專員蔡佩君表示，長久以來，複保險究竟應不應該適用在人身保險上，在保險學界與實務界中，都是爭論不休之問題。直到司法院大法官解釋稱「人身保險契約，並非爲填補被保險人之財產上損害，亦不生類似財產保險之保險金額是否超過保險標的價值之問題，自不受保險法關於複保險相關規定之限制」，此爭議在法律上才算初步有了結論。保險契約是最大善意契約，應以誠信原則爲其根本核心。正因爲「人身無價」，故只要符合對價平衡原則，縱非億萬富豪，一般尋常百姓亦能在保險費負擔得起之前提下，基於締約自由原則，購買高額之人身保險，以獲得心裡滿足與安定感。大法官作出人身保險不適用複保險規範之解釋，著實值得肯定。此號釋憲案解釋只是一個起點，如何訂定相關配套措施（例如健全通報機制、將屬於損害保險性質之費用保險，排除第576號解釋之適用等），以避免大法官之美意招致保險濫用，仍然值得我們深思與努力。[10]

---

10 蔡佩君，〈大法官會議丟下的一枚震撼彈〉，《保成學儒法政網》，2004年6月1日，https://www.rmim.com.tw/news-detail-2953。

第716號　禁止公職人員及其關係人與服務機關交易案

時間	民國102年12月27日
案情	1.楊○雄自91年3月1日起係金門縣議會議員，為公職人員利益衝突迴避法（簡稱「利衝法」）第2條所定公職人員，但楊○雄與配偶高○貞分別擔任金馬旅行社股份有限公司之董事及負責人。依「利衝法」第9條規定，金馬旅行社於楊○雄任職金門縣議會議員期間，不得與受楊○雄監督之機關為承攬等交易行為，惟金馬旅行社仍自91年4月間起至94年5月間，與金門縣政府建設局、金門縣自來水廠、金門縣議會、金門酒廠實業股份有限公司、金門縣政府環境保護局、消防局、文化局、財政局，分別簽訂承攬契約，結算金額共計新臺幣866萬2,148元。法務部以違反「利衝法」第9條規定，乃依同法第15條規定，以98年1月23日法利益罰字第0981100780號處分書處以交易行為金額1倍罰鍰866萬2,148元。金馬旅行社不服，提起訴願，經遭駁回，遂提起行政訴訟，亦被駁回。金馬旅行社認確定終局判決所適用之規定有違憲疑義，聲請釋憲。 2.最高行政法院第3庭黃璽君、楊惠欽、吳東都、陳金圍、蕭惠芳等行政法院法官審理本院99年度上字第512號公職人員利益衝突迴避法事件，認公職人員利益衝突迴避法第15條：「違反第九條規定者，處該交易行為金額一倍至三倍之罰鍰。」此規定顯然過苛，不符處罰相當或責罰相當原則，違反狹義比例原則，過度侵害人民之財產權，有牴觸憲法第15條及第23條規定之情事，爰依行政訴訟法第252條、司法院大法官審理案件法第5條第2項規定及鈞院釋字第371號解釋之意旨，裁定停止訴訟程序，聲請釋憲。
解釋 爭點	利益衝突迴避法禁公職人員及關係人與有關機關交易，違者罰交易行為金額1至3倍，違憲？
解釋文	公職人員利益衝突迴避法第9條規定：「公職人員或其關係人，不得與公職人員服務之機關或受其監督之機關為買賣、租賃、承攬等交易行為。」尚未牴觸憲法第23條之比例原則，與憲法第15、22條保障人民工作權、財產權及契約自由之意旨均無違背。惟於公職人員之關係人部分，若因禁止其參與交易之競爭，將造成其他少數參與交易者之壟斷，反而顯不利於公共利益，於此情形，苟上開機關於交易過程中已行公開公平之程序，而有充分之防弊規制，是否仍有造成不當利益輸送或利益衝突之虞，而有禁止公職人員之關係人交易之必要，相關機關應儘速通盤檢討改進。公職人員利益衝突迴避法第15條規定：「違反第九條規定者，處該交易行為金額一倍至三倍之罰鍰。」於可能造成顯然過苛處罰之情形，未設適當之調整機制，其處罰已逾越必要之程度，不符憲法第23條之比例原則，與憲法第15條保障人民財產權之意旨有違，應自本解釋公布之日起，至遲於屆滿1年時失其效力。
釋憲 要點	憲法第15條保障人民之工作權及財產權，人民營業之自由亦為其所保障之內涵。基於憲法上工作權之保障，人民得自由選擇從事一定之營業為其職業，而有開業、停業與否及從事營業之時間、地點、對象及方式之自由；基於憲法上財產權之保障，人民並有營業活動之自由，例如對其商品之生產、交易或處分均得自由為之（釋字

	第514、606號解釋參照）。又契約自由爲個人自主發展與實現自我之重要機制，爲憲法第15條財產權及第22條所保障之權利，使契約當事人得自由決定其締約方式、內容及對象，以確保與他人交易商品或交換其他生活資源之自由（釋字第576、580號解釋意旨參照）。國家對人民上開自由權利之限制，均應符合憲法第23條之比例原則。另對人民違反行政法上義務之行爲處以罰鍰，其違規情節有區分輕重程度之可能與必要者，應根據違反義務情節之輕重程度爲之，使責罰相當。立法者針對特別應予非難之違反行政法上義務行爲，視違規情節之輕重處以罰鍰，固非憲法所不許，惟爲避免個案顯然過苛之處罰，應設適當之調整機制（釋字第641號解釋意旨參照）。
相關法令	憲法第15、22、23條（36.1.1） 司法院釋字第371、514、572、576、580、590、606、641號解釋 司法院大法官審理案件法第5條第1項第2款（82.2.3） 公職人員利益衝突迴避法第2、3、9、15條（103.11.26） 法務部93年11月16日法政決字第0930041998號函釋
評論或影響	根據玄奘大學教授蔡震榮表示，針對「利衝法」出現兩號司法院大法官解釋（釋字第716、786號解釋），都提出所謂「責罪相當原則」。[11]大法官認爲，過去經常有公職人員家屬，利用公職人員充當門神，很容易取得公務機關之合約，造成公共利益損害，因此「利衝法」特別明文禁止公職人員或關係人，與服務單位進行交易，否則將處以獲利1到3倍罰鍰。這項法令曾經導致不少民代家屬，因爲從事營造或旅行社業，被認定違法而處以罰鍰，金額最高達到5億元，當事人不服、紛紛聲請釋憲。此號釋憲案宣告：「門神條款」合憲，但「罰鍰規定」違憲，限定在1年後失效。[12]根據《法源法律網》表示，該釋憲案促使立法院於103年11月間三讀通過「公職人員利益衝突迴避法第15條條文修正案」，未來若公職人員及關係人違反利益衝突，將從原本之倍數罰，改成依照交易金額之大小作爲處罰級距，分別處以不同範圍之罰鍰，以符合憲法第23條比例原則，也使罰則明確化。新修之法律規定交易金額未超過10萬元，處1萬元至5萬元罰鍰；若交易金額爲10萬元以上而未超過100萬元，可處6萬至50萬元罰鍰；倘若交易金額達100萬元以上，而未超過1,000萬元，則處60萬至500萬元罰鍰；一但交易金額達到1,000萬元以上，即可處600萬元以上，交易金額1倍以下之罰鍰。新法參考有關小額採購、公告金額、查核金額之區分標準，區分不同裁罰級距，不但符合比例原則，同時也保障人民之財產權。[13]

11 蔡震榮，〈評論釋字第786號解釋與行政罰法修法之趨勢〉，《月旦法學雜誌》，第301期，頁86。
12 中國廣播公司，〈大法官716解釋：門神條款合憲但罰鍰違憲〉，《三民教育網》，2013年12月27日，https://is.gd/Yj3ygk。
13 法源編輯室，〈公務員違反利益衝突依級距裁罰 立法院三讀修正公職人員利益衝突迴避法〉，《法源法律網》，2014年11月11日，https://www.lawbank.com.tw/news/NewsContent.aspx？NID=124632.00。

第728號 祭祀公業派下員認定案

時間	民國104年3月20日
案情	呂○蓮（贅婚）爲祭祀公業呂萬春派下員呂○榮之長女，呂○昇爲呂○蓮之子（從母姓）。呂○榮受聲請人等撫養，惟另有3子均無男嗣。呂○榮與二子先後亡故，僅餘三子呂○川。依該祭祀公業於75年7月31日訂定之祭祀公業呂○春管理章程第4條前段規定：「登記在案派下員亡故時，其直屬有權繼承人公推1名爲代表繼任派下員，惟依照政府有關規定，凡女子無宗祠繼承權。」致呂○榮之派下員身分僅由呂○川繼承。聲請人等乃訴請主張亦得繼承派下權。案經臺灣板橋（現爲新北）地方法院判決駁回其訴；經臺灣高等法院97年度上字第617號民事判決、最高法院99年度台上字第963號民事判決，皆以適用祭祀公業條例第4條第1項前段規定「本條例施行前已存在之祭祀公業，其派下員依規約定之。」而依上該管理章程所定僅「男系直屬有權繼承人有繼承派下員之資格」爲由，駁回其訴而確定。聲請人認確定終局判決所適用之管理章程有牴觸憲法第7條之疑義，聲請釋憲。
解釋爭點	祭祀公業條例規定，本條例施行前已存在之祭祀公業，其派下員依規約定之，合憲？
解釋文	祭祀公業條例第4條第1項前段規定：「本條例施行前已存在之祭祀公業，其派下員依規約定之。」並未以性別爲認定派下員之標準，雖相關規約依循傳統之宗族觀念，大都限定以男系子孫（含養子）爲派下員，多數情形致女子不得爲派下員，但該等規約係設立人及其子孫所爲之私法上結社及財產處分行爲，基於私法自治，原則上應予尊重，以維護法秩序之安定。是上開規定以規約認定祭祀公業派下員，尚難認與憲法第7條保障性別平等之意旨有違，致侵害女子之財產權。
釋憲要點	祭祀公業係由設立人捐助財產，以祭祀祖先或其他享祀人爲目的之團體（祭祀公業條例第3條第1款規定參照）。其設立及存續，涉及設立人及其子孫之結社自由、財產權與契約自由。系爭規定雖因相關規約依循傳統之宗族觀念以男系子孫（含養子）爲派下員，多數情形致女子不得爲派下員，實質上形成差別待遇，惟系爭規定形式上既未以性別作爲認定派下員之標準，且其目的在於維護法秩序之安定及法律不溯及既往之原則，況相關規約係設立人及其子孫所爲之私法上結社及財產處分行爲，基於憲法第14條保障結社自由、第15條保障財產權及第22條保障契約自由及私法自治，原則上應予以尊重。是系爭規定實質上縱形成差別待遇，惟並非恣意，尚難認與憲法第7條保障性別平等之意旨有違，致侵害女子之財產權。 惟祭祀公業條例第4條第1項後段規定：「無規約或規約未規定者，派下員爲設立人及其男系子孫（含養子）。」係以性別作爲認定派下員之分類標準，而形成差別待遇，雖同條第2項規定：「派下員無男系子孫，其女子未出嫁者，得爲派下員。」第3項規定：「派下之女子、養女、贅婿等有下列情形之一者，亦得爲派下員：一、經派下現員三分之二以上書面同意。二、經派下員大會派下現員過半數出席，出席人數三分之二以上同意通過。」等部分，已有減緩差別待遇之考量，且第5條規定：「本條例施行後，祭祀公業及祭祀公業法人之派下員發生繼承事實時，其繼

	承人應以共同承擔祭祀者列爲派下員。」亦已基於性別平等原則而爲規範，但整體派下員制度之差別待遇仍然存在。按「中華民國人民，無分男女……，在法律上一律平等」、「國家應維護婦女之人格尊嚴，保障婦女之人身安全，消除性別歧視，促進兩性地位之實質平等。」憲法第7條及增修條文第10條第6項分別定有明文。上開憲法增修條文既然課予國家應促進兩性地位實質平等之義務，並參酌聯合國大會1979年12月18日決議通過之消除對婦女一切形式歧視公約（Convention on the Elimination of All Forms of Discriminationagainst Women）第2、5條之規定，國家對於女性應負有積極之保護義務，藉以實踐兩性地位之實質平等。對於祭祀公業條例施行前已存在之祭祀公業，其派下員認定制度之設計，有關機關自應與時俱進，於兼顧上開憲法增修條文課予國家對女性積極保護義務之意旨及法安定性原則，視社會變遷與祭祀公業功能調整之情形，就相關規定適時檢討修正，俾能更符性別平等原則與憲法保障人民結社自由、財產權及契約自由之意旨。
相關法令	憲法第7、14、15、22條（36.1.1） 憲法增修條文第10條第6項（94.6.10） 司法院大法官審理案件法第5條第1項第2款（82.2.3） 祭祀公業條例第3、4、5條（96.12.12） 聯合國消除對婦女一切形式歧視公約第2、5條（62.12.18）
評論或影響	此號釋憲案雖然認爲，祭祀公業派下權，傳男不傳女，涉嫌歧視。但如果已有規約，屬於「契約自由」，國家無權可管（祭祀公業條例第4條第1項前段）。此解釋引起諸多爭議，民間司法改革基金會執行長高榮志就批稱，該釋憲案認爲未出嫁女子享有權利，而已出嫁不行，就是歧視已出嫁女子。何況，男子並不因結婚而喪失權利，總而言之，這就是對女子之歧視。李震山、羅昌發與葉百修等大法官對該釋憲案提出不同意見，批評該釋憲案毫無性別意識。特別是葉百修大法官表示，侵害與保障是一體兩面，倘若國家法律沒有辦法積極保障女性之權利，其實也就是侵害女性之權利，形成差別待遇。[14]另外，憲法法庭於2023年1月13日作出憲判字第1號判決，判祭祀公業條例第4條第1項後段、第2項未涵蓋設立人其餘女系子孫部分，觸憲法第7條保障性別平等意旨，但判決僅單純宣告違憲，並未宣告規定失效。婦女新知基金會發表聲明，呼籲大法官宣告條例第4條第1項後段以及第2項的規定違憲，並同步檢討釋字第728號解釋。婦女新知基金會表示，雖然肯定第1號判決，但遺憾沒一併處理釋字第728號解釋留給祭祀公業抗拒性別平等的寬敞後門，因爲祭祀公業只要「自訂規約」，即可合法化父系繼承的既定利益，且永久排除女系子孫的權利，藐視憲法保障之性別平等原則。[15]

---

14 高榮志，〈釋字728戳盡大法官的性別死穴〉，《財團法人民間司法改革基金會》，2015年3月26日，https://www.jrf.org.tw/articles/935。

15 王宏舜，〈祭祀公業「有規約」就可排除女系繼承 婦團遺憾釋憲留後門〉，《聯合報》，2023年1月13日，https://udn.com/news/story/7321/6909645。

有關健康權之釋憲案

第767號　藥物不良反應不得申請藥害救濟案

時間	民國107年7月27日
案情	曾○綺於96年9月23日因持續高燒住進臺大醫院治療，經診斷罹患瀰漫性非結核分枝桿菌及惡性淋巴瘤，在使用含氨丁卡黴素（amikacin）成分之藥品治療後，產生雙耳聽力喪失之不良反應，嗣後並經鑑定為（雙耳）重度聽障及中度肢障。聲請人乃向財團法人藥害救濟基金會申請藥害救濟，但前行政院衛生署藥害救濟審議委員會在審議之後，作成不符合救濟要件之認定。聲請人對此表示不服，遂依序提起訴願、行政訴訟。在訴訟過程中，聲請人之主張雖然一度為原審法院所接受，但該判決在二審卻仍遭最高行政法院廢棄並發回更審，而在台北高等行政法院更審判決其為敗訴後，聲請人所提起之上訴、再審亦皆被以無理由駁回，全案確定。最後，聲請人以藥害救濟法第13條第9款「常見」且「可預期」之藥物不良反應不得申請藥害救濟之規定違反法律明確性原則、比例原則，而牴觸憲法第22條與增修條文第10條第7項、第8項為由，聲請釋憲。[16]
解釋爭點	藥害救濟法第13條第9款有關常見且可預期之藥物不良反應，不得申請藥害救濟之規定，是否違反法律明確性原則或比例原則？
解釋文	藥害救濟法第13條第9款規定：「有下列各款情事之一者，不得申請藥害救濟：九、常見且可預期之藥物不良反應。」未違反法律明確性原則及比例原則，與憲法保障人民生存權、健康權及憲法增修條文第10條第8項國家應重視醫療保健社會福利工作之意旨，尚無牴觸。
釋憲要點	國家應重視社會救助、福利服務、社會保險及醫療保健等社會福利工作，對於社會救助等救濟性支出應優先編列，憲法增修條文第10條第8項定有明文。國家所採取保障人民健康與醫療保健之社會福利救濟措施原有多端，為使正當使用合法藥物而受害者，獲得及時救濟（藥害救濟法第1條參照），爰設置藥害救濟制度，對於受藥害者，於合理範圍內給予適當補償，即其適例，亦與憲法保障人民生存權及健康權（釋字第753號解釋參照）之意旨相符。 法律明確性之要求，非僅指法律文義具體詳盡之體例而言，立法者於立法定制時，仍得衡酌法律所規範生活事實之複雜性及適用於個案之妥當性，從立法上適當運用不確定法律概念而為相應之規定。依歷來解釋，如法律規定之意義，自法令文義、立法目的與法體系整體關聯性觀之，非難以理解，個案事實是否屬於法律所欲規範之對象，為一般受規範者所得預見，並得經由司法審查加以確認，即無違反法律明確性原則（釋字第594、617、690號解釋參照）。

16　李兆麒，〈釋字第767號：「常見」且「可預期」藥害不得救濟之規定合憲〉，《月旦醫事法網》，2018年8月27日，http://www.angle.com.tw/ahlr/discovery/post.aspx?ipost=2846。

相關法令	憲法第23條（36.1.1） 憲法增修條文第10條第8項（94.6.10） 司法院釋字第485、571、594、617、690、753號解釋 藥害救濟法第1、3、13條（100.5.4） 醫療法第81條（107.1.24） 醫師法第12-1條（105.11.30） 行政院衛生署100年10月7日署授食字第1001404505號函
評論或影響	此號釋憲案在行政訴訟確定近5年後才作成合憲解釋，出具的10份意見書中，有4份不同意見，1份部分不同意見，可見在大法官間之爭執非常大。大法官在審查法律明確性原則及比例原則後，多數意見認為均無違憲。根據《一起讀判決》網站綜整此號釋憲案重點如下： 1. 在法律明確性原則方面：依照第432號解釋建立之審查原則，法律規定之內容如果意義並不是難以理解，而且是可以讓受規範者可以預見，最後可以由司法審查加以確認，就可以符合明確原則之要求。簡言之，審查三要件就是可理解、可預期、可確認。理由書認為「常見」、「可預期」等語詞，符合此等標準。而且即使受規範者，亦即病患或家屬，無法完全確定知道用藥行為是否符合請求藥害救濟之要件，亦應該可以合理期待透過醫師之告知義務、藥袋上標示或藥品仿單上之記載，就用藥不良反應之「可預期」性、發生機會及請求藥害救濟可能性，可以有合理程度之預見。至於主管機關參考國際歸類之定義，將發生率大於或等於1%定義成為條文中之「常見」，已經累積很多案例可以參考，在個案中可以透過機構依照專業知識加以認定跟判斷，最終讓司法審查來確定，並無違反明確性原則。 2. 在比例原則方面：此號釋憲案提到之基本權包括生存權、健康權，還有憲法增修條文第10條第8項國家應重視醫療保健社會福利工作，理由書中之審查過程如下： 　(1) 審查標準：較為寬鬆。理由書指出過去對社會政策立法，因為涉及到國家資源分配，通常都採取比較寬鬆之審查標準。而藥害救濟等事項，屬於社會政策立法，應該讓立法機關有比較大之裁量空間。 　(2) 目的審查：司法院函詢衛生福利部，將「常見」、「可預期」之藥物不良反應排除之立法理由，衛福部表示，這是基於藥害救濟基金之財務平衡、有限資源之有效運用、避免藥商拒絕製造或輸入某些常見且可預期有嚴重不良反應，但確實有療效藥品，理由書認為此目的正當，通過目的審查。 　(3) 手段審查：與前面提到之明確性原則審查方式相仿，理由書認為透過醫師之告知、藥袋上標示或藥品仿單上之記載，病人及家屬可以有合理之預見。基於風險分擔之考量，將常見且可預期之藥物不良反應排除於藥害救濟範圍之外，有助於上面提到之目的，無明顯之不合理，手段審查亦可以通過。[17]

17　〈釋字767號解釋：風險社會下的困難抉擇〉，《一起讀判決》，2018年7月28日，https://casebf.com/2018/07/28/j767/。

第785號 公務人員訴訟權保障及外勤消防人員勤休方式與超勤補償案

時間	民國108年11月29日
案情	徐○堯、張○偉爲高雄市政府消防局外勤消防隊隊員，認其勤務時間每日24小時，再休息24小時超時服勤不合理，於101年10月24日向所屬機關申請調整勤務時間爲每日8小時、作成職務陞任爲組員或科員之行政處分及給付加班費或准許補休假，均遭否准，聲請人不服，乃向公務人員保障暨培訓委員會提起復審，經保訓會復審決定，駁回所有請求。聲請人再向高雄高等行政法院提起行政訴訟，並追加訴之聲明，將聲請人列入組員或科員之陞任甄選名冊中，但該院亦裁定駁回所有請求。聲請人又分別向最高行政法院抗告及上訴，經該院認抗告及上訴均無理由，判決駁回上訴。聲請人認確定終局裁定所適用之92年5月28日修正公布之公務人員保障法第77條第1項、第78條及第84條規定、高雄市政府消防局勤務細部實施要點第7點第3款規定，以及認確定終局判決所適用之上開保障法第23條、內政部消防機關外勤消防人員超勤加班費核發要點第4點、高雄市政府消防局外勤消防人員超勤加班費核發要點第5、7點規定，有違憲疑義，聲請釋憲。
解釋 爭點	1.根據公務人員保障法，公務人員就影響其權益之不當公權力措施，於申訴、再申訴後，不得續向法院請求救濟，是否違憲？ 2.高雄市政府消防局有關外勤消防人員「勤一休一」勤休方式及超時服勤補償之相關規定，是否違憲？
解釋文	本於憲法第16條有權利即有救濟之意旨，人民因其公務人員身分，與其服務機關或人事主管機關發生公法上爭議，認其權利遭受違法侵害，或有主張權利之必要，自得按相關措施與爭議之性質，依法提起相應之行政訴訟，並不因其公務人員身分而異其公法上爭議之訴訟救濟途徑之保障。92年5月28日修正公布之公務人員保障法第77條第1項、第78條及第84條規定，並不排除公務人員認其權利受違法侵害或有主張其權利之必要時，原即得按相關措施之性質，依法提起相應之行政訴訟，請求救濟，與憲法第16條保障人民訴訟權之意旨均尚無違背。 公務員服務法第11條第2項規定：「公務員每週應有二日之休息，作爲例假。業務性質特殊之機關，得以輪休或其他彈性方式行之。」及公務人員週休二日實施辦法第4條第1項規定：「交通運輸、警察、消防、海岸巡防、醫療、關務等機關（構），爲全年無休服務民衆，應實施輪班、輪休制度。」並未就業務性質特殊機關實施輪班、輪休制度，設定任何關於其所屬公務人員服勤時數之合理上限、服勤與休假之頻率、服勤日中連續休息最低時數等攸關公務人員服公職權及健康權保護要求之框架性規範，不符憲法服公職權及健康權之保護要求。於此範圍內，與憲法保障人民服公職權及健康權之意旨有違。相關機關應於本解釋公布之日起3年內，依本解釋意旨檢討修正，就上開規範不足部分，訂定符合憲法服公職權及健康權保護要求之框架性規範。 高雄市政府消防局88年7月20日高市消防指字第7765號函訂定發布之高雄市政府消防局勤務細部實施要點第7點第3款規定：「勤務實施時間如下：……（三）依本市

	消防人力及轄區特性需要，本局外勤單位勤休更替方式爲服勤一日後輪休一日，勤務交替時間爲每日上午八時。」與憲法法律保留原則、服公職權及健康權保障意旨尙無違背。惟相關機關於前開框架性規範訂定前，仍應基於憲法健康權最低限度保護之要求，就外勤消防人員服勤時間及休假安排有關事項，諸如勤務規劃及每日勤務分配是否於服勤日中給予符合健康權保障之連續休息最低時數等節，隨時檢討改進。 公務人員保障法第23條規定：「公務人員經指派於上班時間以外執行職務者，服務機關應給予加班費、補休假、獎勵或其他相當之補償。」及其他相關法律，並未就業務性質特殊機關所屬公務人員（如外勤消防人員）之服勤時數及超時服勤補償事項，另設必要合理之特別規定，致業務性質特殊機關所屬公務人員（如外勤消防人員）之超時服勤，有未獲適當評價與補償之虞，影響其服公職權，於此範圍內，與憲法第18條保障人民服公職權之意旨有違。相關機關應於本解釋公布之日起3年內，依本解釋意旨檢討修正，就業務性質特殊機關所屬公務人員之服勤時數及超時服勤補償事項，如勤務時間24小時之服勤時段與勤務內容，待命服勤中依其性質及勤務提供之強度及密度爲適當之評價與補償等，訂定必要合理之框架性規範。 內政部96年7月25日內授消字第0960822033號函修正發布之消防機關外勤消防人員超勤加班費核發要點第4點、高雄市政府消防局99年12月27日高雄市政府消防局外勤消防人員超勤加班費核發要點第5點及第7點規定，對外勤消防人員超時服勤之評價或補償是否適當，相關機關應於前開超時服勤補償事項框架性規範訂定後檢討之。
釋憲要點	憲法第16條保障人民訴訟權，係指人民於其權利遭受侵害時，有請求法院救濟之權利。基於有權利即有救濟之憲法原則，人民權利遭受侵害時，必須給予向法院提起訴訟，請求依正當法律程序公平審判，以獲及時有效救濟之機會，不得僅因身分之不同，即予剝奪（釋字第784號解釋參照）。 憲法第18條規定人民有服公職之權利，旨在保障人民有依法令從事於公務，貢獻能力服務公眾之權利（釋字第546號解釋參照）。國家應建立相關制度，用以規範執行公權力及履行國家職責之行爲，亦應兼顧對於公務人員權益之保護（釋字第491號解釋參照）。人民擔任公職後，服勤務爲其與國家間公法上職務關係之核心內容，包括公務人員服勤時間及休假制度等攸關公務人員權益之事項，自應受憲法第18條服公職權之保障。 人民之健康權，爲憲法第22條所保障之基本權利（釋字第753、767號解釋參照）。憲法所保障之健康權，旨在保障人民生理及心理機能之完整性，不受任意侵害，且國家對人民身心健康亦負一定照顧義務。國家於涉及健康權之法律制度形成上，負有最低限度之保護義務，於形成相關法律制度時，應符合對相關人民健康權最低限度之保護要求。凡屬涉及健康權之事項，其相關法制設計不符健康權最低限度之保護要求者，即爲憲法所不許。 依機關組織管理運作之本質，行政機關就內部事務之分配、業務處理方式及人事管理，在不違反法律規定之前提下，本得以行政規則定之（行政程序法第159條第2項

	第1款參照）。惟與服公職權及健康權有關之重要事項，如服勤時間及休假之框架制度，仍須以法律規定，或有法律明確授權之命令規定。又是否逾越法律之授權，不應拘泥於授權法令所用之文字，而應就該法律本身之立法目的，及整體規定之關聯意義爲綜合判斷，迭經解釋闡明在案（釋字第612、651、676、734、753號解釋參照）。
相關法令	憲法第16、18、22條（36.1.1） 司法院釋字第491、546、575、605、612、651、658、676、734、753、767、784號解釋 行政程序法第159條第2項第1款（104.12.30） 行政訴訟法第2條（107.11.28） 消防法第1條第1項（108.11.13） 公務人員保障法第23、77、78、79、84條（92.5.28） 公務員服務法第11條（89.7.19） 公務人員週休二日實施辦法第2條第1項、第4條第1項（107.8.31） 消防勤務實施要點第6、7、9、11、12、20點（88.6.15） 消防機關外勤消防人員超勤加班費核發要點第4點（96.7.25） 高雄市政府消防局勤務細部實施要點第7點第3款（88.7.20） 高雄市政府消防局外勤消防人員超勤加班費核發要點第5、7點（99.12.27）
評論或影響	此號釋憲案促使公務人員保障暨培訓委員會於109年9月22日第12次委員會議決議，調整公務人員保障法所定復審及申訴、再申訴救濟如次：1.參照司法院釋字第785號解釋意旨，保障法第25條所稱之「行政處分」，應與行政程序法第92條規定「指行政機關就公法上具體事件所爲之決定或其他公權力措施而對外直接發生法律效果之單方行政行爲」爲相同之認定。據上，諸如依公務人員考績法所爲之獎懲、考績評定各等次、曠職核定等，均有法律或法律授權訂定之規範，且經機關就構成要件予以判斷後，作成人事行政行爲，已觸及公務人員服公職權等法律地位，對外直接發生法律效果，核屬行政處分，應循復審程序提起救濟。該會歷來所認應依申訴、再申訴程序提起救濟之相關函釋，自即日起不再援用；2.爲保障公務人員之救濟權益，請各機關（構）作成人事行政行爲時，應依行政程序法第92條規定判斷該行爲之定性，如屬行政處分者，於製發相關文書（例如：獎懲令、考績通知書、曠職核定函）時，應注意救濟教示內容；倘已受理公務人員就改認爲行政處分之事件提起救濟時，勿再依申訴程序處理，請通知渠等改提復審，並依保障法第44條規定辦理。[18]

---

18 〈保障最新消息〉，《公務人員保障暨培訓委員會決》，2020年10月7日，https://www.csptc.gov.tw/News_Content.aspx?n=3926&sms=12390&s=35315。

另外，根據《一起讀判決》網站表示，過去實務認為，公務人員保障法對申訴再申訴之規定，並沒有準用到復審後可以提起行政救濟之相關規定，故不能提起行政訴訟。此號釋憲案透過合憲性解釋之方法，改變此見解，指出公務人員保障法關於申訴、再申訴之規定，並沒有排除公務員可以依法提起行政訴訟。解釋結果雖是合憲，但結果等同宣告違憲，改變過去申訴、再申訴之後，不能提起行政訴訟之結果。此號釋憲案針對公務員解開訴訟權限制之枷鎖，與第784號解釋對學生解開訴訟權限制之效果一樣。公務員與學生只要認為自己之權利遭到違法侵害，都可以依法提起行政訴訟。[19]

有關姓名權之釋憲案

第399號　內政部就姓名讀音不雅不得改名案

時間	民國85年3月22日
案情	居住在嘉義之10歲黃姓孩童，因其名字與鄰居撞名，父親幫其更名為黃○家。未料，更名後卻被班上同學以姓名之諧音笑為稱「黃指甲」，其父親再次攜子向戶政事務所改名。但戶政事務所認為，此名字並無任何粗俗不雅之文字，而駁回改名之申請。黃父提起訴願，但被否准。黃父後提起行政訴訟，行政法院終局判決援用內政部65年4月19日台內戶字第682266函釋：「姓名不雅，不能以讀音會意擴大解釋」，故本案不符合姓名條例第6條第1項第6款規定：「命名文字字義粗俗不雅或有特殊原因經主管機關認定者，得申請改名。」黃父不服判決，聲請釋憲。
解釋爭點	內政部就姓名讀音不雅不得改名之函釋違憲？
解釋文	姓名權為人格權之一種，人之姓名為其人格之表現，故如何命名為人民之自由，應為憲法第22條所保障。姓名條例第6條第1項第6款規定命名文字字義粗俗不雅或有特殊原因經主管機關認定者，得申請改名。是有無申請改名之特殊原因，由主管機關於受理個別案件時，就具體事實認定之。姓名文字與讀音會意有不可分之關係，讀音會意不雅，自屬上開法令所稱得申請改名之特殊原因之一。內政部65年4月19日台內戶字第682266號函釋「姓名不雅，不能以讀音會意擴大解釋」，與上開意旨不符，有違憲法保障人格權之本旨，應不予援用。

19　〈785號解釋：解開公務員訴訟限制與要求制定框架性規範〉，《一起讀判決》，2019年12月1日，https://casebf.com/2019/12/01/j785-2/。

釋憲要點	本案件疑義在於「姓名條例」第6條第1項第6款「命名文字字義粗俗不雅或有特殊原因經主管機關認定者」之「命名文字字義粗俗不雅」問題，條款上並無不得以讀音會意擴大解釋規定，自然依「得」申請之申請人自以為命名「粗俗不雅」出於私權利自由思想觀念意願爲前提「得」申請改名。設如：內政部65年4月19日台內戶字第682266號函令「姓名不雅，不能以讀音會意擴大解釋」，是箝制人民思想自由，牴觸姓名條例上揭條款立法旨意，亦牴觸憲法第11條，保障人民有言論、講學、著作及出版之自由；進而牴觸憲法第15條生存權；第22條人民權利自由概括規定。 本案大法官認爲，如何命名，是憲法保障人民自由，限制改名次數，違反憲法保障人格權自由之事實，故判決內政部之解釋函違憲。另外，過去每人一生只能改名2次，由於部分民眾認爲不便，故立法院院會於2015年5月5日通過〈姓名條例〉部分條文修正案，字義粗俗不雅、音譯過長或有特殊原因，一生改名增加爲3次。
相關法令	憲法第22條（36.1.1） 司法院釋字第137、216號解釋 姓名條例第6條第1項第6款（84.1.20） 內政部（65）台內戶字第682266號函
評論或影響	此號釋憲案促使政府將姓名條例第6條第1項第6款之規定：「命名文字字義粗俗不雅或有特殊原因經主管機關認定者，得申請改名，以一次爲限。」修正爲姓名條例第9條（現行法規）：「字義粗俗不雅、音譯過長或有特殊原因，得申請改名，以三次爲限。但未成年人第二次改名，應於成年後始得爲之。」[20] 法律有規定可申請改名字之理由，依照姓名條例第9條第1項第6款規定，字義粗俗不雅、音譯過長或有特殊原因，都可申請改名字。此外，經大法官解釋與姓名條例之歷次修法，現在以名字字義粗俗不雅或其他特殊原因改名字，已不需經戶政機關審核同意，亦即不論原本名字是不是「不雅」，都可改名。國家須尊重人民之姓名權、改名自由，姓名之更改是一種實現人格權之方式，但考慮到戶政資源有限，每次更名須進行相關作業流程，故若用「字義粗俗不雅、音譯過長或有特殊原因」之由更改姓名，只有3次機會。其他不改名之情形除前面提到，達到3次上限者不能再改名，也有一些人被禁止改名，例如通緝中、羈押中、故意犯罪被判有期徒刑（且沒有被宣告緩刑、易科罰金或易服社會勞動）從確定日起3年內等，爲避免他們改名逃避通緝等考量，禁止更改姓名。[21] 另外，迴轉壽司連鎖店壽司郎臺北分店於110年3月間推出姓名中有「鮭魚」同音同字就能享免費之優惠活動，結果掀起「鮭魚之亂」，吸引數百名民眾改名，社會各界紛紛要求加強限制隨意更改姓名。由於臺灣改名並不困難，造成每年約有10萬名

20 Liu Sherry，〈改名字不需要看公務員臉色（釋字399）〉，《晚晴法律事務所》，2020年10月28日，https://is.gd/HXsCO0。

21 陳琦妍，〈可以爲了吃免費壽司，改名叫鮭魚嗎〉，《法律百科》，2021年3月17日，https://www.legis-pedia.com/QA/2150/download。

民眾改名，引發是否有浪費戶政行政資源之討論。改名雖為個人自由權利，但除身分證件更換，涉及個人所有資料亦均須一併更新。為避免短期內頻繁改名造成資源浪費，包含民進黨與國民黨立委20人於111年5月6日擬具姓名條例第9條條文修正草案，將該條修正為，有下列情事之一者，得申請改名：

1.同時在一公民營事業機構、機關（構）、團體或學校服務或肄業，姓名完全相同。

2.與三親等以內直系親屬名字完全相同。

3.同時在一直轄市、縣（市）設立戶籍6個月以上，姓名完全相同。

4.與經通緝有案之人犯姓名完全相同。

5.被認領、撤銷認領、被收養、撤銷收養或終止收養。

6.字義粗俗不雅、音譯過長或有特殊原因。

依前項第6款申請改名，以3次為限。但未成年人第2次改名，應於成年後始得為之。[22]

---

22 〈立法院委員江永昌等20人擬具「姓名條例」第9條條文修正草案〉，《法源法律網》，2022年5月10日，https://www.lawbank.com.tw/news/NewsContent.aspx?NID=184360.00。

國家圖書館出版品預行編目(CIP)資料

大法官釋字——基本權利篇／劉夢蕾等編著；
過子庸主編.--初版.--臺北市：五南圖書出
版股份有限公司,2023.12
面；　公分.

ISBN 978-626-366-745-7 (平裝)

1.CST: 中華民國憲法　2.CST: 憲法解釋

581.23　　　　　　　　112018081

1QBC

大法官釋字
——基本權利篇

主　　　編 — 過子庸 (513)

編 著 者 — 劉夢蕾、陳銘聰、林烑舞、温春玉

發 行 人 — 楊榮川

總 經 理 — 楊士清

總 編 輯 — 楊秀麗

副總編輯 — 劉靜芬

責任編輯 — 黃郁婷、李孝怡

封面設計 — 姚孝慈

出 版 者 — 五南圖書出版股份有限公司

地　　　址：106台北市大安區和平東路二段339號4樓

電　　　話：(02)2705-5066　　傳　　真：(02)2706-6100

網　　　址：https://www.wunan.com.tw

電子郵件：wunan@wunan.com.tw

劃撥帳號：01068953

戶　　　名：五南圖書出版股份有限公司

法律顧問　林勝安律師

出版日期　2023年12月初版一刷

定　　　價　新臺幣450元

經典永恆・名著常在

五十週年的獻禮——經典名著文庫

五南，五十年了，半個世紀，人生旅程的一大半，走過來了。

思索著，邁向百年的未來歷程，能為知識界、文化學術界作些什麼？

在速食文化的生態下，有什麼值得讓人雋永品味的？

歷代經典・當今名著，經過時間的洗禮，千錘百鍊，流傳至今，光芒耀人；

不僅使我們能領悟前人的智慧，同時也增深加廣我們思考的深度與視野。

我們決心投入巨資，有計畫的系統梳選，成立「經典名著文庫」，

希望收入古今中外思想性的、充滿睿智與獨見的經典、名著。

這是一項理想性的、永續性的巨大出版工程。

不在意讀者的眾寡，只考慮它的學術價值，力求完整展現先哲思想的軌跡；

為知識界開啟一片智慧之窗，營造一座百花綻放的世界文明公園，

任君遨遊、取菁吸蜜、嘉惠學子！